Tim Peters

Der Antifaschismus der PDS aus antiextremistischer Sicht

Forschung Politik

Tim Peters

Der Antifaschismus der PDS aus antiextremistischer Sicht

Bibliografische Information Der Deutschen Bibliothek
Die Deutsche Bibliothek verzeichnet diese Publikation in der Deutschen Nationalbibliografie;
detaillierte bibliografische Daten sind im Internet über <http://dnb.ddb.de> abrufbar.

Dissertation Universität Chemnitz 2005

1. Auflage Januar 2006

Alle Rechte vorbehalten
© VS Verlag für Sozialwissenschaften/GWV Fachverlage GmbH, Wiesbaden 2006

Lektorat: Monika Mülhausen / Katrin Schmitt

Der VS Verlag für Sozialwissenschaften ist ein Unternehmen von Springer Science+Business Media.
www.vs-verlag.de

Das Werk einschließlich aller seiner Teile ist urheberrechtlich geschützt. Jede Verwertung außerhalb der engen Grenzen des Urheberrechtsgesetzes ist ohne Zustimmung des Verlags unzulässig und strafbar. Das gilt insbesondere für Vervielfältigungen, Übersetzungen, Mikroverfilmungen und die Einspeicherung und Verarbeitung in elektronischen Systemen.

Die Wiedergabe von Gebrauchsnamen, Handelsnamen, Warenbezeichnungen usw. in diesem Werk berechtigt auch ohne besondere Kennzeichnung nicht zu der Annahme, dass solche Namen im Sinne der Warenzeichen- und Markenschutz-Gesetzgebung als frei zu betrachten wären und daher von jedermann benutzt werden dürften.

Umschlaggestaltung: KünkelLopka Medienentwicklung, Heidelberg
Druck und buchbinderische Verarbeitung: MercedesDruck, Berlin
Gedruckt auf säurefreiem und chlorfrei gebleichtem Papier
Printed in Germany

ISBN 3-531-14775-7

Vorwort

Diese Studie wurde im Wintersemester 2004/2005 von der Philosophischen Fakultät der Universität Chemnitz als Dissertation angenommen. Aktuelle Entwicklungen und Literatur sind noch bis Ende Juli 2005 in den Text eingearbeitet worden.

Ein besonderer Dank gilt zuerst meinem Doktorvater Professor Dr. Eckhard Jesse, ohne dessen Anregungen und Betreuung die Arbeit in dieser Form nicht hätte entstehen können. Ihm danke ich außerdem für die zügige Begutachtung. Herrn Professor Dr. Uwe Backes sowie Herrn Professor Dr. Wolfram Hilz danke ich für die Erstellung der weiteren Gutachten. Für vielfältige Anregungen, Hinweise und Korrekturen bedanke ich mich bei Dr. Jürgen P. Lang, Dr. Viola Neu, Dr. Florian Hartleb, Sebastian Prinz, Christian Jung sowie dem gesamten Doktorandenkreis von Eckhard Jesse. Allen Gesprächspartnern von der PDS danke ich für die offenen und freundlichen Gespräche und Diskussionen sowie das mir überlassene Material.

Daneben bin ich der Hanns-Seidel-Stiftung zu Dank verpflichtet, die meine Dissertation im Rahmen des Promotionskollegs „Politischer Extremismus und Parteien" gefördert hat. Die Konrad-Adenauer-Stiftung unterstützte mich dankenswerter Weise während meines Studiums. Nicht zuletzt danke ich meinen Eltern, die mich während meiner gesamten Ausbildung unterstützt und ermutigt haben. Ihnen sei diese Arbeit gewidmet.

Berlin im Juli 2005   Tim Peters

Geleitwort

Die „Partei des Demokratischen Sozialismus" (PDS) schneidet bei Wahlen in den neuen Bundesländern zunehmend besser ab, sieht man vom „Einbruch" bei der Bundestagswahl 2002 ab. 15 Jahre nach der friedlichen Revolution in der DDR erreichte sie 28,0 Prozent bei den Landtagswahlen in Brandenburg. Bei der Bundestagswahl 2005 könnte die inzwischen in „Die Linkspartei" umbenannte Gruppierung bundesweit zweistellig werden. Der Rechtsextremismus erzielt in den neuen Bundesländern ebenfalls bessere Ergebnisse als in den alten, wenngleich die Differenz nicht so krass ist. Immerhin erreichte die „Nationaldemokratische Partei Deutschlands" (NPD) bei den Landtagswahlen des Jahres 2004 in Sachsen 9,2 Prozent der Stimmen.

Tim Peters widmet sich in seiner Studie der Leitfrage, ob der Antifaschismus der PDS den demokratischen Verfassungsstaat stärkt oder schwächt. Antifaschismus ist ebenso kein Wert an sich wie Antikommunismus. Aus dieser Leitfrage ergibt sich für ihn eine Reihe weiterer Fragen. Beispielsweise: Was versteht die PDS unter Antifaschismus, was unter Rechtsextremismus, was unter Extremismus? Stellt die PDS einen glaubwürdigen Partner in der Auseinandersetzung mit dem Rechtsextremismus dar? Gibt es bei ihr einen Wandel gegenüber dem Thema Antifaschismus? Besteht innerhalb der PDS Konsens in der Anwendung des Antifaschismusbegriffs? Die Einleitung enthält neben der erwähnten Problemstellung den Forschungsstand (mit Blick auf den Antifaschismus der PDS), die Methodik und den Aufbau. Knapp und präzise wird der Leser in die Thematik eingeführt.

Die Begriffsklärung bezieht sich auf „Faschismus", „Antifaschismus", „Demokratischer Verfassungsstaat und Extremismus" sowie auf „Antifaschismus aus antiextremistischer Sicht". Dieses Kapitel geht weit über eine Klärung von Begriffen hinaus. Zum einen verteidigt Peters die Verwendung des Extremismusbegriffs, zum anderen entwickelt er sechs Kriterien für einen demokratischen Antifaschismusbegriff: sachlich-analytische Arbeit ohne Polemik; differenzierte Terminologie; Verzicht auf Diffamierung konservativer Positionen; Anerkennung, dass der demokratische Verfassungsstaat auch durch den Linksextremismus bedroht ist; Ablehnung der Zusammenarbeit mit linksextremistischen und gewalttätigen Kräften; kritische Auseinandersetzung mit der Geschichte des Antifaschismus. Er entfaltet zugleich im Umkehrschluss sechs Kriterien für einen antidemokratischen Antifaschismus. Peters räumt ein, dass sich in der Realität Mischformen zwischen diesen beiden Modellen finden. Mit diesem Kriterienkatalog hat er sich damit einen guten Beurteilungsmaßstab geschaffen.

Nach Überlegungen zur Geschichte des Antifaschismus in Deutschland kommt Peters zum Kern: Er untersucht die antifaschistische Organisation, die antifaschistische Ideologie und die antifaschistische Strategie der PDS. Die Differenzierung zwischen Organisation, Ideologie und Strategie ist in der Parteientypologie üblich und bietet sich an. Der Verfasser fördert in allen drei Bereichen viel Neues zutage. Vor allem wird der enorme Stellenwert des Antifaschismus für die PDS deutlich. So beschreibt Tim Peters die Arbeit in der AG Rechtsextremismus/Antifaschismus detailliert und differenziert. Auch die antifaschistische Arbeit bei der PDS wird intensiv gewürdigt (Rosa-Luxemburg-Stiftung, VVN-BdA, „autonome" Antifa und internationales Netzwerk). Die Bejahung der antifaschistischen Ideologie eint alle Richtungen in der PDS – jedenfalls nach außen hin. Treffend erfasst der Autor die PDS-Strategie. Der Partei gehe es darum, die eigene Isolation zu durchbrechen, sich als Verteidigerin der Demokratie zu gerieren und im „Kampf gegen rechts" kulturelle Hegemonie zu gewinnen. Peters macht eine gewisse Heterogenität des Antifaschismus-Verständnisses bei der PDS aus. Das gilt für die Organisation, die Ideologie und die Strategie gleichermaßen. Was die Gewichtung betrifft, so überwiegen traditionalistische Positionen. Gleichwohl gibt es Konstanten (im positiven wie im negativen Sinn): etwa die Propagierung einer „antifaschistischen Klausel" oder die Ablehnung des „Neoliberalismus" (gemeint ist die Soziale Marktwirtschaft).

Nach Überlegungen zum Antifaschismus im Vergleich – der Antifaschismus der demokratischen Parteien unterscheidet sich deutlich von einander – prüft Peters anhand der eingangs entwickelten Kriterien, ob die PDS einem demokratischen oder eher einem nichtdemokratischen Antifaschismus das Wort redet. Zwar räumt er gewisse Unterschiede zwischen traditionalistisch und eher pragmatisch ausgerichteten Kreisen ein, doch unter dem Strich ist sein Ergebnis klar: Der Antifaschismus der PDS gilt als Gefährdung des demokratischen Verfassungsstaates, nicht als Stärkung. Das Resümee ist aus seinen Forschungen gut abgeleitet: „Trotz interessanter wissenschaftlicher Ansätze, kann somit die Partei als Ganzes derzeit kein zuverlässiger und glaubwürdiger Partner in der politischen Auseinandersetzung gegen Rechtsextremismus sein. Dies gilt so lange, wie die PDS in der eigenen Partei Kräfte duldet oder mit Kräften zusammenarbeitet, die jede Kritik an der eigenen antifaschistischen Vergangenheit ablehnen, die Rechtsextremismus unter dem Einsatz gewalttätiger oder nicht-rechtsstaatlicher Mittel bekämpfen möchten, für die eine Bedrohung der Demokratie durch Linksextremismus nicht existiert, die pauschal konservative Positionen dem Verdacht des Rechtsextremismus aussetzen, die eine differenzierte Analyse und Terminologie rechtsextremistischer Phänomene ablehnen und die unter der Bezeichnung Antifaschismus frontale Angriffe auf den demokratischen Verfassungsstaat und die Soziale Marktwirtschaft richten".

Eine wissenschaftliche Studie zum Antifaschismus der PDS, dem die Partei zentrale Bedeutung beimisst, war überfällig. Tim Peters hat diese Aufgabe überzeugend gelöst. Die Deskription ist exakt, die Analyse treffsicher, die Bewertung gut nachvollziehbar. Peters' Untersuchung zeichnet in klarer Sprache souverän den Umgang der PDS mit dem Antifaschismus nach. Sie schließt eine Forschungslücke. Seine Behauptung, der Antifaschismus dieser Partei fördere nicht den demokratischen Verfassungsstaat, ist gut begründet (etwa mit der Kritik an der Kritik der PDS am „Neoliberalismus"), keine bloße Setzung. Das Kriterienraster bildet eine angemessene Grundlage für fundierte Urteile. Jedenfalls hängen die Wertungen nicht in der Luft. Die interessante Frage, die der Verfasser am Ende seiner Problemstellung aufgeworfen hat („Befördert der gemeinsame Kampf gegen Rechtsextremismus die Integration der PDS in den demokratischen Verfassungsbogen?", S. 14), wird klar beantwortet.

Chemnitz im Juli 2005   Eckhard Jesse

Inhaltsverzeichnis

I.	**Einführung**	12
1.	Problemstellung	12
2.	Forschungsstand und Quellenlage	14
3.	Methodik	22
4.	Aufbau	23
II.	**Begriffsklärung**	25
1.	Faschismus	25
2.	Antifaschismus	33
3.	Demokratischer Verfassungsstaat und Extremismus	38
4.	Antifaschismus aus antiextremistischer Sicht	41
III.	**Geschichte des Antifaschismus in Deutschland**	45
1.	Weimarer Republik	45
2.	Drittes Reich	47
3.	DDR	48
4.	Bundesrepublik Deutschland bis zur deutschen Einheit	61
5.	Bundesrepublik Deutschland ab der deutschen Einheit	66
IV.	**Antifaschistische Organisation der PDS**	69
1.	Antifaschistische Arbeit in der PDS	69
1.1.	AG Rechtsextremismus/Antifaschismus	69
1.2.	Weitere Arbeitsgemeinschaften	76
1.3.	Jugendverband	78
1.4.	Landesverbände	81
1.5.	Fraktionen	81
2.	Antifaschistische Arbeit bei der PDS	83
2.1.	Rosa-Luxemburg-Stiftung und weitere Bildungsinstitutionen	83
2.2.	VVN-BdA	84
2.3.	„Autonome" Antifa	88
2.4.	Internationales Netzwerk	94
V.	**Antifaschistische Ideologie der PDS**	98
1.	Programmatische Diskussion in der Partei	98
1.1.	Faschismus oder Rechtsextremismus?	98
1.2.	Totalitarismus und Extremismus	100
1.3.	Antifaschismus	103
2.	Programme und Beschlüsse	106
2.1.	Grundsatzprogramme	106

2.2.	Wahlprogramme	109
2.3.	Weitere Beschlüsse	111

VI.	**Antifaschistische Strategie der PDS**	**116**
1.	Mobilisierung von Mitgliedern und Sympathisanten	116
2.	Mythisierung der eigenen Geschichte	117
3.	Verhältnis zur Nation	122
4.	Umgang mit rechtsextremistischen Kräften	124
5.	Bündnispolitik	127
6.	Angriffe auf Liberale und Konservative	132
7.	Angriffe auf den demokratischen Verfassungsstaat	135
8.	Angriffe auf die Soziale Marktwirtschaft	144

VII.	**Antifaschismus im Vergleich**	**151**
1.	Antifaschismus linksextremistischer Gruppen und Parteien	151
1.1.	Antifaschismus der „autonomen" Antifa	151
1.2.	Antifaschismus der VVN-BdA	153
1.3.	Antifaschismus der DKP	155
2.	Antifaschismus der Bundestagsparteien	156
2.1.	Antifaschismus der SPD	156
2.2.	Antifaschismus der Grünen	166
2.3.	Antifaschismus von CDU und CSU	171
2.4.	Antifaschismus der FDP	176
3.	Fazit	178

VIII.	**Antifaschismus der PDS und demokratischer Verfassungsstaat**	**182**
1.	Sachliche Darstellung oder Agitation gegen Demokratie und Marktwirtschaft?	182
2.	Differenzierte oder pauschalisierende Terminologie?	183
3.	Diffamierung konservativer Positionen?	184
4.	Linksextremismus als Tabu?	185
5.	Rechtsstaatliche und friedliche Auseinandersetzung mit Rechtsextremismus?	185
6.	Kritische Auseinandersetzung mit der Geschichte des Antifaschismus?	186
7.	Fazit	187

IX.	**Schlussbetrachtung**	**188**
1.	Zusammenfassung	188
2.	Folgerungen	190
3.	Ausblick	193

X.	**Quellen- und Literaturverzeichnis**	**195**
1.	Quellen	195
1.1.	Archive	195
1.2.	Interviews	195
1.3.	Gedruckte Quellen	196
2.	Literatur	203

XI.	**Anhang**	**221**
1.	Biographien	221
2.	Der Autor	230

I. Einführung

1. Problemstellung

„Die PDS schöpft ihr politisches Selbstverständnis wesentlich aus dem Antifaschismus, und sie bekennt sich vorbehaltlos zum Antifaschismus. Für sie ist er etwas Positives, Konstruktives. Für sie ist er eine grundsätzliche, dem Leben zugewandte Haltung, eine aktuelle praktische Aufgabe, ein Element demokratischer Wachsamkeit, ein unverzichtbarer Teil alltäglichen Lebens."[1]

Mit der friedlichen Revolution 1989 verlor die SED/PDS nicht nur ihre Macht, sondern auch ihr fest gefügtes ideologisches Weltbild. Der Sozialismus war nach dem Zusammenbruch der DDR tief greifend diskreditiert,[2] die gesamte politische Linke desorientiert. Als einer der wenigen ideologischen Fixpunkte hatte für sie der Antifaschismus weitgehend unbeschadet die „Wende" überstanden; er galt selbst bei überzeugten SED-Gegnern als positive Hinterlassenschaft der gescheiterten DDR.[3] Somit verwundert es nicht, dass der Antifaschismus von Anfang an eine zentrale Rolle in der politischen Strategie der PDS[4] übernahm. Ebenso wie der Faschismus als das Böse schlechthin galt und gilt, beanspruchte der Antifaschismus immer, das schlechthin Gute zu verkörpern. Unter dem Banner des Antifaschismus versuchte die PDS, ihre politische Handlungsfähigkeit zurückzugewinnen sowie ihre Anfang der neunziger Jahre bestehende politische und gesellschaftliche Isolation[5] zu durchbrechen.

Zu jener Zeit erschütterte eine Serie fremdenfeindlicher Anschläge die Bundesrepublik Deutschland, von denen Rostock, Mölln und Solingen nur die bekanntesten waren. Wurde der Antifaschismus in der Welle rechtsextremistischer und fremdenfeindlicher Gewalt zu einer „lebensrettenden Droge"[6] der Linken allgemein und der PDS im Besonderen?

Bis heute haben die Themenfelder „Antifaschismus" und „Kampf gegen Rechtsextremismus" eine hohe Bedeutung in der PDS behalten. „Entschlossenes Handeln gegen Rechts-

---

[1] Norbert Madloch/Werner Paff/Christoph Reimer, Antifaschismus in Geschichte und Gegenwart (Diskussionsangebot), in: PDS-Pressedienst, 10.7.1992, S. 10-16.

[2] Vgl. Peter Glotz, Die Linke nach dem Sieg des Westens, Stuttgart 1992, insbes. S. 49-102; Robert Erlinghagen, Die Diskussion um den Begriff des Antifaschismus seit 1989/90, Berlin 1997, insbes. S. 3-7.

[3] Vgl. Rainer Eppelmann zur Eröffnung der 30. Sitzung der Enquete-Kommission „Aufarbeitung von Geschichte und Folgen der SED-Diktatur in Deutschland" am 5. März 1993, in: Materialien der Enquete-Kommission (12. Legislaturperiode des Deutschen Bundestages), hrsg. vom Deutschen Bundestag, Band III, Baden-Baden/Frankfurt a.M. 1994, S. 95-97.

[4] Am 17. Juli 2005 beschloss die Außerordentliche Tagung des 9. Parteitages der PDS in Berlin, die Partei in „Die Linkspartei." umzubenennen. Die Bundespartei führt die Zusatzbezeichnung „PDS". Den einzelnen Landesverbänden ist es freigestellt, diesen Zusatz zu übernehmen. Da die Partei im Untersuchungszeitraum dieser Studie den Namen PDS führte, wird dieser im Text grundsätzlich beibehalten. Nur an jenen Stellen, an welchen es um einen Ausblick in die Zukunft geht, wird die Bezeichnung Linkspartei/PDS verwandt.

[5] Vgl. Gero Neugebauer/Richard Stöss, Die PDS. Geschichte, Organisation, Wähler, Konkurrenten, Opladen 1996, S. 43-53; Manfred Gerner, Partei ohne Zukunft? Von der SED zur PDS, München 1994, S. 50-59.

[6] Vgl. Rudolf van Hüllen, Linksextremismus vor und nach der Wende, in: ders./J. Kurt Klein/Gerd Langguth/Reinhard Rupprecht, Linksextremismus – eine vernachlässigte Gefahr, hrsg. von der Konrad-Adenauer-Stiftung, Aktuelle Fragen der Politik, Heft 44, Sankt Augustin 1997, S. 7-28.

1. Problemstellung

extremismus" wurde im Jahr 2000 bei der Frage nach den wichtigsten künftigen PDS-Aktivitäten von 70 Prozent der Mitglieder sowie 78 Prozent der Amtsträger als „wichtig" oder „sehr wichtig" bezeichnet.[7] Nur das „Eintreten für soziale Gerechtigkeit" erzielte noch höhere Werte. Die beiden Autoren der Studie zur Mitgliederbefragung, Michael Chrapa und Dietmar Wittich, bezeichneten das Engagement für soziale Gerechtigkeit sowie gegen Rechtsextremismus deshalb als „Super-Werte"[8] in der Mitgliedschaft der PDS.

Das Festhalten der PDS am Begriff des Antifaschismus ist nicht *per se* als Beweis für eine antidemokratische Gesinnung zu werten. Wer sich selbst als Antifaschisten bezeichnet und konsequent gegen Rechtsextremismus wendet, wird dadurch ebenso wenig automatisch zum Demokraten. Die Ablehnung rechtsextremistischer Ideen ist eine notwendige, keine hinreichende Voraussetzung für eine eigene demokratische Position. Kommunistische Antifaschisten sind beispielsweise vehemente Gegner des Rechtsextremismus, lehnen jedoch zugleich die freiheitliche demokratische Ordnung des Grundgesetzes ab. Gemäß der kommunistischen „Dimitroff-Formel"[9] sehen sie in der demokratischen und marktwirtschaftlichen Ordnung die Vorstufe zum Faschismus. Nur ein Übergang zu einer sozialistischen Ordnung könne die Wurzeln des Faschismus wirksam ausrotten. Kommunistische Antifaschisten kämpfen daher konsequent gegen Faschismus wie gegen die bürgerliche Demokratie und für eine „Diktatur des Proletariats". Sie kommen als glaubwürdige Partner für Demokraten im Kampf gegen den Rechtsextremismus nicht in Frage.[10] Genauso gibt es rechtsextremistische Gruppierungen und Parteien, die vehement jede Form von Linksextremismus ablehnen. Gleichwohl sind diese als Bündnispartner für Demokraten im Kampf gegen Linksextremismus ungeeignet.

Unter diesen Prämissen lautet die zentrale Fragestellung dieser Arbeit, ob der Antifaschismus der PDS ein Beitrag zur Stärkung des demokratischen Verfassungsstaates ist oder inwieweit er möglicherweise selbst einen Angriff auf diesen darstellt. Der demokratische Verfassungsstaat[11] – und nicht der Antifaschismus – wird als tatsächlicher Gegensatz zu Faschismus und Rechtsextremismus angesehen. Ein Antifaschismus, der sich aus einer derartig dogmatisch-kommunistischen Faschismusdefinition wie der „Dimitroff-Formel" speist, ist nicht nur mit den Prinzipien und Methoden der Rechtsextremimusbekämpfung im demokratischen Verfassungsstaat unvereinbar. Wer konsequent der „Dimitroff-Formel" folgt, muss den demokratischen Verfassungsstaat und das ihm zugrunde liegende freiheitlich-marktwirtschaftliche Wirtschafts- und Gesellschaftssystem so konsequent wie den Faschismus selbst bekämpfen, um die – angeblich – im Kapitalismus angelegte Wurzel des Faschismus auszurotten. Daher

---

[7]   Vgl. Michael Chrapa/Dietmar Wittich, Die Mitgliedschaft, der große Lümmel... Studie zur Mitgliederbefragung 2000 der PDS, Berlin 2001, S. 14.

[8]   Ebd.

[9]   Nach der Dimitroff-Formel ist Faschismus die „offene terroristische Diktatur der am meisten reaktionären, chauvinistischen und imperialistischen Elemente des Finanzkapitals", vgl. Protokoll des XIII. Plenums des Exekutivkomitees der Komintern, Dezember 1933, Moskau-Leningrad 1934, S. 277, zitiert nach Wolfgang Wippermann, Faschismustheorien, Die Entwicklung der Diskussion von den Anfängen bis heute, 7. Auflage, Darmstadt 1997, S. 21. Die Definition wurde auf dem VII. Weltkongress der Kommunistischen Internationale 1935 bestätigt. Vgl. Die Offensive des Faschismus und die Aufgaben der Kommunistischen Internationale im Kampf für die Einheit der Arbeiterklasse gegen den Faschismus, in: VII. Weltkongreß der Kommunistischen Internationale, Referate, Aus der Diskussion, Schlußwort, Resolutionen, Frankfurt a.M. 1971, S. 74-138; Resolution zum Bericht des Genossen Georgi Dimitroff, in: ebd., S. 270-285.

[10]   Vgl. Patrick Moreau/Rita Schorpp-Grabiak, Antifaschismus als Strategie der PDS, in: Manfred Agethen/Eckhard Jesse/Ehrhart Neubert (Hrsg.), Der missbrauchte Antifaschismus, DDR-Staatsdoktrin und Lebenslüge der deutschen Linken, Freiburg i. Br. 2002, S. 377-395.

[11]   Vgl. Uwe Backes/Eckhard Jesse, Politischer Extremismus in der Bundesrepublik Deutschland, 4. Auflage, Bonn 1996, S. 37-40.

erscheint es von hohem Interesse zu erfahren, ob die PDS sich bei ihrer Antifaschismus-Arbeit auf die kommunistische Faschismusdefinition stützt oder ob der Begriff Antifaschismus nur noch aus historischer und emotionaler Verbundenheit benutzt wird und tatsächlich eine Annäherung an ein demokratisches Konzept des Antifaschismus stattgefunden hat. Was versteht die PDS im Jahr 2005 unter Faschismus, Antifaschismus und Rechtsextremismus? Wie steht sie zum Extremismus- und Totalitarismus-Konzept? Inwieweit ist die PDS bereit, das gegenwärtige Wirtschafts- und Gesellschaftssystem gegen seine Feinde von rechts zu verteidigen, ohne es seinen Gegnern von links auszuliefern beziehungsweise es selbst von links zu bekämpfen? Welche Strategie steht hinter dem antifaschistischen Bündniskonzept der PDS? Kommt die PDS als glaubwürdiger Partner für demokratische Parteien im Kampf gegen Rechtsextremismus in Frage?

Daneben ergeben sich weitere Fragen. Zunächst steht die Frage nach Kontinuität und Wandel vom Antifaschismus der SED zum Antifaschismus der PDS im Raum. Ist in der PDS seit 1990 eine Wandlung im Antifaschismus- und Extremismusverständnis zu beobachten? Besteht zum Thema Antifaschismus innerhalb der PDS ein breiter Konsens oder interpretieren verschiedene Strömungen in der PDS den Antifaschismus auf unterschiedliche Weise? Wäre es sinnvoller, von mehreren Antifaschismen als von einem homogenen Antifaschismus der PDS zu sprechen? Verlaufen Konfliktlinien beim Thema Antifaschismus zwischen der West- und Ost-PDS? Welche Rolle spielt der biographische Hintergrund der Handelnden für die antifaschistische Politik der PDS? Zu klären ist des Weiteren, ob das Auftreten der PDS im bundesrepublikanischen Parteiensystem für eine veränderte Einstellung der bisherigen Parteien gegenüber politischem Extremismus geführt hat. Wie geht die PDS im Vergleich zu den Bundestagsparteien CDU, CSU, SPD, FDP und den Grünen mit Rechtsextremismus um? Wie unterscheidet sich der Antifaschismus der PDS von jenem der „autonomen" Antifa, der DKP oder der VVN-BdA? Befördert der gemeinsame Kampf gegen Rechtsextremismus die Integration der PDS in den demokratischen Verfassungsbogen? Was bedeutet die Kooperation mit der PDS im Kampf gegen Rechtsextremismus für den Kampf gegen Linksextremismus?

2. Forschungsstand und Quellenlage

Zum Thema Antifaschismus ist eine Vielzahl von Werken und Studien zu finden. Einen Überblick über die umfangreiche Literatur zum Antifaschismus in Deutschland gewährt eine kommentierte Bibliographie in dem von den Autoren als „Arbeitsbuch" bezeichneten Werk „Abschied vom Antifaschismus" von Kurt Faller und Bernd Wittich.[12] Speziell zum Antifaschismus der kommunistischen Internationale unter Berücksichtigung der Moskauer Perspektive gibt die Arbeit von Leonid Luks grundlegende Einblicke.[13] Aus marxistischer Sicht sind zahlreiche Publikationen zum Antifaschismus erschienen. Beispielhaft seien die Studien von Wolfgang Fritz Haug und Thomas Doerry genannt.[14] Aus dieser Blickrichtung nähern sich ebenso

---

[12] Vgl. Kurt Faller/Bernd Wittich, Bibliographie „Mythos Antifaschismus" – pro und contra, in: dies., Abschied vom Antifaschismus, Frankfurt (Oder) 1997, S. 430-469.

[13] Vgl. Leonid Luks, Entstehung der kommunistischen Faschismustheorie, Die Auseinandersetzung der Komintern mit Faschismus und Nationalsozialismus 1921-1935, Stuttgart 1985.

[14] Vgl. Wolfgang Fritz Haug, Vom hilflosen Antifaschismus zur Gnade der späten Geburt, Hamburg 1987; Thomas Doerry, Antifaschismus in der Bundesrepublik, Vom antifaschistischen Konsens 1945 bis zur Gegenwart, Frankfurt a.M. 1980.

2. Forschungsstand und Quellenlage

unzählige Sammelbände dem Begriff Antifaschismus.[15] Marxisten halten bis heute an einem antikapitalistischen Antifaschismusbegriff fest. Vielfach verstellt ein stark dogmatisch-ideologisches Antifaschismus-Verständnis, welches sich am kommunistischen Antifaschismus der dreißiger Jahre orientiert, einen Blick auf neue Entwicklungen und Realitäten. Mit dem Diskussionsstand zum Begriff Antifaschismus in Deutschland Mitte der neunziger Jahre aus gemäßigt marxistischer Perspektive setzt sich der Politikwissenschaftler Robert Erlinghagen auseinander.[16] Er plädiert wie andere Marxisten für einen kapitalismuskritischen Antifaschismus. Die Kritik am Kapitalismus dürfe nicht vollkommen aufgegeben werden, da ansonsten ein Identitätsverlust der antikapitalistischen Linken drohe. Dennoch befürwortet er ausdrücklich eine Beteiligung „kapitalismusfreundlicher" Kräfte an gemeinsamer antifaschistischer Arbeit und attestiert dem demokratischen Verfassungsstaat, dass dieser zwar nicht die Wurzeln des Faschismus auslösche, aber dazu beitrage, eine Machtübernahme des Faschismus zu verhindern.

Aus der Sicht der PDS berichtet ein in der Schriftenreihe der Rosa-Luxemburg-Stiftung publizierter Sammelband über „Rechtsextremismus und Antifaschismus".[17] In mehreren Beiträgen setzen sich Autoren ausführlich und kritisch mit dem historischen Antifaschismus der KPD und der Kommunistischen Internationale auseinander. Eine Aufarbeitung des SED-Antifaschismus kommt hingegen zu kurz. Stattdessen wird bürgerlich-konservative Kritik an diesem unter den generellen Verdacht gestellt, das „Gesellschaftssystem des Sozialismus vorerst endgültig zu delegitimieren".[18] Der „klassenanalytische Ansatz" wird immer noch für am besten geeignet gehalten, den Zusammenhang „von bürgerlich-konservativen Ordnungsvorstellungen und rechtsextremistischen Exzessen gegen Ausländer" aufzudecken.[19]

Die Beiträge des Sammelbandes „Die Nacht hat zwölf Stunden, dann kommt schon der Tag" basieren auf einer antifaschistischen Vortragsreihe, die in den Jahren 1994 und 1995 in Berlin stattfand und den Antifaschismus aus linker Perspektive kritisch betrachtete.[20] Leonid Luks stellt in diesem Band die Faschismusanalyse der Komintern in den zwanziger Jahren dar. Er kommt zu dem Ergebnis, dass es sich um eine „Geschichte der Fehleinschätzungen" gehandelt habe.[21] Wolfgang Templin beanstandet in einem Beitrag die Funktion des Antifaschismus in der DDR, ein undemokratisches Herrschaftssystem legitimiert zu haben.[22] Durch die vorherrschende Faschismus-Interpretation seien sowohl der wahre Charakter des Nationalsozialismus als auch die tatsächliche Breite und Differenziertheit des Widerstandes gegen ihn verdrängt worden. In einer Diskussion räumen Walther Bernecker, Silvia Schlenstedt und Ursula Langkau-Alex mit einigen lange gepflegten antifaschistischen Legenden aus dem Spanienkrieg auf.[23] Insbesondere machen die Diskutanten auf den Machtkampf innerhalb der

---

[15] Vgl. zum Beispiel Manfred Weißbecker/Reinhard Kühnl/Erika Schwarz (Hrsg.), Rassismus, Faschismus, Antifaschismus. Forschungen und Betrachtungen gewidmet Kurt Pätzold zum 70. Geburtstag, Köln 2000.

[16] Vgl. Robert Erlinghagen, Die Diskussion um den Begriff Antifaschismus seit 1989/90, Berlin 1997.

[17] Vgl. Klaus Kinner/Rolf Richter (Hrsg.), Rechtsextremismus und Antifaschismus, Historische und aktuelle Dimensionen, Berlin 2000.

[18] Werner Bramke, Antifaschistische Tradition und aktueller Antifaschismus, in: ebd., S. 8-13.

[19] Ebd.

[20] Vgl. Claudia Keller (Hrsg.), Die Nacht hat zwölf Stunden, dann kommt schon der Tag, Antifaschismus, Geschichte und Neubewertung, Berlin 1996.

[21] Leonid Luks, Einsichten und Fehleinschätzungen: Faschismusanalyse der Komintern 1921-1928, in: ebd., S. 77-92.

[22] Wolfgang Templin, Antifaschismus und Demokratie – ein Streitpunkt in der linken Diskussion?, in: ebd., S.70-76.

[23] Diskussion mit Walther Bernecker, Silvia Schlenstedt, Ursula Langkau-Alex, Der Spanienkrieg 1936-1939: Bewahrungsfeld des Antifaschismus, Die Volksfront wird zur „Front" gesäubert, in: ebd., S. 123-148.

16 I. Einführung

republikanischen Seite aufmerksam, der bis zur „physischen Exterminierung der Gegner im eigenen politischen Lager"[24] geführt habe.

Zum Antifaschismus liegen vielfältige extremismustheoretische Studien vor. Dazu gehört ein vom Bundesminister des Innern herausgegebener Sammelband.[25] In diesem setzen sich verschiedene Autoren mit der Instrumentalisierung des Antifaschismus durch die SED sowie orthodoxe Kommunisten in der Bundesrepublik auseinander. Manfred Wilke stellt für die DDR fest: „In dem Maße, wie sich die politische Herrschaft der SED festigte und die DDR als Teilstaat Konturen gewann, dominierte der instrumentelle Antifaschismus als Legitimation der SED-Diktatur immer aufdringlicher."[26] Wolfgang Rudzio beschreibt in seinem Beitrag die antifaschistische Bündnisarbeit von DKP und VVN in der Bundesrepublik und fordert: „Auch in der Auseinandersetzung mit dem Rechtsextremismus keine Aktionsgemeinschaft mit Kommunisten!"[27] Der Band des Innenministeriums wird bis heute regelmäßig als wichtiges Aufklärungswerk über die kommunistische Funktionalisierung des Antifaschismus in Deutschland zitiert.

Ebenso kenntnisreich wie kritisch und teilweise polemisch sind die Studien von Hans-Helmuth Knütter zum Antifaschismus.[28] Knütter differenziert zwischen zwei Formen von Antifaschismus. Einerseits sieht er den bürgerlich-liberalen Antifaschismus, welchen er als „eindimensional" bezeichnet, weil er sich rein auf eine moralische Komponente beziehe.[29] Zum anderen macht er einen sozialistischen Antifaschismus aus, den er als „mehrdimensional" definiert, weil sich dieser neben der moralischen noch auf die sozioökonomische Komponente stütze. Diese mehrdimensionale Form des Antifaschismus beurteilt er als politisches Instrument von Kommunisten und anderen Linksextremisten im Kampf gegen den demokratischen Verfassungsstaat. Knütter galt noch Anfang der neunziger Jahre als profilierter konservativer Vertreter der streitbaren Demokratie und war ständiger Autor der Bundeszentrale für politische Bildung[30] und des Bundesministeriums des Innern[31] zum Antifaschismus. Heute fallen die von ihm herausgegeben Publikationen sehr kritisch in ihrem Urteil über die Praxis der streitbaren Demokratie aus – und lassen vielfach die gebotene Distanz zum Extremismus von rechts vermissen.[32]

---

[24]   Ebd., S. 123.

[25]   Vgl. Bundesminister des Innern (Hrsg.), Bedeutung und Funktion des Antifaschismus, Texte zur Inneren Sicherheit, Bonn 1990.

[26]   Vgl. Manfred Wilke, Antifaschismus als Legitimation staatlicher Herrschaft in der DDR, in: ebd., S. 52-64.

[27]   Vgl. Wolfgang Rudzio, Antifaschismus als Volksfrontkitt, in: ebd., S. 65-82.

[28]   Vgl. Hans-Helmuth Knütter, Die Faschismus-Keule. Das letzte Aufgebot der deutschen Linken, Frankfurt a.M. 1993; ders., Antifaschismus und politische Kultur in Deutschland nach der Wiedervereinigung, in: Aus Politik und Zeitgeschichte, B 9/91, S. 17-28.

[29]   Vgl. Hans-Helmuth Knütter, Antifaschismus als pseudomoralische Basis des Linksextremismus, Die Entwicklung von 1945 bis 1968, in: ders./Stefan Winckler (Hrsg.), Handbuch des Linksextremismus, Die unterschätzte Gefahr, Graz 2002, S. 13-25, hier S. 14.

[30]   Vgl. Hans-Helmuth Knütter, Antifaschismus und politische Kultur in Deutschland nach der Wiedervereinigung, in: Aus Politik und Zeitgeschichte, B 9/91, S. 17-28.

[31]   Vgl. Hans-Helmuth Knütter, Internationale Antifaschismus-Kampagnen und ihre Rückwirkungen auf die Bundesrepublik Deutschland, in: Bundesminister des Innern (Hrsg.), Bedeutung und Funktion des Antifaschismus, Texte zur Inneren Sicherheit, Bonn 1990, S. 83-111.

[32]   Vgl. Hans-Helmuth Knütter/Stefan Winckler (Hrsg.), Handbuch des Linksextremismus, Die unterschätzte Gefahr, Graz 2002. Vgl. dazu Eckhard Jesse, Kein „Handbuch" des Linksextremismus, in: Uwe Backes/ders. (Hrsg.), Jahrbuch Extremismus & Demokratie, Bd. 15, Baden-Baden 2003, S. 353-355; Hans-Helmuth Knütter/Stefan Winckler (Hrsg.), Der Verfassungsschutz, Auf der Suche nach dem verlorenen Feind, München 2000. Vgl. dazu Peter Frisch, Auf der Suche nach dem verlorenen Feind?, in: Uwe Backes/Eckhard Jesse (Hrsg.), Jahrbuch Extremismus & Demokratie, Bd. 13, Baden-Baden 2001, S. 340-343.

2. Forschungsstand und Quellenlage

Von begrenztem Wert für die Forschung ist die Dissertation „Das ‚antifaschistische Milieu'. Vom ‚schwarzen Block' zur ‚Lichterkette' – Die politische Repression gegen ‚Rechtsextremismus' in der Bundesrepublik Deutschland" des Knütter-Schülers Claus-M. Wolfschlag.[33] Die Studie benennt eine Vielzahl von Beispielen tatsächlicher und vermeintlicher Repression gegen Rechtsextremismus und Konservatismus in der Bundesrepublik. Der beeindruckende Materialreichtum wird relativiert durch eine unübersichtliche Gliederung, ein fehlendes intersubjektiv nachvollziehbares Analyseraster sowie die starke Parteilichkeit des Autors, der sich relativ vorbehaltlos mit denen solidarisiert, die er als Opfer der „antifaschistischen Repression" sieht und die er als „Rechtsgerichtete" oder „Differenzialisten" bezeichnet. Die Distanzierung vom allgemein anerkannten Begriff des Rechtsextremismus und dessen durchgehende Verwendung nur in Anführungszeichen, weil es für diesen Begriff keine klare Definition gebe und er „willkürlich als Mittel der Denunziation eingesetzt"[34] werde, verstärken Zweifel an der wissenschaftlichen Seriosität der Arbeit.

Im Rückblick auf den Antifaschismus der DDR erschien im Jahr 2001 der Sammelband „Vielstimmiges Schweigen. Neue Studien zum DDR-Antifaschismus", herausgegeben von Annette Leo und Peter Reif-Spirek.[35] Der Sammelband stellt den DDR-Antifaschismus in aus dem Alltag herausgegriffenen Einzelaspekten vor und zeichnet ein abgewogenes und detailreiches Bild. Einzelne Beiträge befassen sich mit den ehemaligen deutschen Gulag-Häftlingen in der DDR oder mit Säuberungen in den Reihen der „Opfer des Faschismus". Einen breiten Forschungsüberblick über den DDR-Antifaschismus gewährt der Beitrag von Jürgen Danyel.[36] Der Autor kritisiert dabei die „Gnadenlosigkeit", mit welcher „die KPD/SED sich den eigenen Antifaschismus zurechtgesäubert hatte und all jene verfolgte oder erneut ins Exil trieb, die bewusst in die SBZ gekommen waren, weil sie dort auf einen glaubwürdigen Neuanfang gehofft hatten".[37] Bei der Sammlung handelt es sich um eine Fortsetzung des Bandes „Helden, Täter und Verräter. Studien zum DDR-Antifaschismus" aus dem Jahr 1999.[38] Einen breiten Überblick über den Antifaschismus im wiedervereinigten Deutschland zu Beginn der neunziger Jahre sowie über die gesamtdeutsche Antifaschismus-Geschichte gewährt das essayistisch gehaltene Buch von Antonia Grunenberg.[39] Sie stellt kenntnisreich und ungeschminkt die lange Geschichte der Instrumentalisierung und Manipulation des Antifaschismus durch den Kommunismus dar. Kommunisten setzten das bürgerlich-parlamentarische System mit dem Faschismus gleich, um ihren Kampf gegen dieses unter dem Banner des Antifaschismus führen zu können.[40]

Die PDS ist seit der Wiedervereinigung regelmäßig das Objekt von Studien. Ihre antifaschistische Arbeit findet dabei üblicherweise höchstens am Rande Berücksichtigung. Als Aus-

---

[33] Vgl. Claus-M. Wolfschlag, Das „antifaschistische Milieu". Vom „schwarzen Block" zur „Lichterkette" – die politische Repression gegen „Rechtsextremismus" in der Bundesrepublik Deutschland, Graz 2001. Siehe auch die Kurzbesprechung des Buches von Bettina Blank, in: Uwe Backes/Eckhard Jesse (Hrsg.), Jahrbuch Extremismus & Demokratie, Bd. 14, Baden-Baden 2002, S. 381-382.

[34] Vgl. dazu Wolfschlag ebd., S. 2.

[35] Vgl. Annette Leo/Peter Reif-Spirek (Hrsg.), Vielstimmiges Schweigen. Neue Studien zum DDR-Antifaschismus, Berlin 2001.

[36] Vgl. Jürgen Danyel, DDR-Antifaschismus: Rückblick auf zehn Jahre Diskussion, offene Fragen und Forschungsperspektiven, in: ebd., S. 7-19.

[37] Ebd.

[38] Vgl. Annette Leo/Peter Reif-Spirek (Hrsg.), Helden, Täter und Verräter. Studien zum DDR-Antifaschismus, Berlin 1999.

[39] Vgl. Antonia Grunenberg, Antifaschismus – ein deutscher Mythos, Reinbek 1993.

[40] Ebd., S. 22.

18   I. Einführung

nahme hat der Politikwissenschaftler Patrick Moreau zu gelten, der seit Beginn der neunziger Jahre viele Studien über die PDS veröffentlicht, in welchen der Bereich Antifaschismus abgedeckt wird.[41] Die Untersuchungen von Moreau gelangen durchgehend zu dem Ergebnis, dass es sich bei der PDS insgesamt um eine linksextremistische Partei handele. Sein aktuellstes Werk geht faktenreich und detailliert auf die gesamte politische Arbeit der PDS ein.[42] Dabei analysiert er auch das antifaschistische Wirken der Partei.[43] Moreau wertet grundlegende Dokumente der Partei und insbesondere der AG Rechtsextremismus/Antifaschismus aus. Nach seinem Urteil illustrieren aktuelle Stellungnahmen der PDS, dass sie „teilweise auch 2002 noch Gefangene des kommunistischen Diskurses der Komintern der 30er Jahre" sei.[44]

Aus extremismustheoretischer Sicht betrachten ebenso Jürgen P. Lang sowie Viola Neu die PDS.[45] Beide kommen in ihren Untersuchungen zu dem Fazit, dass die Programmatik der PDS nicht mit den Prinzipien des demokratischen Verfassungsstaates vereinbar ist. Besonders hervorzuheben ist die jüngste Studie von Jürgen P. Lang unter dem Titel „Ist die PDS eine demokratische Partei? Eine extremismustheoretische Untersuchung".[46] Die Arbeit besticht durch die große Anzahl von ausgewerteten Primärquellen. Überzeugend ist das klare und systematische Kriterienraster, nach welchem Lang die PDS prüft. Er gelangt zu der Schlussfolgerung, dass die PDS mit ihrer fundamentaloppositionellen Haltung zu den „herrschenden Verhältnissen" eine linksextremistische Partei sei.[47] Lang erkennt allerdings die sachorientierte Politik der PDS in den Parlamenten und Landesregierungen als Lichtblick an. Viola Neu wertet in ihrer Studie „Das Janusgesicht der PDS" die Einstellungen der PDS-Wähler sowie des Rests der Bevölkerung zu bestimmten Fragestellungen aus und zieht daraus auf einer „Extremismus-

---

[41] Vgl. Patrick Moreau, Die PDS. Anatomie einer postkommunistischen Partei, Bonn 1992; ders. (in Zusammenarbeit mit Jürgen P. Lang und Viola Neu), Was will die PDS?, Frankfurt a.M. 1994; ders./Jürgen P. Lang, Linksextremismus, eine unterschätze Gefahr, Bonn 1996; ders., Die PDS. Das Profil einer antidemokratischen Partei, München 1998; ders., Die Partei des Demokratischen Sozialismus, in: ders./Marc Lazar/Gerhard Hirscher (Hrsg.), Der Kommunismus in Westeuropa, Niedergang oder Mutation?, Landsberg/Lech 1998, S. 242-332. Hinzu kommen noch weitere Veröffentlichungen über die PDS unter dem Pseudonym Peter Christian Segall; vgl. Peter Christian Segall/Rita Schorpp-Grabiak, Programmdebatte und Organisationsdiskussion bei der PDS, in: Gerhard Hirscher/ders., Die PDS. Zukunft und Entwicklungsperspektiven, hrsg. von der Hanns-Seidel-Stiftung, München 2000, S. 7-20; Peter Christian Segall/Rita Schorpp-Grabiak/Gerhard Hirscher, Die PDS im Wahljahr 1999: „Politik von links, von unten und von Osten", hrsg. von der Hanns-Seidel-Stiftung, aktuelle analysen 15, München 1999.

[42] Vgl. Patrick Moreau/Rita Schorpp-Grabiak, „Man muss so radikal sein wie die Wirklichkeit" – Die PDS: eine Bilanz, Baden-Baden 2002; weite Teile des Buches sind wiederzufinden in der Sonderausgabe der Hanns-Seidel-Stiftung: Patrick Moreau, Politische Positionierung der PDS – Wandel oder Kontinuität?, Sonderausgabe Politische Studien, Grünwald 2002.

[43] Vgl. ebd., S. 163-178.

[44] Ebd., S. 163.

[45] Vgl. Jürgen P. Lang/Viola Neu, Die PDS und ihr Verhältnis zum Grundgesetz, „Freiheit als Schlüssel zum Sozialismus", in: Die politische Meinung Nr. 388, 47. Jg. (2002), S. 51-56; Viola Neu, Die PDS zwischen Utopie und Realität: Bundestagswahlprogramm und Regierungsbeteiligung in den Ländern, Arbeitspapier Nr. 63/2002 der Konrad-Adenauer-Stiftung, St. Augustin April 2002; Jürgen P. Lang, Partei ohne Mitte – Die programmatischen Auseinandersetzungen in der PDS, in: Uwe Backes/Eckhard Jesse (Hrsg.), Jahrbuch Extremismus & Demokratie, Bd. 13, Baden-Baden 2001, S. 155-168; ders., Das Prinzip Gegenmacht, PDS und Parlamentarismus, Interne Studien der Konrad-Adenauer-Stiftung Nr. 166, Sankt Augustin 1998. Neu veröffentlichte außerdem mehrere wahlsoziologische Untersuchungen über die PDS. Vgl. zum Beispiel Viola Neu, Die PDS im Westen. Zwischen Stagnation und Aufbruch?, in: Gerhard Hirscher/Peter Christian Segall, Die PDS. Zukunft und Entwicklungsperspektiven, München 2000, S. 59-87.

[46] Vgl. Jürgen P. Lang, Ist die PDS eine demokratische Partei?, Eine extremismustheoretische Untersuchung, Baden-Baden 2003.

[47] Vgl. ebd., S. 155-162.

2. Forschungsstand und Quellenlage 19

skala" Rückschlüsse über die extremistische Einstellung der Partei und ihrer Wähler.[48] Weder Lang noch Neu widmen in ihren ansonsten durch eine fundierte Materialauswertung und schlüssige Argumentation überzeugenden Arbeiten dem Antifaschismus als zentralem Wert in der PDS eine besondere Aufmerksamkeit.

Eine Vielzahl von kritischen Beiträgen zum Antifaschismus in der DDR und der Bundesrepublik vor und nach 1990 sowie zum aktuellen Antifaschismus der PDS enthält der im Auftrag der Konrad-Adenauer-Stiftung herausgegebene Sammelband „Der missbrauchte Antifaschismus".[49] Der Historiker Werner Müller setzt sich in seinem Beitrag mit der antifaschistischen Programmatik der PDS und deren Verhältnis zum SED-Antifaschismus auseinander und entdeckt wesentliche Kontinuitäten zwischen den beiden.[50] Im selben Band finden sich zwei weitere Aufsätze zur zentralen Bedeutung des Antifaschismus in der politischen Strategie der PDS.[51] Antifaschismus dient der PDS demnach bis heute zur Verklärung der eigenen Vergangenheit, als Instrument der Bündnispolitik sowie der Gewinnung einer kulturellen Hegemonie im Sinne Antonio Gramscis.

Als Standardwerke über die PDS gelten die Monographien von Manfred Gerner[52] sowie von Gero Neugebauer und Richard Stöss.[53] Bei Gerner steht die Entstehung der PDS aus der SED zu Beginn der neunziger Jahre im Mittelpunkt der Betrachtung. Neugebauer und Stöss geben einen sehr sachlichen und informativen Überblick über die Organisation und Struktur der PDS und ihrer Wähler aus parteiensoziologischer Perspektive. Sie bewerten die PDS als „eine milieuverhaftete Regionalpartei in Ostdeutschland", die „notwendige Integrations- und Repräsentationsaufgaben" wahrnehme.[54] Eine Untersuchung über die Wirkung der PDS im Vereinigungsprozess auf das demokratische Gemeinwesen legte kürzlich Michael Gerth vor.[55] Gerth bewertet den Beitrag der PDS zum Transformationsprozess in den neuen Bundesländern als „ambivalent".[56] Einerseits binde sie durch ihre Wahlteilnahme praktisch bis zu einem Viertel der ostdeutschen Wähler an das parlamentarische System. Andererseits trage sie zur Akzeptanz verharmlosender SED- und DDR-Interpretationen bei und verbreite prinzipielle Kritik an der gegenwärtigen demokratischen Ordnung. Weder Gerner noch Neugebauer, Stöss oder Gerth gehen näher auf die antifaschistische Arbeit der PDS ein.

Der Politikwissenschaftler Florian Hartleb untersucht in einer Fallstudie, ob es sich bei der PDS um eine linkspopulistische Partei handelt.[57] Hartleb definiert „Antifaschismus und

---

[48] Vgl. Viola Neu, Das Janusgesicht der PDS, Wähler und Partei zwischen Demokratie und Extremismus, Baden-Baden 2004.

[49] Manfred Agethen/Eckhard Jesse/Ehrhart Neubert (Hrsg.), Der missbrauchte Antifaschismus, DDR-Staatsdoktrin und Lebenslüge der deutschen Linken, Freiburg i.Br. 2002.

[50] Vgl. Werner Müller, Bruch oder Kontinuität? SED, PDS und ihr „Antifaschismus", in: Manfred Agethen/Eckhard Jesse/Ehrhart Neubert (Hrsg.), Der missbrauchte Antifaschismus, DDR-Staatsdoktrin und Lebenslüge der deutschen Linken, Freiburg i.Br. 2002, S. 363-376.

[51] Vgl. Patrick Moreau/Rita Schorpp-Grabiak, Antifaschismus als Strategie der PDS, in: ebd., S. 377-395; Viola Neu, Strategische Bedeutung des „Antifaschismus" für die Politik der PDS, in: ebd., S. 396-405.

[52] Vgl. Manfred Gerner, Partei ohne Zukunft? Von der SED zur PDS, München 1994.

[53] Vgl. Gero Neugebauer/Richard Stöss, Die PDS. Geschichte, Organisation, Wähler, Konkurrenten, Opladen 1996. Siehe auch: Gero Neugebauer, Zur Akzeptanz der PDS in der politischen Konkurrenz, in: Michael Brie/Rudolf Woderich (Hrsg.), Die PDS im Parteisystem, Schriften 4 hrsg. von der Rosa-Luxemburg-Stiftung Gesellschaftsanalyse und Politische Bildung, Berlin 2000, S. 140-148.

[54] Neugebauer/Stöss, ebd., S. 306.

[55] Vgl. Michael Gerth, Die PDS und die ostdeutsche Gesellschaft im Transformationsprozess, Wahlerfolge und politisch-kulturelle Kontinuitäten, Hamburg 2003.

[56] Ebd., S. 280.

[57] Vgl. Florian Hartleb, Rechts- und Linkspopulismus, Eine Fallstudie anhand von Schill-Partei und PDS, Wiesbaden 2004.

-rassismus" als ein Merkmal von Linkspopulismus.[58] Er kommt zu dem Ergebnis, dass die PDS das Merkmal erfülle, da sie Antifaschismus bis heute zur Rechtfertigung einer antikapitalistischen Linie nutze, welche gegen die Ordnung der Bundesrepublik Deutschland gerichtet sei.[59] Außerdem schüre die Partei in einem „Kampf gegen rechts" Ressentiments gegenüber Kräften aus der politischen Mitte.

Aus dem englischsprachigen Raum ist die ausführliche Analyse der PDS von Dan Hough erwähnenswert. Er stuft die PDS als erfolgreiche ostdeutsche Regionalpartei ohne Aussicht auf dauerhaften bundesweiten Erfolg ein.[60] Franz Oswald beurteilt die PDS als links-sozialistische Partei mit starker regionaler Verwurzelung in den neuen Ländern, die aber einen wesentlichen Einfluss auf die Bundesebene erhalten und dort für eine Mitte-Links-Hegemonie sorgen werde.[61] Weder Hough noch Oswald berücksichtigen den Antifaschismus der PDS in ihren Untersuchungen. Auch in seiner Lokalstudie über die PDS Rostock widmet Lothar Probst dem Thema Antifaschismus keine besondere Bedeutung.[62]

Einen beachtenswerten Sammelband zum Geschichtsbild der PDS publizierten Rainer Eckert und Bernd Faulenbach.[63] Darin wird das antifaschistisch geprägte Geschichtsverständnis der PDS kritisch beleuchtet. Eine wesentliche Funktion des Antifaschismus der PDS besteht darin, der eigenen Parteigeschichte wie der gesamten Geschichte der DDR ein positives Bild zu geben.[64] In seinen autobiografisch geprägten Erinnerungen geht der PDS-Spitzenpolitiker Gregor Gysi am Rande selbstkritisch auf die Bedeutung des Antifaschismus für die Partei ein.[65] Sehr umfangreiche Veröffentlichungen fanden sich im Zusammenhang mit der Debatte um das neue Grundsatzprogramm der PDS, die aber das Thema Antifaschismus weitgehend aussparten.[66]

Informationen über die PDS, ihre Gliederungen und insbesondere über Kontakte in den linksextremistischen Antifa-Bereich und die Beteiligung von einzelnen Parteigliederungen an Aktionen von linksextremistischen Antifa-Gruppen sind darüber hinaus in den Verfassungsschutzberichten des Bundes und der Länder zu finden. Diese Veröffentlichungen begnügen sich gemäß ihrer Anlage allerdings im Wesentlichen mit der Aufzählung von Aktionen und Stellungnahmen. Sie verzichten auf tiefere Analysen.

Trotz der hohen Bedeutung des Antifaschismus für die PDS sowie der wichtigen Rolle der PDS für den heutigen Antifaschismus in der Bundesrepublik hat sich bisher keine Mono-

---

[58] Vgl. ebd. S. 159-161.

[59] Vgl. ebd., S. 270-273.

[60] Vgl. Dan Hough, The fall and rise of the PDS in eastern Germany, Birmingham 2001.

[61] Vgl. Franz Oswald, The party that came out of the Cold War, The Party of Democratic Socialism in United Germany, Westport, Connecticut (USA) 2002.

[62] Vgl. Lothar Probst, Die PDS – von der Staats- zur Regionalpartei. Eine Studie aus Mecklenburg-Vorpommern, Hamburg 2000.

[63] Vgl. Rainer Eckert/Bernd Faulenbach (Hrsg.), Halbherziger Revisionismus. Zum postkommunistischen Geschichtsbild, München und Landsberg am Lech 1996.

[64] Vgl. Rainer Eckert, Geschichte als Instrument, Geschichte und Agitprop in der PDS und ihrem Umfeld, in: ebd., S. 153-197, hier: S. 177 f.

[65] Vgl. Gregor Gysi, Was nun?, Über Deutschlands Zustand und meinen eigenen, Hamburg 2003; ders., Ein Blick zurück, ein Schritt nach vorn, 5. Auflage, Hamburg 2001.

[66] Zur Programm-Debatte in der PDS vgl. Sebastian Prinz, Der „Revisionismusstreit" der PDS, Die Debatte um ein neues PDS-Programm in den Jahren 2000 und 2001, in: Hans-Helmuth Knütter/Stefan Winckler (Hrsg.), Handbuch des Linksextremismus, Die unterschätzte Gefahr Graz 2002, S. 127-142; Viola Neu, Ist die PDS auf dem Weg nach „Godesberg"?, Die politische Meinung, Nr. 383, Oktober 2001, S. 65-70; Jürgen P. Lang, Partei ohne Mitte – Die programmatischen Auseinandersetzungen in der PDS, in: Uwe Backes/Eckhard Jesse (hrsg.), Jahrbuch Extremismus & Demokratie, Bd. 13, Baden-Baden 2001, S. 155-168.

2. Forschungsstand und Quellenlage

graphie ausführlich mit dem Zusammenwirken von Antifaschismus und PDS auseinandergesetzt. Eine eingehende Untersuchung der Vereinbarkeit des Antifaschismus der PDS mit dem antiextremistischen Konzept des demokratischen Verfassungsstaates liegt bisher ebenso wenig vor. Diese Studie soll dazu dienen, die Lücke zu schließen.

Die Quellenlage über die PDS insgesamt ist gut. Zunächst verfügt die Partei über eine Vielzahl regelmäßiger eigener Publikationen. Dazu gehören ein vom Parteivorstand herausgegebener wöchentlicher Pressedienst und eine monatlich erscheinende eigene Mitgliederzeitschrift namens „Disput".[67] Beide sind ab 1998 auf der Internetseite der Partei archiviert. Dort sind weitere Publikationen von Untergliederungen der PDS zu finden, die aber nicht in derselben Aktualität und Vollständigkeit wie die vom Parteivorstand verantworteten Publikationen bereitstehen.[68] Neben dem Bundesverband verfügen alle Landesverbände der neuen Bundesländer sowie viele weitere regionale Untergliederungen der PDS über regelmäßige eigene Publikationen. Im Bereich Antifaschismus ist der drei- bis viermal jährlich erscheinende „Rundbrief der AG Rechtsextremismus/Antifaschismus" von herausgehobener Bedeutung.

Die Parteitagsdokumente der PDS, die sich mit den Themen Rechtsextremismus und Antifaschismus befassen, liegen – wie die Grundsatz- und Wahlprogramme – zumeist in Broschürenform vor. Alle neueren Beschlüsse können außerdem über das übersichtliche und umfangreiche Internetangebot der PDS eingesehen werden. Viele Parteidokumente im Archiv des PDS-Parteivorstandes im Karl-Liebknecht-Haus sind noch nicht umfassend erschlossen. Dies trifft beispielsweise auf die Sammlung zur Arbeit der AG Rechtsextremismus/Antifaschismus zu. Im Übrigen gilt für die Einsichtnahme in nicht-öffentliche Dokumente des Archivs eine Zehnjahresfrist. Für diese Arbeit konnten im Archiv daher nur die Dokumente von 1990 bis 1994 ausgewertet werden. Das Archiv der Rosa-Luxemburg-Stiftung steckt noch in den Kinderschuhen. Die Friedrich-Ebert-Stiftung und Konrad-Adenauer-Stiftung verfügen in ihren Sammlungen über einen Großteil der öffentlich zugänglichen Dokumente der PDS.

Die Tageszeitung „Neues Deutschland" gehört der PDS zu 50 Prozent.[69] Sie ist prinzipiell unabhängig, aber in der Berichterstattung kommen die Beteiligung der PDS sowie die Vergangenheit der Zeitung als Zentralorgan der SED zum Ausdruck. Geschäftsführer des „Neuen Deutschland" ist nicht zufällig der langjährige Schatzmeister und Bundesgeschäftsführer der Partei, Dietmar Bartsch. Die Zeitung verfügt über eine Auflage in Höhe von 48.959 Stück.[70] Daneben besitzt das Theoriemagazin der Rosa-Luxemburg-Stiftung, „Utopie kreativ", eine bundesweite Bedeutung. Das seit 1990 bestehende PDS-nahe Theorieorgan wurde von September 1999 bis Dezember 2001 im Auftrag der Rosa-Luxemburg-Stiftung vom Förderverein Konkrete Utopien e.V. herausgegeben, seit Januar 2002 hat die Rosa-Luxemburg-Stiftung die Herausgabe selbst übernommen. Die Ausgaben ab Mai 2000 sind im Internet abrufbar.[71]

---

[67] Die Auflage des Presse- und Informationsdienstes liegt nach Angaben der Partei bei ca. 2.000 Stück, die Auflage von Disput bei 6.500 Exemplaren.

[68] Vgl. http://sozialisten.de/politik/publikationen/index.htm. Stand aller Internetseiten, soweit nicht ausdrücklich anders gekennzeichnet: 1.7.2004.

[69] Vgl. http://www.nd-online.de.

[70] Vgl. IVW-Quartalsmeldung 1/2005, Neues Deutschland Bundesausgabe Gesamt A, verkaufte Auflage Mo-Fr.

[71] http://www.rosa-luxemburg-stiftung.de/Bib/uk/Archiv/index.htm.

3. Methodik

Diese Arbeit folgt einem normativ-ontologischen Forschungsansatz.[72] Sie ist im Gebiet zwischen der Parteien- und Extremismusforschung angesiedelt. Die Parteienforschung ist heute zu einem gut etablierten Forschungsfeld innerhalb der politischen Wissenschaften geworden.[73] Die vermittelnde Stellung der Parteien zwischen der gesellschaftlichen und der politisch-staatlichen Sphäre wurde zum Objekt unzähliger Studien.

Neugebauer und Stöss bezeichneten im Jahr 1996 das Schrifttum zur PDS als „unterkomplex", da zumeist auf die Benennung und Berücksichtigung von klaren Analysekriterien verzichtet werde.[74] Stattdessen, so die beiden Politikwissenschaftler, griffen viele Autoren auf einen „Sterntaler-Approach" zurück, bei welchem die Informationen verarbeitet würden, „die sich mehr oder weniger zufällig angesammelt" hätten.[75] Neugebauer und Stöss kritisierten den „Mangel an wissenschaftlich ausgewiesenen Fragestellungen, begrifflicher Präzision, methodischer Klarheit und systematischer Analyse in der PDS-Literatur".[76] Insbesondere machten sie dafür das dem Extremismus-Ansatz verpflichtete Schrifttum verantwortlich, welches sich nahezu ausschließlich mit der Bewältigung der DDR-Vergangenheit durch die PDS sowie der Stellung der Partei zur freiheitlichen demokratischen Grundordnung beschäftige.[77] Sie selbst regten für die Parteienforschung unter Berufung auf Otto Stammer und Peter Weingart[78] das folgende Analyseraster an:

- Geschichte,
- Soziale Basis,
- Organisation,
- Innerparteiliche Strukturen,
- Programmatik,
- Beziehungen zu anderen intermediären Institutionen, v.a. Parteien, Politik,
- Gesellschaftlich-politische Funktion(en).[79]

Die vorliegende Arbeit nimmt diese Kriterien in ihr Analyseraster auf. Sie weist in ihrem zentralen Teil eine klare Gliederung in Organisation, Ideologie und Strategie des Antifaschismus der PDS auf. Außerdem werden die Geschichte des PDS-Antifaschismus, die soziale Basis der PDS und deren Bedeutung für den Antifaschismus der Partei sowie die Beziehungen der PDS zu anderen Parteien und antifaschistischen Gruppen berücksichtigt. Zu Beginn der Arbeit

---

[72] Vgl. zum normativ-ontologischen Ansatz Wilhelm Hennis, Die missverstandene Demokratie. Demokratie, Verfassung, Parlament, Freiburg i.Br. 1973; Christian Welzel, Wissenschaftstheoretische und methodische Grundlagen, in: Manfred Mols/Hans-Joachim Lauth/Christian Wagner (Hrsg.), Politikwissenschaft: Eine Einführung, 3. Auflage, Paderborn 2001, S. 395-430.

[73] Vgl. Oskar Niedermayer/Richard Stöss (Hrsg.), Stand und Perspektiven der Parteienforschung, Opladen 1993; vgl. auch Ulrich von Alemann, Das Parteiensystem der Bundesrepublik Deutschland, 3. Auflage, Opladen 2003; Oskar Niedermayer (Hrsg.), Die Parteien nach der Bundestagswahl 2002, Opladen 2003.

[74] Vgl. Gero Neugebauer/Richard Stöss, Die PDS. Geschichte, Organisation, Wähler, Konkurrenten, Opladen 1996, S. 17.

[75] Ebd.

[76] Ebd., S. 12.

[77] Ebd.

[78] Vgl. Otto Stammer/Peter Weingart, Politische Soziologie, München 1972, S. 163.

[79] Gero Neugebauer/Richard Stöss, Die PDS. Geschichte, Organisation, Wähler, Konkurrenten, Opladen 1996, S. 17.

werden Kriterien zur Bewertung des Antifaschismus aus der Sicht des demokratischen Verfassungsstaates aufgestellt, anhand derer die PDS am Ende beurteilt wird. Der Verfasser legt einen großen Wert auf eine klare Strukturierung der Fakten und eine intersubjektiv nachvollziehbare Analyse und Bewertung.

Die Frage der Verfassungsmäßigkeit der PDS als Gesamtpartei gehört nicht zur zentralen Fragestellung und wird nur in einem für die Arbeit relevanten Ausmaß Berücksichtigung finden.[80] Eine Bewertung der antifaschistischen Arbeit der PDS aus der Perspektive der Extremismustheorie erscheint hingegen nicht nur legitim, sondern geradezu geboten, da die PDS sich selbst als Vorkämpferin der Demokratie gegen Rechtsextremismus darstellt. In dem Teilbereich „Antifaschismus und Rechtsextremismus" kann eine extremismustheoretische Betrachtung der PDS wertvolle Hinweise darauf liefern, ob und inwieweit ihre antifaschistische Arbeit dem demokratischen Verfassungsstaat nützt oder schadet.

Obwohl die Extremismustheorie immer wieder grundlegender Kritik ausgesetzt war und ist, hat sie sich bis heute als wertorientiert-vergleichendes Konzept in einer „streitbaren Demokratie" wie der Bundesrepublik Deutschland bewährt.[81] Das Bekenntnis zu einem wertgebundenen Antiextremismus bleibt eine konstitutive Bedingung für die Funktion des demokratischen Verfassungsstaates.[82] Eine Idealisierung der antifaschistischen Arbeit der PDS lehnt der Verfasser ebenso ab wie deren Dämonisierung. Eine sachliche Darstellung der positiven wie negativen Aspekte des Antifaschismus der PDS aus antiextremistischer Sicht dient dem demokratischen Verfassungsstaat am meisten.

4.   Aufbau

Zu Beginn der Arbeit erfolgt eine Klärung der zentralen Begriffe Faschismus, Antifaschismus, demokratischer Verfassungsstaat und Extremismus (II.). Dazu wird ein Analyseraster erarbeitet, anhand dessen bewertet werden kann, welche Form des Antifaschismus einen positiven Beitrag für den demokratischen Verfassungsstaat und welche Form des Antifaschismus eine Gefahr für diesen darstellt. Im Anschluss daran folgt eine kurze Darstellung der Geschichte des Antifaschismus in Deutschland – mit einem besonderen Schwerpunkt auf dem Antifaschismus der KPD und SED als Vorgängerorganisationen der PDS (III.). Die Begriffsklärungen sowie der kurze historische Rückblick dienen dazu, die Arbeit in den historisch-politischen Kontext einzuordnen.

Im zentralen Teil bearbeitet der Verfasser den Antifaschismus der PDS entlang der Kapitel Organisation, Ideologie und Strategie. Zunächst erfolgt ein organisatorischer Überblick über die Strukturen in und bei der PDS, die sich mit Antifaschismus und der Bekämpfung des Rechtsextremismus beschäftigen (IV.). Die programmatische Entwicklung der Partei im Bereich Antifaschismus von 1990 bis heute bildet den Untersuchungsgegenstand des nachfolgenden Kapitels (V.). Die Grundsatz- und Wahlprogramme stellen den Schwerpunkt des Untersuchungsgegenstandes in diesem Kapitel dar. Da die offiziell verabschiedeten Texte immer nur

---

[80]   Vgl. zur Verfassungsmäßigkeit der Gesamtpartei: Jürgen P. Lang, Ist die PDS eine demokratische Partei?, Eine extremismustheoretische Untersuchung, Baden-Baden 2003.

[81]   Vgl. Uwe Backes/Eckhard Jesse, Die „Extremismus-Formel" – Zur Fundamentalkritik an einem historisch-politischen Konzept, in: dies. (Hrsg.), Jahrbuch Extremismus & Demokratie, Bd. 13, Baden-Baden 2001, S.13-29.

[82]   Der Verfasser schließt sich insoweit Eckhard Jesse an. Vgl. ders., Plädoyer für einen antiextremistischen Konsens, in: Manfred Agethen/Eckhard Jesse/Ehrhart Neubert (Hrsg.), Der missbrauchte Antifaschismus, DDR-Staatsdoktrin und Lebenslüge der deutschen Linken, Freiburg i.Br. 2002, S. 19-28.

ein eingeschränktes Bild wiedergeben, sollen daneben die weiteren programmatischen Diskussionen im Bereich Antifaschismus und Rechtsextremismus sowie wichtige Stellungnahmen der Parteispitze und anderer einflussreicher Gruppen und Mitglieder Beachtung finden, um das Bild zu vervollständigen. Dabei wird unter anderem das Verhältnis der PDS zur Totalitarismus- und Extremismustheorie beleuchtet. Einen wichtigen Punkt in der Analyse macht die Stellung der PDS zu bestimmten Begrifflichkeiten aus.[83] Die Programmatik der Partei besitzt in der PDS wie in allen sozialistischen und kommunistischen Bewegungen einen besonders hohen Stellenwert.[84] Damit kommt auch der inhaltlichen Positionierung der PDS im Themenfeld Rechtsextremismus/Antifaschismus eine große Bedeutung zu. Daran schließt sich eine Untersuchung der antifaschistischen Strategie der Partei an (VI.). Die Wirkung des PDS-Antifaschismus auf die Mobilisierung ihrer Mitglieder und Sympathisanten, die Bewertung der eigenen Geschichte, das Verhältnis zur Nation und der Umgang mit rechtsextremistischen Kräften kommen zur Sprache. Ebenso findet die Instrumentalisierung des Antifaschismus für Angriffe auf Konservative, auf die Soziale Marktwirtschaft sowie den demokratischen Verfassungsstaat Berücksichtigung.

Der Verfasser erhofft sich weiterführende Anregungen durch einen Vergleich des Antifaschismus der PDS mit dem Antifaschismus von anderen Parteien und Gruppen. Als Vergleichobjekte aus dem extremen linken Spektrum dienen die „autonomen" Antifaschisten, die Vereinigung der Verfolgten des Naziregimes – Bund der Antifaschistinnen und Antifaschisten (VVN-BdA) sowie die Deutsche Kommunistische Partei (DKP). Außerdem wird der Antifaschismus der im Bundestag vertretenen Parteien mit jenem der PDS verglichen (VII.). Es soll besonders geprüft werden, ob und wie weit die PDS sich vom Antifaschismus der DDR entfernt und sich einem Antifaschismus- beziehungsweise Extremismusverständnis der politischen Parteien der Bundesrepublik Deutschland angenähert hat. Des Weiteren wird untersucht, ob das Auftauchen der PDS im Parteiensystem der Bundesrepublik zu einem veränderten Verständnis anderer Parteien im Bereich Antifaschismus und (Rechts-)Extremismus geführt hat.

Dem folgt eine abschließende Analyse, ob beziehungsweise inwieweit der PDS-Antifaschismus mit dem demokratischen Verfassungsstaat vereinbar ist (VIII.). Handelt es sich beim Engagement der PDS gegen Rechtsextremismus um einen wertvollen „Antirechtsextremismus" oder um einen linksextremistischen und verfassungsfeindlichen Antifaschismus?

Zum Schluss erscheint neben einer Zusammenfassung ein Ausblick auf die zukünftige Entwicklung des Antifaschismus der PDS sinnvoll (IX.). Im Anhang werden die wesentlichen Akteure der antifaschistischen Arbeit der PDS in Kurzbiographien vorgestellt (XI.). Die Auswahl enthält ehemalige und gegenwärtige Mitglieder des Sprecherrates der AG Rechtsextremismus/Antifaschismus, Wissenschaftler, die bei der PDS oder der Rosa-Luxemburg-Stiftung zum Thema Rechtsextremismus/Antifaschismus veröffentlichen sowie Parteifunktionäre und Abgeordnete, die einen besonderen Schwerpunkt im Bereich Rechtsextremismus/Antifaschismus setzen beziehungsweise gesetzt haben. Kenntnis über die Biographien der wesentlichen Akteure trägt zu einem besseren Verständnis des Antifaschismus der PDS bei und liefert Hinweise auf zukünftige Entwicklungen.

---

[83] Vgl. zur Bedeutung von Begriffen in der Politik: Wolfgang Bergsdorf, Herrschaft und Sprache, Studie zur politischen Terminologie der Bundesrepublik Deutschland, Pfullingen 1983.

[84] Vgl. Viola Neu, Das neue PDS-Programm, hrsg. von der Konrad-Adenauer-Stiftung, November 2003, S. 4 f.

II.   Begriffsklärung

1.   Faschismus

„Das wissenschaftliche Gebiet der ‚Faschismusforschung' und der ‚Theorien über den Faschismus' ist inzwischen fest etabliert und hat den Umfang angenommen, der sogar für einen Spezialisten kaum noch überschaubar ist."[85]

An dieser Stelle kann es nicht darum gehen, einen erschöpfenden Überblick zur Faschismusforschung zu gewähren oder eine neue Faschismustheorie zu entwerfen. Das Ziel ist es, in prägnanter Form die wesentlichen Theorien darzustellen. Jede Form und Definition von Antifaschismus ist abhängig vom dazugehörigen Faschismusverständnis.

Keine Faschismustheorie ist ohne einen Rückblick auf die Geschichte des Faschismus denkbar. „Faschismus definieren, [bedeutet] zuallererst die Geschichte des Faschismus schreiben", erklärte Angelo Tasca bereits 1950.[86] Die Entwicklung des Faschismus begann 1914 mit der Gründung des *Fascio Rivoluzionario d'Azione Internazionalista* (Revolutionärer Bund der internationalen Aktion) durch italienische Gewerkschafter, die sich entgegen dem Beschluss des italienische Gewerkschaftsbundes *Unione Sindicale Italiana* dafür einsetzten, dass das bis dahin neutrale Italien an der Seite der Entente in den Ersten Weltkrieg eintreten solle.[87] Am 6. Januar 1915 wurde der Fascio neu organisiert unter der Bezeichnung *Fasci d'Azione Rivoluzionara* (Bünde der revolutionären Aktion). Benito Mussolini, der seine Mitgliedschaft in der Sozialistischen Partei Italiens sowie die Redaktion des Parteiblatts *Avanti* aufgab, entwickelte sich schnell zu einem der führenden Köpfe dieser Gruppe. Er formte eine neue Zeitung namens *Il Popolo d'Italia*, die eine klare Position für einen Kriegseintritt Italiens an der Seite der Entente ergriff.

Nach dem Ende des Ersten Weltkrieges gründete Mussolini mit frustrierten Kriegsveteranen und Nationalisten so genannte *fasci di combattimento* (Kampfbünde).[88] Diese wiesen Ähnlichkeiten zu den deutschen Freikorps auf und bekämpften sowohl die slawischen Minderheiten im Nordosten Italiens als auch die Linken in Oberitalien. 1921 gründete sich der *Partido Nazionale Fascista* (National-bündlerische Partei), deren *duce* (Führer) Mussolini eine immer stärkere Machtposition innerhalb der faschistischen Bewegung erlangen konnte.[89] Mit starker Unterstützung durch seine Bündnispartner von den Großagrariern und Industriellen wurde

---

[85]   Ernst Nolte, Der Faschismus in seiner Epoche, in: Uwe Backes/Eckhard Jesse (Hrsg.), Jahrbuch Extremismus & Demokratie, Bd. 14, Baden-Baden 2002, S. 337-340.

[86]   Angelo Tasca, Glauben, gehorchen, kämpfen, Der Aufstieg des Faschismus, Wien 1969, S. 374.

[87]   Vgl. Stanley G. Payne, A History of Fascism, 1914-1945, Madison, USA 1995, S. 81. Zur Herkunft des Begriffs „Faschismus" vgl. Duden, Etymologie, Herkunftswörterbuch der deutschen Sprache, Band 7, 2. Auflage, Mannheim 1989: „*It.* Fascismo ist abgeleitet von *it.* fascio ‚[Ruten]bündel', das seinerseits auf gleichbed. *lat.* fascis zurückgeht. Das Rutenbündel mit Beil war nämlich Symbol altrömischer Herrschergewalt und wurde als solches von den Anhängern des Fascismo übernommen und als Abzeichen getragen."

[88]   Vgl. Stephen B. Whitaker, The anarchist-individualist origins of Italian fascism, New York 2002, S. 96; allgemein zur Geschichte der faschistischen Kampfbünde siehe Sven Reichardt, Faschistische Kampfbünde, Gewalt und Gemeinschaft im italienischen Squadrismus und in der deutschen SA, Köln 2002.

[89]   Vgl. Wolfgang Wippermann, Faschismustheorien, Die Entwicklung der Diskussion von den Anfängen bis heute, 7. Auflage, Darmstadt 1997, S. 3.

Mussolini am 28. Oktober 1922 zum italienischen Ministerpräsidenten ernannt. Er brauchte vier Jahre, um das parlamentarische System zu zerschlagen und selbst nach dieser Zeit hat die „Gleichschaltung" von Staat und Gesellschaft im faschistischen Italien niemals das Ausmaß des deutschen Nationalsozialismus erreicht.[90]

Die Selbstbezeichnung von Mussolinis Partei entwickelte sich zum Gattungsbegriff, als ab 1922 insbesondere Kommunisten und Sozialisten begannen, andere diktatorische Regime außerhalb Italiens als „faschistisch" zu benennen. Die meisten der als „Faschisten" etikettierten Parteien und Regierungen lehnten diese Bezeichnung für sich ab und wehrten sich sogar dagegen. Somit diente der Begriff Faschismus einerseits als Selbstbezeichnung für das Regime Mussolinis und andererseits als politischer Kampfbegriff für Antifaschisten verschiedenster politischer Couleur.[91] Das Resultat war eine „gewisse inflationäre Verwendung und begriffliche Unschärfe".[92]

In historischer Perspektive kommt der kommunistischen Faschismustheorie eine besondere Bedeutung zu, da erstens die Auseinandersetzung mit dem Faschismus innerhalb der kommunistischen Bewegung immer eine zentrale Rolle spielte und zweitens viele weitere Faschismustheorien in ausdrücklicher Anlehnung oder Abgrenzung zur kommunistischen Theorie entstanden sind.

Die Basis der kommunistischen Faschismustheorie bildet die so genannte „Dimitroff-Formel", welche den Klassencharakter des Faschismus aus kommunistischer Sicht klarstellt. Faschismus ist nach einer Definition des XIII. Plenums des Exekutivkomitees der Komintern von 1933 die „offene terroristische Diktatur der am meisten reaktionären, chauvinistischen und imperialistischen Elemente des Finanzkapitals".[93] Die Dimitroff-Formel wurde auf dem VII. Weltkongress der Kommunistischen Internationale 1935 bestätigt und zum Kern eines umfassenderen Beschlusses gemacht, der bis 1989 die für alle Parteien in realsozialistischen Staaten verbindliche Faschismusdefinition darstellte.[94]

Unter normalen Umständen regiere das Monopolkapital in der Form der bürgerlich-liberalen Demokratie, die aus kommunistischer Sicht lediglich eine scheinbare Demokratie darstellt. Es handele sich tatsächlich um eine „verdeckte Diktatur". In Ausnahmesituationen bediene sich das Monopolkapital des Faschismus, um in einer „offenen Diktatur" seine Besitzstände gegenüber der Arbeiterklasse zu verteidigen. Faschismus und Liberalismus seien daher nur zwei verschiedene Formen bürgerlicher Herrschaft.[95] Die faschistische Exekutive wird von den Kommunisten rein heteronomistisch als Organ der ökonomisch mächtigsten Fraktion des Kapitals angesehen.

Die sozioökonomische Fundierung ist wesentliches Merkmal der kommunistischen Faschismustheorie. Da eine liberale und kapitalistische Demokratie jederzeit drohe, in die „offene Diktatur" des Faschismus überzugehen, müsse zu einer konsequenten Bekämpfung des Fa-

---

[90] Vgl. ebd.

[91] Vgl. ebd., S. 5.

[92] Wolfgang Wippermann, „Doch ein Begriff muß bei dem Worte sein", Über „Extremismus", „Faschismus", „Totalitarismus" und „Neofaschismus", in: Siegfried Jäger/Alfred Schobert (Hrsg.), Weiter auf unsicherem Grund, Faschismus – Rechtsextremismus – Rassismus, Kontinuitäten und Brüche, Duisburg 2000, S. 21-47.

[93] Vgl. Protokoll des XIII. Plenums des Exekutivkomitees der Komintern, Dezember 1933, Moskau-Leningrad 1934, S. 277, zitiert nach Wolfgang Wippermann, Faschismustheorien, Die Entwicklung der Diskussion von den Anfängen bis heute, 7. Auflage, Darmstadt 1997, S. 21.

[94] Vgl. Resolution zum Bericht des Genossen Georgi Dimitroff, in: VII. Weltkongreß der Kommunistischen Internationale, Referate, Aus der Diskussion, Schlußwort, Resolutionen, Frankfurt a.M. 1971, S. 270-285; Kleines politisches Wörterbuch, 3. Auflage, Berlin (Ost) 1978, S. 237 f.

[95] Vgl. Reinhard Kühnl, Formen bürgerlicher Herrschaft, Liberalismus – Faschismus, Hamburg 1971.

1. Faschismus

schismus dessen Wurzel vernichtet werden, also die liberale und kapitalistische Demokratie durch eine sozialistisch-kommunistische Gesellschaft ersetzt werden. Nur im Sozialismus beziehungsweise Kommunismus sei der Faschismus endgültig besiegt. Nur nach einer „Entmachtung der kapitalistischen Monopole" können aus der Sicht der Kommunisten „die Grundlagen für die Entwicklung wahrhaft demokratischer Verhältnisse" geschaffen werden.[96]

Patrick Moreau und Rita Schorpp-Grabiak erkennen insgesamt sieben verschiedene Spielarten der kommunistischen Faschismustheorie.[97] Es existieren insgesamt deutlich mehr, da jede noch so kleine kommunistische, marxistische, trotzkistische, maoistische Splittergruppe eine eigene Faschismustheorie besaß beziehungsweise besitzt, die sich mehr oder weniger von den anderen unterscheidet, aber letztlich immer auf die Dimitroff-Formel zurückgeführt werden kann. Der realexistierende Sozialismus hat sich selbst ausschließlich zu *einer* parteioffiziellen Faschismustheorie bekannt – nämlich den Erkenntnissen des VII. Weltkongresses der Kommunistischen Internationale. Die Bonapartismustheorie wurde als sozialdemokratisch abgetan. Von Trotzkisten und Maoisten vertretene Faschismustheorien diffamierte die herrschende Lehre als „Geschichtsfatalismus und Revoluzzertum" von „linksopportunistischen" Kräften.[98] Andere Theorien wie die Mittelstandstheorie oder psychologisierende Faschismustheorie, die von Moreau als kommunistisch eingeordnet werden, waren nach der Auffassung der DDR-Wissenschaft nichts anderes als „bürgerliche Geschichtsschreibung".[99] Die Hitler-Biographien wie beispielsweise jene von Joachim Fest kritisierte der real existierende Sozialismus als Verharmlosung und Reduktion des Faschismus auf eine Alleinschuld Hitlers.[100]

Die reine kommunistische Lehre lehnt die oft für sie genutzte Bezeichnung als „Agententheorie", nach welcher die Faschisten als Agenten und reine Befehlsempfänger der Kapitalisten handelten, ab. Eine derartige Darstellung sei eine „Andichtung ökonomischer Einseitigkeit".[101] Überhaupt wird jede Kritik an der kommunistischen Faschismusdefinition als unzulässige Vereinfachung der dialektisch-materialistischen Geschichtsauffassung beurteilt. „Die bürgerlichen Ideologen zeigen sich außerstande, insbesondere die dialektische Beziehung von Ökonomie, Politik und Ideologie zu begreifen."[102] So wird jeder Kritik die Legitimation genommen. Handelt es sich um Kritik aus bürgerlicher Perspektive, so versteht sie nichts vom Kommunismus – bei abweichenden Interpretationen aus dem eigenen Lager, handelt es sich um „Revoluzzer". Keine Kritik kann offenbar – aus marxistisch-leninistischer Sicht – etwas an der „Richtigkeit und Aktualität" der marxistisch-leninistischen Faschismusdefinition ändern.[103]

---

[96] Elfriede Lewerenz, Die Analyse des Faschismus durch die kommunistische Internationale, Die Aufdeckung von Wesen und Funktion des Faschismus während der Vorbereitung und Durchführung des VII. Kongresses der Kommunistischen Internationale (1933-1935), hrsg. vom Institut für Marxismus-Leninismus beim ZK der SED, Berlin 1975, S. 160.

[97] Vgl. Patrick Moreau/Rita Schorpp-Grabiak, „Man muss so radikal sein wie die Wirklichkeit" – Die PDS: eine Bilanz, Baden-Baden 2002, S. 164 f.

[98] Vgl. Gerhard Lozek/Rolf Richter, Legende oder Rechtfertigung?, Zur Kritik der Faschismustheorien in der bürgerlichen Geschichtsschreibung, Berlin 1979, S. 61-65.

[99] Vgl. ebd.

[100] Vgl. ebd., S. 51-60; Joachim C. Fest, Hitler, eine Biographie, 6. Auflage, Frankfurt a.M. 1996.

[101] Vgl. Gerhard Lozek/Rolf Richter, Legende oder Rechtfertigung?, Zur Kritik der Faschismustheorien in der bürgerlichen Geschichtsschreibung, Berlin 1979, S. 71.

[102] Ebd., S. 72.

[103] Elfriede Lewerenz, Die Analyse des Faschismus durch die kommunistische Internationale, Die Aufdeckung von Wesen und Funktion des Faschismus während der Vorbereitung und Durchführung des VII. Kongresses der Kommunistischen Internationale (1933-1935), hrsg. vom Institut für Marxismus-Leninismus beim ZK der SED, Berlin 1975, S. 172.

28 II. Begriffsklärung

Da Faschismus nach dieser streng marxistisch-leninistischen Definition als reguläre – wenngleich extreme – Herrschaftsform des Bürgertums begriffen wird, sind zwischen bürgerlicher Demokratie und Faschismus nur noch graduelle Unterschiede festzustellen.[104] Die kommunistische Denkweise verortet Demokratie somit als „latent faschistisches System".[105]

Die Bonapartismustheorie erklärt die Entstehung des Faschismus so, dass es bei einem „Gleichgewicht der Klassenkräfte" zwischen Bourgeoisie und Proletariat zu einer Verselbständigung der Exekutive gekommen sei. Als historisches Vorbild dient die Situation in Frankreich nach der Niederschlagung der proletarischen Revolutionen 1848. Während die Bourgeoisie zu geschwächt und zerstritten gewesen sei, mittels des Parlaments zu regieren, habe das Proletariat noch nicht die Kraft besessen, die Macht zu übernehmen. Die Bourgeoisie hätte zu Gunsten von Louis Bonaparte auf die politische Macht verzichtet, um die Verfügungsgewalt über die Produktionsmittel, das heißt ihre soziale Macht, zu behalten. Eine Grundlage dieser Theorie bilden die Bonapartismus-Schriften von Marx und Engels.[106]

Viele sozialistische Faschismusforscher sahen in Europa nach dem Ersten Weltkrieg eine vergleichbare Situation wie in Frankreich nach 1848: Es bestände ein „Gleichgewicht der Klassenkräfte" zwischen einer starken Arbeiterbewegung und einer Bourgeoisie, die im vollen Besitz der ökonomischen Gewalt sei.[107] In Italien hätte die Bourgeoisie zum Mittel des Faschismus gegriffen, um das Proletariat von der politischen Macht fernzuhalten und um die eigene wirtschaftliche Macht zu erhalten.

Der wesentliche Unterschied zur von der Dimitroff-Formel geprägten kommunistischen Faschismustheorie besteht darin, dass der Faschismus nicht als abhängiges Werkzeug der Bourgeoisie beurteilt wird. An der politischen Macht und gestützt auf seine Massenpartei, habe er sich verselbständigen können.[108]

Die Bonapartismustheorie fand vor allem in sozialdemokratischen Kreisen Verbreitung.[109] Ein einflussreicher Vertreter dieser Theorie war daneben der Gründer der KPD-Opposition (KPO), August Thalheimer.[110] Keine Einigkeit bestand unter den Vertretern der Bonapartismustheorie darüber, wie der Faschismus am effektivsten zu verhindern sei. Während Thalheimer und die KPO sich für die „Diktatur des Proletariats" als einzig möglichen Weg zur Verhinderung der faschistischen Machtübernahme aussprachen, waren sich die Sozialdemokraten unsicher. Die SPD lehnte den revolutionären Kurs der Kommunisten ab, hatte aber auch kein überzeugendes Gegenrezept. Um faschistischer und kommunistischer Gewalt begegnen zu können wurde zwar das Reichsbanner Schwarz-Rot-Gold aufgestellt. Am Ende erwies dieses sich als zu schwach, um der nationalsozialistischen Machtübernahme entscheidenden Widerstand entgegensetzen zu können. Die Bonapartismustheorien, die August Thal-

---

[104] Vgl. Antonia Grunenberg, Antifaschismus – ein deutscher Mythos, Reinbek 1993, S. 22. Siehe auch Reinhard Kühnl, Formen bürgerlicher Herrschaft, Liberalismus – Faschismus, Hamburg 1971.

[105] Vgl. Grunenberg, ebd.

[106] Vgl. Wolfgang Wippermann, Die Bonapartismustheorie von Marx und Engels, Stuttgart 1983.

[107] Vgl. Arkadij Gurland, Das Heute der proletarischen Aktion, Hemmnisse und Wandlungen im Klassenkampf, Berlin 1931.

[108] Vgl. Wolfgang Wippermann, Faschismustheorien, Die Entwicklung der Diskussion von den Anfängen bis heute, 7. Auflage Darmstadt 1997, S. 32.

[109] Vgl. ebd., S. 28-42.

[110] Vgl. Jürgen Kaestner, Die politische Theorie August Thalheimers, Frankfurt a.M. 1982, S. 115-125; Karl Hermann Tjaden, Struktur und Funktion der „KPD-Opposition" (KPO), Eine organisationssoziologische Untersuchung zur „Rechts"-Opposition im deutschen Kommunismus zur Zeit der Weimarer Republik, Meisenheim 1964, S. 271-282; Rüdiger Griepenburg/ders., Faschismus und Bonapartismus, Zur Kritik der Faschismustheorie August Thalheimers, in: Das Argument 41, 1966, S. 461-472.

1. Faschismus

heimer in mehreren Aufsätzen vertreten hatte, erlangten nochmals Einfluss auf die politische Diskussion in der Bundesrepublik Deutschland als sie in den sechziger Jahren von dem Marxisten Wolfgang Abendroth neu herausgegeben wurden.[111]

Verschiedene Beobachter sehen im Faschismus im Wesentlichen eine Bewegung der Mittelklasse.[112] Tatsächlich gelang es den italienischen Faschisten wie den deutschen Nationalsozialisten, eine breite Unterstützung für ihre Politik in allen Bevölkerungsschichten zu finden, wobei die aus dem Mittelstand überwogen.[113] Trotz einer überdurchschnittlichen Repräsentation von Mittelschicht-Wählern bei der NSDAP wäre die Bezeichnung „Mittelstandspartei" auf Grund des hohen Anteils von Wählern aus der Arbeiterschaft nicht zutreffend.[114] Die Wähler Hitlers speisten sich nach den Forschungen Jürgen Falters aus so vielen unterschiedlichen Quellen, dass die NSDAP seiner Ansicht nach am treffendsten als „Sammlungsbewegung des Protests"[115] oder „Volkspartei mit Mittelstandsbauch"[116] zu bezeichnen sei.

Eine weitere Erklärung zur Entstehung des Faschismus liefert die Modernisierungstheorie.[117] Nach Stanley G. Payne zeichnete sich vor allem der frühe italienische Faschismus durch eine starke Modernisierungstendenz aus.[118] Als Merkmale dieser Modernisierung macht er dabei den Standpunkt der faschistischen Bewegung zu Industrialisierung, Urbanisierung, Säkularisierung und Rationalisierung aus. Auf allen Gebieten bewertet Payne die Politik der italienischen Faschisten als fortschrittlich und modern. Der deutsche Nationalsozialismus zeigt sich sowohl in seiner Frühphase als auch später an der Macht durchaus widersprüchlich in seinem Verhältnis zur Modernisierung. Dennoch kommt Payne zu dem Ergebnis, dass beim Nationalsozialismus die Modernisierungstendenz überwiege.[119] Payne folgt damit der Einschätzung Ralf Dahrendorfs. Dieser hatte bereits in den sechziger Jahren festgestellt, dass der Nationalsozialismus in Deutschland eine soziale Revolution vollzogen habe, deren inhaltliches Merkmal „der brutale Bruch mit der Tradition und Stoß in die Modernität" gewesen sei.[120] Trotz unbestreitbarer Modernisierungstendenzen enthält der Nationalsozialismus ebenso rückschrittliche und antiaufklärerische Elemente. Daher greift eine Theorie, welche die nationalsozialistische Bewegung auf ihre Modernisierungstendenz reduziert, zu kurz.

Nach Wilhelm Reich bereitete die Unterdrückung und Verdrängung der freien Sexualität des Kindes durch autoritäre Normierungen im Kleinbürgertum und Proletariat unmittelbar den Boden für den Faschismus.[121] Reich empfiehlt, die proletarischen Kinder „durch Bejahung ihrer sexuellen Interessen und Befriedigung ihrer Wissbegierde zu politischem Interesse" heranzuziehen. Dadurch werde eine „stürmische sexuelle Rebellion der Frauen und Jugendlichen" in Gang gebracht und die bürgerliche Familie zerschlagen. Dies werde dem Faschismus die Grundlage entziehen.[122] Neben dieser Theorie Reichs, nach welcher Triebunterdrückung

---

[111] Vgl. Wolfgang Abendroth (Hrsg.), Faschismus und Kapitalismus, Theorien über die sozialen Ursprünge und die Funktion des Faschismus in Deutschland, Frankfurt a.M. 1967, S. 19-38.

[112] Vgl. Seymour Martin Lipset, Soziologie der Demokratie, Neuwied 1962, S. 131-189.

[113] Vgl. Detlef Mühlberger (Hrsg.), The Social Basis of European Fascist Movements, London 1987; Stein Larsen u.a. (Hrsg.), Who were the fascists?, Social Roots of European Fascism, Bergen 1980.

[114] Vgl. Jürgen W. Falter, Hitlers Wähler, München 1991, S. 288 f.

[115] Ebd., S. 289.

[116] Ebd., S. 372.

[117] Vgl. zur Modernisierungstheorie Hans-Ulrich Wehler, Modernisierungstheorie und Geschichte, Göttingen 1975.

[118] Vgl. Stanley G. Payne, A History of Fascism, 1914-1945, Madison, USA 1995, S. 472 f.

[119] Vgl. ebd., S. 485 f.

[120] Ralf Dahrendorf, Gesellschaft und Demokratie in Deutschland, München 1965, S. 432.

[121] Vgl. Wilhelm Reich, Massenpsychologie des Faschismus, Kopenhagen 1934.

[122] Wilhelm Reich, Massenpsychologie des Faschismus, Kopenhagen 1934, S. 268 f.

30 II. Begriffsklärung

zu Faschismus führt und Triebbefreiung Faschismus unmöglich macht, existieren weitere Forschungen zum Verhältnis von Faschismus zu Gesellschaftstheorie und Psychoanalyse.

Ernst Nolte beschreibt in seinem Klassiker „Der Faschismus in seiner Epoche" den Faschismus als historisches Phänomen, das nur im Zusammenhang seiner Epoche verstanden werden könne.[123] Es gelang Nolte, mit seinem Werk die Faschismusdebatte in Westeuropa nach dem 2. Weltkrieg anzustoßen und den Begriff „Faschismus" als gesamteuropäisches Phänomen in der wissenschaftlichen Diskussion durchzusetzen.

Die zentrale Faschismusdefinition Noltes lautet: „Faschismus ist Antimarxismus, der den Gegner durch die Ausbildung einer radikal entgegengesetzten und doch benachbarten Ideologie und die Anwendung von nahezu identischen und doch charakteristisch umgeprägten Methoden zu vernichten trachtet, stets aber im undurchbrechbaren Rahmen nationaler Selbstbehauptung und Ideologie."[124] Faschismus wird als Gegenbewegung zum Marxismus definiert. Das impliziert, dass es ohne Marxismus keinen Faschismus gebe. Der Faschismus sei im Bündnis mit den Konservativen und Liberalen zur Macht gekommen, um die bolschewistische Gefahr zu bekämpfen. An der Macht habe sich der Faschismus dann ebenso gegen das „liberale System" wie gegen den Bolschewismus gewandt.

Die Kritik an der historisch-phänomenologischen Faschismusdeutung Noltes kommt aus dem kommunistischen wie aus dem bürgerlichen Lager. Die Kommunisten werfen Nolte eine Verharmlosung des Faschismus als vergangene Epoche und die Verkennung seines Klassencharakters vor. Bürgerliche Wissenschaftler kritisieren vor allem die von Nolte erreichte „Renaissance eines generellen Faschismusbegriffs"[125], welche den Nationalsozialismus bagatellisiere und den Totalitarismusbegriff in Frage stelle.[126]

Konservative und Liberale gehörten in Italien und Deutschland sowohl zu den Gegnern wie zu den frühen Bündnispartnern der Faschisten beziehungsweise Nationalsozialisten. Zu den ersten konservativ-liberalen Faschismuskritikern zählte Don Luigi Sturzo.[127] Er war zugleich einer der ersten, der den Faschismus als totalitär kennzeichnete. Die Totalitarismustheorie sollte in der Zeit nach dem Zweiten Weltkrieg zu einer führenden Theorie im bürgerlichen Lager werden. Als grundlegendes Werk der Totalitarismustheorie gilt Carl Joachim Friedrichs und Zbigniew Brzezinskis „*Totalitarian Dictatorship and Autocracy*".[128] Faschismus, Nationalsozialismus und Kommunismus gelten als unterschiedliche Ausprägungen eines totalitären Ansatzes. Friedrich und Brzezinski definieren Totalitarismus anhand der folgenden sechs Merkmale:

1. allumfassende revolutionäre Ideologie,
2. eine Massenpartei, die ca. 10 Prozent der Bevölkerung umfasst,
3. eine Politik des anhaltenden Massenterrors,

---

[123] Vgl. Ernst Nolte, Der Faschismus in seiner Epoche, Die Action française, Der italienische Faschismus, Der Nationalsozialismus, München 1963.

[124] Ebd., S. 51. Die Passage ist im Original kursiv hervorgehoben.

[125] Vgl. Wolfgang Wippermann, Faschismustheorien, Die Entwicklung der Diskussion von den Anfängen bis heute, 7. Auflage, Darmstadt 1997, S. 90.

[126] Vgl. Karl Dietrich Bracher, Zeitgeschichtliche Kontroversen, Um Faschismus, Totalitarismus, Demokratie, München 1976, insbes. S. 13-32.

[127] Vgl. Uwe Backes, Antifaschismus – Anmerkungen zu Begriff und Geschichte, in: Manfred Agethen/Eckhard Jesse/Ehrhart Neubert (Hrsg.), Der missbrauchte Antifaschismus, DDR-Staatsdoktrin und Lebenslüge der deutschen Linken, Freiburg i.Br. 2002, S. 31-39.

[128] Vgl. Carl Joachim Friedrich/Zbigniew Kazimierz Brzezinski, Totalitarian dictatorship and autocracy, Cambridge, Mass. 1956. Deutsche Übersetzung: Friedrich/Brzezinski, Totalitäre Diktatur, Stuttgart 1957.

1. Faschismus

4. Gewaltmonopol der Armee oder anderer bewaffneter Kräfte,
5. konstante Manipulation der Massenmedien,
6. zentrale wirtschaftliche Steuerung.[129]

Die von Friedrich und Brzezinski geprägte Totalitarismustheorie erfreute sich in der Zeit nach dem 2. Weltkrieg einer breiten Rezeption. Insbesondere die Blockkonfrontation verschaffte ihr einen starken Zulauf. Nachdem sie in den siebziger und achtziger Jahren unter starkem Druck stand, führte der Fall des Kommunismus in Osteuropa zu ihrer Revitalisierung.[130] Selbst einer der vehementesten Gegner der Totalitarismus-Theorie, Wolfgang Wippermann, musste eingestehen, dass es „im vereinten Deutschland zu einer Renaissance des Totalitarismusbegriffs gekommen" sei.[131] Kritik entzündet sich immer wieder am idealtypischen und statischen Totalitarismus-Modell Friedrichs und Brzezinskis, welches nicht geeignet sei, die differenzierte und sich wandelnde Wirklichkeit angemessen zu erfassen.[132] Von links steht die Totalitarismustheorie unter dem Verdacht, Holocaust und Nationalsozialismus verharmlosen und Kommunismus dämonisieren zu wollen.[133]

Payne und die Engländer Roger Griffin[134] und Walter Laqueur[135] legen ihren vergleichenden Studien einen idealtypischen Faschismusbegriff zu Grunde. Sie definieren Faschismus also nicht am realexistierenden italienischen Faschismus oder deutschen Nationalsozialismus, sondern setzen zur Bestimmung auf ein vorweg definiertes „faschistisches Minimum". Griffin, dessen Werk als eine der führenden vergleichenden Faschismusstudien gilt, reduziert die faschistische Ideologie auf ihre nationalistischen Bestandteile, die er als konstitutiv für den Faschismus ansieht. Faschismus ist für ihn „eine palingenetische Form von populistischem Ultra-Nationalismus".[136] Neben den hier beschriebenen Faschismusdefinitionen existiert eine große Anzahl weiterer Theorien, auf die an dieser Stelle nicht näher eingegangen wird.[137]

In der Politik- und Geschichtswissenschaft bleibt weiterhin umstritten, inwieweit der Begriff Faschismus als Oberbegriff für alle rechten Diktaturen herangezogen werden kann oder ob Faschismus nur für die Beschreibung des Regimes von Mussolini in Italien verwandt werden darf. Insbesondere stellt sich die Frage, ob die Zeit der nationalsozialistischen Herrschaft in Deutschland von 1933-1945 eine Form des Faschismus darstellt oder nicht.

Nach der Ansicht von Wolfgang Wippermann ist Faschismus ein legitimer Oberbegriff für alle rechten Diktaturen.[138] Einzelne Differenzen zwischen verschiedenen Formen von

---

[129] Ebd.
[130] Vgl. Eckhard Jesse, Die Totalitarismusforschung im Streit der Meinungen, in: ders. (Hrsg.), Totalitarismus im 20. Jahrhundert, Eine Bilanz der internationalen Forschung, 2. Auflage, Bonn 1999, S. 9-40.
[131] Wolfgang Wippermann, Totalitarismustheorien, Die Entwicklung der Diskussion von den Anfängen bis heute, Darmstadt 1997, S. 115.
[132] Vgl. ebd.
[133] Vgl. ebd., S. 117.
[134] Vgl. Roger Griffin, The Nature of Fascism, London 1991.
[135] Vgl. Walter Laqueur, Faschismus – Gestern, Heute, Morgen. Berlin 1997.
[136] Roger Griffin, The Nature of Fascism, London 1991, S. 26. Palingenetisch = auf eine nationale „Wiedergeburt" zielend.
[137] Einen Überblick über Faschismustheorien bieten: Wolfgang Wippermann, Faschismustheorien, Die Entwicklung der Diskussion von den Anfängen bis heute, 7. Auflage, Darmstadt 1997; Stanley G. Payne, A History of Fascism, 1914-1945, Madison, USA 1995, S. 441-461; Renzo De Felice, Die Deutungen des Faschismus, hrsg. von Josef Schröder unter Mitwirkung von Josef Muhr, Göttingen 1980.
[138] Vgl. Wolfgang Wippermann, „Doch ein Begriff muß bei dem Worte sein", Über „Extremismus", „Faschismus", „Totalitarismus" und „Neofaschismus", in: Siegfried Jäger/Alfred Schobert (Hrsg.), Weiter auf unsicherem Grund, Faschismus – Rechtsextremismus – Rassismus, Kontinuitäten und Brüche, Duisburg 2000, S. 21-47; ders.,

Faschismus an der Macht sowie „neofaschistischen" Parteien und Bewegungen seien nicht so gravierend, um den generischen Faschismusbegriff insgesamt in Frage zu stellen.

Nach der Ansicht von Karl Dietrich Bracher wird Faschismus als Gattungs- und Systembegriff bei allen Gemeinsamkeiten zwischen den Regimen Mussolinis, Francos, Hitlers und ähnlichen Diktaturen den dennoch vorhandenen fundamentalen Unterschieden zwischen ihnen nicht gerecht.[139] Die Verwendung des Faschismusbegriffs für den Nationalsozialismus wird von J. Kurt Klein als „unvertretbare Verharmlosung der Terrorherrschaft Hitlers" beurteilt.[140]

Ein wesentlicher Grund, warum Kommunisten und Sozialisten die Nationalsozialisten vorzugsweise als Faschisten bezeichnen, liegt darin begründet, den „sozialistischen" Anteil der NSDAP herunterzuspielen. Um keine Begriffsverwirrung zwischen National-Sozialismus und International-Sozialismus entstehen zu lassen, wurde der Begriff „Faschismus" weltweit von der kommunistischen Bewegung zur allgemeinen und undifferenzierten Bezeichnung aller Erscheinungsformen von (Neo-)Nationalsozialismus und Rechtsextremismus genutzt.[141] Die Agitation der Kommunistischen Internationale ging sogar soweit, alle Antikommunisten grundsätzlich als „Faschisten" zu bezeichnen.[142]

Bis heute wird in linksextremistischen Kreisen der Bundesrepublik Deutschland sowie im Bereich des Linkssozialismus daran festgehalten, alle Kritiker und Gegner des Sozialismus pauschal als Faschisten zu diffamieren.[143] Die Verwendung eines derartig weiten Faschismusbegriffs dürfte in der politischen Gegenwart aber eher seinen Nutzern schaden als jenen, die damit getroffen werden sollen. Als glaubwürdiger und effektiver Kampfbegriff hat die Bezeichnung „Faschismus" in der politischen und medialen Landschaft der Bundesrepublik ausgedient.

Ebenso erscheint ein Festhalten am Oberbegriff des Faschismus für alle rechten Diktaturen unter Einschluss des Nationalsozialismus im Bereich der Wissenschaft als unangemessen. Wer den Begriff des Faschismus so weit generalisiert, dass er auf das faschistische Regime Italiens ebenso passt wie auf die nationalsozialistische Diktatur, jede andere rechte Diktatur sowie sämtliche „rechten" politischen Bewegungen und Positionen, verwässert diesen Begriff bis zur Unkenntlichkeit. Statt einen derartig ausgeweiteten Faschismusbegriff zu vertreten, sollte die Bezeichnung Faschismus zur Beschreibung des Regimes Mussolinis Anwendung finden und ansonsten auf den Begriff des Totalitarismus zurückgegriffen werden. Noch mehr

---

Faschismustheorien, Die Entwicklung der Diskussion von den Anfängen bis heute, 7. Auflage, Darmstadt 1997, S. 107-122; Reinhard Kühnl, Faschismus – Antifaschismus, Theorien über den Faschismus, in: Jens Mecklenburg (Hrsg.), Handbuch deutscher Rechtsextremismus, Berlin 1996, S. 31-54; ders., Faschismustheorien, Ein Leitfaden, Heilbronn 1990.

[139]   Vgl. Karl Dietrich Bracher, Zeitgeschichtliche Kontroversen, Um Faschismus, Totalitarismus, Demokratie, München 1976, insbes. S. 13-32.

[140]   J. Kurt Klein, Strategien der Immunisierung gegen den Mißbrauch des Antifaschismus als politisches Kampfmittel, in: Rudolf van Hüllen/J. Kurt Klein/Gerd Langguth/Reinhard Rupprecht, Linksextremismus – eine vernachlässigte Gefahr, hrsg. von der Konrad-Adenauer-Stiftung, Aktuelle Fragen der Politik, Heft 44, Sankt Augustin 1997, S. 47-57.

[141]   Vgl. Wolfgang Templin, Antifaschismus und Demokratie – ein Streitpunkt in der linken Diskussion?, in: Claudia Keller (Hrsg.), Die Nacht hat zwölf Stunden, dann kommt schon der Tag, Antifaschismus, Geschichte und Neubewertung, Berlin 1996, S.70-76.

[142]   Vgl. J. Kurt Klein, Strategien der Immunisierung gegen den Mißbrauch des Antifaschismus als politisches Kampfmittel, in: Rudolf van Hüllen/J. Kurt Klein/Gerd Langguth/Reinhard Rupprecht, Linksextremismus – eine vernachlässigte Gefahr, hrsg. von der Konrad-Adenauer-Stiftung, Aktuelle Fragen der Politik, Heft 44, Sankt Augustin 1997, S. 47-57.

[143]   Ebd.

2. Antifaschismus

gilt für die Zuordnung von politischen Richtungen in den Demokratien der Gegenwart, dass eine pauschale Einordnung von sämtlichen „rechten" oder rechtsradikalen Gruppen und Parteien als „faschistisch" wissenschaftlich kaum haltbar und politisch fragwürdig erscheint.

2.   Antifaschismus

So vielfältig und umstritten wie sich der Begriff des Faschismus darstellt, ist der Begriff des Antifaschismus. Nach Peter Steinbach gehörte das Wort Antifaschismus zu den „schillerndsten, umstrittensten und schließlich auch zu den am meisten missbrauchten Begriffen"[144] des 20. Jahrhunderts. Manfred Funke bezeichnete Antifaschismus als „politische Allzweckwaffe mit Blendcharakter".[145] Hans-Dieter Zimmermann beurteilte Antifaschismus als „therapeutisches Theater" der westdeutschen Linken.[146]

Antifaschismus bedeutet zunächst die Gegnerschaft zum Faschismus. Antonia Grunenberg, die „Anti-Faschismus" mit einem bezeichnenden Bindestrich schreibt, nennt ihn deshalb „jene merkwürdige Wortschöpfung, die ein Dagegen-Sein ausdrückt, aber kein politisches Konzept".[147] Möglicherweise hat die klare Contra-Position bei gleichzeitigem Verzicht auf eine ebenso klare Pro-Aussage zum Erfolg des Begriffes Antifaschismus beigetragen. Gegen Faschismus sind grundsätzlich alle. Je diffuser die Definition des Antifaschismus ist, desto müheloser können unter dem Begriff heterogene politische Kräfte zusammengeführt werden.[148] Insbesondere für Kommunisten oder andere Linksextremisten ist es – allemal nach 1990 – leichter, Anhänger zu mobilisieren, wenn man sich als Antifaschist geriert, statt als Kommunist um die Gunst von anderen werben zu müssen.[149]

Ursprünglich entwickelte sich der Begriff aus der Opposition gegen das Mussolini-Regime in Italien. Antifaschisten waren demgemäß alle Gegner Mussolinis, von den Anarchisten und moskautreuen Kommunisten über die Sozialisten und Liberalen bis hin zu den Christdemokraten, Monarchisten und Katholiken, aber auch parteipolitisch ungebundene Journalisten und Wissenschaftler. Es handelte sich bei jenen, die sich für Antifaschismus engagierten, um ein sehr breites politisches Spektrum, welches sich in der Ablehnung des Faschismus so einig war wie bei eigenen politischen Zielen uneinig. Der Politikwissenschaftler Uwe Backes macht bei den frühen italienischen Antifaschisten einen tiefen Graben zwischen jenen aus, die sich am Leitbild der parlamentarischen italienischen Republik orientierten und jenen, die sich den Di-

---

[144] Peter Steinbach, Antifaschismus. Schlagwort und Ausdruck einer Staatsreligion, in: Trend, Zeitschrift für soziale Marktwirtschaft 46, 1991, S. 22-29.

[145] Manfred Funke, „Antifaschismus", Zum Blendcharakter einer politischen Allzweckwaffe, in: Manfred Agethen/Eckhard Jesse/Ehrhart Neubert (Hrsg.), Der missbrauchte Antifaschismus, DDR-Staatsdoktrin und Lebenslüge der deutschen Linken, Freiburg i.Br. 2002, S. 305-313.

[146] Hans Dieter Zimmermann, Antifaschismus als therapeutisches Theater. Ein Versuch, die westdeutsche Moral zu erklären, in: Manfred Agethen/Eckhard Jesse/Ehrhart Neubert (Hrsg.), Der missbrauchte Antifaschismus, DDR-Staatsdoktrin und Lebenslüge der deutschen Linken, Freiburg i.Br. 2002, S. 293-300.

[147] Antonia Grunenberg, Antifaschismus – ein deutscher Mythos, Reinbek 1993, S. 9.

[148] Vgl. Hans-Helmuth Knütter, Internationale Antifaschismus-Kampagnen und ihre Rückwirkungen auf die Bundesrepublik Deutschland, in: Bundesminister des Innern (Hrsg.), Bedeutung und Funktion des Antifaschismus, Texte zur Inneren Sicherheit, Bonn 1990, S. 83-111.

[149] Vgl. Uwe Backes/Eckhard Jesse, Politischer Extremismus in der Bundesrepublik Deutschland, 4. Auflage, Bonn 1996, S. 455.

34 II. Begriffsklärung

rektiven des Moskauer „Zentrums der Weltrevolution" unterwarfen.[150] Der Begriff in seinem weiten Verständnis wurde von den Kommunisten vielfach verengt, monopolisiert und erfolgreich zur eigenen Legitimationsideologie deformiert.[151] Den Moskauer Kommunisten ist es gelungen, den Antifaschismus „durch eine brillante Inszenierung" zu einer „spontanen, grandiosen und bewundernswerten Weltbewegung" zu machen.[152]

In der politischen Gegenwart der Bundesrepublik Deutschland findet der Begriff Antifaschismus bevorzugt im linksextremistischen Spektrum Verwendung. Daneben wird der Begriff von nichtextremistischen linken Kräften genutzt. Niemandem, der sich als Antifaschisten bezeichnet, kann pauschal der Vorwurf der Gegnerschaft zum demokratischen Verfassungsstaat gemacht werden. Genau diese – angebliche – Pauschalisierung wird vom antifaschistischen Lager immer wieder als Vorwurf erhoben.[153]

Es gibt Antifaschisten, die als Demokraten einen Beitrag zur Verteidigung des demokratischen Verfassungsstaates im Kampf gegen Rechtsextremismus erbringen wollen, und Antifaschisten, die mit dem Faschismus verbundene Assoziation des Unmenschlichen dazu nutzen wollen, den demokratischen Wettbewerber zu stigmatisieren, dessen politische Positionen zu diskreditieren und aus dem demokratischen Diskurs auszugrenzen. Dass eine antifaschistische Linke, die in der Tradition der Sozialfaschismustheorie Sozialdemokraten als Faschisten sieht, teilweise noch in der bundesrepublikanischen Gegenwart existiert, gestehen selbst führende Vertreter der PDS ein.[154] Allerdings befinden sich innerhalb des linken Spektrums ebenso Vertreter, die die Gleichsetzung des Antifaschismus mit dem sozialistischen Gesellschaftsmodell und die Ausgrenzung von nichtsozialistischen Kräften als „Sackgasse" bezeichnen, welche die Stoßrichtung gegen den Faschismus auf ein Handeln für den Sozialismus umlenke.[155]

Unter Antifaschisten war stets umstritten, wer sich als Antifaschist bezeichnen darf und wer nicht. Nach der strengsten Auslegung gehören nur diejenigen zu den Antifaschisten, die sich konsequent gegen das kapitalistische und für ein sozialistisches Gesellschaftsmodell einsetzen. Die „Volksfront"-Strategie möchte dagegen sämtliche Kräfte gegen den Faschismus in einer antifaschistischen Bewegung zusammenführen.[156] Ausdrücklich soll die Volksfront nicht nur Kommunisten und Sozialisten umfassen, sondern auch Liberale, Christen, Konservative und alle anderen demokratischen gesellschaftlichen Bewegungen. Robert Erlinghagen plädiert heute ausdrücklich für eine Einbeziehung aller Kräfte in den Kampf gegen Faschismus: „Dem heutigen Antifaschismus (bleibt) nichts anderes übrig, als an der selbstverständlich ständig zu aktualisierenden und zu modifizierenden ‚Volksfront'-Strategie festzuhalten als einer Strategie, die – und darauf kommt es an – auf ein möglichst breites Bündnis gegen eine faschistische Gefahr abzielt."[157] Kritiker werfen der „Volksfront"-Strategie vor, dass es sich bei ihr stets nur

---

[150] Vgl. Uwe Backes, Antifaschismus. Anmerkungen zu Begriff und Geschichte, in: Manfred Agethen/Eckhard Jesse/Ehrhart Neubert (Hrsg.), Der missbrauchte Antifaschismus, DDR-Staatsdoktrin und Lebenslüge der deutschen Linken, Freiburg i.Br. 2002, S. 31-39, hier S. 32.

[151] Vgl. Bernd Faulenbach, Die DDR als antifaschistischer Staat, in: Rainer Eckert/Bernd Faulenbach (Hrsg.), Halbherziger Revisionismus. Zum postkommunistischen Geschichtsbild, München und Landsberg am Lech 1996, S. 47-68.

[152] Stéphane Courtois, Kommunismus im Zeitalter des Totalitarismus – eine Jahrhundertbilanz, in: Uwe Backes/ders. (Hrsg.), „Ein Gespenst geht um in Europa", Das Erbe kommunistischer Ideologien, Köln 2002, S. 17-58.

[153] Vgl. Reinhard Kühnl, Faschismus – Antifaschismus, Theorien über den Faschismus, in: Jens Mecklenburg (Hrsg.), Handbuch deutscher Rechtsextremismus, Berlin 1996, S. 31-54.

[154] Vgl. Gregor Gysi, Ein Blick zurück, ein Schritt nach vorn, 5. Auflage, Hamburg 2001, S. 100.

[155] Vgl. Robert Erlinghagen, Die Diskussion um den Begriff des Antifaschismus seit 1989/90, Berlin 1997, S. 9.

[156] Ebd., S. 9 f.

[157] Ebd.

2. Antifaschismus

um eine taktische Maßnahme der Kommunisten in einer eigenen Schwächeperiode gehandelt habe.[158] Eine breite Volksfront sei im kommunistischen Sinne regelmäßig eine Übergangsvariante vor der totalen Machtübernahme der Kommunisten. Als Beispiel dafür wird insbesondere die „antifaschistisch-demokratische Ordnung" in der Sowjetischen Besatzungszone nach 1945 angeführt. Innerhalb der antifaschistischen Volksfront sähen sich die Kommunisten immer als Avantgarde mit einem unmissverständlichen Führungsanspruch.

Dogmatische Kräfte, die in der Kommunistischen Plattform oder dem Marxistischen Forum der PDS oder der DKP zu finden sind, vertreten bis heute einen klar antikapitalistischen und pro-sozialistischen Antifaschismus. „Es gibt keinen antikommunistischen Antifaschismus!" heißt es konsequenterweise bei der Kommunistischen Plattform der PDS.[159] Jede Kritik an der Herrschaftsform des real existierenden Sozialismus oder gar strukturelle Vergleiche der kommunistischen Gewaltherrschaft mit der nationalsozialistischen Gewaltherrschaft sind bei dieser Strömung ein Tabu. Selbst der „antistalinistische Grundkonsens" des außerordentlichen Parteitages der SED im Dezember 1989 wird von den traditionalistischen Kräften angezweifelt.[160]

Eine pragmatischere Strömung macht sich den an Horkheimer angelehnten Satz Jorge Semprúns zu Eigen: „Wer aber vom Stalinismus nicht reden will, sollte auch vom Faschismus schweigen."[161] Die Auseinandersetzung mit der realsozialistischen Herrschaft ist nicht nur erlaubt, sondern wird sogar selbst getätigt.[162] Die Kritik richtet sich nur gegen die stalinistische Entartung des Sozialismus und hält grundsätzlich an der sozialistischen Gesellschaftsordnung fest. Eine klare Trennung zwischen Stalinismus einerseits und Sozialismus andererseits ist allerdings weder historisch noch ideologisch so einfach, wie von der pragmatischen antifaschistischen Linie dargestellt. Die Kritik am Stalinismus erfüllt eine Entlastungsfunktion für die – angeblich – reine und unbefleckte Idee des Sozialismus. Konsequenterweise hält die pragmatische Linie des modernen Antifaschismus an dessen kapitalismuskritischen und pro-sozialistischen Elementen fest. Die ideologische und organisatorische Flexibilität ist nur deutlich höher ausgeprägt als bei der dogmatischen Richtung. Faschismus stellt in der Auffassung

---

[158] Vgl. Wolfgang Rudzio, Antifaschismus als Volksfrontkitt, in: Bundesminister des innern (Hrsg.), Bedeutung und Funktion des Antifaschismus, Texte zur Inneren Sicherheit, Bonn 1990, S. 65-82.

[159] „Für eine tolerante Gesellschaft – gegen Rechtsextremismus und Rassismus", Erklärung der Kommunistischen Plattform der PDS in Vorbereitung der am 12. und 13. Mai 2001 stattfindenden Konferenz, in: Mitteilungen der Kommunistischen Plattform Mai 2001, http://sozialisten.de/politik/publikationen/kpf-mitteilungen/view_html?zid=4222&bs=1&n=1.

[160] Vgl. Michael Schumann, Wir brechen unwiderruflich mit dem Stalinismus als System!, Referat „Zur Krise der Gesellschaft und zu ihren Ursachen, zur Verantwortung der SED, in: Lothar Hornbogen/Detlef Nakath/Gerd-Rüdiger Stephan (Hrsg.), Außerordentlicher Parteitag der SED/PDS, Protokoll der Beratungen am 8./9. und 16./17. Dezember 1989 in Berlin, Berlin 1999, S. 178-192; zur Stalinismus-Debatte in der PDS siehe Patrick Moreau/Jürgen P. Lang, Linksextremismus, Eine unterschätzte Gefahr, Bonn 1996, S. 36-38; Horst Helas, PDS und Stalinismus, Ein Beitrag zur Rekonstruierung einer wissenschaftlich-politischen Debatte, hrsg. von der Historischen Kommission der PDS, Heft 5, Manuskript, Berlin 1995.

[161] Jorge Semprún, Stalinismus und Faschismus, in: Hilmar Hoffmann (Hrsg.), Gegen den Versuch, Vergangenheit zu verbiegen, Eine Diskussion um politische Kultur in der Bundesrepublik aus Anlaß der Frankfurter Römerberggespräche 1986, Frankfurt a.M. 1987, S. 37-49, hier S. 49.

[162] Vgl. Reiner Zilkenat, Bittere Wahrheiten und vermeidbare Irrtümer. Kritische Gedanken zu Tim Peters' Beitrag zum Antifaschismus der PDS, in: Rundbrief der AG Rechtsextremismus/Antifaschismus 1+2/2005, S. 46-51; Horst Helas, PDS und Stalinismus, Ein Beitrag zur Rekonstruierung einer wissenschaftlich-politischen Debatte, hrsg. von der Historischen Kommission der PDS, Heft 5, Manuskript, Berlin 1995; Historische Kommission beim Parteivorstand der PDS (Hrsg.), Der Stalinismus in der KPD und SED – Wurzeln, Wirkungen, Folgen, Berlin 1991; Wladislaw Hedeler/Horst Helas/Dietmar Wulff, Stalins Erbe, Der Stalinismus und die deutsche Arbeiterbewegung, Berlin 1990.

36 II. Begriffsklärung

der pragmatischen marxistischen Kräfte aber weiterhin eine Form von bürgerlich-kapitalistischer Herrschaft dar.[163]

Als Kerndefinition des Antifaschismus formuliert Erlinghagen aus undogmatisch-marxistischer Perspektive folgende Punkte:

- Die Verteidigung des Kapitalismus bedeutet nicht automatisch eine Rechtfertigung des Faschismus, sie muss aber eine mögliche Faschisierung der kapitalistischen Gesellschaft in ihre Überlegungen miteinbeziehen.
- Ebenso wenig bedeutet die Verteidigung des Sozialismus automatisch eine Verteidigung oder Apologie des Stalinismus, sie muss die Möglichkeit einer stalinistischen Entwicklung des Sozialismus aber einkalkulieren.
- Antifaschismus ist schon dem Ursprung des Wortes nach unmittelbar an den Begriff Faschismus gebunden und richtet sich gegen jene politischen Phänomene, die das Wesen des Faschismus ausmachen.
- Dennoch bedeutet die Erkenntnis, dass der Faschismus auf dem Boden bürgerlich-kapitalistischer Gesellschaften entsteht, bezüglich des Antifaschismus nicht, sich automatisch auf die Seite des Sozialismus schlagen zu müssen, denn die Errichtung einer faschistischen Diktatur – und nur diese zu verhindern oder zu beseitigen ist das politische Ziel des Antifaschismus – kann auch mit den Mitteln des bürgerlich-demokratischen Rechtsstaates unterbunden werden. Zudem richtet sich der Faschismus nicht nur gegen die Arbeiterbewegung und gegen sozialistische Kräfte sondern hat auch gegenüber den bürgerlich-demokratischen, liberalistischen Prinzipien zerstörerisch gewirkt. Unter anderem aus dieser Erkenntnis leitet sich für die politische Praxis die Notwendigkeit ab, auch diejenigen Kräfte in die antifaschistische Arbeit zu integrieren, die nicht unbedingt den Kapitalismus insgesamt ablehnen.[164]

Aus extremismustheoretischer Sicht sind insbesondere zwei Feststellungen Erlinghagens besonders positiv zu bewerten: erstens, dass Faschismus mit den Mitteln des bürgerlich-demokratischen Rechtsstaat zu verhindern sei; zweitens, dass Kapitalismus nicht automatisch zu Faschismus führe. Obwohl Erlinghagen an der Dichotomie Kapitalismus/Sozialismus festhält, besteht aus der von ihm vertretenen Sicht für sozialistische Antifaschisten keine zwingende Notwendigkeit, die bürgerlich-kapitalistische Gesellschaftsordnung zu bekämpfen und zu überwinden, um den Faschismus zu verhindern. Stutzig macht der letzte Satz von Erlinghagen, in welchem er sich grundsätzlich für die Integration von nicht-sozialistischen Kräften in antifaschistische Bündnisse ausspricht. Wenn Erlinghagen sich für die Integration von Kräften einsetzt, die „nicht unbedingt den Kapitalismus insgesamt ablehnen" bedeutet dies im Umkehrschluss, dass in antifaschistischen Bündnissen kein Platz für diejenigen Kräfte sein soll, die sich uneingeschränkt zur marktwirtschaftlichen Ordnung bekennen. Damit werden entgegen dem Credo, *alle* Gegner des Faschismus in eine breite antifaschistische Bewegung aufzunehmen, viele Liberale und Konservative ausgegrenzt.

Obwohl sich Erlinghagen dem Wortlaut nach für eine breite antifaschistische Front ohne eine Avantgarde-Rolle der kapitalismuskritischen, sozialistischen Kräfte ausspricht[165], nimmt er doch eine Abstufung zwischen verschiedenen Gegnern des Faschismus vor, soweit er feststellt,

---

[163] Vgl. Robert Erlinghagen, Die Diskussion um den Begriff des Antifaschismus seit 1989/90, Berlin 1997, S. 13 f.
[164] Vgl. Robert Erlinghagen, Die Diskussion um den Begriff des Antifaschismus seit 1989/90, Berlin 1997, S. 16.
[165] Ebd., S. 12.

2. Antifaschismus

es gebe keine Äquidistanz der verschiedenen politischen Strömungen zum Faschismus. Alle Gegner des Faschismus grenzten sich über ihre jeweils positiv definierten Gesellschaftsentwürfe und -vorstellungen voneinander und vom Faschismus „*mehr* oder *weniger*"[166] ab.

Der konservative Politikprofessor Hans-Helmuth Knütter, der sich insbesondere Anfang der neunziger Jahre intensiv mit dem Phänomen des Antifaschismus auseinandersetzte, differenziert zwischen zwei Formen von Antifaschismus, dem „mehrdimensionalen" und dem „eindimensionalen":

> „Es gibt zum einen das *mehrdimensionale Antifaschismus-Verständnis des Sozialismus.* Mehrdimensional deswegen, weil es sowohl eine moralische Komponente hat als auch eine sozio-ökonomische. Dieses Antifaschismus-Verständnis ist insofern radikal, als es den ,Faschismus' nicht nur aus moralischen Gründen ablehnt, sondern weil es auch seine sozio-ökonomischen Wurzeln beseitigen will. Als unerlässliche Voraussetzung gilt die Aufhebung der privaten Verfügungsgewalt über Produktionsmittel. Nur auf diese Weise könne verhindert werden, dass diejenigen, die diese Verfügungsgewalt haben – die ,Kapitalisten' – sich der ,Faschisten' als Prätorianergarde bedienen, um in politischen und ökonomischen Krisensituationen die Bedrohung, die von den Sozialisten oder den ,Massen' ausgeht, mit brachialer Gewalt zu bekämpfen. Das politische Ziel dieses Antifaschismus-Verständnisses ist eine sozialistische Gesellschaft.
>
> Auf der anderen Seite gibt es ein bürgerlich-liberales und christliches Antifaschismus-Verständnis, das *eindimensional* ist, weil es nur die moralische Komponente umfasst, die sozioökonomische Analyse hingegen vernachlässigt. Es erfolgt allenfalls eine zeitgeschichtliche Aufarbeitung des Faschismus und des Nationalsozialismus, jedoch werden damit keine radikalen, gesellschaftsverändernden Ziele verbunden. Diese Auffassung wird von ethischen Rigoristen vor allem aus dem religiösen Bereich vertreten, aber auch von den nichtsozialistischen Eliten, die Angriffe von sozialistischer Seite abwehren wollen."[167]

Robert Erlinghagen bezeichnet die Definition von Knütter als „unzulässige Polarisierung von zwei einander ausschließenden Antifaschismus-Auffassungen".[168] Seiner Auffassung nach bleibe in der Antifaschismus-Definition von Knütter kein Platz für den von ihm in Anlehnung an Thomas Doerry formulierten Ansatz, der ausschließlich am negativen Ziel, das heißt an der Verhinderung des Faschismus orientiert sei. Dieser Auffassung ist zu widersprechen, da der von Knütter als „eindimensional" definierte Antifaschismus durchaus vereinbar ist mit dem Ansatz von Erlinghagen, welcher die Abwehr des Faschismus als zentrales Ziel nennt. Sozialisten, die beim Kampf gegen Rechtsextremismus auf eine Bekämpfung der bürgerlichen Demokratie und der marktwirtschaftlichen Ordnung verzichten, können zu den „eindimensionalen" Antifaschisten gerechnet werden. Wenn Erlinghagen nur formell oder nur zeitweise auf einen Angriff auf die – angebliche – sozioökonomische Basis des Faschismus, das heißt bürgerliche Demokratie und Marktwirtschaft, verzichten will, gehört er trotz möglicherweise anders lautender Lippenbekenntnisse zu denen, die einen „mehrdimensionalen", das heißt sozialistischen Antifaschismus fordern.

Das von Knütter gezeichnete Bild vom Antifaschismus als „letztem Aufgebot der deutschen Linken" und „Integrationsideologie"[169] wird selbst von linker Seite als „durchaus zutref-

---

[166] Ebd., S. 17. Hervorhebungen im Original.
[167] Hans-Helmuth Knütter, Die Faschismus-Keule, Das letzte Aufgebot der deutschen Linken, Frankfurt a.M. 1993, S. 23.
[168] Robert Erlinghagen, Die Diskussion um den Begriff des Antifaschismus seit 1989/90, Berlin 1997, S. 99.
[169] Hans-Helmuth Knütter, Die Faschismus-Keule. Das letzte Aufgebot der deutschen Linken, Frankfurt a.M. 1993.

fend" bezeichnet.[170] Nach dem Zusammenbruch des Kommunismus in Mittel- und Osteuropa in den Jahren 1989/90 verlor der kommunistisch geprägte Antifaschismusbegriff an Einfluss in Wissenschaft und Publizistik. Dennoch wirkt der Mythos, dass der Kommunismus mehr gute als schlechte Seiten gehabt habe, weil er gegen den Faschismus gerichtet gewesen sei, bis in die Gegenwart weiter. Heute diene dieser Mythos dazu, so Ehrhart Neubert, die Demokratie zu disqualifizieren und Bündnispartner abhängig zu machen.[171] Die zwei Seiten des Antifaschismus stellt auch Manfred Funke dar. Er beschreibt den Antifaschismus einerseits als „Imperativ zur Abwehr von rechtsextremen Angriffen auf unsere Verfassungsordnung" und andererseits warnt er davor, dass Linksextremisten den Begriff „zur Schwächung bürgerlicher Gesellschaft und zur Beförderung eines diffusen egalitären Humanismus"[172] benutzten.

Soweit Antifaschismus als „Markenzeichen der Linken"[173] und als „bezaubernder Mythos der Linken"[174] bezeichnet wird, macht dies die politische Ausrichtung des Antifaschismus deutlich. Antifaschismus ist ein von der politischen Linken besetzter und vereinnahmter Begriff. Er besitzt keine Eignung als überparteilicher Begriff im Kampf des demokratischen Verfassungsstaates gegen seine Gegner. Einzelne Konservative und Liberale sind zwar gerne gesehene Gäste im antifaschistischen Kampf gegen Rechtsextremismus – der antifaschistische Kampf bleibt aber immer eine ideologisch und im Wortsinn linke Bewegung. Zwar sind weder der Begriff Antifaschismus noch jeder, der sich als Antifaschist bezeichnet, per se als linksextremistisch und verfassungsfeindlich zu beurteilen. Doch wird der Begriff auch gerne von offen verfassungsfeindlichen und teilweise gewaltbereiten Kräften genutzt. Nicht-extremistische und gewaltfreie Antifaschisten vermeiden auf der anderen Seite vielfach eine klare und unmissverständliche Abgrenzung gegenüber den verfassungsfeindlichen und gewaltbereiten antifaschistischen Kräften. Das trägt nicht zu einer klaren Identifizierung des Antifaschismus mit Freiheit, Demokratie, Rechtsstaat und Gewaltfreiheit bei. Antifaschismus bleibt somit ein höchst vielschichtiger, umstrittener und missverständlicher Begriff, der eine unbestreitbar linke Konnotation besitzt.

3. Demokratischer Verfassungsstaat und Extremismus

Politischer Extremismus gilt als Sammelbezeichnung für alle Gegner des demokratischen Verfassungsstaates.[175] Diese abstrakte Grunddefinition ist in Deutschland weithin anerkannt – ohne dass in jedem konkreten Einzelfall ein Konsens darüber herrschte, was in der politischen Praxis als extremistisch zu beurteilen ist und was nicht. Zu den Grundprinzipien des demokra-

---

[170] Vgl. Robert Erlinghagen, Die Diskussion um den Begriff des Antifaschismus seit 1989/90, Berlin 1997, S. 116.

[171] Vgl. Ehrhart Neubert, Faschismusvorwurf und die Opposition in der DDR, in: Manfred Agethen/Eckhard Jesse/Ehrhart Neubert (Hrsg.), Der missbrauchte Antifaschismus, DDR-Staatsdoktrin und Lebenslüge der deutschen Linken, Freiburg i.Br. 2002, S. 186-201.

[172] Manfred Funke, „Antifaschismus". Zum Blendcharakter einer politischen Allzweckwaffe, in: Manfred Agethen/Eckhard Jesse/Ehrhart Neubert (Hrsg.), Der missbrauchte Antifaschismus, DDR-Staatsdoktrin und Lebenslüge der deutschen Linken, Freiburg i.Br. 2002, S. 305-313.

[173] Klaus Böttcher, AG Rechtsextremismus/Antifaschismus stellt sich vor, in: PDS-Pressedienst Nr. 32/95, 11.8.1995, S. 7 f.

[174] Marc Lazar, Le communisme en son siècle, in: Critique, Mai 1996, S. 361-372.

[175] Vgl. Steffen Kailitz, Politischer Extremismus in der Bundesrepublik Deutschland, Eine Einführung, Wiesbaden 2004, S. 15-30; Armin Pfahl-Traughber, Rechtsextremismus, München 2001, S. 12; Carmen Everts, Politischer Extremismus, Theorie und Analyse am Beispiel der Parteien REP und PDS, Berlin 2000, S. 198-200; Uwe Backes/Eckhard Jesse, Politischer Extremismus in der Bundesrepublik Deutschland, Bonn 1996, S. 37-40.

3. Demokratischer Verfassungsstaat und Extremismus

tischen Verfassungsstaats gehören nach der Rechtsprechung des Bundesverfassungsgerichts: „die Achtung vor den im Grundgesetz konkretisierten Menschenrechten, vor allem vor dem Recht der Persönlichkeit auf Leben und freie Entfaltung, die Volkssouveränität, die Gewaltenteilung, die Verantwortlichkeit der Regierung, die Gesetzmäßigkeit der Verwaltung, die Unabhängigkeit der Gerichte, das Mehrparteienprinzip und die Chancengleichheit für alle politischen Parteien mit dem Recht auf verfassungsmäßige Bildung und Ausübung einer Opposition".[176]

Armin Pfahl-Traughber sieht die politikwissenschaftliche Bestimmung der Minimalbedingungen des demokratischen Verfassungsstaates etwas allgemeiner angelegt als die Gerichtsdefinition, da sie mit einem anderen methodischen Instrumentarium arbeite und alle denkbaren Formen demokratischer Verfassungsstaaten in ihre Betrachtungen einbeziehen müsse.[177] Nach seiner Auffassung lassen sich folgende Kriterien nennen: „das Ethos menschlicher Fundamentalgleichheit, Menschen- und Bürgerrechte, der Konstitutionalismus mit dem Prinzip der Gewaltenteilung und dem Schutz der persönlichen Freiheitssphäre des einzelnen, rechtsstaatliche Vorgaben, das Mehrheitsprinzip verbunden mit einem Minderheitenschutz, ein Verständnis von Demokratie im Sinne der Konkurrenztheorie, ein politischer und gesellschaftlicher Pluralismus sowie das Repräsentativprinzip".[178]

Als ein fester Kern des demokratischen Verfassungsstaates gilt der „antitotalitäre Konsens". Danach wissen sich alle Demokraten einig in der Ablehnung jeglicher totalitärer Herrschaftsform. Zur Bekämpfung von totalitären Bewegungen und Ideologien stellen Demokraten möglicherweise untereinander vorhandene politische Differenzen in den Hintergrund. Linke Demokraten bekämpfen gemeinsam mit rechten Demokraten jede Form von Kommunismus. Rechte Demokraten bekämpfen gemeinsam mit linken Demokraten jede Form von Nationalsozialismus. Da reine Formen von Totalitarismus – wie etwa Kommunismus oder Nationalsozialismus – in der politischen Realität der heutigen Bundesrepublik Deutschland nur noch sehr vereinzelt anzutreffen sind, hat sich der Begriff des „antitotalitären Konsenses" immer mehr weg von einer Gemeinsamkeit der Demokraten gegen Totalitarismus hin zu einer Gemeinsamkeit der Demokraten gegen Extremismus entwickelt. Eckhard Jesse plädiert daher dafür, den Begriff des „antiextremistischen Konsenses" zu verwenden.[179] Jesse versteht unter Antiextremismus, dass jede Form von Extremismus als Antithese zum wertgebundenen demokratischen Verfassungsstaat abgelehnt wird. Demokratie und Extremismus werden als „antithetisches Begriffspaar" definiert.[180] Wichtig seien dabei die Einhaltung einer Äquidistanz gegenüber allen extremistischen Tendenzen sowie ein Vorgehen mit rechtsstaatlichen und nichtextremistischen Mitteln gegen Extremismus.

---

[176] Vgl. Bundesverfassungsgericht, SRP-Urteil v. 23.10.1952, Entscheidungen des Bundesverfassungsgerichts Band 2, S. 1-79, hier S. 13; siehe zur Legaldefinition der freiheitlichen demokratischen Grundordnung: § 4 Abs. 2 Gesetz über die Zusammenarbeit des Bundes und der Länder in Angelegenheiten des Verfassungsschutzes und über das Bundesamt für Verfassungsschutz (Bundesverfassungsschutzgesetz – BVerfSchG) vom 20.12.1990, zuletzt geändert am 16.8.2002.

[177] Vgl. Armin Pfahl-Traughber, Der Extremismusbegriff in der politikwissenschaftlichen Diskussion – Definitionen, Kritik, Alternativen, in: Uwe Backes/Eckhard Jesse (Hrsg.), Jahrbuch Extremismus & Demokratie, Bd. 4, Bonn 1992, S. 67-86.

[178] Ebd.

[179] Vgl. Eckhard Jesse, Plädoyer für einen antiextremistischen Konsens, in: Manfred Agethen/ders./Ehrhart Neubert (Hrsg.), Der missbrauchte Antifaschismus, DDR-Staatsdoktrin und Lebenslüge der deutschen Linken, Freiburg i.Br. 2002, S. 19-28; siehe auch Uwe Backes/ders., Antiextremistischer Konsens – Prinzipien und Praxis, in: dies. (Hrsg.), Jahrbuch Extremismus & Demokratie, Bd. 12, Baden-Baden 2000, S. 13-30.

[180] Uwe Backes/Eckhard Jesse, Demokratie und Extremismus, Anmerkungen zu einem antithetischen Begriffspaar, in: Aus Politik und Zeitgeschichte, B 44/1983, S. 3-18.

Neben dieser negativen Extremismusdefinition (*definitio ex negativo*) gibt es – insbesondere von Uwe Backes – den Versuch, zu einer positiven Extremismusdefinition (*definitio ex positivo*) zu gelangen.[181] Backes will die Extremismustheorie vom Kopf auf die Füße stellen. Er macht folgende „Strukturmerkmale" extremistischer Doktrine aus:

- offensive und defensive Absolutheitsansprüche,
- Dogmatismus,
- Utopismus und kategorischer Utopieverzicht
- Freund-Feind-Stereotype,
- Verschwörungstheorien,
- Fanatismus und Aktivismus.[182]

Zu Recht kritisiert Jürgen Lang an der positiven Extremismusdefinition, dass diese sich neuen Formen und Entwicklungen verschließe.[183] Außerdem existiere der Wert „extremistisch" nicht an sich, sondern gerade nur in der Ablehnung der Normen des demokratischen Verfassungsstaats.[184] Demnach ist die eingehende Untersuchung des phänomenologischen Profils des Extremismus durch Backes als eine wertvolle Ergänzung und Bereicherung der Extremismusforschung anzuerkennen. Die Extremismusdefinition beruht aber im Kern weiter auf der Abgrenzung zum demokratischen Verfassungsstaat.

Innerhalb der Politik- und Sozialwissenschaften finden sich viele Kritiker der Extremismustheorie.[185] Besonders von linksaußen verorteten Politikwissenschaftlern wie Wolf-Dieter Narr kommt immer wieder der Vorwurf, der Extremismus werde als politischer Kampfbegriff missbraucht und dürfe somit in der wissenschaftlichen Analyse keine Verwendung finden.[186] Die Verwendung eines Begriffs als politischer Kampfbegriff zieht nicht notwendigerweise dessen Unbrauchbarkeit als politikwissenschaftlicher Terminus nach sich. Eine Vielzahl von politikwissenschaftlichen Begriffen wird in der (partei-)politischen Auseinandersetzung instrumentalisiert. Es wäre nicht angemessen, diese dann jeweils umgehend aus der politikwissenschaftlichen Arbeit zu verbannen. Vielmehr gilt es, derartig politisch aufgeladene Begriffe in der Wissenschaft mit der gebotenen Sachlichkeit und Nüchternheit zu verwenden.

Ein regelmäßiger Kritikpunkt an der Extremismuswissenschaft ist die – angebliche – inhaltliche Gleichsetzung verschiedener politischer Doktrine.[187] Tatsächlich will die Extremismustheorie keine unzweifelhaft vorhandenen ideologischen Differenzen von Extremisten unterschiedlicher politische Couleur einebnen. Es geht vielmehr um einen strukturellen Vergleich von Gegnern des demokratischen Verfassungsstaates.

---

[181] Vgl. Uwe Backes, Politischer Extremismus in demokratischen Verfassungsstaaten, Elemente einer normativen Rahmentheorie, Opladen 1998; Carmen Everts, Politischer Extremismus, Theorie und Analyse am Beispiel der Parteien REP und PDS, Berlin 2000, S. 180-191.

[182] Vgl. ebd. S. 298-311.

[183] Vgl. Jürgen Lang, Ist die PDS eine demokratische Partei?, Eine extremismustheoretische Untersuchung, Baden-Baden 2003, S. 46.

[184] Ebd.

[185] Vgl. etwa Gero Neugebauer, Extremismus – Rechtsextremismus – Linksextremismus. Einige Anmerkungen zu Begriffen, Forschungskonzepten, Forschungsfragen und Forschungsergebnissen, in: Wolfgang Schubarth/Richard Stöss (Hrsg.), Rechtsextremismus in der Bundesrepublik Deutschland, Eine Bilanz, Opladen 2001, S. 13-37.

[186] Wolf-Dieter Narr, Radikalismus/Extremismus, in: Martin Greiffenhagen (Hrsg.), Kampf um Wörter? Politische Begriffe im Meinungsstreit, München 1980, S. 366-375.

[187] Helga Grebing, Linksradikalismus gleich Rechtsradikalismus, Eine falsche Gleichung, Stuttgart 1971.

4. Antifaschismus aus antiextremistischer Sicht 41

Kritik wird immer wieder an der normativen Prägung des Extremismusbegriffs geübt.[188] Wertfreie Wissenschaft ist aber nicht möglich. Es geht darum, zu Beginn in aller Offenheit die eigene Ausgangsposition offen zu legen und dann den Untersuchungsgegenstand ergebnisoffen, differenziert und fair zu untersuchen. Es sind im Übrigen vielfach gerade diejenigen, welche der Extremismuswissenschaft ihre normative Prägung vorwerfen, die selbst im höchsten Maße normativ geprägt sind – wenn auch in ganz anderer Richtung. Im Gegensatz zur Extremismustheorie, die ihren Ausgangspunkt offen darlegt, verschweigen diese üblicherweise ihre eigene normative Prägung.

Der Parteienforscher Richard Stöss schlägt vor, Parteien nach den Kriterien „antidemokratisch/antikapitalistisch" statt „rechtsextremistisch/linksextremistisch" zu unterscheiden.[189] Diese Kriterien erweisen sich für die Parteienanalyse als wenig tragfähig, da die Adjektive sich auf zwei verschiedene Ebenen beziehen. Die Positionierung einer Partei zur Demokratie hat nicht automatisch einen Bezug zur wirtschaftspolitischen Verortung der Partei. Eine linke und antikapitalistische Partei kann durchaus antidemokratisch sein. Eine rechte antidemokratische Partei kann sowohl eine antikapitalistische als auch eine kapitalistische Wirtschaftspolitik verfolgen.

Insgesamt hat sich die Extremismus-Formel bewährt. Die Kritik an ihr überzeugt nicht. In dieser Arbeit wird das Analyseraster sich daher am extremismustheoretischen Konzept ausrichten.

4. Antifaschismus aus antiextremistischer Sicht

Wie ist Antifaschismus aus der Sicht des demokratischen Verfassungsstaates zu beurteilen? Steht Antifaschismus grundsätzlich in Gegnerschaft zu diesem, oder ist er als ein konstitutiver Teil jeder Demokratie zu begreifen? Antifaschismus ist prinzipiell mit dem Konzept des demokratischen Verfassungsstaates und der Extremismustheorie vereinbar. Insbesondere diejenigen, die sich selbst als Antifaschisten bezeichnen, werfen der Extremismustheorie regelmäßig vor, jede Form des Antifaschismus als linksextremistisch auszugrenzen. Bestimmte Formen von Antifaschismus sind nicht mit dem demokratischen Verfassungsstaat vereinbar und stellen möglicherweise sogar einen Angriff auf diesen dar. Andere Formen des Antifaschismus sind es aber sehr wohl und bilden sogar einen erwünschten Beitrag zum Kampf des demokratischen Verfassungsstaates gegen Rechtsextremismus.

Um beurteilen zu können, inwieweit der Antifaschismus der PDS als Beitrag zum Kampf gegen Rechtsextremismus oder als Angriff auf den demokratischen Verfassungsstaat gewertet werden kann, sollen zunächst Kriterien für einen Antifaschismus aufgestellt werden, der positiv im Sinne des demokratischen Verfassungsstaates wirkt. Ein derartiger demokratischer Antifaschismus wird durch folgende Merkmale bestimmt:

---

[188] Hans-Gerd Jaschke, Streitbare Demokratie und innere Sicherheit, Grundlagen, Praxis und Kritik, Opladen 1991, S. 46.

[189] Vgl. Richard Stöss, Struktur und Entwicklung des Parteiensystems der Bundesrepublik – Eine Theorie, in: ders. (Hrsg.), Parteienhandbuch, Die Parteien der Bundesrepublik Deutschland 1945-1980, Bd. 1 AUD-CDU, Opladen 1983, S. 17-309; kritisch dazu Armin Pfahl-Traughber, Der Extremismusbegriff in der politikwissenschaftlichen Diskussion, Definitionen, Kritik, Alternativen, in: Uwe Backes/Eckhard Jesse (Hrsg.), Jahrbuch Extremismus & Demokratie, Bd. 4, Bonn 1992, S. 67-86.

1. sachlich-analytische Arbeit, welche die Erscheinungsformen des Rechtsextremismus ohne Polemik darstellt und zur wissenschaftlichen Auseinandersetzung mit Rechtsextremismus beiträgt,
2. differenzierte Terminologie bei der Beschreibung neonationalsozialistischer, rechtsextremistischer und rechtsradikaler Positionen,
3. politische Arbeit, die sich mit tatsächlichem Rechtsextremismus auseinandersetzt und keine Diffamierung von konservativen oder anderen demokratischen Positionen als faschistisch oder rechtsextremistisch betreibt,[190]
4. Anerkennung, dass der demokratische Verfassungsstaat auch von Linksextremismus bedroht wird,
5. Ablehnung von undemokratischen, nicht-rechtsstaatlichen und gewalttätigen Formen der Auseinandersetzung mit Rechtsextremismus, keine Zusammenarbeit mit linksextremistischen und gewalttätigen Kräften,
6. kritische Auseinandersetzung mit der Geschichte des Antifaschismus.

Soweit mit Antifaschismus im Sinne der kommunistischen Dimitroff-Formel der Kampf gegen die gesamte kapitalistische und bürgerliche Ordnung gemeint ist, wird Antifaschismus selbst zu einer Gefahr für die freiheitliche demokratische Ordnung. Merkmale dieser linksextremistischen antifaschistischen Ausrichtung sind:

1. Agitation gegen die parlamentarische Demokratie und die Soziale Marktwirtschaft, die pauschal als die wesentlichen Ursachen für Rechtsextremismus bezeichnet werden,
2. undifferenzierte Terminologie, welche die Begriffe (neo-)faschistisch, rechtsextremistisch und rechtsradikal als Synonyme benutzt,
3. pauschaler Kampf „gegen rechts", der als „rechte" Feindbilder nicht nur Extremisten und Radikale sieht, sondern auch Liberale, Bürgerliche und Konservative oder – in besonders starker Ausprägung – alle Nicht-Kommunisten,
4. Leugnung der Existenz von Linksextremismus als einer Gefahr für den demokratischen Verfassungsstaat,
5. Akzeptanz von undemokratischen, nicht-rechtsstaatlichen und gewalttätigen Formen der politischen Auseinandersetzung mit Rechtsextremismus, Zusammenarbeit mit linksextremistischen und gewalttätigen Kräften,
6. Geschichtsbild, in welchem kommunistischer Antifaschismus glorifiziert wird.

Bei den beiden Arten von Antifaschismus handelt es sich um theoretische Modelle, die zwei Extreme innerhalb des Antifaschismus beschreiben. Die beiden Extreme könnten überspitzt formuliert als „Antirechtsextremismus" (demokratischer Antifaschismus) und „Linksfaschismus" (linksextremistischer Antifaschismus) bezeichnet werden. In der Realität werden sich viele Beispiele für Formen dazwischen antreffen lassen. Nicht jede Mischform, die einzelne Merkmale des linksextremistischen Antifaschismus erfüllt, wird automatisch als verfassungsfeindlich einzuordnen sein. Nicht jeder, der die Geschichte des kommunistischen Antifaschismus glorifiziert, ist ein Linksextremist. Nicht jeder, der die Existenz von Linksextremismus als Gefahr für die Demokratie leugnet, kann selbst als linksextremistisch eingeordnet werden. Nicht jeder, der mit Linksextremisten zusammenarbeitet, wird selbst zum Linksextremisten.

---

[190] Dies schließt eine differenzierte Untersuchung von Zusammenhängen zwischen Konservatismus, Rechtsradikalismus und Rechtsextremismus nicht aus.

4. Antifaschismus aus antiextremistischer Sicht

Wer aber alle oder die Mehrzahl der Merkmale erfüllt, erweist dem demokratischen Verfassungsstaat keinen guten Dienst, indem er den Kampf gegen tatsächlichen oder vermeintlichen Rechtsextremismus nutzt, um Freiheit, Demokratie und Rechtsstaat von links zu attackieren.

Ob jemand einen wertvollen Beitrag zum demokratischen Verfassungsstaat leisten möchte oder nicht, verbleibt im freien Entscheidungsrahmen jedes einzelnen Bürgers. Wer aber vorgibt, etwas Positives zu leisten und dies in Wahrheit nicht tut – oder gar mit seinem Handeln der Demokratie Schaden zufügt –, handelt unredlich. Daher ist eine genauere Untersuchung über die Wirkungen des Antifaschismus der PDS auf den demokratischen Verfassungsstaat ein Beitrag zur Steigerung der Transparenz im politischen Wettbewerbssystem der Bundesrepublik Deutschland. Außerdem stellt ein linksextremistischer Antifaschismus, der den überwiegenden Teil oder gar sämtliche der vorgestellten Merkmale erfüllt, eine große Gefahr für den demokratischen Verfassungsstaat dar. Neugewonnene Erkenntnisse über den linksextremistischen Antifaschismus können dessen Bekämpfung erleichtern.

Inwieweit unterscheidet sich der „demokratische Antifaschismus" beziehungsweise „Antirechtsextremismus" vom „antiextremistischen Konsens" im Sinne Eckhard Jesses? Ein Unterschied liegt an erster Stelle in der Selbstbezeichnung der „Antifaschisten" und in ihrer Berufung auf „antifaschistische" Traditionen. Antiextremisten wie Jesse stehen der Verwendung des Begriffs „Antifaschismus" in der Arbeit gegen Rechtsextremismus und der darin implizierten Anknüpfung an bestimmte kommunistische Traditionen ablehnend gegenüber, ohne dass sie ihn prinzipiell als demokratiefeindlich brandmarken. Gemeinsam ist beiden Richtungen eine wertorientierte Grundhaltung. Positiver Bezugspunkt der Antifaschisten ist ein eher abstraktes demokratisch-humanistisches und kapitalismuskritisches Ideal, während Antiextremisten nach einem Gebilde des demokratischen Verfassungsstaates streben, welcher politisch-inhaltlich für ein breitestmögliches demokratisches Spektrum offen ist.

Zudem stehen demokratische Antifaschisten selbst bei einer grundsätzlichen Anerkennung der Existenz von Linksextremismus allen Vergleichen zwischen Links- und Rechtsextremismus sehr kritisch gegenüber, weil sie den Versuch einer Gleichsetzung der beiden Formen des Extremismus fürchten. Im Gegensatz zu Antiextremisten werden sich demokratische Antifaschisten faktisch nur mit dem Kampf gegen Rechtsextremismus befassen – obwohl sie möglicherweise andere extremistische Bedrohungen des demokratischen Verfassungsstaates in der Theorie anerkennen. Damit der demokratische Verfassungsstaat sich gegen seine Gegner durchsetzen kann, ist ein konsequentes Vorgehen gegen Extremisten jeder Couleur erforderlich. Wünschenswert wäre es daher, wenn sich alle Bürger gleichermaßen gegen alle Formen des politischen Extremismus wenden. Wenn sich bestimmte Bürger ausschließlich im Kampf gegen eine Bedrohungsform freiwillig engagieren, nutzt dies dem demokratischen Verfassungsstaat dennoch. In der pluralistischen Gesellschaft wenden sich verschiedene Bürger gegen verschiedene Formen des Extremismus: Der demokratische Antifaschist, der sich gegen Rechtsextremismus engagiert, ergänzt den konservativen Demokraten, der sich vornehmlich im Kampf gegen Linksextremismus betätigt.

Bei der Bewertung der Begrifflichkeiten greifen traditionalistische Kreise der PDS nahezu ausschließlich auf das Begriffspaar „Faschismus/Antifaschismus" zurück und lehnen eine Verwendung des Begriffs Rechtsextremismus ab. Pragmatische Kräfte in der PDS wehren sich gegen eine derartig undifferenzierte Verwendung des Faschismusbegriffs. Hingegen verwenden sie selbst die Bezeichnungen „Antifaschismus" und „Bekämpfung des Rechtsextremismus" als Synonym, wie beispielsweise im Namen der „AG Rechtsextremismus/Antifaschismus". Soweit Antifaschismus als Antirechtsextremismus im oben definierten Sinne verstanden wird, erscheint dies gut vertretbar. Daher finden die beiden Begriffe in dieser Arbeit ebenso als Synonyme Verwendung zur Beschreibung der PDS-Politik.[191]

---

[191] Auf die Details der von der PDS verwandten Begrifflichkeiten und deren politische Implikationen wird im Kapitel über die antifaschistische Ideologie der PDS noch näher einzugehen sein.

III. Geschichte des Antifaschismus in Deutschland

1. Weimarer Republik

Die Komintern schätzte sowohl den italienischen Faschismus als auch den deutschen Nationalsozialismus für lange Zeit falsch ein.[192] Die fehlerhafte Analyse verstellte der Komintern wie der KPD lange den Blick auf die in der faschistischen und nationalsozialistischen Bewegung liegende Anziehungskraft und Gefahr. Ende 1923 begann das Wort Faschismus in der Komintern ein Eigenleben zu führen und sich vom ursprünglichen Phänomen zu lösen.[193] Faschismus wurde immer häufiger zur Beschreibung beliebiger Gegner und Rivalen der Kommunisten genutzt.[194] Diese vom Historiker Leonid Luks als „unverantwortliche Handhabung" bezeichnete Nutzung des Faschismusbegriffs richtete nach dessen Einschätzung „irreparable Schäden" an und diente der später vertretenen „Sozialfaschismus"-Theorie, die eine starke gemeinsame Bewegung aller Gegner des Nationalsozialismus vereitelte, als Grundlage.[195]

Antifaschismus wurde in Deutschland erstmals von der KPD in die politische Auseinandersetzung eingeführt. Dabei war der Antifaschismus der KPD von Beginn an antikapitalistisch und antiparlamentarisch geprägt. Zwar gab es 1923 noch gemeinsame Volksfrontregierungen von Kommunisten und Sozialdemokraten in Sachsen und Thüringen. Aber selbst als Regierungspartner verfolgte die KPD bereits eine Strategie des militärischen Umsturzes. Das Verhältnis zur SPD war zunächst von ständigen Strategiewechseln geprägt. Mal wurde eine „Volksfront von oben" favorisiert, mal der Ansatz einer „Volksfront von unten", mal wurde jede Zusammenarbeit mit den Sozialdemokraten verweigert.

Der Nationalsozialismus geriet als Feind zunehmend in den Hintergrund. „Hauptfeind" der kommunistischen Antifaschisten in der Weimarer Republik wurden die parlamentarische Demokratie, die kapitalistische Ordnung sowie die SPD.[196] Bereits 1924 wurde auf dem V. Weltkongress der Komintern beschlossen: „Bei fortschreitendem Zerfall der bürgerlichen Gesellschaft nehmen alle bürgerlichen Parteien, insbesondere die Sozialdemokratie, einen mehr oder weniger faschistischen Charakter an. (...) Der Faschismus und die Sozialdemokratie sind die beiden Seiten ein und desselben Werkzeuges der großkapitalistischen Diktatur. Die Sozialdemokratie kann daher im Kampfe gegen den Faschismus niemals eine zuverlässige Bundesge-

---

[192] Vgl. Leonid Luks, Einsichten und Fehleinschätzungen: Faschismusanalyse der Komintern 1921-1928, in: Claudia Keller (Hrsg.), Die Nacht hat zwölf Stunden, dann kommt schon der Tag, Antifaschismus, Geschichte und Neubewertung, Berlin 1996, S. 77-92.

[193] Ebd.

[194] Ebd.

[195] Ebd.

[196] Vgl. Hermann Weber, „Hauptfeind Sozialdemokratie". Zur Politik der deutschen Kommunisten gegenüber Sozialdemokraten zwischen 1930 und 1950, in: Rainer Eckert/Bernd Faulenbach (Hrsg.), Halbherziger Revisionismus, Zum postkommunistischen Geschichtsbild, München und Landsberg am Lech 1996, S. 25-46; Bernhard H. Bayerlein, Einheitsfront- und Volksfrontmythos als Ursprungslegenden des Antifaschismus, in: Claudia Keller (Hrsg.), Die Nacht hat zwölf Stunden, dann kommt schon der Tag, Antifaschismus und Neubewertung, Berlin 1996, S. 103-122.

nossin des gegen den Faschismus kämpfenden Proletariats sein."[197] Diese Politik beruhte auf einer These von Stalin aus dem Jahr 1924, die Sozialdemokratie sei der „gemäßigte Flügel des Faschismus", Sozialdemokraten „Zwillingsbrüder" der Faschisten.[198]

Die Kommunistische Internationale bestätigte die „Sozialfaschismus"-Theorie offiziell auf dem 10. Plenum des EKKI im Juli 1929.[199] Der antisozialdemokratische Kurs der Kommunistischen Internationale wurde nach dem 11. Plenum des EKKI im März 1931 nochmals verschärft.[200] Der KPD-Vorsitzende Thälmann vertrat die Auffassung, dass die SPD für die KPD eine größere Gefahr als die NSDAP darstelle.[201] Als exemplarisch für das Denken der KPD kann ebenso die Eröffnungsrede der Alterspräsidentin des Reichstages, Clara Zetkin, vom 30. August 1932 gelten, in welcher sie der Sozialdemokratie vorwarf, „Schrittmacherin" für eine reaktionäre und gegenüber dem Faschismus freundliche Regierungspolitik zu sein.[202]

Diese schwerwiegenden Vorwürfe gegenüber den Sozialdemokraten hielten die Kommunisten nicht davon ab, selbst gemeinsame Aktionen mit den Nationalsozialisten durchzuführen, um die bürgerlichen und sozialdemokratischen Kräfte der Weimarer Republik zu schwächen, wie etwa beim Volksentscheid gegen die sozialdemokratisch geführte preußische Regierung Braun/Severing im August 1931 oder beim Berliner Verkehrsarbeiterstreik im November 1932.[203]

Im Rückblick zieht der ehemalige kommunistische Résistance-Kämpfer und Buchenwald-Häftling Jorge Semprún die Lehre, dass der Bolschewismus die demokratischen sozialistischen Parteien immer als Hauptfeind angesehen habe, auch wenn er sie nicht immer als sozialfaschistisch bezeichnet habe.[204] Annäherungen sowie eine Zusammenarbeit seien stets unter dem taktischen Aspekt der Instrumentalisierung des demokratischen Sozialismus bewertet worden.

Der kommunistische Antifaschismus galt in den dreißiger Jahren als mit Abstand einflussreichste Widerstandsbewegung gegen den Nationalsozialismus. Selbst bei demokratischen und nicht-kommunistischen Intellektuellen fanden die kommunistischen Antifaschismus-Initiativen breiten Zuspruch.[205] Eine Ursache dafür ist in der weit verbreiteten Republikfeindlichkeit der gesamten Gesellschaft der Weimarer Zeit zu suchen. Aus unterschiedlichen Motiven heraus waren weder die Sozialdemokraten noch die Liberalen und schon gar nicht die Konservativen von der Weimarer Demokratie restlos überzeugt. Weite Kreise der Intellektuellen strebten eine radikale politische Wende an. Die Angriffe der KPD auf die „faschistische" Weimarer Republik trafen in diesen Kreisen vielfach auf Zustimmung. Antifaschismus war für Grunenberg in der Weimarer Republik ein „Zeichen für ein fehlendes demokratisches Grundverständnis".[206]

---

[197] Abgedruckt in: Theo Pirker (Hrsg.), Komintern und Faschismus. Dokumente zur Geschichte und Theorie des Faschismus, Stuttgart 1965, S. 124.

[198] Josef W. Stalin, Werke, Berlin (Ost) 1952, Bd. 6, S. 253.

[199] Vgl. Leonid Luks, Entstehung der kommunistischen Faschismustheorie, Die Auseinandersetzung der Komintern mit Faschismus und Nationalsozialismus 1921-1935, Stuttgart 1985, S. 137-139.

[200] Ebd., S. 149-153.

[201] Ebd.

[202] Vgl. Clara Zetkin, Es gilt, den Faschismus niederzuringen!, Eröffnungsrede als Alterspräsidentin des Reichstages, in: Ausgewählte Reden und Schriften, Band III, Auswahl aus den Jahren 1924 bis 1933, hrsg. vom Institut für Marxismus-Leninismus beim ZK der SED, Berlin 1960, S. 413-419.

[203] Vgl. Klaus Rainer Röhl, Nähe zum Gegner, Kommunisten und Nationalsozialisten im Berliner BVG-Streik von 1932, Frankfurt a.M. 1994.

[204] Vgl. Jorge Semprún, Stalinismus und Faschismus, in: Hilmar Hoffmann (Hrsg.), Gegen den Versuch, Vergangenheit zu verbiegen, Eine Diskussion um politische Kultur in der Bundesrepublik aus Anlaß der Frankfurter Römerberggespräche 1986, Frankfurt a.M. 1987, S. 37-49.

[205] Vgl. François Furet, Le passé d'une illusion, Essai sur l'idée communiste au xxᵉ siècle, Paris 1995, S. 311-363.

[206] Antonia Grunenberg, Antifaschismus – ein deutscher Mythos, Reinbek 1993, S. 32.

2. Drittes Reich

Den antifaschistischen Kämpferinnen und Kämpfern der KPD attestiert Grunenberg die „Reduktion eines weltanschaulichen Gesamthorizonts auf ein quasi militärisches Dienstverhältnis"[207] gegenüber der Partei, die immer Recht habe.

2. Drittes Reich

Selbst nach der Machtübernahme der Nationalsozialisten vertrat die KPD zunächst gemäß der Vorgaben der Kommunistischen Internationale einen Antifaschismus, der als wesentliche Gegner die bürgerlichen Kräfte und die Sozialdemokraten ansah. Die SPD gehörte gemäß der Sozialfaschismusthese zu den politischen Gegnern. Gegen wen sich Antifaschismus richtete, war eine Auslegungssache, „abhängig vom aktuellen Machtkalkül".[208]

Im Spanischen Bürgerkrieg versammelten sich Sozialisten, Kommunisten, Anarchisten, Trotzkisten und andere in den Interbrigaden, um gemeinsam der faschistischen Franco-Armee entgegenzutreten. Der Kampf hätte ein leuchtendes Beispiel für den gemeinsamen antifaschistischen Einsatz für die gerechte Sache sein können. Der Spanische Bürgerkrieg wurde aber stattdessen zu einem Beispiel, wie die Sowjetunion versuchte, ihren weltweiten Hegemonieanspruch auch auf die Spanische Republik und die Interbrigaden auszuweiten. Die antifaschistische Front hatte in Spanien mit zwei Gegnern zu kämpfen, dem äußeren und dem inneren. Der sowjetische Geheimdienst und seine Helfer liquidierten im Namen des Antifaschismus missliebige Mitkämpfer, die – tatsächlich oder vermeintlich – von der Moskauer Linie abwichen.[209] Andere deutsche Spanienkämpfer, wie beispielsweise Arthur Becker, fielen auf Grund gezielter Hinweise der eigenen Leute dem Franco-Regime in die Hände.[210] Mit frei erfundenen Anschuldigungen wurde führenden Repräsentanten der marxistisch-antistalinistischen Partei POUM[211] im Oktober 1938 der Prozess gemacht. Kritiker des sowjetischen Kurses stellten fest, die Volksfront werde nun zur „Front" gesäubert.[212] Die Kommunistische Internationale und Stalin machten offen ihren unteilbaren und weltweiten Führungsanspruch über die antifaschistische Bewegung deutlich und zeigten dabei, mit welchen Mitteln sie gewillt waren, diesen Führungsanspruch durchzusetzen. Nach dem Urteil von Bernhard H. Bayerlein wurde der verpflichtende Kulturbegriff des Antifaschismus als Kampfbegriff der Komintern „zur Zerschlagung oppositioneller, nicht-kommunistischer Teile der Arbeiterbewegung sowie Teilen der eigenen Führungselite herangezogen".[213]

Erst spät kam es bei der kommunistischen Internationale zu einem Umschalten vom Kampf gegen den bürgerlichen und sozialdemokratischen Faschismus hin zu einer breiten Volksfrontpolitik, die zur – zumindest vorübergehenden – Zusammenarbeit mit allen Gegnern

---

[207] Ebd., S. 73.
[208] Ebd., S. 25.
[209] Vgl. Bernd Faulenbach, Die DDR als antifaschistischer Staat, in: Rainer Eckert/Bernd Faulenbach (Hrsg.), Halbherziger Revisionismus. Zum postkommunistischen Geschichtsbild, München und Landsberg am Lech 1996, S. 47-68, hier S. 49.
[210] Vgl. Walter Janka, Spuren eines Lebens, Berlin 1991, S. 170-172.
[211] Partido Obrero de Univicación Marxista (Arbeiterpartei der Marxistischen Einigung).
[212] Vgl. die aufschlussreiche Diskussion mit Walther Bernecker, Silvia Schlenstedt, Ursula Langkau-Alex, Der Spanienkrieg 1936-1939: Die Volksfront wird zur „Front" gesäubert, in: Claudia Keller (Hrsg.), Die Nacht hat zwölf Stunden, dann kommt schon der Tag, Antifaschismus, Geschichte und Neubewertung, Berlin 1996, S. 123-139.
[213] Bernhard H. Bayerlein, Einheitsfront- und Volksfrontmythos als Ursprungslegenden des Antifaschismus, in: Claudia Keller (Hrsg.), Die Nacht hat zwölf Stunden, dann kommt schon der Tag, Antifaschismus, Geschichte und Neubewertung, Berlin 1996, S. 103-122.

des Nationalsozialismus bereit war. Auf dem VII. Weltkongress der Komintern 1935 in Moskau wurde die Sozialfaschismus-Agitation durch eine Volksfront-Strategie ersetzt.[214] Sie sollte alle Gegner des Faschismus und Nationalsozialismus umfassen.

Als das Deutsche Reich und die Sowjetunion 1939 die als „Hitler-Stalin-Pakt" in die Geschichte eingegangene Vereinbarung unterzeichneten, mussten die Kommunisten in ganz Europa innerhalb von Tagen ihre Position um 180 Grad ändern. Nach dem Angriff Deutschlands auf die Sowjetunion 1941 erfolgte eine ebenso radikale und plötzliche Wende zurück. Die Instrumentalisierung des Antifaschismus für eine aus Moskau zentral gesteuerte kommunistische Machtpolitik ließ sich nach diesen kurzfristigen Wendungen nicht mehr verhehlen.

3.   DDR

Nach dem Historiker Werner Müller bedeutete „antifaschistische" Neuordnung in der sowjetischen Besatzungszone dreierlei: erstens die Durchsetzung der Hegemonie der KPD/SED, also die Errichtung einer Parteidiktatur, zweitens die Umwälzung der Eigentumsverhältnisse in Industrie und Großgrundbesitz und drittens die Ablösung von Eliten in den Bereichen Verwaltung, Justiz, Bildung und Polizei.[215] Die KPD/SED nutzte den Begriff Antifaschismus als „sprachliche Camouflage", um auf den Trümmern der nationalsozialistischen Diktatur ein neues totalitäres Regime zu errichten.[216] Antifaschismus diente der kommunistischen Führung als „Kampfbegriff zur ideologischen Formierung der Gesellschaft".[217]

Bei der Ablösung und Neubesetzung von Stellen ging es kaum um die tatsächliche Stellung zum Nationalsozialismus, sondern um die gegenwärtige Position zur politischen Linie der KPD/SED. Christdemokraten, Liberale oder Sozialdemokraten – Teile von ihnen Widerstandskämpfer gegen den Nationalsozialismus – verloren unter dem Vorwand der antifaschistisch-demokratischen Umwälzung ihre Ämter, wenn sie nicht bereit waren, den Führungsanspruch der KPD/SED zu akzeptieren.[218] Sozialdemokratische Gegner der Zwangsvereinigung von KPD und SPD diffamierte und schikanierte die Parteiführung der KPD/SED als „Faschisten".[219] DDR-Sicherheitsorgane verbrachten sogar ehemalige Widerstandskämpfer gegen

---

[214] Vgl. Resolution zum Bericht des Genossen Georgi Dimitroff, in: VII. Weltkongreß der Kommunistischen Internationale, Referate, Aus der Diskussion, Schlußwort, Resolutionen, Frankfurt a.M. 1971, S. 270-285. Siehe auch Manfred Wilke/Hans-Peter Müller/Marion Brabant, Die Deutsche Kommunistische Partei (DKP), Geschichte – Organisation – Politik, Köln 1990, S. 54-58.

[215] Vgl. Werner Müller, Bruch oder Kontinuität? SED, PDS und ihr „Antifaschismus", in: Manfred Agethen/Eckhard Jesse/Ehrhart Neubert (Hrsg.), Der missbrauchte Antifaschismus, DDR-Staatsdoktrin und Lebenslüge der deutschen Linken, Freiburg i.Br. 2002, S. 363-376, S. 365.

[216] Wolfgang Bergsdorf, Herrschaft und Sprache, Studie zur politischen Terminologie der Bundesrepublik Deutschland, Pfullingen 1983.

[217] Lothar Probst, Deutsche Vergangenheiten – Deutschlands Zukunft, Eine Diagnose intellektueller Kontroversen nach der Wiedervereinigung, in: Deutschland Archiv 27, 1994, S. 173-180.

[218] Vgl. Bernd Faulenbach, Einführung zur 30. Sitzung der Enquete-Kommission „Aufarbeitung von Geschichte und Folgen der SED-Diktatur in Deutschland" am 5.3.1993, in: Materialien der Enquete-Kommission (12. Legislaturperiode des Deutschen Bundestages), hrsg. vom Deutschen Bundestag, Band III, Baden-Baden/Frankfurt a.M. 1994, S. 101-110; Ehrhart Neubert, Faschismusvorwurf und die Opposition in der DDR, in: Manfred Agethen/Eckhard Jesse/Ehrhart Neubert (Hrsg.), Der missbrauchte Antifaschismus, DDR-Staatsdoktrin und Lebenslüge der deutschen Linken, Freiburg i.Br. 2002, S. 186-201.

[219] Vgl. Hermann Weber, „Hauptfeind Sozialdemokratie". Zur Politik der deutschen Kommunisten gegenüber Sozialdemokraten zwischen 1930 und 1950, in: Rainer Eckert/Bernd Faulenbach (Hrsg.), Halbherziger Revisionismus. Zum postkommunistischen Geschichtsbild, München und Landsberg am Lech 1996, S. 25-46.

3. DDR

den Nationalsozialismus unter dem Vorwurf, für den Faschismus zu arbeiten, in Gefängnisse oder Speziallager.[220]

Es komme nicht darauf an, zu bewerten, was der einzelne in der NS-Zeit getan habe, sondern wo er heute stehe und wie intensiv er sich für den „demokratischen Aufbau" im Sinne der SED engagiere, formulierte Walter Ulbricht 1948 und machte damit deutlich, wie der Antifaschismus der DDR zu verstehen war.[221] Wolfgang Leonhard zitiert eine andere Ulbricht zugeschriebene Äußerung, die an Deutlichkeit nichts vermissen lässt: „Es ist doch ganz klar: Es muss demokratisch aussehen, aber wir müssen alles in der Hand haben."[222] Ein zunehmend verengter Antifaschismus der SED orientierte sich immer mehr an den Vorgaben der Sowjetunion als an der ursprünglichen antifaschistischen Zielstellung.[223] „Entnazifizierung wurde zum Instrument des Klassenkampfes, antifaschistische Erziehung zum Mittel totalitärer Indoktrination", stellte der Pädagoge Siegfried Wolf fest.[224] Selbst die „subjektiv ehrlichen Bemühungen vieler Erzieher" um historische Aufklärung und antifaschistische Persönlichkeitsentwicklung wurden nach der Einschätzung von Wolf „durch die politischen Wirkungsbedingungen der Grundintention des Antifaschismus entfremdet und schließlich in ihr Gegenteil verkehrt".[225] Zum selben Ergebnis gelangt Britta Bugiel: Nach ihrer Einschätzung ist die antifaschistische Erziehung in der DDR weitgehend gescheitert.[226]

SBZ und DDR funktionalisierten den Antifaschismus im Rahmen des politischen Strafrechts gezielt zur Ausschaltung politischer Gegner und gleichzeitig zur Etablierung von Eliten aus SED-Kadern.[227] Die gesamte Periode der so genannten antifaschistisch-demokratischen Umwälzung war von vornherein als eine Übergangsperiode zur Machtkonsolidierung der Moskau-Kader der KPD geplant, an deren Ende die offene kommunistische Diktatur stehen sollte.[228] Den neben der KPD zugelassenen Parteien SPD, CDU und LDP fiel dabei die Rolle von

---

[220] Vgl. Günter Fippel, Der Mißbrauch des Faschismus-Begriffs in der SBZ/DDR, in: Deutschland-Archiv 25, 1992, S. 1055-1065; Antifaschismus als Integrationsideologie und Herrschaftsinstrument, 30. Sitzung der Enquete-Kommission „Aufarbeitung von Geschichte und Folgen der SED-Diktatur in Deutschland" am 5.3.1993, in: Materialien der Enquete-Kommission (12. Legislaturperiode des Deutschen Bundestages), hrsg. vom Deutschen Bundestag, Band III, Baden-Baden/Frankfurt a.M., S. 110-120.

[221] Vgl. Werner Müller, Bruch oder Kontinuität? SED, PDS und ihr „Antifaschismus", in: Manfred Agethen/Eckhard Jesse/Ehrhart Neubert (Hrsg.), Der missbrauchte Antifaschismus, DDR-Staatsdoktrin und Lebenslüge der deutschen Linken, Freiburg i.Br. 2002, S. 363-376, S. 366.

[222] Wolfgang Leonhard, Die Revolution entlässt ihre Kinder, Köln 1987, S. 317.

[223] Vgl. Hans Coppi, Antifaschismus, in: Bundesverband der Jungsozialistinnen und Jungsozialisten in der SPD (Hrsg.), Handbuch Rechtsextremismus, Berlin o.J. (wohl 1999), S. 5-9.

[224] Siegfried Wolf, Zum verordneten Antifaschismus in der DDR. Einige Thesen zu seinen Folgen, in: päd extra & demokratische erziehung, September 1990, S. 22-26, hier S. 25.

[225] Ebd.

[226] Vgl. Britta Bugiel, Rechtsextremismus Jugendlicher in der DDR und in den neuen Bundesländern von 1982-1998, Münster 2002, S. 60 f.

[227] Vgl. Clemens Vollnhals, Politische Säuberung als Herrschaftsinstrument, Entnazifizierung in der Sowjetischen Besatzungszone, in: Andreas Hilger/Mike Schmeitzner/Ute Schmidt (Hrsg.), Diktaturdurchsetzung, Instrumente und Methoden der kommunistischen Machtsicherung in der SBZ/DDR 1945-1955, Dresden 2001, S. 127-138; Falco Werkentin, Politische Strafjustiz in der Ära Ulbricht, Berlin 1995, S. 168-242; Bernd Faulenbach, Die DDR als antifaschistischer Staat, in: Rainer Eckert/Bernd Faulenbach (Hrsg.), Halbherziger Revisionismus. Zum postkommunistischen Geschichtsbild, München und Landsberg am Lech 1996, S. 47-68; Wolfgang Templin, Antifaschismus und Demokratie – ein Streitpunkt in der linken Diskussion?, in: Claudia Keller (Hrsg.), Die Nacht hat zwölf Stunden, dann kommt schon der Tag, Antifaschismus, Geschichte und Neubewertung, Berlin 1996, S.70-76.

[228] Vgl. Dietmar Keller, Kein Nachtrag: Die Diskussion geht weiter, in: ders./Matthias Kirchner (Hrsg.), Zwischen den Stühlen, Pro und Kontra SED, Berlin 1993, S. 175-191; Chaim Noll, Treue um Treue. Linke Gefühlslagen

50   III. Geschichte des Antifaschismus in Deutschland

Statisten zu, die im Antifa-Block den kommunistischen Entwürfen zuzustimmen hatten.[229] Bei der „antifaschistischen Demokratie" in der sowjetischen Besatzungszone nach 1945 handelte es sich nicht um mehr als eine „simulierte Demokratie".[230]

Unter dem Banner des Antifaschismus gestaltete sich ebenso die kommunistische Lenkung der Jugendarbeit in der SBZ. Die Sowjetische Militäradministration (SMAD) befahl 1945 die flächendeckende Gründung „antifaschistischer Jugendausschüsse" und ordnete zugleich die Auflösung aller anderen Jugendorganisationen an.[231] Entsprechend den „Ausführungsbestimmungen zur Verordnung über die Bildung von Jugendausschüssen" mussten die hauptamtlich für die Jugendarbeit verantwortlichen Referenten „möglichst vor 1933 in der antifaschistischen Jugendarbeit tätig gewesen sein".[232] „Antifaschistische Jugendarbeit" war in diesem Zusammenhang nur eine andere Umschreibung für „kommunistische Jugendarbeit". Dies wird deutlich, wenn es weiter heißt, dass der antifaschistische Jugendausschuss „auf keinen Fall unter dem Gesichtspunkt der Parität der Blockparteien zu bilden"[233] war. Neben den lokalen antifaschistischen Jugendausschüssen wurde im Herbst 1945 auf Initiative der KPD ein Zentraler antifaschistischer Jugendausschuss in Berlin gegründet.[234] Dieser bestand zwar nicht ausschließlich aus KPD-Mitgliedern, sondern ebenso aus SPD-Mitgliedern sowie einzelnen Vertretern der bürgerlichen und der konfessionell geprägten Verbände. Er wurde aber von Erich Honecker und anderen jungen KPD-Funktionären kontrolliert.[235]

Parallel mit der Kampagne zur Vereinigung von SPD und KPD begann die KPD bereits im Winter 1945 mit den Planungen für die Gründung einer einheitlichen Jugendorganisation. Die Arbeit der antifaschistischen Jugendausschüsse wurde als nicht mehr hilfreich zur Machterlangung der KPD über die Jugend beurteilt.[236] Die KPD hielt die zeitnahe Gründung einer kommunistischen Jugendbewegung für wichtig, da sie konkurrierenden Vorstellungen in der Jugendarbeit zuvorkommen wollte, bevor die Jugendlichen mit westlichen Demokratievorstellungen „infiziert" werden konnten.[237] Mit Rückendeckung der KPD-Führung sowie Moskaus gründete sich im Frühjahr 1946 eine einheitliche antifaschistische Jugendbewegung namens

---

und die literarische Beschwörung der besseren DDR, in: Cora Stephan (Hrsg.), Wir Kollaborateure. Der Westen und die deutsche Vergangenheit, Reinbek 1992, S. 90-106.

[229] Vgl. Ralf Thomas Baus, Die Christlich-Demokratische Union Deutschlands in der sowjetisch besetzten Zone 1945 bis 1948, Gründung – Programm – Politik, Düsseldorf 2001, S. 344-348; Mike Schmeitzner, Postkommunistische Geschichtsinterpretationen, Die PDS und die Liquidierung der Ost-SPD 1946, in: Zeitschrift des Forschungsverbunds SED-Staat, 11/2002, S. 82-101.

[230] Mike Schmeitzner, Zwischen simulierter Demokratie und offener Diktatur, Die Rolle der sächsischen Parteien und Gewerkschaften 1945-1950, in: Andreas Hilger/Mike Schmeitzner/Ute Schmidt (Hrsg.), Diktaturdurchsetzung, Instrumente und Methoden der kommunistischen Machtsicherung in der SBZ/DDR 1945-1955, Dresden 2001, S. 139-154.

[231] Vgl. die Verordnung über die Bildung von antifaschistischen Jugendausschüssen, BArch.-SAPMO, ZPA, Bestand Wilhelm Pieck, Aufbau und Entwicklung antifaschistisch-demokratischer Massenorganisationen, Jugendbewegung, Juni 1945 – März 1946, NY 4036/726, Bl. 90 f. veröffentlicht in: Volks-Zeitung Halle vom 10.9.1945.

[232] Ausführungsbestimmungen zur Bildung von Jugendausschüssen, BArch.-SAPMO, NY 4036/726, Bl. 92.

[233] Ebd.

[234] Vgl. Ulrich Mählert, Die Freie Deutsche Jugend 1945-1949. Von den „Antifaschistischen Jugendausschüssen" zur SED-Massenorganisation: Die Erfassung der Jugend in der Sowjetischen Besatzungszone, Paderborn 1995, S. 58-60.

[235] Vgl. ebd.; vgl. zur Jugendpolitik der KPD: Michael Buddrus, Anmerkungen zur Jugendpolitik der KPD 1945/46, in: Hartmut Mehringer/Michael Schwarz/Hermann Wentker, Erobert oder befreit?, Deutschland im internationalen Kräftefeld und die Sowjetische Besatzungszone (1945/46), München 1998, S. 287-336.

[236] Vgl. Mählert ebd., S. 81-83.

[237] Vgl. ebd.

3. DDR

„Freie Deutsche Jugend".[238] Die staatlichen Zuschüsse für die antifaschistische Jugendarbeit gingen auf die FDJ über.[239] Jugendarbeit außerhalb der FDJ wurde zugleich für illegal erklärt. Die staatlichen Stellen behinderten und schikanierten die Jugendarbeitskreise innerhalb der bürgerlichen Parteien LDP und CDU sowie innerhalb der Kirchen. Später unterbanden sie diese Arbeit ganz.[240] Die politische Jugendarbeit in der SBZ ist ein weiteres Beispiel dafür, dass SMAD und KPD zwar „antifaschistisch" sagten, aber damit stets „kommunistisch" meinten.

Mit der Etablierung der Macht der SED in den fünfziger Jahren wurde Antifaschismus in einer Weise ausgestaltet, „dass man ihn als Staatsdoktrin, als Legitimationsideologie für politisches Handeln, als zentrales Erziehungsziel oder zivile Religion auffassen kann, in der die Erinnerung an den antifaschistischen Kampf der Kommunisten, die Verpflichtung für die Lebenden und die Selbstdarstellung des SED-Systems sich amalgamierten".[241] Eine zentrale Funktion besaß in diesem Zusammenhang die antifaschistische Geschichts- und Erinnerungskultur. Auf dem Gelände der ehemaligen Konzentrationslager Buchenwald, Sachsenhausen und Ravensbrück wurden große Gedenkstätten errichtet. Die von der SED mit diesen Gedenkstätten verfolgten Ziele werden im „Statut der Nationalen Mahn- und Gedenkstätten", welches im Gesetzblatt der DDR vom 4. September 1961 veröffentlicht wurde, deutlich. Dieses wies ihnen die Aufgaben zu,

a. den Kampf der deutschen Arbeiterklasse und aller demokratischen Kräfte gegen die drohende faschistische Gefahr;
b. die Rolle der KPD als der stärksten und führenden Kraft im Kampf gegen das verbrecherische Naziregime;
c. den antifaschistischen Widerstand in den Jahren 1933 bis 1945 in Deutschland und den anderen europäischen Ländern;
(...)
f. den wiedererstandenen Faschismus und Militarismus in Westdeutschland;
g. die historische Rolle der Deutschen Demokratischen Republik darzustellen und zu erläutern.[242]

Nicht ohne Zufall werden an herausgehobener Stelle des Statuts die Rolle der Arbeiterklasse und der KPD im Widerstand gegen den Nationalsozialismus genannt. In der DDR-Geschichtsschreibung gab es eine weitgehende Monopolstellung der Kommunisten im Kampf

---

[238] Vgl. Schreiben Erich Honeckers an Wilhelm Pieck vom 30.1.1946, BArch.-SAPMO, NY 4036/726, Bl. 367-379; Klarschrift von handschriftl. Notizen Wilhelm Piecks, ebd., Bl. 380; Zulassungsantrag des Hauptjugendausschusses beim Magistrat der Stadt Berlin und bei der Alliierten Kommandantur der Stadt Berlin für die FDJ vom 28.2.1946, ebd., Bl. 427-432.

[239] Vgl. Schreiben von Erich Honecker an die Landes- und Provinzialjugendausschüsse, 11.3.1946, ebd., Bl. 435 f.

[240] Zur Jugend der LDP vgl. Ulrich Mählert, Die Freie Deutsche Jugend 1945-1949. Von den „Antifaschistischen Jugendausschüssen" zur SED-Massenorganisation: Die Erfassung der Jugend in der Sowjetischen Besatzungszone, Paderborn 1995, S. 198-201; zur Jungen Union vgl. ebd., S. 201-202; Brigitte Kaff (Hrsg.), Junge Union 1945-1950, Jugendpolitik in der sowjetisch besetzten Zone, Freiburg i.Br. 2003; Hans-Otto Kleinmann, Geschichte der CDU 1945-1982, Stuttgart 1993, S. 103.

[241] Vgl. Bernd Faulenbach, Die DDR als antifaschistischer Staat, in: Rainer Eckert/Bernd Faulenbach (Hrsg.), Halbherziger Revisionismus. Zum postkommunistischen Geschichtsbild, München und Landsberg am Lech 1996, S. 47-68, hier S. 52.

[242] Abgedruckt in: Bernd Faulenbach, Einführung zur 30. Sitzung der Enquete-Kommission „Aufarbeitung von Geschichte und Folgen der SED-Diktatur in Deutschland" am 5.3.1993, in: Materialien der Enquete-Kommission (12. Legislaturperiode des Deutschen Bundestages), hrsg. vom Deutschen Bundestag, Band III, Baden-Baden/Frankfurt a.M. 1994, S. 101-110.

52   III. Geschichte des Antifaschismus in Deutschland

gegen Hitler.[243] Der kommunistische Widerstand wurde heroisiert und monumentalisiert. Insbesondere um Thälmann entwickelte sich ein ausgesprochener Kult.[244] Sozialdemokratischer und bürgerlicher Widerstand fristeten in der DDR ein Nischendasein beziehungsweise wurden oft ganz ausgeblendet. Manfred Agethen spricht von einer klaren „Hierarchie der Opfergruppen, bei der die Kommunisten die stärkste Aufmerksamkeit erfuhren".[245]

Die Instrumentalisierung der Geschichte des Widerstandes gegen den Nationalsozialismus für die offizielle Antifaschismuspolitik der SED wird im Statut der Gedenkstätten gegen den „wiedererstandenen Faschismus und Militarismus in Westdeutschland" offenbar. Dass die Konzentrationslager der Nationalsozialisten nach 1945 von der SMAD und den sowjetischen Geheimdiensten zunächst weitergenutzt wurden[246], findet im Statut keine Erwähnung. In den Gedenkstätten fehlte zu DDR-Zeiten jeder Hinweis darauf. Die Gedenkstätten wurden zu Instrumenten einer Antifaschismus-Idee reduziert, die als „quasireligiöser Staatskult, als eine säkularisierte Religion" diente.[247]

In der DDR-Historiographie fand die massenpsychologische Wirkung Hitlers und der nationalsozialistischen Bewegung ebenso wenig Beachtung wie die allgemeinen Funktionsweisen und Strukturen, die eine Diktatur auszeichnen. Das Verständnis für den tatsächlichen Charakter und die Gefährlichkeit des deutschen Nationalsozialismus wurde durch die in der DDR vorherrschende Faschismus-Interpretation verstellt.[248] Der Holocaust spielte in der DDR-

---

[243] Vgl. Bernd Faulenbach, Die DDR als antifaschistischer Staat, in: Rainer Eckert/Bernd Faulenbach (Hrsg.), Halbherziger Revisionismus. Zum postkommunistischen Geschichtsbild, München und Landsberg am Lech 1996, S. 47-68, hier S. 54; Hans-Ulrich Thamer, Nationalsozialismus und Faschismus in der DDR-Historiographie, in: Aus Politik und Zeitgeschichte, B 13/1987, S. 27-37.

[244] Vgl. Peter Monteath (Hrsg.), Ernst Thälmann, Mensch und Mythos, Amsterdam 2000; Ronald Sassnig, Ernst Thälmann und wir, Die historischen Leistungen Ernst Thälmanns – Vermächtnis der SED bei der weiteren Gestaltung der entwickelten sozialistischen Gesellschaft in der DDR und für die Erhaltung des Weltfriedens, hrsg. von der Parteihochschule „Karl Marx" beim ZK der SED, Berlin 1986; Zentralrat der Freien Deutschen Jugend, Abteilung Propaganda, Ernst Thälmann – unser Vorbild, Berlin 1986; Horst Sindermann u.a., Ernst Thälmann – unsere Partei erfüllt sein Vermächtnis, Wissenschaftliche Konferenz zum 100. Geburtstag Ernst Thälmanns in Berlin am 12. und 13. März 1986, Berlin 1986.

[245] Manfred Agethen, Gedenkstätten und antifaschistische Erinnerungskultur in der DDR, in: ders./Eckhard Jesse/Ehrhart Neubert (Hrsg.), Der missbrauchte Antifaschismus, DDR-Staatsdoktrin und Lebenslüge der deutschen Linken, S. 128-144.

[246] Das KZ Buchenwald wurde beispielsweise von der sowjetischen Besatzungsmacht zum Internierungslager – Speziallager Nr. 2 – umfunktioniert, vgl. Volkhard Knigge, Die Gedenkstätte Buchenwald, Vom provisorischen Grabdenkmal zum Nationaldenkmal, in: Claudia Keller (Hrsg.), Die Nacht hat zwölf Stunden, dann kommt schon der Tag, Antifaschismus, Geschichte und Neubewertung, Berlin 1996, S. 309-331; das KZ Sachsenhausen wurde zum Speziallager Nr.7, vgl. Günter Agde, Sachsenhausen bei Berlin. Speziallager Nr. 7 1945-1950, Berlin. Insgesamt waren nach offiziellen Angaben 122.671 Deutsche in den sowjetischen Lagern interniert, 42.889 starben infolge Hunger und Krankheit, 756 wurden zum Tode verurteilt und hingerichtet, vgl. Hans Brückl, Zwischen Rot und Braun, Der verordnete Antifaschismus der DDR und der „Fall" Wilhelm Kunze, Bergisch Gladbach 2001, S. 55; vgl. auch Ilko-Sascha Kowalczuk/Stefan Wolle, Roter Stern über Deutschland, Sowjetische Truppen in der DDR, Sonderausgabe für die Landeszentralen für politische Bildung in Sachsen und Sachsen-Anhalt, Berlin 2001, S. 86-89.

[247] Vgl. Manfred Agethen, Gedenkstätten und antifaschistische Erinnerungskultur in der DDR, in: ders./Eckhard Jesse/Ehrhart Neubert (Hrsg.), Der missbrauchte Antifaschismus, DDR-Staatsdoktrin und Lebenslüge der deutschen Linken, S. 128-144.

[248] Vgl. Wolfgang Templin, Antifaschismus und Demokratie – ein Streitpunkt in der linken Diskussion?, in: Claudia Keller (Hrsg.), Die Nacht hat zwölf Stunden, dann kommt schon der Tag, Antifaschismus, Geschichte und Neubewertung, Berlin 1996, S.70-76; Hans-Ulrich Thamer, Nationalsozialismus und Faschismus in der DDR-Historiographie, in: Aus Politik und Zeitgeschichte, B 13/1987, S. 27-37.

3. DDR

Geschichtswissenschaft nur eine untergeordnete Rolle.[249] Über den Antisemitismus des Nationalsozialismus war in der DDR ein gravierendes Defizit an Kenntnissen festzustellen.[250] Die Trauer über den Massenmord an den Juden wurde im antifaschistischen Kontext der DDR weitgehend ausgeklammert.[251]

Überhaupt zeichnete sich die reale Politik in der DDR nicht durch Verantwortungsbewusstsein gegenüber den in der DDR lebenden Juden aus.[252] Jüdisches Leben wurde in der DDR regierungsoffiziell lange totgeschwiegen.[253] Die jüdischen Gemeinden in der sowjetisch besetzten Zone hatten mit politischen Schwierigkeiten und gesellschaftlicher Missgunst zu kämpfen. Dem Staat Israel stand das SED-Regime bis zum Ende sehr kritisch gegenüber, während militante und teilweise auch terroristische palästinensische Kräfte von der DDR unterstützt wurden. Zu Recht fragt Konrad Weiß, inwieweit es einen antisemitischen Antifaschismus geben könne, inwieweit eine Gesellschaft tatsächlich antifaschistisch sei, welche den Überlebenden der Shoah die Solidarität verweigere.[254] Nach der Auffassung des Historikers Lothar Mertens entlarvte die „antizionistische Alltagspraxis" den Antifaschismus der DDR als „Lebenslüge" und „ideologische Fiktion".[255] Von Beginn an befand sich eine überdurchschnittlich hohe Anzahl an Juden unter den Opfern des NKWD und anderer Sicherheitsorgane in der SBZ.[256] Ab 1948 wurden in der sowjetischen Besatzungszone offen antisemitische Töne laut, die sich zunehmend auf breite gesellschaftliche und politische Bereiche der DDR ausweiteten.[257] Die Folge der antijüdischen Kampagnen der DDR war eine Fluchtwelle in den Jahren 1952 und 1953, bei welcher mindestens ein Viertel der Mitglieder der jüdischen Gemeinden die DDR verließ.[258]

Dem amerikanischen Historiker Jeffrey Herf gelang der Nachweis einer Verbindung zwischen staatstragendem Antifaschismus und fortdauerndem Antisemitismus am Beispiel der

---

[249] Vgl. Jürgen Danyel, Antifaschismus als Geschichtswissenschaft, Programmatischer Anspruch, Wissenschaftsmentalität und selbstverschuldete Unmündigkeit der ostdeutschen Zeitgeschichtsschreibung zum Nationalsozialismus, in: Claudia Keller (Hrsg.), Die Nacht hat zwölf Stunden, dann kommt schon der Tag, Antifaschismus, Geschichte und Neubewertung, Berlin 1996, S. 203-219.

[250] Vgl. Siegfried Wolf, Zum verordneten Antifaschismus in der DDR. Einige Thesen zu seinen Folgen, in: päd extra & demokratische erziehung, September 1990, S. 22-26, hier S. 26.

[251] Vgl. Antonia Grunenberg, Antifaschismus – ein deutscher Mythos, Reinbek 1993, S. 183.

[252] Vgl. Stefan Meining, Kommunistische Judenpolitik, Die DDR, die Juden und Israel, Hamburg 2002; Thomas Haury, Antisemitismus von links, Kommunistische Ideologie, Nationalismus und Antizionismus in der frühen DDR, Hamburg 2002, S. 293-455; Gerd Koenen, Die DDR und die „Judenfrage", Paul Merker und der nicht stattgefundene „deutsche Slansky-Prozeß" 1953, in: Leonid Luks (Hrsg.), Der Spätstalinismus und die „jüdische Frage", Zur antisemitischen Wendung des Kommunismus, Köln 1998, S. 237-270; Jeffrey Herf, Divided Memory, The Nazi Past in the Two Germanys, Cambridge, Massachusetts (USA), 1997.

[253] Vgl. Konrad Weiß, Gebrochener, nicht „verordneter" Antifaschismus, in: Manfred Agethen/Eckhard Jesse/Ehrhart Neubert (Hrsg.), Der missbrauchte Antifaschismus, DDR-Staatsdoktrin und Lebenslüge der deutschen Linken, Freiburg i.Br. 2002, S. 160-167.

[254] Ebd.

[255] Vgl. Lothar Mertens, Offizieller Antifaschismus und verborgener Antisemitismus in der DDR, in: Manfred Agethen/Eckhard Jesse/Ehrhart Neubert (Hrsg.), Der missbrauchte Antifaschismus, DDR-Staatsdoktrin und Lebenslüge der deutschen Linken, Freiburg i.Br. 2002, S. 168-185.

[256] Vgl. Günter Fippel, Der Mißbrauch des Faschismus-Begriffs in der SBZ/DDR, in: Deutschland-Archiv 25, 1992, S. 1055-1065.

[257] Vgl. Ulrike Offenberg, „Seid vorsichtig gegen die Machthaber", Die jüdischen Gemeinden in der SBZ und der DDR 1945-1990, Berlin 1998, insbes. S. 78-90.

[258] Vgl. ebd.; Cora Granata, „Das hat in der DDR keine Rolle gespielt, was man war", „Ostalgie" und Erinnerungen an Antisemitismus in der DDR, 1949-1960, in: Moshe Zuckermann (Hrsg.), Zwischen Politik und Kultur – Juden in der DDR, Göttingen 2002, S. 82-100.

54   III. Geschichte des Antifaschismus in Deutschland

SED-Argumentation im Umfeld des Slansky-Prozesses.[259] Dieses im November 1952 in Prag geführte stalinistische Schautribunal führte auch in der DDR zu einer Welle von Verfolgung und Demütigung gegenüber den jüdischen Gemeinden. Das prominenteste Opfer eines im Anschluss an den Slansky-Prozess in der DDR durchgeführten Prozesses war der SED-Funktionär Paul Merker. Ihm und seinen überwiegend jüdischen Mitangeklagten wurde vorgeworfen, die deutsche Gruppe in einer internationalen Verschwörung des zionistischen Monopolkapitals und US-Imperialismus zu sein.[260] Merker war während des Zweiten Weltkrieges der politische und intellektuelle Kopf der kommunistischen Emigranten in Mexiko gewesen und setzte sich später als Mitglied des SED-Zentralkomitees für eine Aussöhnung mit den vom NS-Staat verfolgten Juden ein. 1950 erfolgte sein Parteiausschluss, 1952 seine Verhaftung. Im März 1955 verurteilte ihn das Oberste Gericht der DDR in einem Geheimprozess zu acht Jahren Zuchthaus wegen Spionage.[261]

Herf beurteilt den Fall Merker als deutschen Teil einer von Moskau initiierten breiten antisemitischen Kampagne gegen den „Kosmopolitismus". In der Darstellung der sowjetischen Propaganda galt der Antisemitismus des Nationalsozialismus „als bloßer demagogischer Trick ohne ernstzunehmende Bedeutung, die Diskriminierung und Verfolgung der deutschen Juden nach 1933 geradezu als Ablenkung von der ‚eigentlichen' Verfolgung – der der Kommunisten".[262] Zudem wurden Antifaschismus und Antisemitismus vermengt. Gemäß der Dimitroff-Formel war der Faschismus eine terroristische Form des internationalen Monopolkapitals. Da dieses jüdisch sei, hätten die Juden ein Interesse am Faschismus, hieß es in der sowjetischen Propaganda.[263] Aus der Sicht von Ralph Giordano ist der Antisemitismus dem verordneten Antifaschismus von seiner stalinistischen Herkunft her eingeboren.[264] Er sei „Ausläufer der wahnhaft judenfeindlichen Phobien Jossif Wissarionowitsch Stalins" gewesen.[265] Teile der Wissenschaft sprechen daher von einem „sozialistisch-antifaschistische(n) Antisemitismus".[266] Dieser manifestierte sich bereits, als die Sowjetunion in Folge des Hitler-Stalin-Paktes jüdische deutsche Kommunisten an die Gestapo auslieferte.[267] Seinen Höhepunkt erreichte der Antisemitismus Stalins nach dem Ende des Zweiten Weltkrieges mit umfangreichen antijüdischen

---

[259]   Vgl. Jeffrey Herf, Antisemitismus in der SED. Geheime Dokumente zum Fall Paul Merker aus SED- und MfS-Archiven, in: Vierteljahrshefte für Zeitgeschichte 42, 1994, S. 635-667, hier S. 639.

[260]   Vgl. Beschluss des Zentralkomitees der SED, 20.12.1952, in: Hermann Matern, Über die Durchführung des Beschlusses des ZK der SED, „Lehren aus dem Prozeß gegen das Verschwörerzentrum Slansky", 2. Auflage, Berlin (Ost) 1953, S. 48-70; zu den Prozessen gegen Slansky und Merker vgl. Stefan Meining, Kommunistische Judenpolitik, Die DDR, die Juden und Israel, Hamburg 2002, S. 131-193.

[261]   Das Urteil blieb bis 1989 unter Verschluss und wurde 1994 erstmals veröffentlicht. Vgl. Jeffrey Herf, Antisemitismus in der SED. Geheime Dokumente zum Fall Paul Merker aus SED- und MfS-Archiven, in: Vierteljahrshefte für Zeitgeschichte 42, 1994, S. 643-650. Bereits 1956 wurde Merker freigelassen und das Urteil aufgehoben. Bis zu seinem Tod im Jahr 1969 blieb ihm eine vollständige juristische und politische Rehabilitierung versagt.

[262]   Vgl. Gerd Koenen, Mythus des 21. Jahrhunderts, in: ders./Karla Hielscher, Die schwarze Front, Der neue Antisemitismus in der Sowjetunion, Hamburg 1991, S. 157.

[263]   Vgl. Antonia Grunenberg, Antifaschismus – ein deutscher Mythos, Reinbek 1993, S. 191.

[264]   Vgl. Ralph Giordano, Der verordnete Antifaschismus, Ein Wort zum Thema „NS-Erbe und DDR", in: ders., Die zweite Schuld oder Von der Last Deutscher zu sein. Hamburg 1987, S. 215-228.

[265]   Ebd.

[266]   Vgl. Antonia Grunenberg, Antifaschismus – ein deutscher Mythos, Reinbek 1993, S. 137.

[267]   Vgl. Margarete Buber-Neumann, Als Gefangene bei Hitler und Stalin, Eine Welt im Dunkel, Stuttgart 1958, S. 179-193; Hans Schafranek, Zwischen NKWD und Gestapo, Die Auslieferung deutscher und österreichischer Antifaschisten aus der Sowjetunion an Nazideutschland 1937-1941, Frankfurt a.M. 1990, S. 54-88.

3. DDR

Säuberungswellen, die eine Vernichtung der jüdischen Kultur und die Eliminierung der Juden aus den verschiedensten Bereichen des öffentlichen Lebens zur Folge hatten.[268]

Die einseitige marxistisch-leninistische Darstellung des Nationalsozialismus hatte für die SED-Diktatur eine entlastende Funktion. Die DDR fühlte sich als sozialistischer und antifaschistischer Staat zu den Siegern der Geschichte über den Nationalsozialismus gehörig.[269] Eine tiefer gehende öffentliche Auseinandersetzung mit der nationalsozialistischen Vergangenheit fand nicht statt. Die Verantwortung für die NS-Herrschaft wurde an die Bundesrepublik Deutschland delegiert.[270] Da die DDR ein antikapitalistischer Staat sei, so die SED-Ideologie, wäre dort jeder Form des Nationalsozialismus die ökonomische und gesellschaftliche Grundlage entzogen. Die Berufung auf Antifaschismus und Antikapitalismus ermöglichte die Konstruktion zweier Kontinuitätslinien in der deutschen Geschichte, mit der die DDR die historische Verantwortung für den Nationalsozialismus weit von sich weisen konnte.[271] Alle Ostdeutschen mutierten im Nachhinein zu Antifaschisten. Die sozialistisch-antifaschistische DDR erhob sich – an der Seite der Sowjetunion stehend – „postum zu einem Teil der Anti-Hitler-Koalition".[272] „Hitler wurde gleichsam zum Westdeutschen".[273]

Mit dem Antifaschismus begründete der SED-Staat die Niederschlagung des angeblich durch „faschistische Agenten" hervorgerufenen Volksaufstandes am 17. Juni 1953.[274] Die Sicherheitskräfte und die Justiz der DDR verhafteten und verurteilten Bürger der Bundesrepu-

---

[268] Vgl. Arno Lustiger, Rotbuch: Stalin und die Juden, Die tragische Geschichte des Jüdischen Antifaschistischen Komitees und der sowjetischen Juden, Berlin 1998, S. 207-230.

[269] Vgl. Robert Erlinghagen, Die Diskussion um den Begriff des Antifaschismus seit 1989/90, Berlin 1997, S. 30; Antonia Grunenberg, Antifaschismus – ein deutscher Mythos, Reinbek 1993, S. 120 f.; Norbert Madloch Rechtsextremismus in der Endphase der DDR und nach dem Zusammenschluss von BRD und DDR – Fakten und Ursachen, Manuskript, 17.1.1991, S. 12 f.; Rolf Richter, Antifaschismus vor neuen Herausforderungen, in: Beiträge zur Geschichte der Arbeiterbewegung, Nr. 6/1990, S. 772-778.

[270] Vgl. Ralph Giordano, Der verordnete Antifaschismus, Ein Wort zum Thema „NS-Erbe und DDR", in: ders., Die zweite Schuld oder Von der Last Deutscher zu sein. Hamburg 1987, S. 215-228.

[271] Vgl. Wolfgang Templin, Antifaschismus und Demokratie – ein Streitpunkt in der linken Diskussion?, in: Claudia Keller (Hrsg.), Die Nacht hat zwölf Stunden, dann kommt schon der Tag, Antifaschismus, Geschichte und Neubewertung, Berlin 1996, S.70-76; Peter Dudek, Antifaschismus. Von einer politischen Kampfformel zum erziehungstheoretischen Grundbegriff?, in: Zeitschrift für Pädagogik 36, 1990, S. 353-369, hier 357; Lothar Mertens, Offizieller Antifaschismus und verborgener Antisemitismus in der DDR, in: Manfred Agethen/Eckhard Jesse/Ehrhart Neubert (Hrsg.), Der missbrauchte Antifaschismus, DDR-Staatsdoktrin und Lebenslüge der deutschen Linken, Freiburg i.Br. 2002, S. 168-185.

[272] Vgl. Ralph Giordano, Der verordnete Antifaschismus, Ein Wort zum Thema „NS-Erbe und DDR", in: ders., Die zweite Schuld oder Von der Last Deutscher zu sein. Hamburg 1987, S. 215-228; vgl. auch Jörn Schütrumpf, Stalinismus und gescheiterte Entstalinisierung in der DDR, Einige Überlegungen zum Problem der Kontinuität, in: Rainer Eckert/Alexander von Plato/Jörn Schütrumpf (Hrsg.), Wendezeiten – Zeitenwände, Zur „Entnazifizierung" und „Entstalinisierung", Hamburg 1991, S. 77-83.

[273] Bernd Faulenbach, Einführung zur 30. Sitzung der Enquete-Kommission „Aufarbeitung von Geschichte und Folgen der SED-Diktatur in Deutschland" am 5.3.1993, in: Materialien der Enquete-Kommission (12. Legislaturperiode des Deutschen Bundestages), hrsg. vom Deutschen Bundestag, Band III, Baden-Baden/Frankfurt a.M. 1994, S. 101-110; vgl. auch Daniel Friedrich Sturm, „Hitler war Westdeutscher", Vom Antifaschismus als Herrschaftsinstrument, in: Die Welt, 1.9.2000.

[274] Näher zum 17. Juni 1953 vgl. Hubertus Knabe, 17. Juni 1953, Ein deutscher Aufstand, München 2003; Bernd Faulenbach, Die „Verarbeitung" des 17. Juni 1953 in der DDR und der Bundesrepublik, in: Ulrich Mählert (Hrsg.), Der 17. Juni 1953, Ein Aufstand für Einheit, Recht und Freiheit, Bonn 2003, S. 252-272; Stefanie Wahl (Hrsg.), Die Ereignisse um den 17. Juni 1953 im Bezirk Halle, Schlaglichter, Landesbeauftragte für die Unterlagen des Staatssicherheitsdienstes der ehemaligen DDR in Sachsen-Anhalt, Magdeburg 2003; Ilko-Sascha Kowalczuk, „Faschistischer Putsch" – „Konterrevolution" – „Arbeitererhebung". Der 17. Juni 1953 im Urteil von SED und PDS, in: Rainer Eckert/Bernd Faulenbach (Hrsg.), Halbherziger Revisionismus. Zum postkommunistischen Geschichtsbild, München und Landsberg am Lech 1996, S. 69-82.

blik, die sich am 17. Juni zufällig auf dem Gebiet der DDR befanden, wie auch Bürger der DDR als angeblich vom Westen eingeschleuste faschistische Agenten und Provokateure.[275] In Halle wurde in skrupelloser Geschichtsklitterung eine Legende um die Rolle der – angeblichen – ehemaligen KZ-Aufseherin Erna Dorn konstruiert, die am „faschistischen Putsch" des 17. Juni 1953 als Rädelsführerin zentral beteiligt gewesen sei. Stephan Hermlin verarbeitete die Geschichte 1954 literarisch in seiner Erzählung „Die Kommandeuse".[276] Die Legende um Erna Dorn wurde inzwischen widerlegt.[277] Es handelte sich bei ihr um eine geistesgestörte und durch Betrügereien aufgefallene Frau, die sich selbst bezichtigt hatte, als KZ-Aufseherin Straftaten begangen zu haben und daher zu 15 Jahren Zuchthaus verurteilt worden war. Über ihre tatsächliche Rolle im Dritten Reich ist bis heute nichts bekannt. Am 17. Juni wurde sie in Halle aus dem Gefängnis befreit. An den Aktivitäten der Aufständischen beteiligte sie sich nach ihrer Befreiung nicht. Eine ehemalige KZ-Aufseherin als Rädelsführerin des 17. Juni passte hervorragend in das Bild, welches die SED-Propaganda von dem Volksaufstand vermitteln wollte. Ehrhart Neubert bezeichnet ihre spätere Hinrichtung als „Justizmord im Dienst der absurden Propagandalüge vom faschistischen Putsch".[278]

Die Errichtung der Mauer am 13. August 1961 wurde damit begründet, die DDR müsse vor faschistischen Agenten aus dem Westen geschützt werden. In der Diktion des SED-Regimes hieß die innerdeutsche Grenze bis 1989 konsequenterweise „antifaschistischer Schutzwall". Dass gerade die Ermordung eigener Staatsbürger durch sowjetische Truppen 1953 oder später an der Berliner Mauer und anderen Strecken der deutsch-deutschen Grenze durch Grenzpolizisten im Namen des Antifaschismus geschah, trug am Ende zu einer Delegitimierung des Begriffes bei. Die Benennung der innerdeutschen Grenze als „antifaschistischen Schutzwall" verdeutlichte außerdem, dass die DDR ihre Auseinandersetzung mit der nationalsozialistischen Vergangenheit spätestens jetzt als abgeschlossen ansah. „Der faschistische Gegner wurde offiziell ausschließlich außerhalb des Landes ausgemacht, weshalb sich die Bürger der DDR mit ihrer eigenen möglichen Täter- oder Mittäterschaft nicht mehr zu beschäftigen brauchten", stellt Robert Erlinghagen fest.[279] Seiner Einschätzung nach wurde die moralische, individuelle Beschäftigung mit der Vergangenheit in der DDR „durch ihre Ritualisierung im großen und ganzen eher behindert als gefördert".[280]

Eine nicht zu unterschätzende Rolle spielte der DDR-Antifaschismus im kulturellen Bereich. Nach dem 2. Weltkrieg kehrte eine Vielzahl respektierter deutscher Intellektueller aus dem Exil nicht in eine der Westzonen, sondern in die sowjetisch besetzte Zone zurück, darunter bekannte Namen wie Erich Arendt, Ernst Bloch, Bertolt Brecht, Ludwig Renn, Anna Seghers, Bodo Uhse, Friedrich Wolf und Arnold Zweig.[281] Sie gaben dem DDR-Regime eine unverwechselbare und authentische antifaschistische Legitimation. „Anti-Faschismus konnte

---

[275] So wurde beispielsweise der Dresdner Medizinstudent Klaus Kother als aus dem Westen eingeschleuster „faschistischer Provokateur" zu acht Jahren Zuchthaus verurteilt, obwohl er niemals Westkontakte hatte, vgl. Reiner Burger, Wir brauchen keine Volksarmee, gebt uns Butter, Frankfurter Allgemeine Zeitung, 11.6.2003.

[276] Vgl. Stephan Hermlin, Die Kommandeuse, in: Neue Deutsche Literatur 2, 1954, S. 19-28.

[277] Vgl. Hubertus Knabe, 17. Juni 1953, Ein deutscher Aufstand, München 2003, S. 367-370; Falco Werkentin, Politische Strafjustiz in der Ära Ulbricht, Berlin 1995, S. 198-215.

[278] Vgl. Ehrhart Neubert, Faschismusvorwurf und die Opposition in der DDR, in: Manfred Agethen/Eckhard Jesse/Ehrhart Neubert (Hrsg.), Der missbrauchte Antifaschismus, DDR-Staatsdoktrin und Lebenslüge der deutschen Linken, Freiburg i.Br. 2002, S. 186-201.

[279] Robert Erlinghagen, Die Diskussion um den Begriff des Antifaschismus seit 1989/90, Berlin 1997, S. 26.

[280] Ebd.

[281] Vgl. Werner Müller, Kommunistische Intellektuelle in der SBZ und in der frühen DDR, in: Gangolf Hübinger/Thomas Hertfelder (Hrsg.), Intellektuelle in der deutschen Politik, Stuttgart 2000, S. 239-265.

3. DDR

nun zu Recht mit der ‚Wahrung des humanistischen deutschen Kulturerbes' gleichgesetzt werden", resümiert Antonia Grunenberg.[282]

Literatur und Film spielten eine große Rolle in der Verbreitung des antifaschistischen Gedankengutes in der DDR. Der Antifaschismus stellte in der DDR eine jederzeit auf allen Ebenen der Literaturwissenschaft relevante „Ordnungsgröße" dar.[283] Einen hohen Bekanntheitsgrad erlangten die Werke „Nackt unter Wölfen" von Bruno Apitz sowie „Das siebte Kreuz" von Anna Seghers. Der in der Kulturpolitik verankerte Antifaschismus war ein bedeutsamer Faktor für das Selbstwertgefühl der DDR, die im Vergleich zur Bundesrepublik Deutschland stets das „bessere Deutschland" sein wollte – wenn schon nicht wirtschaftlich, so zumindest moralisch.[284] Noch 1988 begründete der Hamburger Professor Norman Paech die Vorbildfunktion der DDR für die Bundesrepublik damit, dass es in der DDR kein „Faschismus-Problem" mehr gebe.[285] Trotz einer Vielzahl von Beispielen eines aufrichtigen Antifaschismus in Literatur und Film bleibt in diesem Bereich am Ende der Befund eines ideologischen Missbrauchs des Antifaschismus.[286] Bis 1989 wurde die Zensurpraxis der zentralen DDR-Literaturbehörde „Hauptverwaltung Verlage und Buchhandel" mit der Ausschaltung „faschistischer und militaristischer Literatur" begründet.[287] Neben dem kulturellen Bereich kam dem Antifaschismus im Bereich der Ästhetik eine nicht unbedeutende Funktion zu. Peter Weiss nannte seinen Roman nicht zufällig „Ästhetik des Widerstands".[288]

Die Auseinandersetzung mit den Ursachen des Nationalsozialismus bildete ein zentrales Profil der DDR-Geschichtswissenschaft. Der anfangs gesinnungsethisch begründete Antifaschismus in der DDR-Geschichtsschreibung wurde mehr und mehr machtpolitisch funktionalisiert. Der Historiker Jürgen Danyel stellte fest: „Die Faschismus- und Widerstandsforschung, die sich in der DDR seit Mitte der fünfziger Jahre und dann besonders in den sechziger Jahren institutionell etablierte, war in einen gesellschaftspolitischen Verwertungszusammenhang eingebunden, der auf die Bestätigung der DDR als bester aller möglichen deutschen Nachkriegswelten hinauslief."[289] Offizieller Antifaschismus blieb in der DDR bis zur „Wende" identisch mit Loyalität zu Staat und Partei. Die „antifaschistische Demokratie" der DDR war in Wahr-

---

[282] Antonia Grunenberg, Antifaschismus – ein deutscher Mythos, Reinbek 1993, S. 127.

[283] Vgl. Petra Boden, Antifaschismus als Ordnungsgröße in der germanistischen Literaturwissenschaft der DDR, in: Claudia Keller (Hrsg.), Die Nacht hat zwölf Stunden, dann kommt schon der Tag, Antifaschismus, Geschichte und Neubewertung, Berlin 1996, S. 219-233.

[284] Vgl. Richard Wagner, Antifaschismus zum Abholpreis, in: Frankfurter Rundschau, 25.9.2003; Thomas Haury, Antisemitismus von links, Kommunistische Ideologie, Nationalismus und Antizionismus in der frühen DDR, Hamburg 2002, S. 376; Philipp-Christian Wachs, Der Fall Theodor Oberländer (1905-1998), Ein Lehrstück deutscher Geschichte, Frankfurt a.M. 2000, S. 196.

[285] Vgl. Norman Paech, Vorbild DDR?, in: Eckart Spoo (Hrsg.), Wie weiter?, Plädoyers für eine sozialistische Bundesrepublik, Hamburg 1988, S. 106-110. Der parteilose Paech ist von der PDS/Linkspartei für die Bundestagswahlen 2005 als Hamburger Spitzenkandidat aufgestellt worden.

[286] Vgl. Anne Kober, Antifaschismus im DDR-Film. Ein Fallbeispiel: „Der Rat der Götter", in: Manfred Agethen/Eckhard Jesse/Ehrhart Neubert (Hrsg.), Der missbrauchte Antifaschismus, DDR-Staatsdoktrin und Lebenslüge der deutschen Linken, Freiburg i.Br. 2002, S. 202-219.

[287] Vgl. Siegfried Lokatis, Antifaschistische Literaturpolitik und Zensur in der frühen DDR, in: Claudia Keller (Hrsg.), Die Nacht hat zwölf Stunden, dann kommt schon der Tag, Antifaschismus, Geschichte und Neubewertung, Berlin 1996, S. 185-203.

[288] Vgl. Peter Weiss, Ästhetik des Widerstands, 2. Auflage, Frankfurt a.M. 1982.

[289] Jürgen Danyel, Antifaschismus als Geschichtswissenschaft, Programmatischer Anspruch, Wissenschaftsmentalität und selbstverschuldete Unmündigkeit der ostdeutschen Zeitgeschichtsschreibung zum Nationalsozialismus, in: Claudia Keller (Hrsg.), Die Nacht hat zwölf Stunden, dann kommt schon der Tag, Antifaschismus, Geschichte und Neubewertung, Berlin 1996, S. 203-219.

heit ein „antikapitalistisches, antiparlamentarisches, prosowjetisches System".[290] Faschismus wurde in der DDR von regierungsoffizieller Seite stets gemäß der Dimitroff-Theorie als die offene Diktatur der besonders reaktionären und aggressiven imperialistischen Kräfte des Finanzkapitals definiert.[291]

Um der Bevölkerung den „richtigen" Antifaschismus zu vermitteln, pflasterte die DDR-Regierung das ganze Land mit so genannten „antifaschistischen Traditionskabinetten".[292] In diesen „roten Ecken", die in nahezu jeder Gemeinde und jedem Stadtbezirk der DDR sowie in Betrieben und Schulen anzutreffen waren, befanden sich Fotos von Namensgebern, Urkunden und Medaillen. Teilweise verfügten die Kabinette sogar über aufwändige Ausstellungen. Um die einheitliche Darstellung des Antifaschismus im SED-Geschichtsbild sicherzustellen, gab es im Museum für Deutsche Geschichte in Berlin eine Leitstelle, die nicht nur die Konzeptionen vorgab, sondern darüber hinaus gleich die obligatorischen Versatzstücke wie nachgemachte historische Fahnen und Rotfrontkämpferblusen für die einzelnen Traditionskabinette mitlieferte.[293] Ralph Giordano nannte den DDR-Antifaschismus einen „verordneten Antifaschismus".[294] Diese Bezeichnung wurde später vielfach wieder aufgegriffen, um die legitimatorische Funktion des Antifaschismus in der DDR zu verdeutlichen.

Neben dem „verordneten" staatlichen Antifaschismus als Legitimationsideologie der Herrschenden blieb nur wenig Raum für einen ehrlichen und authentischen Antifaschismus. Dennoch lebten viele Bürger der DDR abseits der staatlichen Institutionen einen individuell geprägten Antifaschismus, der sich grundlegend von demjenigen der SED unterschied. Nach der Einschätzung von Ehrhart Neubert entwickelten sich insbesondere in den Kirchen Ansätze eines „alternativen Antifaschismus, der der politischen Verantwortung für Krieg und Völkermord gerecht wurde und gleichzeitig der kommunistischen Monopolisierung des Antifaschismus widersprach".[295] Ab 1988 stellt er gar die Gründung von jugendlichen Antifa-Gruppen in Dresden, Potsdam und Berlin fest. Der „alternative Antifaschismus" entwickelte sich im individuell-privaten und semi-privaten Bereich. In einem totalitären Staat wie der SED-Diktatur blieb dieser Form von Antifaschismus jeder Einfluss auf das politische und gesellschaftliche Leben versagt.

Recht hilflos stand die antifaschistische DDR rechtsextremistischen Bewegungen im eigenen Staat gegenüber. Da es sich bei der DDR um einen sozialistischen Staat handelte, galten alle faschistischen, kapitalistischen und antisemitischen Tendenzen als mit der Wurzel ausgerottet. Einen latenten Faschismus oder Rechtsextremismus durfte es aus ideologischen Gründen nicht geben. Entgegen dieser ideologischen Gesetzmäßigkeit weisen Studien in den achtziger Jahren umfangreiche rechtsextremistische Einstellungen unter Jugendlichen in der DDR

---

[290] Antonia Grunenberg, Antifaschismus – ein deutscher Mythos, Reinbek 1993, S. 117.

[291] Vgl. Kleines politisches Wörterbuch, 3. Auflage, Berlin (Ost) 1978, S. 237 f.

[292] Vgl. Annette Leo, Zerbrochene Bilder. Ein antifaschistisches Traditionskabinett und die Geschichtsauffassungen der SED/PDS, in: Rainer Eckert/Bernd Faulenbach (Hrsg.), Halbherziger Revisionismus. Zum postkommunistischen Geschichtsbild, München und Landsberg am Lech 1996, S. 263-281. Siehe auch: Kulturamt Prenzlauer Berg/Aktives Museum Faschismus und Widerstand (Hrsg.), Mythos Antifaschismus, ein Traditionskabinett wird kommentiert. Begleitbuch zur Ausstellung in der Museumswerkstatt im Thälmannpark, Berlin 1992.

[293] Annette Leo, ebd., S. 264.

[294] Ralph Giordano, Der verordnete Antifaschismus, Ein Wort zum Thema „NS-Erbe und DDR", in: ders., Die zweite Schuld oder Von der Last Deutscher zu sein. Hamburg 1987, S. 215-228; vgl. auch Wilfried Schubarth/Ronald Pschierer/Thomas Schmidt, Verordneter Antifaschismus und die Folgen. Das Dilemma antifaschistischer Erziehung am Ende der DDR, in: Aus Politik und Zeitgeschichte, B 9/91, S. 3-16.

[295] Ehrhart Neubert, Alternativer Antifaschismus, in: Hans-Joachim Veen/Peter Eisenfeld/Hans Michael Kloth/Hubertus Knabe/Peter Maser/Ehrhart Neubert/Manfred Wilke (Hrsg.), Lexikon Opposition und Widerstand in der SED-Diktatur, Berlin 2000, S. 48-49.

nach.[296] Trotz antifaschistischer Erziehung und niedriger Ausländerquote herrschte eine starke fremdenfeindliche Stimmung, die teilweise sogar in Nationalismus und Antisemitismus umschlug.[297] Norbert Madloch macht gerade die restriktive Ausländergesetzgebung sowie die weitestgehende Abschottung der DDR-Bevölkerung gegenüber anderen Völkern, Kulturen und Lebensweisen für „Intoleranz gegenüber allem Fremden" und „provinzialistische(s) Denken" verantwortlich.[298] Die „Honecker-Politik" habe nicht nur ein „wirtschaftliches Desaster", sondern „eine sich mehr und mehr vertiefende geistige Krise der Gesellschaft" verursacht.[299] Es sei ein „geistiges Vakuum" entstanden, „in dem sich ein Teil der DDR-Bevölkerung infolge der massiven Diskreditierung der linken Ideen in der Sache nach Alternativen nach rechts hin orientierte".[300]

Mit Beginn der achtziger Jahre traten in der DDR jugendliche Skinheadgruppen auf.[301] In den Berichten des MfS werden sie als „negativ-dekadente Jugendliche" beschrieben.[302] Nachdem etwa 30 Skinheads am 17. Oktober 1987 gewalttätig gegen Besucher eines Punkkonzertes in der Zionskirche vorgingen, ließ sich das Phänomen nicht mehr verheimlichen. Zunächst versuchten die staatlichen Stellen, die Aktion als „rowdyhafte" Auseinandersetzungen zwischen jungen Erwachsenen herunterzuspielen. Nach öffentlichen Protesten gegen diese Verharmlosung sowie gegen die milden Urteile kam es bei neuen Prozessen zu härteren Urteilen. Dennoch hielt der SED-Staat an der Einschätzung fest, die Initiative zu der Aktion sei ausschließlich von West-Berliner Skinheads ausgegangen. Die Vorkommnisse an der Zionskirche führten nicht zu einer tief greifenden öffentlichen Auseinandersetzung über den Rechtsextremismus in der DDR.

Dabei war das Spektrum des Rechtsextremismus in der DDR nach den Forschungen von Bernd Eisenfeld nicht auf die Skinheadbewegung der achtziger Jahre beschränkt. In Akten des MfS fand Eisenfeld umfangreiche Berichte über rechtsextremistische Vorkommnisse bei Jugendlichen sowie in der Volkspolizei und bei der Nationalen Volksarmee.[303] Die Ursache für Rechtsextremismus in der DDR sahen die Sicherheitsorgane im Wesentlichen im Einfluss des Westens und der Westmedien. Eigene Defizite im Erziehungs- und Informationssystem wurden tabuisiert.

Trotz allem gelang es den SED-Machthabern, bis zum Ende der achtziger Jahre das Ideal des Antifaschismus als Alibi der eigenen Herrschaft einzusetzen und zu missbrauchen. Selbst weite Teile der Bürgerbewegung betrachteten den Antifaschismus als Kern jener DDR-

---

[296] Vgl. Britta Bugiel, Rechtsextremismus Jugendlicher in der DDR und in den neuen Bundesländern von 1982-1998, Münster 2002, S. 83-120; zur Entwicklung des Rechtsextremismus in der DDR vgl. auch Hajo Funke, Paranoia und Politik, Rechtsextremismus in der Berliner Republik, Berlin 2002, S. 165-204.

[297] Vgl. Bugiel ebd.

[298] Norbert Madloch, Rechtsextremismus in der Endphase der DDR und nach dem Zusammenschluss von BRD und DDR – Fakten und Ursachen, Manuskript, 17.1.1991, S. 13.

[299] Ebd. S. 11.

[300] Ebd., S. 11 f.

[301] Vgl. ebd., S. 130-157; Bernd Eisenfeld, Rechtsextremismus in der DDR – Ursachen und Folgen, in: Manfred Agethen/Eckhard Jesse/Ehrhart Neubert (Hrsg.), Der missbrauchte Antifaschismus, DDR-Staatsdoktrin und Lebenslüge der deutschen Linken, Freiburg i.Br. 2002, S. 221-236.

[302] Vgl. Walter Süß, Zu Wahrnehmung und Interpretation des Rechtsextremismus in der DDR durch das MfS, in: Deutschland Archiv 26, 1993, S. 388-406.

[303] Vgl. Bernd Eisenfeld, Rechtsextremismus in der DDR – Ursachen und Folgen, in: Manfred Agethen/Eckhard Jesse/Ehrhart Neubert (Hrsg.), Der missbrauchte Antifaschismus, DDR-Staatsdoktrin und Lebenslüge der deutschen Linken, Freiburg i.Br. 2002, S. 221-236.

Vergangenheit, den es durch alle Umbrüche hindurch zu erhalten gelte.[304] Antifaschismus fungierte nach Bernd Faulenbachs Einschätzung für viele Intellektuelle bis zuletzt als der ideell-emotionale Komplex, der eine Rest-Identifikation mit der DDR sicherstellte.[305] Die antifaschistisch geprägte Erziehung sowie der quasi-religiöse antifaschistische Staatskult überhöhte die SED-Führung auf politisch-moralische Weise und führte zu einer gewissen Unangreifbarkeit der führenden Partei und ihrer Repräsentanten, die sich selbst alle als Antifaschisten verstanden – unabhängig davon, ob sie tatsächlich von den Nationalsozialisten verfolgt worden waren oder nicht. Diese ambivalente Haltung vieler DDR-Bürger gegenüber dem Antifaschismus hatte eine „nachhaltige Denkblockade"[306] gegenüber Staat und Partei zur Folge. Der Antifaschismus lähmte die Opposition und erschwerte eine prinzipielle Ablehnung des Systems.[307] Der Antifaschismus wird in der Wissenschaft daher nicht zu Unrecht als der wirksamste „integrative Faktor" der DDR auf der ideologischen Ebene beurteilt.[308]

Die letzte große Instrumentalisierung des Antifaschismus in der DDR fand am 3. Januar 1990 statt. Zu jenem Tag hatte die SED/PDS zu einer antifaschistischen Großdemonstration am sowjetischen Ehrenmal im Treptower Park aufgerufen, um eine Einheitsfront „gegen rechts" zu formen und sich selbst als Bollwerk einer wahrhaft demokratischen und antifaschistischen DDR darzustellen. Neben der SED/PDS traten das „Komitee der antifaschistischen Widerstandskämpfer" sowie die „Gesellschaft für Deutsch-Sowjetische Freundschaft" als Initiatoren auf. Das Ehrenmal sei mit „antisowjetischen und faschistischen Parolen" verunstaltet worden. Die Umstände muten dubios an. Die Täter wurden bis heute nicht gefasst. Die tatsächlich angebrachten Parolen wurden selten zitiert. Sie lauteten „Besatzer raus", „Völkergemeinschaft statt Klassenkampf" und „Nationalismus für ein freies Europa".[309] Es erscheint fragwürdig, diese Parolen pauschal als „faschistisch" einzuordnen. Peter Steinbach bezeichnete die SED-PDS-initiierte Kundgebung als Versuch der damaligen Führungsgruppe um Modrow und Gysi, „an den Kampfbegriff ‚Antifaschismus' als Kern der politischen Religion der DDR anzuknüpfen und auf diese Weise die Führungsrolle der DDR zu behaupten".[310] Die Aktion bewirkte am Ende das Gegenteil des Gewollten. Sie stärkte letztlich das Misstrauen der Gegner

---

[304] Vgl. Rainer Eppelmann zur Eröffnung der 30. Sitzung der Enquete-Kommission „Aufarbeitung von Geschichte und Folgen der SED-Diktatur in Deutschland" am 5.3.1993, in: Materialien der Enquete-Kommission (12. Legislaturperiode des Deutschen Bundestages), hrsg. vom Deutschen Bundestag, Band III, Baden-Baden/Frankfurt a.M. 1994, S. 95-97.

[305] Vgl. Bernd Faulenbach, Die DDR als antifaschistischer Staat, in: Rainer Eckert/Bernd Faulenbach (Hrsg.), Halbherziger Revisionismus. Zum postkommunistischen Geschichtsbild, München und Landsberg am Lech 1996, S. 47-68, hier S. 57; Jörn Schütrumpf, Stalinismus und gescheiterte Entstalinisierung in der DDR, Einige Überlegungen zum Problem der Kontinuität, in: Rainer Eckert/Alexander von Plato/Jörn Schütrumpf (Hrsg.), Wendezeiten – Zeitenwände, Zur „Entnazifizierung" und „Entstalinisierung", Hamburg 1991, S. 77-83.

[306] Vgl. Antonia Grunenberg, Antifaschismus – ein deutscher Mythos, Reinbek 1993, S. 144.

[307] Vgl. Lothar Probst, Deutsche Vergangenheiten – Deutschlands Zukunft, Eine Diagnose intellektueller Kontroversen nach der Wiedervereinigung, in: Deutschland Archiv 27, 1994, S. 173-180; Bernd Faulenbach, Einführung zur 30. Sitzung der Enquete-Kommission „Aufarbeitung von Geschichte und Folgen der SED-Diktatur in Deutschland" am 5.3.1993, in: Materialien der Enquete-Kommission (12. Legislaturperiode des Deutschen Bundestages), hrsg. vom Deutschen Bundestag, Band III, Baden-Baden/Frankfurt a.M. 1994, S. 101-110.

[308] Bernd Faulenbach, Einführung zur 30. Sitzung der Enquete-Kommission „Aufarbeitung von Geschichte und Folgen der SED-Diktatur in Deutschland" am 5.3.1993, in: Materialien der Enquete-Kommission (12. Legislaturperiode des Deutschen Bundestages), hrsg. vom Deutschen Bundestag, Band III, Baden-Baden/Frankfurt a.M. 1994, S. 101-110.

[309] Vgl. Hans-Helmuth Knütter, Die Faschismus-Keule. Das letzte Aufgebot der deutschen Linken, Frankfurt a.M. 1993, S. 28.

[310] Vgl. Peter Steinbach, Antifaschismus. Schlagwort und Ausdruck einer Staatsreligion, in: Trend, Zeitschrift für soziale Marktwirtschaft 46, 1991, S. 22-29.

4. Bundesrepublik Deutschland bis zur deutschen Einheit

des SED-Staates und beschleunigte den Wechsel.[311] Die alten antifaschistischen Reflexe funktionierten nicht mehr in der Weise, wie es sich die SED-Fortsetzer wohl erhofft hatten.

Verwunderlich ist, wie selbst nach 1990 noch Antifaschismus-Befürworter den DDR-Antifaschismus positiv bewerten, da die DDR zumindest dem Faschismus die sozioökonomische Grundlage entzogen und somit eine „Ordo-Faschisierung" unmöglich gemacht habe.[312] Ebenso müsste nach dieser Argumentation positiv gewertet werden, dass das NS-Regime in Deutschland eine kommunistische Machtübernahme verhindert habe.

Das Ende des real existierenden Sozialismus hat selbst in der Einschätzung des marxistisch orientierten Robert Erlinghagen „dem Antifaschismus objektiv erheblichen Schaden zugefügt".[313] Eine wesentliche Ursache liege darin, dass antifaschistische Ideale durch die sozialistische Realität der DDR zerstört worden seien. Der „verordnete Antifaschismus" der DDR, so Erlinghagen, sei auf Grund seiner Instrumentalisierung als Legitimationsideologie „völlig diskreditiert" und seine unkritische Tradierung komme einer „Geschichtsklitterung" gleich.[314] Die Zukunft des Antifaschismus sieht Erlinghagen daher in einer anderen Richtung: „Der überwiegenden Mehrheit der Antifaschismus-Befürworter geht es stattdessen darum, den Antifaschismus aus seiner ideologischen Verknüpfung mit dem DDR-Sozialismus zu lösen und stattdessen die pluralistisch orientierten Strömungen und Ansätze in den Vordergrund treten zu lassen, die es sowohl in der BRD wie in der DDR gegeben hat."[315] Sicherlich hat es pluralistisch orientierte Strömungen im Antifaschismus der Bundesrepublik gegeben, auch wenn diese weder wissenschaftlich noch politisch besonders stark in den Vordergrund getreten waren. Fraglich bleibt, welche pluralistisch orientierten Antifaschismus-Strömungen in der DDR existiert haben könnten, die als „guter Kern" des DDR-Antifaschismus erhaltenswert erscheinen. Eine Antwort darauf bleiben Erlinghagen und andere „Antifaschismus-Befürworter" schuldig.

4. Bundesrepublik Deutschland bis zur deutschen Einheit

Die Gründung der Bundesrepublik Deutschland erfolgte in klarer Abgrenzung zum nationalsozialistischen System. Die neue Demokratie wollte die erforderlichen Lehren aus der Wehrlosigkeit der Weimarer Republik gegenüber antidemokratischen und antiparlamentarischen Kräften ziehen. Somit ist die Konzeption des Staatswesens der Bundesrepublik von Anfang an als wehrhafte und streitbare Demokratie ausgelegt gewesen. Alle wesentlichen politischen Kräfte waren sich einig in der Ablehnung des Nationalsozialismus. Führende Vertreter der im Bundestag vertretenen Parteien kamen aus dem Widerstand gegen den Nationalsozialismus: Jakob Kaiser, Ernst Lemmer, Eugen Gerstenmaier, Kurt Schumacher, Willy Brandt und andere. Ob diese Einigkeit gegen den Nationalsozialismus tatsächlich als „antifaschistischer Konsens" bezeichnet werden kann, wie dies Thomas Doerry tut, ist fraglich.[316] Spätestens das Einsetzen

---

[311] Vgl. ebd.; Herbert Ammon, Antifaschismus im Wandel?, Historisch-kritische Anmerkungen zur Aktualität eines Begriffs, in: Uwe Backes/Eckhard Jesse/Rainer Zitelmann (Hrsg.), Die Schatten der Vergangenheit, Impulse zur Historisierung des Nationalsozialismus, um ein Nachw. erw. Ausg., Frankfurt a.M. 1992, S. 568-594.

[312] Wie dies beispielsweise Erlinghagen tut: vgl. Robert Erlinghagen, die Diskussion um den Begriff des Antifaschismus seit 1989/90, Berlin 1997, S. 129 f.

[313] Robert Erlinghagen, die Diskussion um den Begriff des Antifaschismus seit 1989/90, Berlin 1997, S. 132.

[314] Ebd.

[315] Ebd.

[316] Vgl. Thomas Doerry, Antifaschismus in der Bundesrepublik, Vom antifaschistischen Konsens 1945 bis zur Gegenwart, Frankfurt a.M. 1980, S. 4-14.

62 III. Geschichte des Antifaschismus in Deutschland

der Blockkonfrontation hatte zur Folge, dass die kommunistisch geprägte antifaschistische Strömung keinen größeren Einfluss in den westlichen Besatzungszonen und der jungen Bundesrepublik gewinnen konnte.[317] Sehr bald waren wesentliche Kräfte im bürgerlichen Lager wie in der SPD ebenso konsequent in der Ablehnung kommunistischer wie nationalsozialistischer Gewaltherrschaft.

Die vorhandenen personellen Kontinuitäten in der Verwaltung und der Justiz der Bundesrepublik aus der Zeit des Nationalsozialismus wurden von der DDR und den von ihr in der Bundesrepublik gesteuerten Kräften aufgegriffen, um eine breit angelegte Kampagne gegen die in ihrer Gesamtheit in vermeintlich faschistischer Kontinuität stehende Bundesrepublik zu führen. Die Kampagnen, die sich ebenso gegen Spitzenpolitiker der Union wie der SPD richteten, wurden unmittelbar von Albert Norden, dem beim SED-Zentralkomitee für Agitation und Propaganda zuständigen Sekretär, gesteuert. Dabei erfolgte eine enge Abstimmung mit Walter Ulbricht. In einem Gespräch bei Ulbricht über die „Weiterführung der Kampagne gegen die Bonner Ultras" wurde Anfang der sechziger Jahre beispielsweise festgestellt: „In diesem Sinne muss jetzt täglich die Kampagne geführt und entwickelt werden, dass die Adenauer-Ära zu Ende geht. Wir konzentrieren dabei das Feuer gegen die (sic!) Adenauer, Strauss, Gehlen, Globke usw. Wir müssen uns dabei klar sein, dass wir für diese Kampagne etwa 1 Jahr Zeit haben. In dieser Zeit muss der Rücktritt Adenauers erzwungen werden. Wenn es soweit ist, muss für alle Welt klar sein, dass er von uns gestürzt wurde."[318] Mit dem Auffinden und Auswerten von Aktenmaterial war das MfS beauftragt.[319] Dabei kam es zu einer engen Zusammenarbeit mit dem KGB und anderen osteuropäischen Geheimdiensten. Wenn das aufgespürte Aktenmaterial nicht ausreichte, wurde es bei einzelnen Kampagnen „je nach Maßgabe ‚vervollständigt' durch Dokumente aus eigener Fertigung".[320]

Ein Beispiel für die Kampagnen der DDR gegen Repräsentanten der Bundesrepublik war das 1965 erstmals von der DDR herausgegebene „Braunbuch"[321], welches die personelle Überschneidung zwischen dem NS-Staat und dem jungen Westdeutschland propagandistisch darlegen sollte. Dabei wurde stets verschwiegen, dass es ebenso personelle Kontinuitäten vom Nationalsozialismus in den DDR-Sozialismus gegeben hat.[322] In einer Untersuchung aus dem Jahre 1954 wurde festgestellt, dass von den 1,4 Millionen Mitgliedern der SED 104.000 bereits vor 1945 Mitglied der KPD oder SPD gewesen waren, aber 106.377 der NSDAP sowie 74.223 weiteren NS-Gliederungen angehört hatten und 140.076 bis 1945 Soldat der Wehrmacht mit dem Dienstgrad Unteroffizier aufwärts gewesen waren.[323] Damit gab es mehr ehemalige Nationalsozialisten als ehemalige Kommunisten in der SED. Unzählige führende Repräsentanten im SED-Staat waren zuvor in der NSDAP aktiv gewesen wie beispielsweise der stellvertreten-

---

[317] Vgl. Antonia Grunenberg, Antifaschismus – ein deutscher Mythos, Reinbek 1993, S. 113 f.

[318] BArch-SAPMO, ZPA, SED ZK-Abteilung Agitation, DY 30/IV2/902/100, o.J. (wohl 1962), Bl. 66-68.

[319] Vgl. Hubertus Knabe, Die missbrauchte Vergangenheit. Die Instrumentalisierung des Nationalsozialismus durch SED und Staatssicherheitsdienst, in: Manfred Agethen/Eckhard Jesse/Ehrhart Neubert (Hrsg.), Der missbrauchte Antifaschismus, DDR-Staatsdoktrin und Lebenslüge der deutschen Linken, Freiburg i.Br. 2002, S. 248-267.

[320] Vgl. Günter Bohnsack/Herbert Brehmer, Auftrag Irreführung. Wie die Stasi Politik im Westen machte, Hamburg 1992, S. 49.

[321] Braunbuch, Kriegs- und Naziverbrecher in der Bundesrepublik und in Westberlin – Staat, Wirtschaft, Verwaltung, Armee, Justiz, Wissenschaft, hrsg. vom Nationalrat der Nationalen Front des demokratischen Deutschlands und vom Dokumentationszentrum der Staatlichen Archivverwaltung der DDR, Berlin 1965.

[322] Vgl. Wolfgang Buschfort, Wie SED und MfS in Westdeutschland „Faschisten" suchten und bei sich selbst „übersahen", in: Manfred Agethen/Eckhard Jesse/Ehrhart Neubert (Hrsg.), Der missbrauchte Antifaschismus, DDR-Staatsdoktrin und Lebenslüge der deutschen Linken, Freiburg i.Br. 2002, S. 237-247.

[323] Vgl. Dietmar Keller, Kein Nachtrag: Die Diskussion geht weiter, in: ders./Matthias Kirchner (Hrsg.), Zwischen den Stühlen, Pro und Kontra SED, Berlin 1993, S. 175-191.

4. Bundesrepublik Deutschland bis zur deutschen Einheit

de Chefredakteur des „Neuen Deutschland" Günter Ketzscher[324], der NOK-Präsident Manfred Ewald[325], der stellvertretende Ministerpräsident Hans Reichelt[326], der erste Präsident des Obersten Gerichts der DDR Kurt Schumann[327], der MfS-Generalmajor und Leiter der Abteilung Desinformation der Hauptverwaltung Aufklärung Günter Halle.[328] Der erste DDR-Generalstaatsanwalt Ernst Melsheimer hatte nicht nur eine erfolgreiche Karriere als Richter im Nationalsozialismus hinter sich, sondern war auch im NS-Rechtswahrerbund aktiv gewesen.[329] Ehemalige Wehrmachtsoffiziere machten Karriere in der Kasernierten Volkspolizei sowie der NVA, eine frühere NSDAP-Mitgliedschaft stellte dabei keinen Hinderungsgrund dar.[330]

Gegen einzelne führende Vertreter der Bundesrepublik organisierte die DDR besonders nachhaltige und erfolgreiche Kampagnen. Adenauers Staatssekretär Hans Globke hatte 1936 in seiner Funktion als Mitarbeiter des Innenministeriums an einem amtlichen Kommentar zu den Nürnberger Rassegesetzen mitgewirkt. Dabei hatte er versucht, eine für die Betroffenen möglichst günstige Auslegung festzuschreiben. Globke war niemals Nationalsozialist gewesen, sondern befand sich als ehemaliges Mitglied des Zentrums in Verbindung mit dem Widerstand. Nach dem Attentat des 20. Juli 1944 war er als Staatssekretär vorgesehen. 1947 wurde er nach einem Entnazifizierungsverfahren als unbelastet eingestuft.[331] Dennoch richteten sich immer wieder Angriffe aus Ost-Berlin gegen ihn. In der DDR wurde er im Juli 1963 wegen seiner – angeblichen – Verbrechen während der NS-Zeit in Abwesenheit gar zu einer lebenslangen Zuchthausstrafe verurteilt.

Ein gutes Beispiel dafür, wie der SED-Staat zur Untermauerung des Vorwurfs der faschistischen Kontinuität der Bundesrepublik auf gezielte Manipulationen zurückgriff, war die Kampagne gegen den damaligen Bundespräsidenten Heinrich Lübke.[332] Ihm wurde anhand gefälschter Unterlagen vorgeworfen, „KZ-Baumeister" gewesen zu sein. Tatsächlich hatten die von ihm mitkonstruierten Baracken niemals in KZs Verwendung gefunden. Die entsprechenden Baupläne waren vom MfS mit einem Deckblatt versehen worden, dessen Text folgendermaßen lautete: „Vorentwurf zur Erstellung eines KZ-Lagers für 2000 Häftlinge der Fa. Kalag bei Schacht VI in Neu-Staßfurt".[333]

Auch gegen den damaligen Bundestagspräsidenten Eugen Gerstenmaier richtete sich eine Kampagne der DDR.[334] Obwohl Gerstenmaier wegen seiner Beteiligung am 20. Juli 1944 vom Volksgerichtshof zu sieben Jahren Zuchthaus verurteilt worden war, versuchte die DDR, ihn

---

[324] Vgl. Olaf Kappelt, Die Entnazifizierung in der SBZ sowie die Rolle und der Einfluß ehemaliger Nationalsozialisten in der DDR als ein soziologisches Phänomen, Hamburg 1997, S. 161 f.; eine lesenswerte Liste mit Kurz-Biographien von Nationalsozialisten, die im SED-Staat wichtige Funktionen einnahmen findet sich in Hans Brückl, Zwischen Rot und Braun, Der verordnete Antifaschismus der DDR und der „Fall" Wilhelm Kunze, Bergisch Gladbach 2001, S. 38-54. Nahezu alles bestreitend: Detlef Joseph, Nazis in der DDR, Die deutschen Staatsdiener nach 1945 – woher kamen sie?, Berlin 2002.

[325] Vgl. Kappelt ebd., S. 147 f.

[326] Vgl. ebd., S. 159.

[327] Vgl. ebd., S. 126.

[328] Vgl. ebd., S. 152.

[329] Vgl. ebd., S. 125 f.

[330] Vgl. ebd., S. 128-137 ; Brückl, ebd.

[331] Vgl. Ulrich von Hehl, Der Beamte im Reichsinnenministerium: Die Beurteilung Globkes in der Diskussion der Nachkriegszeit, Eine Dokumentation, in: Klaus Gotto (Hrsg.), Der Staatssekretär Adenauers. Persönlichkeit und politisches Wirken Hans Globkes, Stuttgart 1980, S. 230-282.

[332] Vgl. Rudolf Morsey, Heinrich Lübke, eine politische Biographie, Paderborn 1996, S. 505-585.

[333] Ebd., S. 511.

[334] Zur gesamten Kampagne gegen Gerstenmaier vgl. Hubertus Knabe, Der diskrete Charme der DDR. Stasi und Westmedien. Berlin und München 2001, S. 250-269.

mit dem NS-Regime in Verbindung zubringen. Er wurde als Verräter dargestellt, der mehrere Mitglieder des Kreisauer Kreises an den NS-Staat verraten habe.

Das erste Opfer der gezielten osteuropäischen Propaganda war der Bonner Vertriebenenminister Theodor Oberländer.[335] Den Startschuss für die Kampagne gegen ihn hatte Nikita Chrustschow persönlich in einer Rede in Mauthausen am 3. Juli 1959 gegeben.[336] Die „Oberländer-Schlacht", wie sie von SED-Funktionären genannt wurde, gipfelte am 29. April 1960 in einem Urteil des Obersten Gerichts der DDR, welches Oberländer wegen Kriegsverbrechen und Verbrechen gegen die Menschlichkeit zu zweifacher lebenslanger Zuchthausstrafe verurteilte.[337]

Teilweise inszenierten die Sicherheitsbehörden der DDR rechtsextremistische Vorfälle in der Bundesrepublik. Dem Berliner Historiker und Publizisten Hubertus Knabe gelang es nachzuweisen, dass das MfS mehrere Kampagnen wie beispielsweise Drohbriefe gegen Juden konzipiert und durchgeführt hat.[338] Schändungen von Synagogen und jüdischen Friedhöfen in der Bundesrepublik sind von Sicherheitsbehörden der DDR aller Wahrscheinlichkeit nach zumindest angestiftet wurden.[339] Der SED-Staat unterstützte außerdem national-neutralistische und rechtsradikale Publikationen, Gruppen und Parteien in der Bundesrepublik.[340] Ohne die finanzielle Unterstützung aus dem Osten hätten viele von ihnen ihre Aktivitäten nicht verfolgen können. Im Umfeld mehrerer rechtsextremistischer Gruppen war das MfS mit Inoffiziellen Mitarbeitern vertreten. Mit dem Journalisten Lutz Kuche besaß das MfS einen Agenten im NPD-Bundesvorstand. Vom SED-Staat gesteuerte Personen trugen somit lange Jahre zur Verbreitung von rechtsextremistischem Gedankengut in der Bundesrepublik bei. Gleichzeitig kritisierte die DDR jede noch so unbedeutende rechtsextremistische Aktivität in der Bundesrepublik als Beweis für die – angebliche – Kontinuität des faschistischen Erbes in Westdeutschland.

Trotz einzelner Erfolge der antifaschistischen DDR-Propaganda konnte sie nicht verhindern, dass auf Grund der politischen Entwicklungen in der DDR und im gesamten Ostblock nach 1945 in der bundesrepublikanischen Nachkriegsöffentlichkeit ein starkes Misstrauen gegenüber der KPD und ihr nahe stehender Kräfte bestand. Die täglichen Beispiele der Herrschaftspraxis in der DDR und den anderen Ländern östlich des Eisernen Vorhangs trugen so klare totalitäre Züge, dass die Kommunisten keine Glaubwürdigkeit als Retter der Demokratie gegen Faschisten und Kapitalisten erringen konnten. Dem kommunistischen Antifaschismusbegriff gelang es nicht, sich in den Anfängen der Bundesrepublik Deutschland als politischer Konsens durchzusetzen. Stattdessen konnte sich eine antitotalitär geprägte Linie durchsetzen, die starke antikommunistische und antisowjetische Züge trug.

Antifaschismus entwickelte sich zum Synonym für Prosowjetismus. Der sich entwickelnde Antagonismus zwischen Westen und Osten überlagerte einzelne Ansätze zur Entwicklung

---

[335] Vgl. Philipp-Christian Wachs, Der Fall Theodor Oberländer (1905-1998), Ein Lehrstück deutscher Geschichte, Frankfurt a.M. 2000, S. 191-316.

[336] Vgl. ebd., S. 309.

[337] Vgl. ebd., S. 305-308. Das Urteil wurde wegen formaler Mängel 1993 vom Landgericht Berlin aufgehoben. Vgl. LG Berlin, Beschluss vom 24.11.1993, 552 Rh 3 Js 66/90. Nach einer erneuten Überprüfung des gesamten vorliegenden Materials stellte die Staatsanwaltschaft Köln die Ermittlungen 1998 ein. Vgl. Wachs, S. 480.

[338] Vgl. Hubertus Knabe, Die missbrauchte Vergangenheit. Die Instrumentalisierung des Nationalsozialismus durch SED und Staatssicherheitsdienst, in: Manfred Agethen/Eckhard Jesse/Ehrhart Neubert (Hrsg.), Der missbrauchte Antifaschismus, DDR-Staatsdoktrin und Lebenslüge der deutschen Linken, Freiburg i.Br. 2002, S. 248-267.

[339] Ebd.; Philipp-Christian Wachs, Der Fall Theodor Oberländer (1905-1998), Ein Lehrstück deutscher Geschichte, Frankfurt a.M. 2000, S. 197.

[340] Knabe, ebd.

4. Bundesrepublik Deutschland bis zur deutschen Einheit

einer breiteren antifaschistischen Bewegung. Nach der Einschätzung des Pädagogen Peter Dudek ist der Antifaschismus in der Bundesrepublik Deutschland „ein Opfer des Kalten Krieges" geworden.[341] Zu einer ähnlichen Schlussfolgerung – wenngleich mit einer anderen Wortwahl – kommt der marxistisch geprägte Robert Erlinghagen, für den die Aufgabe des Antifaschismus als „der von den herrschenden Kräften gern gezahlte Preis für die Westbindung und die kapitalistische Restauration" war.[342] Für den Marxisten Wolfgang Fritz Haug blieb die Bundesrepublik bis in die Mitte der sechziger Jahre von einem „hilflosen Antifaschismus" geprägt, der als ein „Antifaschismus der Phrase" unter der Ausblendung sozioökonomischer Verhältnisse und bei der Beschränkung auf moralische Gesten unwirksam geblieben sei.[343] Der wesentliche Kritikpunkt von Haug und anderen marxistischen Antifaschisten an der Bundesrepublik war deren marktwirtschaftliche Wirtschaftsverfassung, galt doch der Kapitalismus als Ausgangspunkt für die faschistische Machtergreifung.

Die kommunistisch-antifaschistische Strömung blieb nicht in der gesamten Zeit der Bundesrepublik ohne jede Bedeutung. Sie konnte im Zusammenhang mit der 68er-Bewegung an den Hochschulen in der Bundesrepublik an Raum gewinnen.[344] In den sechziger Jahren wurde der Ausspruch des Sozialwissenschaftlers und Vertreters der „Frankfurter Schule", Max Horkheimer, zum weit verbreiteten Leitbild in der Jugend- und Studentenbewegung: „Wer aber vom Kapitalismus nicht reden will, sollte auch vom Faschismus schweigen."[345] Liberalismus und Kapitalismus wurden von einer marxistisch beeinflussten politischen Szene als Ursache für Faschismus ausgemacht. Eine endgültige Abkehr vom Faschismus sei ohne Hinwendung zu einer antikapitalistischen Gesellschaft nicht möglich. Nach Erlinghagen war die 68er-Bewegung der „zeitweise erfolgreiche Versuch, die Restauration der BRD zu stoppen oder zumindest zu verlangsamen".[346] Antifaschismus wurde auch zur Legitimation von „Gegengewalt" herangezogen, um ein Wiederaufleben des Faschismus zu verhindern. Der Zweck der Verhinderung von Faschismus heiligte jedes – auch undemokratische oder nicht-rechtsstaatliche – Mittel. Derartige antifaschistisch legitimierte Gewalt äußerte sich in „Gewalt gegen Sachen" oder in „Gewalt gegen den Polizeistaat". Eine angeblich faschistische Bundesrepublik Deutschland diente sogar zur Legitimation von „Gewalt gegen Personen" – in Form des Terrors der Roten Armee Fraktion (RAF). Der inflationäre Gebrauch des Faschismus- wie des Antifaschismusbegriffs durch die Studentenbewegung entwertete beide.[347]

Dennoch behielt der Antifaschismus nach der Einschätzung von Hans-Helmuth Knütter eine Funktion im intellektuellen Milieu der Bundesrepublik. Er diente als eine „negative ge-

---

[341] Vgl. Peter Dudek, Antifaschismus. Von einer politischen Kampfformel zum erziehungstheoretischen Grundbegriff?, in: Zeitschrift für Pädagogik 36, 1990, S. 353-369, hier 358.

[342] Robert Erlinghagen, Die Diskussion um den Begriff des Antifaschismus seit 1989/90, Berlin 1997, S. 24.

[343] Vgl. Wolfgang Fritz Haug, Vom „hilflosen" Antifaschismus zur Gnade der späten Geburt, 2. Auflage, Hamburg 1993.

[344] Vgl. Herbert Ammon, Antifaschismus im Wandel?, Historisch-kritische Anmerkungen zur Aktualität eines Begriffs, in: Uwe Backes/Eckhard Jesse/Rainer Zitelmann (Hrsg.), Die Schatten der Vergangenheit, Impulse zur Historisierung des Nationalsozialismus, um ein Nachw. erw. Ausg., Frankfurt a.M. 1992, S. 568-594; vgl. zur Ablösung der Totalitarismustheorie durch die Faschismustheorie in der Studentenbewegung: Wolfgang Kraushaar, Von der Totalitarismus- zur Faschismustheorie, Zu einem Paradigmenwechsel in der Theoriepolitik der bundesdeutschen Studentenbewegung, in: Claudia Keller (Hrsg.), Die Nacht hat zwölf Stunden, dann kommt schon der Tag, Antifaschismus, Geschichte und Neubewertung, Berlin 1996, S. 234-251.

[345] Max Horkheimer, Die Juden in Europa, in: Zeitschrift für Sozialforschung 7, 1939, S. 115-137, hier S. 115.

[346] Robert Erlinghagen, Die Diskussion um den Begriff des Antifaschismus seit 1989/90, Berlin 1997, S. 28.

[347] Vgl. Peter Dudek, Antifaschismus. Von einer politischen Kampfformel zum erziehungstheoretischen Grundbegriff?, in: Zeitschrift für Pädagogik 36, 1990, S. 353-369, hier 358.

samtdeutsche Klammer" zwischen intellektuellen Sozialisten der DDR und westdeutschen linken Intellektuellen, „die sich einig im Ziel gegen eine deutsche Einheit waren".[348]

5. Bundesrepublik Deutschland ab der deutschen Einheit

Viele namhafte Wissenschaftler und Publizisten, die nicht ausschließlich aus dem konservativen Spektrum stammten, äußerten sich zu Beginn der neunziger Jahre zweifelnd über den Wert des „verordneten Antifaschismus" als Hinterlassenschaft der untergegangenen DDR.[349] Insbesondere wurde die antidemokratische Ideologie, die in den meisten Fällen den bis 1990 in der Bundesrepublik wie in der DDR vertretenen Antifaschismus prägte, kritisiert.[350] Antifaschismus bot sich zugleich für eine nach dem Zusammenbruch des Sozialismus desorientiert zurückgebliebene Linke als einer der wenigen gemeinsamen Nenner, der einigermaßen unbefleckt den Untergang des realsozialistischen Regimes in Ostdeutschland überlebt hatte. Allerdings war der Antifaschismus durch den Missbrauch als Herrschaftslegitimation der DDR nicht vollkommen ohne Schrammen geblieben. Daher prallten nach 1990 bei der Diskussion über den Begriff des Antifaschismus eine postkommunistische Linke und eine antitotalitär ausgerichtete politische Mitte aufeinander. Teile der Linken zeigten sich dabei bestrebt, den Begriff des Antifaschismus von stalinistischen Irrungen und Missbräuchen zu trennen und den grundsätzlich positiven Ansatz des Antifaschismus darzustellen. Die politische Mitte lehnte den Begriff des Antifaschismus als unscharf und missverständlich ab.

Schon sehen die marxistischen Antifaschisten im Deutschland nach der Wiedervereinigung mit einem – angeblichen – Voranschreiten von Sozialabbau und Rechtsextremismus den Faschismus wieder auf dem Vormarsch. So macht Georg Fülberth die „so genannte Zivilgesellschaft" verantwortlich für die ausländerfeindlichen Mordanschläge in Mölln und Solingen: „Vielleicht müssen wir künftig unterscheiden zwischen dem – vorderhand aussichtslosen – politischen Prinzip des nach staatlicher Herrschaft strebenden Faschismus und jener auf den außerstaatlichen Bereich, nämlich die Gesellschaft, beschränkten, dort aber um sich greifenden Basis-Faschisierung."[351]

Die Gefahr einer faschistischen Machtübernahme, darin sind sich selbst marxistische Antifaschisten einig, besteht derzeit in der Bundesrepublik nicht. Dennoch wird dem demokratischen Verfassungsstaat vorgeworfen, nicht entschlossen genug gegen Rechtsextremismus vorzugehen beziehungsweise sogar heimlich mit ihm zu kooperieren. So wird gar die abenteuerliche These vertreten, dass die Bundesrepublik erst dann konsequent gegen rechtsextremistische Gruppen vorgegangen sei, als „diejenigen Ziele erreicht waren, zu deren Umsetzung der ‚Druck der Straße', sprich: faschistische Gewalt, erforderlich oder nützlich war, z.B. die Zu-

---

[348] Hans-Helmuth Knütter, Antifaschismus und Intellektuelle, in: Uwe Backes/Eckhard Jesse (Hrsg.), Jahrbuch Extremismus & Demokratie, Bd. 4, Bonn 1992, S. 53-66.

[349] Vgl. Antonia Grunenberg, Antifaschismus – ein deutscher Mythos, Reinbek 1993; Irene Runge, Wer hat Angst vorm schwarzen Mann, in: Karl-Heinz Heinemann/Wilfried Schubarth (Hrsg.), Der antifaschistische Staat entlässt seine Kinder, Berlin 1992, S. 132-139; Peter Steinbach, Antifaschismus. Schlagwort und Ausdruck einer Staatsreligion, in: Trend, Zeitschrift für soziale Marktwirtschaft 46, 1991, S. 22-29.

[350] Vgl. Hans-Helmuth Knütter, Antifaschismus und politische Kultur in Deutschland nach der Wiedervereinigung, in: Aus Politik und Zeitgeschichte, B 9/91, S. 17-28; ders., Die Faschismus-Keule. Das letzte Aufgebot der deutschen Linken, Berlin 1993.

[351] Georg Fülberth, in: Boris Gröndahl/Wolfgang Schneider (Hrsg.), Was tun?, Der Konkret-Kongreß, Über Bedingungen und Möglichkeiten linker Politik und Gesellschaftskritik, Hamburg 1994, S. 30-33.

5. Bundesrepublik Deutschland ab der deutschen Einheit

stimmung von Teilen der Bundestagsopposition zur Asylrechtsänderung."[352] Der Vorwurf gegenüber konservativen und liberalen Demokraten lautet, gezielt rechtsextremistische Gewalt zu instrumentalisieren. Dieses Argumentationsmuster kann als moderne Agentur-Theorie bezeichnet werden: Die Faschisten müssen nicht mehr wie noch zur Zeit der Weimarer Republik die Herrschaft über den Staat als Agenten des Kapitals übernehmen, um den Kapitalismus zu retten. Es reicht in der heutigen Bundesrepublik aus, dass die faschistischen Agenten gewisse Aufgaben im Sinne des kapitalistischen Staates erfüllen.

Marxistische Antifaschisten sind trotz aller kurzfristiger taktischer Bereitschaft, zu Gunsten von möglichst breiten antifaschistischen Bündnissen auf eine gesellschaftsändernde Komponente des Antifaschismus zu verzichten, nicht dazu bereit, langfristig auf eine Ablösung der freiheitlichen und marktwirtschaftlichen Ordnung durch eine sozialistische Ordnung zu verzichten.[353] Eine restlose Aufhebung von Rechtsextremismus ist nach Ansicht von marxistischen Antifaschisten nur durch Eingriffe in den „sozio-ökonomischen Ursachenkomplex", das heißt in die Verfügungsgewalt über die Produktionsmittel zu erreichen.[354] Der Antifaschismus behält im wiedervereinigten Deutschland nach 1990 eine starke antikapitalistische Tendenz, die weiterhin für eine kritische Distanz des Antifaschismus zum Wirtschafts- und Gesellschaftssystem der Bundesrepublik sorgt.

Die Themen Antifaschismus und Rechtsextremismus erlangten jeweils bei besonders abscheulichen rechtsextremistischen Anschlägen sowie bei Wahlerfolgen rechtsextremistischer Parteien eine besonders hohe Aufmerksamkeit in den Medien. Zu Beginn der neunziger Jahre ist dabei die Serie fremdenfeindlicher Anschläge mit ihren unrühmlichen Höhepunkten Rostock, Mölln und Solingen zu nennen. Eine weitere Welle von Gewalt erschütterte die Bundesrepublik im Jahr 2000. Im Juni ermordeten drei Skinheads den mosambikanischen Vertragsarbeiter Alberto Adriano. Im Juli wurde in Düsseldorf ein Bombenanschlag auf eine Gruppe jüdischer Einwanderer aus den ehemaligen GUS-Staaten verübt. Nach einem Anschlag auf die Alte Synagoge in Düsseldorf im Oktober des Jahres 2000 forderte Bundeskanzler Gerhard Schröder die Bürger in Deutschland zu einem „Aufstand der Anständigen" gegen den Rechtsextremismus auf.[355]

Noch im Jahr 2000 wurde beim Bundesinnenministerium das „Bündnis für Demokratie und Toleranz" eingerichtet. Der Bundestag beschloss die Bereitstellung von Bundesmitteln für Initiativen und Projekte. Daraus entstanden verschiedene Bundesprogramme, wie Xenos, entimon und das Bundesprogramm „CIVITAS – initiativ gegen Rechtsextremismus in den neuen Bundesländern". Bei einer großen Demonstration am 9. November 2000 in Berlin unter dem Motto „Wir stehen auf – Demonstration für Menschlichkeit und Toleranz" protestierten „autonome" Antifaschisten und PDS genauso wie Edmund Stoiber, Angela Merkel, Johannes Rau, Gerhard Schröder und Joschka Fischer gegen Fremdenfeindlichkeit und Rechtsextremismus.

Welche Wirkung diese und andere Initiativen im Kampf gegen Rechtsextremismus gehabt haben, blieb politisch höchst umstritten. „Autonome" Antifaschisten sprachen abwertend vom

---

[352] Robert Erlinghagen, die Diskussion um den Begriff des Antifaschismus seit 1989/90, Berlin 1997, S. 149.

[353] Reinhard Kühnl, Gefahr von rechts?, Vergangenheit und Gegenwart der extremen Rechten, Heilbronn 1993, S. 148 f.; Robert Erlinghagen, die Diskussion um den Begriff des Antifaschismus seit 1989/90, Berlin 1997, S. 149 f.

[354] Ebd.

[355] Wegen des Anschlags auf die Synagoge wurden später zwei arabischstämmige Täter wegen versuchter schwerer Brandstiftung vom Landgericht Düsseldorf verurteilt. Als Motiv gaben die Täter Hass auf Israel wegen dessen Vorgehens gegen die Palästinenser an.

"rot-grünen Staatsantifaschismus"[356] oder einem inszenierten "Antifa-Sommer"[357] ohne Folgen. Die PDS kritisierte die Maßnahmen der Bundesregierung als unzureichend und forderte einen "Aufstand der Zuständigen".[358] Dagegen kritisierten Konservative wie der Historiker Manfred Wilke die einseitige Ausrichtung der Programme gegen Rechtsextremismus und rechtsextremistische Gewalt, die mangelnde Differenzierung zwischen "rechts" und "rechtsextremistisch" sowie die punktuelle Einbeziehung von linksextremistischen Kräften in den Kampf gegen Rechtsextremismus.[359] Der Politikwissenschaftler Eckhard Jesse konstatierte eine Gefährdung des antiextremistischen Konsenses durch eine Kooperation von Demokraten und Linksextremisten.[360]

---

[356] Zum Beispiel Autonome Antifa Schwerin,
http://www.antifa-sn.de/theorie/kapitalismus/details/detailsdruck.html.
[357] Zum Beispiel Autonome Antifa Kassel, http://www.wurfsache.de/kessel/aakzeitung0204.htm.
[358] Petra Pau, Pressemitteilung vom 12.9.2002, http://www.petra-pau.de/aktuell/presse/020912_schily.htm.
[359] Vgl. Manfred Wilke, Die "antifaschistische" Republik – Die PDS strebt eine neue Lagerbildung an, in: Die politische Meinung 377, 2001, S. 65-69.
[360] Vgl. Eckhard Jesse, Die Tabuisierung des Extremismusbegriffs, in: Die Welt, 4.2.2002.

IV. Antifaschistische Organisation der PDS

1. Antifaschistische Arbeit in der PDS

1.1. *AG Rechtsextremismus/Antifaschismus*

Eine hervorgehobene Bedeutung für die programmatische und organisatorische antifaschistische Arbeit in der PDS besitzt die Arbeitsgemeinschaft Rechtsextremismus/Antifaschismus beim Parteivorstand.[361] Diese wurde am 25. September 1990 im Rosa-Luxemburg-Haus in Schöneiche-Fichtenau als „AG Rechtsextremismus" gegründet.[362] Das Datum der Gründung war kein Zufall. Der Großteil der Gründer dieser Arbeitsgemeinschaft kam aus dem Hochschulbereich der DDR, ein besonders hoher Anteil von der Akademie für Gesellschaftswissenschaften beim Zentralkomitee der SED.[363] Fast alle von ihnen waren langjährige aktive Mitglieder der SED gewesen und hatten vielfältige haupt- und nebenamtliche Positionen im Parteiapparat bekleidet. Zum 1. September 1990 hatte der Bildungs- und Wissenschaftsminister der letzten DDR-Regierung, Hans-Joachim Meyer, die meisten von ihnen aus dem Hochschuldienst entlassen.

Somit konnte die PDS in der AG Rechtsextremismus/Antifaschismus auf ein wertvolles Potenzial an „Turbo-Rentnern" zurückgreifen. Die führenden Mitglieder der Arbeitsgemeinschaft verfügen auf Grund ihrer Tätigkeit in der DDR über Fachwissen und Leitungskompetenz. Sie waren es gewohnt, wissenschaftlich zu arbeiten, regelmäßig zu publizieren sowie wissenschaftliche Tagungen und Kolloquien vorzubereiten und durchzuführen. Nach ihrer Entlassung aus dem Hochschuldienst hatten sie viel Zeit, sich in der Arbeitsgemeinschaft für

---

[361] Vgl. zur Entwicklung der AG: Klaus Böttcher, Persönliche Erinnerungen und Anregungen zur antifaschistischen Arbeit der PDS seit 1990 und Dank an einen Weggefährten, in: Roland Bach/Klaus Böttcher/Horst Helas/Peer Jürgens/Jürgen Plagge-Vandelaar/Reiner Zilkenat (Hrsg.), Antifaschismus als humanistisches Erbe in Europa, Festschrift zum 60. Geburtstag von Prof. Dr. Rolf Richter, Berlin 2005, S. 99-115; ders., Zur antifaschistischen Arbeit der PDS seit 1990, Persönliche Erinnerungen und Anregungen, in: Rundbrief der AG Antifaschismus/Rechtsextremismus, 1+2/2003, S. 60-65; Klaus Böttcher/Norbert Madloch/Werner Paff/Rolf Richter, Nachdenken über Antifaschismus, Manuskript, Berlin 1995.

[362] Früher befand sich dort die Reichsparteischule der KPD. Die DDR richtete in Schöneiche-Fichtenau eine Gedenk- und Bildungsstätte ein.

[363] Folgende führende Mitglieder der AG arbeiteten an der Akademie für Gesellschaftswissenschaften beim ZK der SED: Roland Bach, am Institut für Wissenschaftlichen Kommunismus, Forschungsbereich „Jugendpolitik der SED", zuvor Leiter der Forschungsstelle für Jugendfragen beim Zentralrat der FDJ; Horst Helas, Oberassistent am Institut Geschichte der deutschen Arbeiterbewegung; Norbert Madloch, Dozent am Institut für Imperialismusforschung; Werner Paff, Direktor des Instituts für Imperialismusforschung; Rolf Richter, Direktor des Instituts Geschichte der deutschen Arbeiterbewegung. Andere Mitglieder der AG arbeiteten an anderen Hochschulen oder zentralen Bildungseinrichtungen der DDR: Klaus Böttcher, Direktor der FDJ-Jugendhochschule „Wilhelm Pieck" in Bogensee bei Bernau; Ludwig Elm, Professor für Marxismus/Leninismus an der Friedrich-Schiller-Universität Jena; Karl-Heinz Gräfe, Professor an der Pädagogischen Hochschule „K.F.W. Wander" Dresden; Kurt Pätzold, Professor für Geschichte an der Humboldt-Universität Berlin; Michael Schumann, Professor für Dialektischen und Historischen Materialismus an der Akademie für Staat und Recht in Potsdam-Babelsberg; Manfred Weißbecker, Professor für Geschichte an der Universität Jena. Vgl. auch die Kurzbiographien im Anhang.

die PDS zu engagieren. Deshalb kann die Arbeitsgemeinschaft seit 1990 auf eine erstaunlich kontinuierliche Arbeit zurückblicken, die sich überwiegend auf einem hohen wissenschaftlichen Niveau bewegte.

Die Kehrseite der weitgehenden personellen Kontinuität aus dem Wissenschaftsbereich der DDR ist allerdings bei vielen Mitgliedern der Arbeitsgemeinschaft bis heute eine ideologische Nähe zur DDR und SED. Sie ist vielfach noch in Sprache und Begrifflichkeiten erkennbar. Eine wirklich kritische Auseinandersetzung mit dem Antifaschismus der Kommunistischen Internationale, der KPD und der SED fällt vielen auf Grund der eigenen biographischen und ideologischen Nähe schwer. Das gilt allerdings nicht für alle Mitglieder der Arbeitsgemeinschaft. Die Akademie für Gesellschaftswissenschaften galt schon zu DDR-Zeiten als Sammelbecken für Intellektuelle, die zwar vom Sozialismus, aber nicht unbedingt von dessen real existierender Form überzeugt waren.[364] Die eigentliche Kaderschmiede der SED unter Honecker war die Parteihochschule „Karl Marx". Sie produzierte die Absolventen, welche die Parteibeschlüsse landesweit linientreu umzusetzen hatten. Seit Beginn der achtziger Jahre wurde an der Akademie für Gesellschaftswissenschaften kritisch über die Herrschaft des SED-Regimes diskutiert. Das 1987 gemeinsam verabschiedete SED/SPD-Papier wurde von Seiten der SED wesentlich von der Akademie bearbeitet und inspirierte die Akademie-Mitarbeiter zu einem Denken außerhalb der üblichen SED-Schablonen.[365] Einige der Akademie-Dozenten waren bei anderen DDR-Institutionen mit einem Redeverbot belegt.[366] Kritische Worte zur DDR, die im Umfeld der neu gegründeten Arbeitsgemeinschaft kurz nach der „Wende" geäußert wurden, kamen daher nicht vollkommen überraschend.[367] Diese fanden sich dann aber später nicht in derselben Deutlichkeit und Konsequenz in offiziellen Beschlüssen der PDS wieder.

In ihrem Gründungspapier sah die Arbeitsgemeinschaft ihre Aufgabe vor allem in der „kontinuierlichen Information innerhalb der PDS sowie darüber hinaus der Öffentlichkeit über Entwicklungen und Verflechtungen im rechtsextremen Spektrum sowie über antifaschistische Aktivitäten der verschiedensten Parteien, Bewegungen und Initiativen".[368] Nach der Einschätzung von Klaus Böttcher, der die Arbeitsgemeinschaft von 1990 bis 2000 im Rahmen seiner Tätigkeit als hauptamtlicher Mitarbeiter des Parteivorstandes betreute, bekannte sich die Arbeitsgemeinschaft dabei von Anfang an zum antifaschistischen Grundverständnis der PDS wie zu den historischen Leistungen des Antifaschismus. Zugleich habe die Arbeitsgemeinschaft

---

[364] Vgl. Jörn Schütrumpf, Steuerung und Kontrolle der Wissenschaft durch die SED-Führung am Beispiel der Akademie der Wissenschaften der DDR unter Berücksichtigung der Akademie für Gesellschaftswissenschaften beim ZK der SED, 26.3.1993, in: Materialien der Enquete-Kommission (12. Legislaturperiode des Deutschen Bundestages), hrsg. vom Deutschen Bundestag, Band III, Baden-Baden/Frankfurt a.M. 1994, S. 359-374; etwas kritischer wird die Akademie beurteilt von Bernhard Marquardt/Emil Schnickl, Wissenschaft, Macht und Modernisierung in der DDR, Pragmatismus und Kontrolle – ein „neuer" SED-Kurs?, in: Aus Politik und Zeitgeschichte, B 3/1987, S. 20-32.

[365] Vgl. Gespräch mit Rolf Richter am 26.11.2003; Grundwertekommission der SPD und Akademie für Gesellschaftswissenschaften beim ZK der SED, Der Streit der Ideologien und die gemeinsame Sicherheit, 27.8.1987; der Wortlaut des Papiers ist abgedruckt in Deutschland Archiv 21, 1988, S. 86-91.

[366] Vgl. Gespräch mit Norbert Madloch, 10.3.2003.

[367] Zum Beispiel: Rolf Richter, Über Geschichte und Gegenwärtiges des Antifaschismus aus ostdeutscher Sicht, in: In der Diskussion Neofaschismus. Dokumentation des internationalen Kolloquiums „Humanismus in der Verantwortung – Gegen Rechtsextremismus, Rassismus und Nationalismus" am 4. und 5. Oktober 1991 in Berlin, S. 48-53; Norbert Madloch, Rechtsextremismus in der Endphase der DDR und nach dem Zusammenschluss von BRD und DDR – Fakten und Ursachen, Manuskript, 17.1.1991.

[368] Zitiert nach Klaus Böttcher, Sind die Gründungsziele der Bundes-AG Rechtsextremismus/Antifaschismus erreicht?, Rundbrief, Januar 2001.

1. Antifaschistische Arbeit in der PDS

aber in aller Deutlichkeit auch dessen Defizite, Fehler und Irrtümer in der DDR benannt und notwendige Klärungsprozesse gefordert.[369] Die Arbeitsgemeinschaft bezeichnet es in ihrer aktuellen Selbstdarstellung auf der Website der PDS als ihre wichtigste Aufgabe, „ständig die Gefahren von Rechts deutlich zu machen und Zivilcourage und Widerstand herauszufordern".[370] Die Arbeitsgemeinschaft verteidige „demokratische antifaschistische Werte" und begleite kritisch die Gedenkstättenarbeit. Als ihre vier wesentlichen Tätigkeitsfelder nennt die Arbeitsgemeinschaft:

- Situationsanalyse rechtsextremistischer Entwicklungstendenzen in Deutschland und Verallgemeinerungen von Erfahrungen der Gegenwehr;
- Kritik von altem und neuem Geschichtsrevisionismus und kritische und differenzierte Aufarbeitung und Verteidigung des Antifaschismus;
- Sensibilisierung der Mitglieder der PDS für diese Thematik und Unterstützung der Basisorganisationen;
- Zusammenarbeit mit wissenschaftlichen Einrichtungen, Vereinen und Stiftungen; Unterstützung antifaschistischer Aktivitäten.[371]

Die AGs, IGs und Plattformen sowie Arbeitskreise in der PDS werden laut Finanzplan im Jahr 2004 mit insgesamt 80.000 Euro berücksichtigt.[372] Davon entfallen 2.000 Euro auf die AG Rechtsextremismus/Antifaschismus, die damit zu den besser ausgestatteten Gruppen gehört. Daneben kann die Arbeitsgemeinschaft noch auf den gemeinsamen Reisekostenfonds der AGs und IGs zurückgreifen, der im Jahr 2004 mit 35.000 Euro im Finanzplan beziffert ist.

Die AG Rechtsextremismus/Antifaschismus besaß im Jahr 2005 einen siebenköpfigen Sprecherrat, dem Norbert Madloch, Roland Bach, Rolf Richter, Horst Helas, Reiner Zilkenat, Jürgen Plagge-Vandelaar und Peer Jürgens angehörten.[373] Jürgens wurde kürzlich zum Sprecher der Arbeitsgemeinschaft gewählt. Bei den ersten vier handelt es sich um ehemalige DDR-Hochschuldozenten. Bei den letzteren beiden handelt es sich um jüngere Nachwuchskräfte aus Ost und West: Plagge-Vandelaar stammt aus Nordrhein-Westfalen, war engagiert in der dortigen PDS-Landes-AG Rechtsextremismus und arbeitete bis zum Jahr 2002 als Referent für die PDS-Bundestagsfraktion. Er ist gegenwärtig als Geschäftsführer der PDS-Fraktion im Bochumer Stadtrat. Jürgens ist Mitglied und 1. stellvertretender Vorsitzender der Stadtverordnetenversammlung im brandenburgischen Erkner. Seit 2004 sitzt er für die PDS im Landtag von Brandenburg. Zilkenat arbeitete in den achtziger Jahren beim Parteivorstand der Sozialistischen Einheitspartei West-Berlins (SEW) und promovierte noch im Mai 1989 an der Akademie für Gesellschaftswissenschaften.[374] Jede offiziell anerkannte Arbeitsgemeinschaft in der PDS hat das Recht, zwei Delegierte zum Parteitag zu bestimmen. Für die AG Rechtsextremismus/Antifaschismus sind dies im Moment Karin Plagge und Peer Jürgens.[375]

---

[369] Ebd.

[370] Selbstdarstellung der AG, http://sozialisten.de/partei/strukturen/agigs/ag_rechtsextremismus/index.htm.

[371] Klaus Böttcher, AG Rechtsextremismus/Antifaschismus stellt sich vor, in: PDS-Pressedienst Nr. 32/95, 11.8.1995, S. 7 f.

[372] Jahresfinanzplanung der PDS 2004, Beschluss des Parteirates vom 27. März und des Parteivorstandes vom 28. Februar 2004, in: Disput 4/2004, S. 36f.

[373] Weitere Mitglieder, die zeitweise dem Sprecherrat angehörten: Klaus Böttcher, Elke Breitenbach, Matthias Gärtner, Dominic Heilig, Dagmar Krebs, Gunnar Zessin.

[374] Vgl. die Kurzbiographie im Anhang.

[375] Vgl. Klaus Böttcher, Beratung der AG Rechtsextremismus/Antifaschismus beim Parteivorstand der PDS, in: Rundbrief der AG Rechtsextremismus/Antifaschismus 2+3/04, S. 51.

Nach eigener Darstellung besteht die Arbeitsgemeinschaft aus ungefähr 40 Personen, welche mit gewisser Regelmäßigkeit die Arbeit begleiten und an Veranstaltungen teilnehmen.[376] Daneben gibt es einen ähnlich großen Kreis, der sporadisch mitarbeitet sowie als Ansprechpartner für spezielle Fragen dient. Bei den an der Arbeitsgemeinschaft beteiligten Personen handelt es sich größtenteils um Mitglieder, mindestens um Sympathisanten der PDS. Eine feste Mitgliedschaftsstruktur in der Arbeitsgemeinschaft besteht nicht.

Die AG Rechtsextremismus/Antifaschismus besitzt als offizielle Arbeitsgemeinschaft des Parteivorstandes der PDS einen bundesweiten Anspruch. Der regionale Schwerpunkt derjenigen, die sich in der Arbeitsgemeinschaft engagieren, liegt aber immer noch in den neuen Bundesländern und insbesondere im Großraum Berlin. Die gezielte Aufnahme von Westdeutschen in den Sprecherrat der Arbeitsgemeinschaft soll offenbar dazu dienen, das Manko mangelnder regionaler Balance auszugleichen. Die beiden Sprecherrats-Mitglieder westdeutscher Herkunft, Zilkenat und Plagge-Vandelaar, haben allerdings – zumindest zeitweise – eine akademische Ausbildung in der DDR genossen. Die regionale und akademische Herkunft der Sprecherrats-Mitglieder kann daher mit einiger Berechtigung als repräsentativ für die PDS, aber wenig repräsentativ für die Bevölkerung der Bundesrepublik Deutschland bezeichnet werden.

Innerhalb der Partei versteht sich die Arbeitsgemeinschaft als strömungsübergreifend.[377] Die Arbeitsgemeinschaft will allen Gruppen und Flügeln der Partei als Ansprechpartner und Diskussionspartner zur Verfügung stehen. Es finden sich Referenten und Autoren aus allen Lagern der PDS bei Veranstaltungen oder in Publikationen der Arbeitsgemeinschaft. Dennoch grenzen sich die führenden Köpfe der Arbeitsgemeinschaft gegenüber den dogmatischen Traditionalisten deutlich ab. Der langjährige Sprecher der Arbeitsgemeinschaft, Norbert Madloch, kritisiert regelmäßig diejenigen, die am SED-Antifaschismus sprachlich und ideologisch ohne wesentlichen Wandel festhalten wollen.[378] Jüngere aus dem Westen stammende Mitglieder der Arbeitsgemeinschaft wie Jürgen Plagge-Vandelaar oder Elke Breitenbach, seit dem Jahr 2003 Mitglied des Berliner Abgeordnetenhauses, gehören dem reformerisch ausgerichteten „Netzwerk Reformlinke" als Gründungsmitglieder an. Ideologisch und personell besteht in der Arbeitsgemeinschaft trotz formaler Unabhängigkeit eine Tendenz zu den Reformkräften innerhalb der PDS.

Nach Ansicht der Arbeitsgemeinschaft muss der Antifaschismus auch nach der Wahlniederlage der PDS bei den Bundestagswahlen 2002 Konsens bleiben.[379] Für die Zukunft strebt die Arbeitsgemeinschaft eine engere Koordination der eigenen Aktivitäten mit dem Parteivorstand, den beiden PDS-Bundestagsabgeordneten, den PDS-Landesvorständen sowie den PDS-Landtagsfraktionen an. Während die Kooperation mit den Abgeordneten und Fraktionen immer gut funktionierte, gab es in der Vergangenheit immer wieder Schwierigkeiten bei der Zusammenarbeit mit den Landesvorständen.[380] Diese bestehen im Prinzip bis heute fort.[381] Als

---

[376] Vgl. zu dieser und den folgenden Angaben: Klaus Böttcher, AG Rechtsextremismus/Antifaschismus stellt sich vor, in: PDS-Pressedienst Nr. 32/95, 11.8.1995, S. 7 f. und Gespräch mit Norbert Madloch am 10.3.2003.

[377] Vgl. Gespräch mit Norbert Madloch, 10.3.2003.

[378] Vgl. Norbert Madloch, Gegen politische Engstirnigkeit, in: Rundbrief der AG Rechtsextremismus/Antifaschismus 2/1998, S. 31f.; ders./Klaus Böttcher, Dummköpfe in Schnürstiefeln? Grundsätzlich falsch, Neue Fragen in der Auseinandersetzung mit dem Rechtsextremismus, Disput 4/2002, S. 32-33.

[379] Vgl. Antifaschismus bleibt Konsens in der PDS, Bericht von der Beratung des Sprecherrates der Arbeitsgemeinschaft Rechtsextremismus/Antifaschismus beim Parteivorstand der PDS am 28. Oktober 2002, PDS-Pressedienst Nr. 45/2002, 07.11.2002.

[380] Vgl. Klaus Böttcher, AG Rechtsextremismus/Antifaschismus stellt sich vor, in: PDS-Pressedienst, Nr. 32/95, 11.8.1995, S. 7 f.

[381] Vgl. Gespräch mit Klaus Böttcher am 5.5.2004.

1. Antifaschistische Arbeit in der PDS

Ursache werden die schlechte personelle Ausstattung der Landesverbände sowie die hohe personelle Fluktuation in den Vorständen genannt. Wesentlicher Ansprechpartner der Arbeitsgemeinschaft in den Bundesländern sind die Landtagsfraktionen sowie einzelne Landesarbeitsgemeinschaften, soweit sie überhaupt existieren. Das Verhältnis der AG zum PDS-Parteivorstand gestaltete sich nicht immer spannungsfrei. Mitglieder der AG beschreiben die Entwicklung zum Ende der neunziger Jahre mit den Worten „vom gebraucht werden zum geduldet werden" und berichten von Versuchen der Parteiführung, die AGs aufzulösen.[382] Im Jahr 2004 habe der Vorstand aber eine „kleine Trendwende" vollzogen und die Zusammenarbeit sei wieder besser. Die Arbeitsgemeinschaft beabsichtigt, ihre umfangreiche analytische und publizistische Tätigkeit fortzusetzen. Mitglieder des Sprecherrates der Arbeitsgemeinschaft sowie Vertreter der Landtagsfraktionen und Landesvorstände stellten bei einem Treffen im Jahr 2003 fest, dass das Thema Rechtsextremismus innerhalb der PDS an Stellenwert verloren habe.[383]

Ein Mitglied des Sprecherrates, das insbesondere mit faktenreichen und differenzierten Darstellungen des Rechtsextremismus in den neuen Bundesländern hervorsticht, ist Norbert Madloch.[384] Er fungierte lange als Sprecher der Arbeitsgemeinschaft. In einer von ihm herausgegebenen umfangreichen Auswahlbibliographie „Rechtsextremismus in der DDR und den neuen Bundesländern" sind über 700 Titel enthalten und darüber hinaus mehrere regelmäßig erscheinende antifaschistische Zeitschriften aufgeführt.[385] Die Bibliographie ist über das Internetangebot der Rosa-Luxemburg-Stiftung einsehbar.[386] Vor allem Madloch fordert in der PDS immer wieder eine neue Form der Auseinandersetzung mit dem Rechtsextremismus abseits des altbekannten SED-Antifaschismus.[387] Mit sehr kenntnisreichen und kritischen Betrachtungen

---

[382] Vgl. Klaus Böttcher, Persönliche Erinnerungen und Anregungen zur antifaschistischen Arbeit der PDS seit 1990 und Dank an einen Weggefährten, in: Roland Bach/Klaus Böttcher/Horst Helas/Peer Jürgens/Jürgen Plagge-Vandelaar/Reiner Zilkenat (Hrsg.), Antifaschismus als humanistisches Erbe in Europa, Festschrift zum 60. Geburtstag von Prof. Dr. Rolf Richter, Berlin 2005, S. 99-115.

[383] Vgl. Rechtsextremismus darf kein Randthema werden, Erklärung des Sprecherrates der AG Rechtsextremismus/Antifaschismus, PDS-Pressedienst Nr. 38/2003, 19.9.2003.

[384] Vgl. Norbert Madloch, Rechtsextremismus in Deutschland nach dem Ende des Hitlerfaschismus, in: Klaus Kinner/Rolf Richter (Hrsg.), Rechtsextremismus und Antifaschismus. Historische und aktuelle Dimensionen, Berlin 2000, S. 57-214; ders., Lexikalische Erläuterungen zu den im Rechtsextremismus-Teil verwandten Hauptbegriffen, in: ebenda, S. 252-272; ders., „Superwahljahr 1994", Rechtsextremismus in Ostdeutschland zwischen Einfluß und Niederlage, Berlin 1995; ders., Rechtsextremismus in den neuen Bundesländern und was dagegen getan werden kann, in: Droht und ein neues `33? Analysen zum heutigen Rechtsextremismus, Berlin 1993. Noch 1989 erschien eine unter der Leitung von Norbert Madloch erarbeitete Auseinandersetzung mit dem Linksradikalismus aus marxistisch-leninistischer Sicht: Akademie für Gesellschaftswissenschaften beim ZK der SED (Hrsg.), Linksradikalismus, Linksradikale Kräfte in den gesellschaftlichen Auseinandersetzungen, Berlin (Ost) 1989; vgl. dazu die Besprechung von Eckhard Jesse, in: Uwe Backes/Eckhard Jesse, Jahrbuch Extremismus & Demokratie, Bd. 2, Bonn 1990, S. 360 f.

[385] Vgl. Norbert Madloch, Rechtsextremismus in der DDR und in den neuen Bundesländern, Auswahl-Bibliographie, Bücher – Studien – Zeitungs- und Zeitschriftenartikel, überarbeitete und erweiterte 2. Fassung, Berlin 2002.

[386] http://www.rosalux.de/Aktuell/Thema/NBL-Bib.pdf.

[387] Vgl. Norbert Madloch, Neue Anforderungen für eine erfolgreiche Auseinandersetzung mit der heutigen Rechtsextremismus, in: Rundbrief 1/97, S. 1-6; ders., Gegen politische Engstirnigkeit im Antifaschismus, in: Rundbrief 2/98, S. 31 f.; ders./Klaus Böttcher, Dummköpfe in Schnürstiefeln? Grundsätzlich falsch, Neue Fragen in der Auseinandersetzung mit dem Rechtsextremismus, Disput 4/2002, S. 32-33; In der Auseinandersetzung mit dem Rechtsextremismus nicht nachlassen. Von der Beratung der AG Rechtsextremismus/Antifaschismus, PDS-Pressedienst Nr. 20 vom 15.5.2003

zum Antifaschismus fiel außerdem der spätere Rechtsextremismus-Experte der Rosa-Luxemburg-Stiftung, Rolf Richter, auf.[388]

Aktuelle Entwicklungen im Bereich des Rechtsextremismus werden in der Arbeitsgemeinschaft aufgegriffen. Dazu gehört beispielsweise die Antiglobalisierungskampagne von Rechtsextremisten oder der teilweise Bedeutungsverlust von traditionellen rechtsextremistischen beziehungsweise rechtsradikalen Parteien wie DVU, NPD und Republikanern.[389] Die hohe Sachkenntnis der Arbeitsgemeinschaft wurde und wird bei der PDS im Bundestag geschätzt und gerne in Anspruch genommen. Vor allem bei der Formulierung von Kleinen Anfragen und Anträgen griff die Bundestagsfraktion gerne auf die Arbeitsgemeinschaft zurück.[390] Die Arbeitsgemeinschaft führt in Zusammenarbeit mit der PDS und der Rosa-Luxemburg-Stiftung eine umfangreiche Bildungsarbeit durch. Ihre Mitglieder stehen als Referenten für Bildungsveranstaltungen Dritter zur Verfügung. Höhepunkt des Jahres waren in den neunziger Jahren die Jahreskonferenzen der PDS zum Thema Rechtsextremismus und Antifaschismus, die in Verantwortung der Arbeitsgemeinschaft vorbereitet und durchgeführt wurde. Da die Rosa-Luxemburg-Stiftung seit 1998 über eine gute finanzielle Ausstattung verfügt, hat diese immer stärker die Organisation von Konferenzen übernommen. Die Arbeitsgemeinschaft blieb aber immer ein wichtiger Unterstützer bei der wissenschaftlichen Vorbereitung sowie der Durchführung der Konferenzen. Die letzte derartige Konferenz fand unter dem Titel „Für eine tolerante Gesellschaft – gegen Rechtsextremismus und Rassismus" am 12. Mai 2001 in Berlin statt.[391] Wesentlicher Ausrichter waren der Bundesverband der PDS und die Fraktion GUE/NGL im Europäischen Parlament. Am 8./9. November 2002 fand in Zusammenarbeit mit der Rosa-Luxemburg-Stiftung eine zweitägige Veranstaltung zum Thema „Zur Auseinandersetzung mit Rechtsextremismus und Rechtspopulismus" statt. Im Jahr 2004 beteiligte sich die Arbeitsgemeinschaft mit ihrem Fachwissen an der Kommunalpolitischen Konferenz der PDS.

---

[388] Vgl. zum Beispiel Rolf Richter: Über Geschichte und Gegenwärtiges des Antifaschismus aus deutscher Sicht, Kongressvortrag, in: „In der Diskussion Neofaschismus." Dokumentation des internationalen Kolloquiums „Humanismus in der Verantwortung – Gegen Rechtsextremismus, Rassismus und Nationalismus", Berlin, 4./5.10.1991, S. 48-53; ders., Antifaschismus vor neuen Herausforderungen, in: Beiträge zur Geschichte der Arbeiterbewegung, Nr. 6/1990, S. 772-778.

[389] Vgl. In der Auseinandersetzung mit dem Rechtsextremismus nicht nachlassen. Von der Beratung der AG Rechtsextremismus/Antifaschismus, PDS-Pressedienst Nr. 20 vom 15.5.2003.

[390] Fax von Ulla Jelpke und Helmut Schröder an die AG Rechtsextremismus, 29.3.1995.

[391] Vgl. Petra Pau/Dominic Heilig (Hrsg.), Für eine tolerante Gesellschaft – gegen Rechtsextremismus und Rassismus, Berlin 2001; Patrick Moreau/Rita Schorpp-Grabiak, „Man muss so radikal sein wie die Wirklichkeit" – Die PDS: eine Bilanz, Baden-Baden 2002, S. 170-172.

1. Antifaschistische Arbeit in der PDS

Tabelle 1: Jahreskonferenzen und größere Veranstaltungen, die von der AG Rechtsextremismus/Antifaschismus organisiert oder mitgestaltet wurden

Datum	Titel	Ort
4.-5. Oktober 1991	Internationales Kolloquium, Humanismus in der Verantwortung – Gegen Rechtsextremismus, Rassismus und Nationalismus	Berlin
13.-15. November 1992	Europäischer Kongress gegen Rassismus, Gegen eine Festung Europa[392]	Berlin
23. Oktober 1993	Vorwärts in die Vergangenheit? Argumente gegen Rechts	Berlin
19. November 1994	Rechtsextremismus in der BRD nach den Bundestagswahlen – Entwicklungstendenzen und Gegenwehr	Berlin
7. Mai 1995	50 Jahre danach: Kein Vergessen. Kein Verfälschen.	Berlin
25.-26. Oktober 1996	Wie rechts ist der Zeitgeist? Beobachtungen. Erfahrungen. Analysen. Abwehr. Zur Auseinandersetzung mit dem heutigen Rechtsextremismus.	Salzgitter
15.-16. Mai 1998	Wider die Gewöhnung – der rechte Zeitgeist und seine Abwehr	Nürnberg
18. November 2000	Wegsuche in das 21. Jahrhundert: für Gerechtigkeit, Toleranz und Weltoffenheit – der extremen Rechten kein Feld überlassend[393]	Frankfurt/Oder
12. Mai 2001	Für eine tolerante Gesellschaft – gegen Rechtsextremismus und Rassismus[394]	Berlin
18.-20. Januar 2002	Rechtsextremismus und Antifaschismus am Beginn des 21. Jahrhunderts. Alte und neue Fragen an Politik, Forschung und politische Bildung[395]	Buchholz in der Nordheide
8.-9. November 2002	Zur Auseinandersetzung mit Rechtsextremismus und Rechtspopulismus	Berlin

---

[392] Die AG organisierte den größten Arbeitskreis innerhalb dieses Kongresses unter dem Titel „Droht uns ein neues '33?".

[393] Konferenz der Rosa-Luxemburg-Stiftung mit Unterstützung der AG.

[394] Die AG beteiligte sich maßgeblich an diesem von der PDS und der GUE/NGL veranstalteten Kongress.

[395] Kolloquium der Rosa-Luxemburg-Stiftung und der PDS-Bundestagsfraktion. Die AG war an der inhaltlichen Vorbereitung und Ausgestaltung beteiligt. Vgl. Klaus Böttcher, Neue Fragen der Auseinandersetzung mit dem Rechtsextremismus, Kolloquium der Rosa-Luxemburg-Stiftung und der Bundestagsfraktion, in: PDS-Pressedienst 5/2002, 31.1.2002.

15.-16. Mai 2004	Arbeitskreis „Bunt statt braun – kommunalpoliti-sche Erfahrungen in der Auseinandersetzung mit Rechtsextremismus und Fremdenfeindlichkeit", Bundeskommunalkonferenz der PDS[396]	Sömmerda
5.-7. November 2004	Seminar „Auseinandersetzung mit dem Rechtsex-tremismus in Deutschland. Neue Anforderungen, neue Erfahrungen"[397]	Buchholz in der Nord-heide

Seit 1997 gibt die Arbeitsgemeinschaft einen Rundbrief heraus, der in der Regel drei- bis vier-mal im Jahr erscheint und überwiegend auf wissenschaftlich anspruchsvollem Niveau über aktuelle Entwicklungen im Bereich des Rechtsextremismus, Rechtsradikalismus und Rechtspo-pulismus berichtet, sich aber ebenso historischen Themen widmet. Redakteur des Rundbriefs ist seit dem Jahr 2001 Reiner Zilkenat. Die neueren Ausgaben können über das Internetange-bot der PDS eingesehen werden. Als Autoren des Rundbriefs treten ebenso traditionalistische wie reformerisch-pragmatische Kräfte auf. Dieser innerparteiliche Pluralismus wurde kürzlich noch ergänzt durch eine kritische Betrachtung des PDS-Antifaschismus aus antiextremistischer Sicht und eine sich daran anschließende offene Diskussion.[398] Damit öffnete sich die Arbeits-gemeinschaft dem direkten Diskurs mit der Extremismustheorie. Welche Auswirkungen dies auf die Arbeitsgemeinschaft selbst sowie die antifaschistische Arbeit der Gesamtpartei haben wird, bleibt zunächst abzuwarten.

Neben dem Rundbrief wird per E-Mail im PDF-Format ein Newsletter „pds-antifa-aktuell" verbreitet, der schnell und aktuell die Landesverbände, andere PDS-Gliederungen und interessierte Mitglieder und Sympathisanten über Entwicklungen im Rechtsextremismus in-formieren soll.[399] Außerdem unterstützt die Arbeitsgemeinschaft Publikationen der PDS und der Rosa-Luxemburg-Stiftung zum Thema Rechtsextremismus.

1.2. Weitere Arbeitsgemeinschaften

Neben der AG Rechtsextremismus/Antifaschismus beschäftigen sich noch weitere Bundes-Arbeitsgemeinschaften in der PDS mit dem Thema Rechtsextremismus/Antifaschismus. Dies zeigt, dass das Thema als Querschnittsaufgabe beziehungsweise Schlüsselthema für die gesam-te Partei verstanden wird.[400] Oft wird dabei von den anderen AGs/IGs auf den Sachverstand der AG Rechtsextremismus/Antifaschismus zurückgegriffen.

---

[396] Vgl. Klaus Böttcher, K(Ein) vergessenes Thema!? Einige Gedanken zur Auseinandersetzung mit dem Rechtsex-tremismus, in Rundbrief der AG Rechtsextremismus/Antifaschismus, Heft 4/04, S. 4-9.

[397] Veranstaltet von der Rosa-Luxemburg-Stiftung mit Unterstützung der AG.

[398] Vgl. Tim Peters, Wie demokratisch ist der Antifaschismus der PDS?, Einige kritische Anmerkungen zur antifa-schistischen Arbeit der Partei aus antiextremistischer Perspektive, in: Rundbrief der AG Rechtsextremis-mus/Antifaschismus 2+3/04, S. 43-50; Peer Jürgens, Antwort auf: "Wie demokratisch ist der Antifaschismus der PDS?" von Tim Peters (Rundbrief 2+3/04), in: Rundbrief der AG Rechtsextremismus/Antifaschismus 4/04, S. 50; Rolf Richter, Bemerkungen zum Beitrag von Tim Peters im Heft 2/3-2004: "Wie demokratisch ist der Anti-faschismus der PDS?", in: ebd., S. 51 f.

[399] Vgl. In der Auseinandersetzung mit dem Rechtsextremismus nicht nachlassen, Von der Beratung der AG Rechtsextremismus/Antifaschismus, PDS-Pressedienst Nr. 20 vom 15.5.2003.

[400] Vgl. Klaus Böttcher, Zeitgeist-Betrachtungen aus Salzgitter, Aspekte einer PDS-Konferenz zur Auseinanderset-zung mit dem heutigen Rechtsextremismus, in: PDS-Pressedienst 45/96, 8.11.1996, S. 6-9; ders., Stereotype Wer-

1. Antifaschistische Arbeit in der PDS

So stand das „Arbeitsheft sozial + solidarisch" der Interessengemeinschaft Arbeit, Gesundheit und Soziales im Mai 1998 unter dem Titel „Zur sozialen Demagogie des Neofaschismus". In dem Heft wurden Artikel von Kurt Pätzold und Roland Bach aus dem Rundbrief der AG Rechtsextremismus/Antifaschismus nachgedruckt. Im einleitenden Text „Der Herren eigner Geist..." wird der Konkurrenzdruck der Wettbewerbsgesellschaft als eine wesentliche Ursache für das Entstehen von Neofaschismus ausgemacht: „Die Vergötzung der Konkurrenz, wie sie durch neoliberale Konzepte beschrieben wird, trägt in sich die Tendenz zu rechtsradikalem, faschistischen Gedankengut. In diesem Sinne ist faschistische oder rechtsradikale Ideologie immer noch ‚Der Herren eigner Geist'. Sie ist heute keine Alternative zur neoliberalen Ideologie, sondern deren radikale, unmenschliche Konsequenz."[401] Für die IG Arbeit, Gesundheit und Soziales ist die Soziale Marktwirtschaft somit die wesentliche Ursache für Faschismus. Damit lassen sich antikapitalistische Forderungen bequem begründen. Am Ende heißt es, dass „antifaschistische Bildung, antifaschistische Erziehung keine Ressortfrage sein" dürfe. Sie müsse vielmehr Bestandteil und Idee der ganzen Breite ideologischer und organisatorischer Arbeit sein. Hier wird der Anspruch an antifaschistische Arbeit als Querschnittsaufgabe verdeutlicht.

Die AG Betrieb und Gewerkschaft, welche vor allem die Kooperation der PDS mit den Gewerkschaften leiten soll, will der Zusammenarbeit mit den Gewerkschaften bei allen Aktivitäten gegen Rechtsextremismus und Ausländerfeindlichkeit einen besonders hohen Stellenwert einräumen.[402]

Eine zunehmend engere Kooperation soll es zwischen der AG Rechtsextremismus/Antifaschismus sowie der „AG Antirassismus, ImmigrantInnen und Flüchtlingspolitik" geben.[403] Sie befasst sich mit Migrations-, Flüchtlings- und Asylpolitik. Die Gruppe umfasst rund 20 regelmäßige Mitglieder und weitere etwa 20 fluktuierend erscheinende Teilnehmer.[404] Sie sieht sich vor allem in einer koordinierenden Funktion zwischen den verschiedenen Parlamentsfraktionen, den Landesvorständen und den einzelnen Landes-AGs.

Auch die Arbeitsgemeinschaft Bildungspolitik beim Parteivorstand beschäftigt sich mit dem Thema Rechtsextremismus. Auf einem Flugblatt der Arbeitsgemeinschaft wird der Aufruf „Wir appellieren an alle: Engagiert Euch gegen den wachsenden Rassismus und Neofaschismus!" verbreitet, der von der 8. Bildungspolitischen Konferenz der PDS vom 31. März bis 1. April 2001 in Leipzig beschlossen wurde. In diesem Aufruf an „alle LehrerInnen, ErzieherInnen, SozialpädagogInnen, HochschullehrerInnen, AusbilderInnen – aber auch an StreetworkerInnen, WeiterbildnerInnen, JugendleiterInnen, kurz an alle, die mit Kindern und Jugendlichen täglich von Berufs wegen zu tun haben" fordert die PDS: „Setzen Sie alles pädagogische Geschick, alles methodisch-didaktische Handwerkszeug, alle ihre besten humanistischen Überzeugungen ein, dem wachsenden Rassismus und Neofaschismus in der Bundesrepublik mehr als bisher entgegenzutreten!" Auf einem Bild sind dazu junge Schüler zu erkennen, die laut Bildbeschriftung an einer Demonstration „gegen Intoleranz und Fremdenfeindlichkeit" teil-

---

tungen überwinden, Von der Tagung der AG Rechtsextremismus/Antifaschismus, in: PDS-Pressedienst 49/98, 4.12.1998, S. 12.

[401] IG Arbeit, Gesundheit und Soziales bei der PDS, Arbeitsheft sozial + solidarisch, Zur sozialen Demagogie des Neofaschismus, Mai 1998, S. 6.

[402] betrieb & gewerkschaft Intern, Informationsblatt der Bundes-AG Betrieb und Gewerkschaft in der Partei des Demokratischen Sozialismus, Dezember 2000, S. 7.

[403] Antifaschismus bleibt Konsens in der PDS, Bericht von der Beratung des Sprecherrates der Arbeitsgemeinschaft Rechtsextremismus/Antifaschismus beim Parteivorstand der PDS am 28. Oktober 2002, in: PDS-Pressedienst 45/2002, 7.11.2002.

[404] Vgl. Gespräch mit Norbert Madloch, 10.3.2003.

nehmen. Neben dem Flugblatt ist im Internet ein Offener Brief der Kongressteilnehmerinnen und -teilnehmer an die in Gewerkschaften und Verbänden des Bildungsbereichs tätigen Kolleginnen und Kollegen unter dem Titel „Gemeinsam gegen Rechtsextremismus" zu finden.[405] Die PDS scheint eine möglichst frühe und umfassende Indoktrinierung junger Menschen im antifaschistischen Sinne in Kindergärten, Schulen, Universitäten und anderswo anzustreben – und befindet sich damit in erstaunlicher Kontinuität zur Bildungspraxis der DDR.

Die PDS-Frauenarbeitsgemeinschaft „Lisa" veranstaltete im Jahr 2000 gemeinsam mit der AG Rechtsextremismus/Antifaschismus eine Fachtagung in Rostock, die sich mit der Frage beschäftigte, ob Rechtsextremismus ein reiner Männerwahn sei[406]. Die AG Lisa sieht es als ihre Aufgabe an zu untersuchen, wie und warum Mädchen in rechtsextremistische Gruppen gelangen, um daraus Ansätze für eine emanzipatorische Mädchenarbeit ziehen zu können.

Für die Kommunistische Plattform in der PDS ist der Antifaschismus ein „strategisches politisches Anliegen"[407]. Die Kommunistische Plattform beteiligt sich sehr stark an der programmatischen Arbeit der Partei. Auch im Bereich Antifaschismus tauchen immer wieder umfangreiche Beiträge von Mitgliedern der Kommunistischen Plattform auf. So veröffentlichte die Plattform 1998 und 2001 jeweils ein Sonderheft ihrer Mitteilungen zum Thema Antifaschismus.[408]

Eine Rolle in der antifaschistischen Arbeit in der PDS spielt darüber hinaus die Historische Kommission der Partei. Es ist ihre Aufgabe, zentrale Fragestellungen und Probleme des Traditionsverständnisses der Partei sowie des öffentlichen Geschichtsdiskurses zu erörtern.[409] Sie soll den Parteivorstand und die parlamentarischen Mandatsträger in politisch relevanten Fragen der Geschichte beraten und die Aufbereitung neuer Forschungsergebnisse für die historisch-politische Arbeit der PDS unterstützen. Die Kommission ist damit beauftragt, sich an der Diskussion und Ausarbeitung programmatischer Dokumente für die Partei zu beteiligen. Als ein inhaltlicher Schwerpunkt der Kommissionsarbeit wird im Beschluss des Parteivorstandes vom 2. Juli 2001 festgehalten: „das Erbe des Antifaschismus in seiner ganzen Breite und seine Bedeutung für die Auseinandersetzung mit rechtsextremen und neofaschistischen Erscheinungen und Gruppierungen".[410]

1.3. Jugendverband

Ein starker Träger von antifaschistischer Arbeit in der PDS ist neben den AGs/IGs die Jugend in der PDS. Die Partei verfügt im Gegensatz zu den im Bundestag vertretenen Parteien über keine bundesweit einheitlich organisierte Nachwuchsorganisation. Teilweise existieren, wie beispielsweise in Berlin oder Sachsen, Parallelstrukturen zwischen der PDS-Jugend, die sich als

---

[405]   Gemeinsam gegen Rechtsextremismus, Offener Brief an die in Gewerkschaften und Verbänden des Bildungsbereiches tätigen Kolleginnen und Kollegen, von den Teilnehmerinnen und Teilnehmern an der 8. Bildungspolitischen Konferenz der PDS in Leipzig, 31.3.-1.4.2001.

[406]   Britta Ferchland, Rechtsextremismus: Kein reiner Männerwahn, Neues Deutschland, 24.5.2000, S. 5.

[407]   Selbstdarstellung der Kommunistischen Plattform bei
http://sozialisten.de/partei/strukturen/agigs/kpf/index.htm.

[408]   Vgl. Mitteilungen der Kommunistischen Plattform, Heft 10/1998 und 4/2001.

[409]   Die weitere Gestaltung der Arbeit der Historischen Kommission, Beschluss des Parteivorstandes vom 2. Juli 2001, http://www.pds-online.de/partei/strukturen/historische_kommission/beschluss.htm (14.4.2003).

[410]   Die weitere Gestaltung der Arbeit der Historischen Kommission, Beschluss des Parteivorstandes vom 2. Juli 2001, PDS-Pressedienst, 13.7.2001,
http://www.pds-online.de/partei/strukturen/historische_kommission/beschluss.htm (14.4.2003).

1. Antifaschistische Arbeit in der PDS

originäre Parteijugend versteht sowie „['solid] – die sozialistische jugend", die sich selbst als PDS-nahen Jugendverband einordnet. Die PDS wird von „Solid" als „die natürlich erste Bündnispartnerin des Jugendverbandes" angesehen, aber „trotz der sinnvollen politischen und organisatorischen Verbundenheit mit der PDS ist ['solid] keine Parteijugend oder PDS-Nachwuchsorganisation".[411] Der Verband wird von einem sechsköpfigen BundessprecherInnenrat geführt, der für eine Amtszeit von einem Jahr von der Bundesdelegiertenkonferenz gewählt wird. Die Landesverbände verfügen über sehr heterogene Strukturen. Aber „Solid" verfügt im Moment insgesamt über eine stärkere Organisation als die „PDS-Jugend". Bei den Europawahlen 2004 wurden auf den Wahllisten der PDS von „Solid" stammende Vorschläge als Ersatzkandidaten berücksichtigt, während keine Vorschläge von der PDS-Jugend berücksichtigt wurden. „Solid" wehrte sich als älterer Verband nachdrücklich gegen die Gründung der PDS-Jugend Berlin-Brandenburg.[412]

In der Selbstdarstellung von „Solid" heißt es: „Wir sind ein offener sozialistischer Jugendverband, der sich kritisch zur kapitalistischen Gesellschaft in den aktuellen politischen Auseinandersetzungen engagiert. Als Teil emanzipatorischer und antifaschistischer Bewegungen sucht ['solid] die Zusammenarbeit mit anderen BündnispartnerInnen."[413] In einer Pressemitteilung verlautbart „Solid" Mecklenburg-Vorpommern: „Als antifaschistischer Jugendverband werden wir den braunen Rattenfängern alles uns mögliche entgegen setzen, um den Einzug rechter KandidatInnen in die Kommunalparlamente zu verhindern."[414] „Solid" Berlin-Marzahn/Hellersdorf erklärt in einem gemeinsamen Aufruf mit der „Jugend gegen Rassismus in Europa" (JRE Hellersdorf) und der „Jugend Antifa Marzahn": „Mit Gründung von ['solid] marzahn/hellersdorf war unser erstes Ziel alle Antifa-Gruppen im Bezirk zu vernetzen, damit wir gemeinsam Faschismus bekämpfen können. Inzwischen ist aus dem kleinen Bündnis eine schlagkräftige Truppe geworden, die einige Konzerte, Demos und die Schließung eines Naziladens im Bezirk vorweisen kann. Wir wollen nicht unterscheiden zwischen guten und schlechten Antifaschisten, wir möchten lieber unsere Kräfte bündeln und eine linke Gegenkultur im Bezirk schaffen."[415] Für die Jugend in und bei der PDS stehen der Kampf „gegen rechts" sowie die antifaschistische Bündnisarbeit an einer deutlich hervorgehobenen Stelle. Antifaschismus bildet ein wichtiges Identifikationsmerkmal für den Parteinachwuchs.

Ebenso ist die Arbeit gegen Rechtsextremismus ein wichtiges Thema bei der politischen Bildungsarbeit von „Solid". Im September 2003 veranstaltete der Verband ein Seminar unter dem Titel „Rechtsextremismus und Antifaschismus" im brandenburgischen Guben. Themen waren Skinheads in Ost und West, Geschlechtergerechtigkeit, „autoritärer Charakter" und die Frage, ob Rechtsextremismus eine politische Randerscheinung sei oder aus der Mitte der Gesellschaft komme. Im November 2003 fand eine Rechtsextremismus/Neofaschismus-Konferenz von „Solid" in Jena statt. Im Sommer 2004 startete „Solid" ein Projekt „aufmucken gegen rechts", bei dem nach eigenen Angaben kostenlos 50.000 CDs an Schüler verteilt wurden.[416] Auf der CD waren neben dem notorischen Konstantin Wecker und linken Punkgrup-

---

[411] „Für eine sozialistische Zukunft. Gründe haben wir genug", Politische Plattform des PDS-nahen Jugendverbandes ['solid] – die sozialistische jugend, beschlossen auf seiner ersten Bundesdelegiertenkonferenz in Magdeburg, 24.-26.3.2000, http://www.solid-web.de/solid/plattform.pdf.

[412] Wolfgang Hübner, Krach im Kinderzimmer, Der Sozialistennachwuchs schafft sich neue Strukturen, was den Jugendverband „solid" auf die Palme bringt, in: Neues Deutschland, 24.4.2004.

[413] http://www.solid-web.de/.

[414] ['solid] MV: „Junge Linke in die Kommunalparlamente!", 29.9.2003, veröffentlicht bei http://www.solid-web.de/.

[415] http://www.roter-osten.de/content/antifabund.html.

[416] Vgl. http://www.mucke-gegen-rechts.de.

pen sogar die Fantastischen Vier mit einem Beitrag vertreten. „Aufmucken-Konzerte" sowie andere Aktionen fanden an verschiedensten Orten in ganz Deutschland statt. Links von der Website des Projektes führen direkt zur linksextremistischen Antifaschistischen Aktion. Das Projekt wurde unterstützt von den Jugendorganisationen der GEW, Verdis, der IG Metall, des DGB und selbst vom Bundesministerium für Familie, Senioren und Jugend. Den Höhepunkt der Kampagne stellte die „Wissenschaftliche Konferenz Heute Sachsen - morgen Deutschland" dar, die vom 24.-26. Juni 2005 an der Friedrich-Schiller-Universität in Jena stattfand und von der Rosa-Luxemburg-Stiftung Thüringen, Solid Thüringen sowie der sozialistischen Hochschulgruppe rot-jena unterstützt wurde.[417] Auf der Konferenz diskutierten unter anderem Carsten Hübner, Petra Pau, Christoph Butterwegge und Gerd Wiegel über „Strategien gegen Rechts". An einer Podiumsdiskussion nahmen neben einer PDS-Landtagsabgeordneten auch Vertreter von SPD und CDU teil. Die hohe Professionalität sowie das vielfältige Aktionsspektrum im Rahmen der Aktion „aufmucken gegen rechts" zeugen beispielhaft von der hohen Kampagnenfähigkeit der PDS sowie davon, wie es ihr mit einer derartigen Kampagne und dem Thema „gegen Rechtsextremismus" gelingt, in breite Kreise von Jugendlichen sowie Bündnispartnern vorzustoßen, die für rein parteipolitische Aktionen kaum ansprechbar gewesen wären.

Auf einem Bundestreffen der PDS-Jugend in Leipzig im Jahr 2000 bildete das Thema Antifa den Schwerpunkt. Allerdings fand diese Schwerpunktsetzung nicht überall Anklang. Die Jugendarbeit der PDS dürfe nicht auf das Thema Antifaschismus reduziert werden.[418] Weiter heißt es: „Mit unserer politisch korrekten antifaschistischen Selbstzerfleischung werden wir jedenfalls keinem Ausländer, keinem Schwulen und keinem Punk das Leben retten. Weil Antifaschismus ein zentrales Anliegen der PDS ist, sollten wir es nicht fernab der Gesellschaft zerreden."[419]

Die Jugend der PDS will über Antifaschismus nicht nur diskutieren, sondern auch handeln. In einem Grundsatzpapier fordert die AG „Junge GenossInnen" in und bei der PDS Sachsen: „Faschistisches und neokonservatives Gedankengut sowie seine Träger müssen mit Wort und Tat bekämpft werden."[420] Es verwundert daher wenig, dass PDS-Jugendgruppen regelmäßig gemeinsam mit „autonomen" Antifa-Gruppen Demonstrationen oder andere Aktionen gegen Rechtsextremismus veranstalten.[421] Bei der PDS-Jugend ist im Gegensatz zu anderen PDS-Gliederungen, die in ihrer Antifaschismus-Arbeit im Wesentlichen auf die Theorie setzen, ein enger Praxisbezug festzustellen. Symptomatisch dafür ist die nachfolgende Äußerung eines PDS-Jugendlichen zu werten, die auf einer Rechtsextremismus-Konferenz der PDS fiel: „Wir haben keine Zeit, den Faschismus theoretisch zu analysieren. Wir müssen ihn aktiv

---

[417] Vgl. http://www.solid-jena.de/aktionen_34.htm.

[418] Philipp Wohlfeil, Richtungsentscheidungen?, Disput, Juni 2000.

[419] Ebd.

[420] Grundsatzpapier der AG „Junge GenossInnen" in und bei der PDS Sachsen, http://pds-sachsen.de/ag/jg/grund/grundsatz2000.htm.

[421] Zum Beispiel Antifa-Demo „Tag der Befreiung: Kein Naziaufmarsch am 8. Mai! Gegen Faschismus, Militarisierung und deutsche Opfermythen" am 8.5.2005 von Solid 36 Berlin-Kreuzberg gemeinsam mit „autonomen" Antifa-Gruppen; Antifa-Demo in Nürnberg am 6.9.2003 unter dem Motto „Faschismus bekämpfen auf der Straße und in den Köpfen! Gegen Staat und Kapital!" von Solid Nürnberg und Solid Bayern gemeinsam mit „autonomen" Antifa-Gruppen.

1. Antifaschistische Arbeit in der PDS

bekämpfen!"[422] Häufig kommen Funktionäre der PDS-Jugend wie überhaupt jüngere PDS-Funktionäre aus der Antifa-Arbeit.[423]

1.4. Landesverbände

Neben der Bundesebene findet antifaschistische Arbeit in der PDS auf Landesebene sowie vor Ort statt. In einigen Landesverbänden existiert eine AG Antifaschismus.[424] Vielfach gibt es auf lokaler Ebene antifaschistische Strukturen in der PDS. In Sachsen wurde vom PDS-Landesverband im Jahr 2000 ein „Antifaschistisches Aktionsprogramm" verabschiedet, welches Workshops und Initiativen vorsieht.[425] Dabei war eine Kooperation mit der Rosa-Luxemburg-Stiftung, dem Jugendbildungswerk, dem Kommunalpolitischen Forum und dem VVN-BdA-Landesverband vorgesehen. Die Kreis- und Stadtverbände wurden aufgefordert, die Überlegungen des Landesverbandes durch eigene Maßnahmen zu unterlegen. Der wichtige Berliner Landesverband verabschiedete im Jahr 2000 einen Beschluss „Rechtsextremismus als Herausforderung für die PDS", der in einem eigens zum Thema Rechtsextremismus aufgelegten Band der Berliner PDS veröffentlicht wurde.[426]

Die meisten Landesverbände und insbesondere diejenigen in den alten Bundesländern leiden allerdings unter einem schwachen Organisationsgrad und einer hohen Fluktuation von Mitgliedern und Funktionären. Verfestigte Strukturen im Antifa-Bereich, die über einen längeren Zeitraum hinweg existierten, sind daher in den meisten Landesverbänden nicht nachzuweisen.

1.5. Fraktionen

Ein starker Partner in der antifaschistischen Arbeit der Partei war bis 2002 die PDS-Bundestagsgruppe beziehungsweise -fraktion.[427] Diese besaß im Vergleich zur Partei eine deutlich bessere organisatorische und finanzielle Ausstattung. In Kooperation mit der Partei und der Rosa-Luxemburg-Stiftung trat die PDS-Bundestagsgruppe als Veranstalterin mehrerer Kongresse und Seminare auf. Im Rahmen der parlamentarischen Arbeit der PDS nahm das Thema Rechtsextremismus und Antifaschismus eine hohe Bedeutung ein. Bei einer Klausurtagung der PDS-Bundestagsfraktion im Jahr 2001 wurde die Bekämpfung von Rassismus und

---

[422] Zitiert nach Klaus Böttcher, Zeitgeist-Betrachtungen aus Salzgitter, Aspekte einer PDS-Konferenz zur Auseinandersetzung mit dem heutigen Rechtsextremismus, in: PDS-Pressedienst 45/96, 8.11.1996, S. 6-9.

[423] Beispielsweise der PDS-Spitzenkandidat der Landesliste Rheinland-Pfalz bei den Bundestagswahlen 2002, Jürgen Locher; Steffen Dittes, PDS-Landtagsabgeordneter in Thüringen; Matthias Gärtner, PDS-Landtagsabgeordneter in Sachsen-Anhalt; Arne Seeliger, PDS-Landesschatzmeister in Schleswig-Holstein und PDS-Kandidat zur Bundestagswahl 2002; Thorsten Spelten, Mitglied im PDS-Landesvorstand Nordrhein-Westfalen.

[424] Zum Beispiel Landesarbeitsgemeinschaft Antifaschismus, Innen- und Rechtspolitik der PDS Nordrhein-Westfalen, Landesarbeitsgemeinschaft „Antifaschistische Politik" der PDS Sachsen.

[425] Vgl. Antifaschistisches Aktionsprogramm der PDS Sachsen, beschlossen auf der 2. Tagung des 6. Landesparteitages in Reichenbach, 25./26.11.2000, http://portal.pds-sachsen.de/aktuell.asp?iid=131.

[426] Rechtsextremismus als Herausforderung für die PDS, 7. Landesparteitag der PDS Berlin, 3. Tagung, 20.5.2000, in: PDS-Landesvorstand Berlin (Hrsg.), Kein Sommerloch, Diskussionen – Strategien – Differenzen, Berlin 2000, S. 57-60.

[427] Vgl. zur PDS-Bundestagsfraktion Jost Vielhaber/Patrick Moreau, Die PDS-Bundestagsfraktion in der 14. Wahlperiode, in: Patrick Moreau/Rita Schorpp-Grabiak, „Man muss so radikal sein wie die Wirklichkeit" – Die PDS: Eine Bilanz, Baden-Baden 2002, S. 116-120.

Rechtsextremismus ausdrücklich als einer ihrer Arbeitsschwerpunkte genannt.[428] Falls die PDS bei den Bundestagswahlen 2005 wieder in Fraktionsstärke ins Parlament einziehen sollte, wird die Fraktion der Linkspartei/PDS in kürzester Zeit wieder eine zentrale organisatorische Bedeutung für die Arbeit gegen Rechtsextremismus gewinnen.

Besonders gerne bedienten sich die PDS-Parlamentarier dabei des Instrumentes der Kleinen Anfrage.[429] Auf diesem Wege konnte die PDS einfach und schnell die Aufmerksamkeit auf tatsächliche oder vermeintliche rechtsextremistische Bestrebungen richten. Vor allem die parteilose PDS-Bundestagsabgeordnete Ulla Jelpke[430] stellte in der Zeit ihrer Mitgliedschaft im Deutschen Bundestag von 1990 bis 2002 regelmäßig Anfragen über Straftaten mit rechtsextremistischem Hintergrund und andere tatsächliche oder vermeintliche Entwicklungen im rechtsextremistischen Bereich.[431] Dabei warf sie der Bundesregierung ab 1990 regelmäßig vor, das tatsächliche Maß der rechtsextremistisch motivierten Straftaten herunterzuspielen. Die PDS-Abgeordnete Petra Pau setzt seit 2002 die Tradition der monatlichen Anfragen nach rechtsextremistischen Straftaten fort. Neben regelmäßigen Anfragen wurden weitere Formen der parlamentarischen Rechte genutzt, um Rechtsextremismus und Antifaschismus im Deutschen Bundestag zu thematisieren. Den beiden seit der Bundestagswahl 2002 verbliebenen PDS-Einzelabgeordneten stehen aber deutlich weniger Rechte, Gelder und Mitarbeiter zur Verfügung als der Fraktion. Sie können die vorher von der Fraktion geleistete Arbeit daher nicht im selben Umfang fortsetzen. Der Bereich Antifaschismus hatte in der Öffentlichkeitsarbeit der Fraktion einen Schwerpunkt gebildet – sowohl bei der Herausgabe von Broschüren und Studien[432] als auch auf der Internetseite der Fraktion.[433]

In den neuen Ländern bilden die Landtagsfraktionen einen organisatorischen Schwerpunkt in der Antifaschismus-Arbeit. Die Rolle der Landtagsfraktionen hat sich nach dem Verlust des Fraktionsstatus der PDS im Bundestag gesteigert. Zur regelmäßigen Tätigkeit in den Landtagen gehören Anfragen zu rechtsextremistischen Vorkommnissen in den jeweiligen Bundesländern.[434] Darüber hinaus werden von Landtagsfraktionen Broschüren herausgegeben und Kolloquien veranstaltet.[435] Zuletzt startete die PDS-Landtagsfraktion Sachsen eine Mas-

---

[428] Vgl. Freiheit und Gerechtigkeit, Zur Klausur der PDS-Bundestagsfraktion am 11. und 12. Januar, in: PDS-Pressedienst Nr. 5/2001, 2.2.2001, S. 12.

[429] Vgl. Reinhard Rupprecht, Der freiheitliche Rechtsstaat und die Auseinandersetzung mit dem politischen Extremismus, in: ders./J. Kurt Klein/Gerd Langguth/Reinhard Rupprecht, Linksextremismus – eine vernachlässigte Gefahr, hrsg. von der Konrad-Adenauer-Stiftung, Aktuelle Fragen der Politik, Heft 44, Sankt Augustin 1997, S. 81-93.

[430] Vgl. Marcus Jauer, Parteifremde aus dem Westen, Ulla Jelpke: Eine, die Opposition macht, in: Süddeutsche Zeitung, 7.5.2002.

[431] Alleine in der 13. Legislaturperiode wurden von der PDS im Bereich Rechtsextremismus 138 Kleine Anfragen gestellt, vgl. Klaus Böttcher, Zur antifaschistischen Arbeit der PDS seit 1990, Persönliche Erinnerungen und Anregungen, in: Rundbrief der AG Rechtsextremismus/Antifaschismus 1+2/2003, S. 60-65. Im Jahr 1999 zählt der sozialdemokratische „blick nach rechts" 39 Anfragen zum Thema Rechtsextremismus, davon alleine 34 von Ulla Jelpke, eine weitere von ihrer Fraktionskollegin Ursula Lötzer, zwei von Annelie Buntenbach (Bündnis 90/Grüne) und zwei von der CDU/CSU-Fraktion, vgl. Klaus-Henning Rosen, Deutscher Bundestag – Rechtsextremismus im Jahr 1999, in: blick nach rechts, 17. Jg., Nr. 12, 15.6.2000, S. 10 f.

[432] Zum Beispiel Fakten und Argumente zum NPD-Verbot, aus einer Materialsammlung des Büros von MdB Ulla Jelpke, innenpolitische Sprecherin und MdB Petra Pau, stellv. Fraktionsvorsitzende (Stand: 20. September 2000).

[433] Vgl. http://archiv14.pds-im-bundestag.de/index.php?main=/themen/anti/faschismus/index.php

[434] Zum Beispiel Kleine Anfrage des Abgeordneten Dittes (PDS), 25.2.2002, Thüringer Landtag, Drucksache 3/3158; Antworten auf Kleine Anfrage des Abgeordneten Matthias Gärtner, 22.8.2002, Landtag von Sachsen-Anhalt, Drucksachen 4/137, 4/144.

[435] Zum Beispiel PDS-Fraktion im Abgeordnetenhaus von Berlin, Gegen rechte Gesinnung in jungen Köpfen, Parlamentarische Initiativen und Anfragen, Berlin 2000; PDS-Fraktion im Landtag von Sachsen-Anhalt (Hrsg.),

senpetitions-Kampagne, in welcher eine „antifaschistische Klausel" für das Grundgesetz gefordert wurde. Diese Kampagne bildet eine Kernforderung des umfassenden antifaschistischen Handlungskonzeptes der sächsischen PDS-Landtagsfraktion.[436] Nach der Ansicht von Klaus Bartl, dem verfassungs- und rechtspolitischen Sprecher der sächsischen PDS-Landtagsfraktion, entspräche eine derartige Klausel dem „antifaschistischen Impetus" des Grundgesetzes und mache vor allem ein Vorgehen gegen rechtsextremistische Versammlungen einfacher.[437]

2. Antifaschistische Arbeit bei der PDS

2.1. *Rosa-Luxemburg-Stiftung und weitere Bildungsinstitutionen*

Die Rosa-Luxemburg-Stiftung wurde 1990 als Bildungsverein „Gesellschaftsanalyse und Politische Bildung e.V." gegründet.[438] Seit 1999 erhält die Stiftung Zuwendungen aus dem Bundeshaushalt für politische Bildungsarbeit wie andere parteinahe Stiftungen. Die Arbeit zum Thema „Rechtsextremismus und Antifaschismus" stellt für die Stiftung einen konzeptionellen Schwerpunkt dar.[439] Im Internetangebot existiert eine spezielle Themenseite zum Rechtsextremismus mit Veranstaltungshinweisen, Texten und Links.[440] Auch bei den regionalen PDS-nahen Bildungswerken[441] spielt das Thema Rechtsextremismus eine wichtige Rolle. Eine beachtliche Anzahl von Seminaren und Kongressen beschäftigt sich mit Rechtsextremismus und Antifaschismus. Lange Zeit leitete Rolf Richter den Bereich Rechtsextremismus bei der Stiftung in Berlin. Nach seinem gesundheitsbedingten Ausscheiden verantwortet gegenwärtig Horst Helas den Bereich. Neben der Ausrichtung von politischen Bildungsveranstaltungen widmen sich die Rosa-Luxemburg-Stiftung und ihre regionalen Partner vor allem der Veröffentlichung von Broschüren und Studien.[442]

Die DVU im Landtag von Sachsen-Anhalt 1998-1999, Beiträge zu einer Bilanz, 3. Auflage, Magdeburg 1999; PDS-Fraktion im Thüringer Landtag, Das Maß ist voll, Der BdV und Latussek, Erfurt o.J. (wohl 2002).

[436] Vgl. Neues Deutschland, 8./9.2.2003; Presseinformation der PDS-Fraktion im Sächsischen Landtag Nr. 51/2003, 7.2.2003; PDS-Fraktion im Sächsischen Landtag, Handlungskonzept zur antifaschistischen Politik der PDS-Fraktion im Sächsischen Landtag, Dresden 2003.

[437] Vgl. Junge Welt, 7.2.2003. Klaus Bartl war in der DDR Staatsanwalt und Abteilungsleiter Staat und Recht der SED-Bezirksleitung Karl-Marx-Stadt (heute Chemnitz).

[438] Einen guten Überblick über die Arbeit der Stiftung gewährt: Patrick Moreau/Rita Schorpp-Grabiak, „Man muss so radikal sein wie die Wirklichkeit" – Die PDS: eine Bilanz, Baden-Baden 2002, S. 131-140.

[439] Vgl. PDS-Pressedienst 48/2000, 1.12.2000, S. 16; Rosa-Luxemburg-Stiftung, Jahresbericht 2001, Berlin 2002, S. 6.

[440] http://www.rosalux.de/Aktuell/Thema/rechtsextr.htm.

[441] In jedem Bundesland besteht inzwischen eine PDS-nahe Stiftung oder ein Bildungsverein: Forum für Bildung und Analyse Baden-Württemberg e. V., Kurt-Eisner-Verein für politische Bildung in Bayern, „Helle Panke" zur Förderung von Politik, Bildung und Kultur e. V. in Berlin, Rosa-Luxemburg-Stiftung-Brandenburg e. V., Rosa-Luxemburg-Initiative. Bremer Forum für Bildung, Gesellschaftsanalyse und -kritik e.V., Rosa-Luxemburg-Bildungswerk. Hamburger Forum für Analyse, Kritik und Utopie e.V., Forum für Bildung und Analyse Rosa Luxemburg in Hessen e. V., Forum für politische und interkulturelle Bildung e. V. in Mecklenburg-Vorpommern, Rosa-Luxemburg-Bildungswerk in Niedersachsen e.V., Rosa-Luxemburg-Stiftung NRW e.V., Jenny Marx-Gesellschaft für politische Bildung Rheinland-Pfalz e. V., Peter Imandt Gesellschaft. Verein für politische Bildung und Kultur e.V. im Saarland, Rosa-Luxemburg-Stiftung Sachsen e. V., Bildungsverein Elbe-Saale in Sachsen-Anhalt, werkstatt utopie & gedächtnis e.V. in Schleswig-Holstein, Thüringer Forum für Bildung und Wissenschaft e. V.

[442] Vgl. Klaus Kinner/Rolf Richter, Rechtsextremismus und Antifaschismus, Schriften der Rosa-Luxemburg-Stiftung Sachsen und Rosa-Luxemburg-Stiftung, Gesellschaftsanalyse und Politische Bildung e.V., Bd. 5, Berlin 2000; Walter Friedrich, Rechtsextremismus im Osten, Ein Ergebnis der DDR-Sozialisation?, Rosa-Luxemburg-Stiftung Sachsen, Schkeuditz 2002; Kurt Pätzold, Nicht nur in Wildost, Über Ursachen des Rechtsextremismus und

Die Stiftung und ihre regionalen Partner haben einen Großteil ihres Personals aus alten Kadern des DDR-Wissenschaftsapparates rekrutiert. Die pensionierten Mitarbeiter verschiedenster Parteihochschulen, ZK-Forschungseinrichtungen und gesellschaftswissenschaftlicher Fachbereiche von DDR-Hochschulen bilden ein zuverlässiges Rückgrat der PDS-nahen politischen Bildungsarbeit. Der im November 1990 gegründete Verein „Gesellschaftsanalyse und politische Bildung e.V." stellte die Vorläuferorganisation der Rosa-Luxemburg-Stiftung dar. Seine Gründung erfolgte mit starker organisatorischer und personeller Unterstützung durch die Akademie für Gesellschaftswissenschaften beim ZK der SED sowie des Instituts für Internationale Politik und Wirtschaft der DDR.[443] Das formal dem DDR-Ministerrat unterstehende Institut arbeitete einer gleichnamigen ZK-Abteilung zu, die als „Westabteilung" des ZK Bekanntheit erlangt hatte und für die politische Anleitung der SED-gesteuerten Organisationen in der Bundesrepublik verantwortlich war.

Regelmäßiger Kooperationspartner bei Seminaren, Vorträgen oder der Erstellung von Studien ist der Verein „Duisburger Institut für Sprach- und Sozialforschung" (DISS). Dieses Institut erlangte 1998 Aufmerksamkeit durch eine Studie, in welcher deutschen Medien inklusive dem Spiegel eine rassistisch aufgeladene Berichterstattung vorgeworfen wurde.[444]

2.2. VVN-BdA

Eine enge Zusammenarbeit pflegt die PDS mit der Vereinigung der Verfolgten des Naziregimes – Bund der Antifaschistinnen und Antifaschisten (VVN-BdA). Diese gilt als wichtigste und mitgliederstärkste Vorfeldorganisation im antifaschistischen Bereich, die aber auf Grund ihrer Altersstruktur nur noch begrenzte Aktivitäten entfalten kann.[445] Bei der VVN-BdA handelt es sich um die deutschlandweite Dachorganisation mehrerer antifaschistischer Verbände und Gruppen. Die VVN-BdA selbst ist Mitglied der Fédération Internationale des Résistants (FIR), einem kommunistisch gesteuerten internationalen Zusammenschluss ehemaliger Wider-

---

Schritte seiner Bekämpfung, hrsg. vom Thüringer Forum für Bildung und Wissenschaft, Jena 2001; Jenaer Forum für Bildung und Wissenschaft und Arbeitsgemeinschaft Geschichte beim PDS-Landesvorstand Thüringen (Hrsg.), Nachdenken über Antifaschismus, Jena 1994.

[443] Vgl. Patrick Moreau, Was will die PDS?, Frankfurt a.M. 1994, S. 46-50.

[444] Vgl. Margret Jäger, Gabriele Cleve, Ina Ruth, Siegfried Jäger, Von deutschen Einzeltätern und ausländischen Banden. Mit Vorschlägen zur Vermeidung diskriminierender Berichterstattung, Duisburg 1998.

[445] Vgl. Bundesministerium des Innern (Hrsg.), Verfassungsschutzbericht 2004, Vorabversion, Berlin 2005, S. 159 f. sowie Verfassungsschutzbericht 2003, Berlin 2004, S. 133-135; Bundesamt für Verfassungsschutz /Hrsg.), „Vereinigung der Verfolgten des Naziregimes – Bund der Antifaschistinnen und Antifaschisten" (VVN-BdA), Organisation – Entwicklung – Aktionsfelder – Wirkungen 1947-1997, Köln 1997; Wolfgang Rudzio, Die Erosion der Abgrenzung. Zum Verhältnis zwischen der demokratischen Linken und Kommunisten in der Bundesrepublik Deutschland, Opladen 1988, S. 111-118; Ulrich Schneider, Zukunftsentwurf Antifaschismus, 50 Jahre Wirken der VVN für „eine neue Welt des Friedens und der Freiheit", hrsg. von der VVN-BdA, Bonn 1997; Bettina Blank, Die „Vereinigung der Verfolgten des Naziregimes – Bund der Antifaschistinnen und Antifaschisten" (VVN-BdA), in: Uwe Backes/Eckhard Jesse (Hrsg.), Jahrbuch Extremismus & Demokratie, Band 12 (2000), Baden-Baden 2001, S. 224-239; Hans Daniel, Der lange Weg zur Vereinigung, Antifaschisten aus Ost und West vor dem Zusammenschluss, Ein Blick zurück in die Ost- und Westgeschichte der VVN, in: Junge Welt, 25.9.2002; Wolfgang Rudzio, Antifaschismus als Volksfrontkitt, in: Bundesminister des innern (Hrsg.), Bedeutung und Funktion des Antifaschismus, Texte zur Inneren Sicherheit, Bonn 1990, S. 65-82; nach eigenen Angaben zählt die VVN-BdA 11.000 Mitglieder, vgl. VVN-BdA-Pressemitteilung, 4.10.2002, der Verfassungsschutzbericht 2003 schätzt die Organisation auf unter 9.000 Mitglieder.

2. Antifaschistische Arbeit bei der PDS

standskämpfer. Der Dachverband FIR war früher dem sowjetisch gelenkten Weltfriedensrat angeschlossen.[446]

Bei einem Kongress am 5. und 6. Oktober 2002 in Berlin fand das Nebeneinander verschiedener antifaschistischer Verbände in West und Ost mit dem Zusammenschluss der westdeutschen VVN-BdA mit der ostdeutschen VVdN-BdA ein Ende.[447] An der Spitze des gemeinsamen Verbandes wurde ein geschäftsführender Vorstand gewählt, der sich aus den ehemaligen ostdeutschen Co-Vorsitzenden Regina Girod, Fred Dellheim[448] und Heinrich Fink[449] sowie den bisherigen westdeutschen Bundessprechern Cornelia Kerth[450], Peter Gingold[451], Werner Pfennig[452] und Ulrich Schneider[453] zusammensetzte. Dazu kamen Paul Bauer (Baden-Württemberg)[454], Hans Coppi, Gerhard Fischer[455] (beide Berlin) und Ludwig Elm[456] (Thüringen). Zu Ehrenvorsitzenden wurden Kurt Goldstein[457] und der inzwischen verstorbene Alfred Hausser[458], die bisherigen Ehrenvorsitzenden der beiden Verbände, bestimmt. Dellheim und Kerth repräsentierten den Verband als Sprecher nach außen. Nach dem Tode Dellheims wurde Heinrich Fink zu seinem Nachfolger als Sprecher gewählt.[459] Am 28./29. Mai 2005 wurde der Vorstand auf dem VVN-BdA-Bundeskongress in Frankfurt am Main im Wesentlichen bestätigt. Neben den Vorsitzenden Heinrich Fink und Werner Pfennig sowie den Schatzmeistern Regina Elsner und Heinz A. Siefritz wurden zu Bundessprecherinnen und Bundessprechern gewählt: Paul Bauer, Gerhard Fischer, Peter Gingold, Regina Girod, Richard Häsler, Cornelia Kerth, Ulrich Sander und Dr. Ulrich Schneider. Bei der Besetzung des Vorstands wurde auf eine strikte Balance aus Ost und West Wert gelegt.

Bereits zum 1. Januar 1996 hatte sich die nach der „Drei-Staaten-Theorie" getrennt von den Organisationen in Bundesrepublik und DDR existierende West-Berliner Gruppe VVN-Verband der Antifaschisten Westberlins (VVN-VdA) als Berliner Landesverband der westdeutschen VVN-BdA angeschlossen. In den neuen Bundesländern hatten sich am 25. März 2000 der Interessenverband ehemaliger Teilnehmer am antifaschistischen Widerstand, Verfolg-

---

[446] Vgl. Emil-Peter Müller, Die Bündnispolitik der DKP, Ein trojanisches Pferd, Köln 1982, S. 80.

[447] Vgl. VVN-BdA Pressemitteilung, 4.10.2002; Junge Welt, 7.10.2002, S. 6; Unsere Zeit, 11.10.2002; Antifaschistische Nachrichten, 21/2002.

[448] Mitglied des Ältestenrates der PDS.

[449] Professor für evangelische Theologie, geb. 1935, musste auf Grund von erwiesener Stasi-Tätigkeit („IM Heiner") 1991 seinen Posten als Rektor der Humboldt-Universität aufgeben, das Landesarbeitsgericht Berlin bestätigte am 16.12.1992 seine Entlassung, 1984 Verdienstmedaille der Nationalen Volksarmee in Gold, 1998-2002 parteiloser Bundestagsabgeordneter der PDS.

[450] SPD-Mitglied.

[451] DKP-Mitglied, kandidierte am 18.3.2001 bei den Kommunalwahlen in Hessen für die PDS.

[452] VVN-BdA Landessprecher in Baden-Württemberg, ehemaliger Landesvorsitzender der IG Medien, kandidierte bei den Bundestagswahlen 2002 auf Platz 4 der baden-württembergischen PDS-Landesliste, vgl. Interview Junge Welt, 11.3.2002.

[453] Wissenschaftlicher Mitarbeiter der Uni/GHS Kassel. DKP-Mitglied.

[454] Mit Paul Bauer (Ortenau) wurde erstmals ein VVN-Jugendlicher in den Bundesvorstand gewählt, vgl. Unsere Zeit, 11.10.2002.

[455] CDU-Mitglied.

[456] Vgl. Kurzbiographie im Anhang.

[457] KPD-Mitglied ab 1930, seit 1981 Mitglied der ZL des Komitees der antifaschistischen Widerstandskämpfer, 1982-1991 Sekretär der FIR.

[458] DKP-Mitglied, vgl. Rudolf van Hüllen, Linksextremismus vor und nach der Wende, in: ders./J. Kurt Klein/Gerd Langguth/Reinhard Rupprecht, Linksextremismus – eine vernachlässigte Gefahr, hrsg. von der Konrad-Adenauer-Stiftung, Aktuelle Fragen der Politik, Heft 44, Sankt Augustin 1997, S. 7-28.

[459] Neues Deutschland, 26.11.2003.

ter des Naziregimes und Hinterbliebener (IVVdN)[460] und der 1990 an der ehemaligen FDJ-Schule in Bogensee neu gegründete BdA (Ost) zu einem einheitlichen Verband namens VVdN-BdA zusammengeschlossen.[461]

Bis zur „Wende" steuerten SED und DKP die zentralen Gremien der VVN-BdA im Westen.[462] Im Jahr 1989 waren alle Landesvorsitzenden, nahezu alle hauptamtlichen Mitarbeiter sowie etwa zwei Drittel der Mitglieder des Bundesvorstandes und des Präsidiums Mitglied der DKP.[463] Nachdem Ende 1989 die Finanzierung des Verbandes durch die DDR zusammengebrochen war, verlor die DKP ihre ausschließliche und unmittelbare Führungsrolle über die VVN-BdA. In Kreisverbänden und an der Basis konnten undogmatische und nichtextremistische Kräfte zum Teil den Einfluss von dogmatisch-kommunistischen Kadern zurückdrängen.[464] Neu war dabei die Öffnung des Verbandes für „autonome" Antifaschisten, die vorher nicht in das orthodox-kommunistische Konzept der DKP gepasst hatten.[465]

In den Gremien der Organisation bleiben aktive Mitglieder der PDS sowie der DKP und diesen Parteien nahe stehende Personen politisch tonangebend.[466] Die orthodox-kommunistische Antifaschismus-Doktrin ist nach wie vor das politische Orientierungsmuster der breiten Mehrheit der VVN-BdA-Funktionäre. Trotz der klaren politischen Ausrichtung der linksextremistischen Verbandsspitze sind viele – insbesondere einfache – Mitglieder im VVN-BdA weniger an der aktiven Bekämpfung des demokratischen Verfassungsstaates interessiert. Sie stellen vielmehr die Funktion des Antifaschismus als eines allgemein humanistischen Wertes heraus und betonen die Rolle der VVN-BdA als Opferverband. Bei der Mehrheit der älteren VVN-BdA-Mitglieder handelt es sich tatsächlich um Verfolgte des NS-Regimes, die in den Konzentrationslagern und Zuchthäusern der Nationalsozialisten gelitten haben. Daher spricht Rudolf van Hüllen bei der Bewertung der VVN-BdA von einer „Ambivalenz dieses linksextremistischen Antifaschismus".[467]

---

[460] Der IVVdN verstand sich als Fortsetzung des mit dem Ende der DDR aufgelösten „Komitees der antifaschistischen Widerstandskämpfer" (KAW), welches nach dem Verbot der VVN in der DDR 1953 die antifaschistische Arbeit fortgesetzt hatte. Vgl. dazu Andreas Herbst/Winfried Ranke/Jürgen Winkler, Komitee der antifaschistischen Widerstandskämpfer in der DDR, in: dies. (Hrsg.), So funktionierte die DDR, Band 1, Reinbek 1994, S. 513-521.

[461] Vgl. Antifa, April 2000, http://www.vvdn-bda.de/antifa/0004/02.htm.

[462] Vgl. Bundesamt für Verfassungsschutz, „Vereinigung der Verfolgten des Naziregimes – Bund der Antifaschistinnen und Antifaschisten" (VVN-BdA), Organisation – Entwicklung – Aktionsfelder – Wirkungen 1947-1997, Köln 1997, S. 31-37 u. 48-55; Hans-Joachim Bloch, Aspekte des Antifaschismuskampfes der orthodoxen Kommunisten, in: Bundesminister des innern (Hrsg.), Bedeutung und Funktion des Antifaschismus, Texte zur Inneren Sicherheit, Bonn 1990, S. 39-51.

[463] Vgl. Bundesministerium des Innern, Verfassungsschutzbericht 1989, S. 38.

[464] Vgl. Patrick Moreau/Jürgen P. Lang, Linksextremismus – eine unterschätze Gefahr, Bonn 1996, S. 172-174.

[465] Vgl. VVN-BdA, „Aufruf zur Unterstützung antirassistischen und antifaschistischen Engagements vor Ort", 21.8.2000. Der Aufruf wurde auch von zahlreichen Gewerkschaftern und PDS-Politikern, u.a. Gregor Gysi und Gabi Zimmer, sowie dem Juso-Bundesvorsitzenden Benjamin Mikfeld unterzeichnet. In einer von der VVN-BdA herausgegebenen „Richtigstellung" zum Verfassungsschutzbericht des Bundes 2000 wird VVN-BdA-Bundessprecher Walther folgendermaßen zitiert: „Wir sind nicht bereit, Gruppierungen, denen – von anderen – angebliche ‚Gewaltbereitschaft' vorgeworfen wird, auszugrenzen und außen vor zu lassen. Wir sehen es vielmehr als unsere Aufgabe an, auch solche Gruppen in breite Bündnisse zu integrieren." Siehe auch Bundesamt für Verfassungsschutz, „Vereinigung der Verfolgten des Naziregimes – Bund der Antifaschistinnen und Antifaschisten" (VVN-BdA), Organisation – Entwicklung – Aktionsfelder – Wirkungen 1947-1997, Köln 1997, S. 66-69.

[466] Vgl. Antworten der Bundesregierung auf die Kleinen Anfragen von Ulla Jelpke, Deutscher Bundestag, Drucksachen 14/6669 (10.7.2001) und 14/6815 (17.8.2001).

[467] Rudolf van Hüllen, Linksextremismus vor und nach der Wende, in: ders./J. Kurt Klein/Gerd Langguth/Reinhard Rupprecht, Linksextremismus – eine vernachlässigte Gefahr, hrsg. von der Konrad-Adenauer-Stiftung, Aktuelle Fragen der Politik, Heft 44, Sankt Augustin 1997, S. 7-28.

2. Antifaschistische Arbeit bei der PDS

Da es sich beim Opferverband IVVdN praktisch um die Fortsetzung des „Komitees der antifaschistischen Widerstandskämpfer" nach 1990 handelte, setzte sich die Mitgliedschaft dieser Organisation überwiegend aus besonders linientreuen ehemaligen SED-Mitgliedern zusammen. Viele von ihnen sind aus Verärgerung über den „opportunistischen Anpassungskurs" der PDS aus dieser aus- und teilweise in die DKP eingetreten. Vor allem in den so genannten Lagergemeinschaften der IVVdN wird bis heute jede Kritik am Antifaschismus von DDR und SED kategorisch abgelehnt. Der BdA (Ost) wurde bis zur Fusion mit dem IVVdN von dem ehemaligen Rektor der Humboldt-Universität und späteren PDS-Bundestagsabgeordneten Heinrich Fink angeführt. Der BdA-Landesverband Thüringen wird von dem führenden Konservatismus-Forscher der DDR und ehemaligen PDS-Bundestagsabgeordneten Ludwig Elm geleitet.

Bei den Bundestagswahlen 2002 gaben etwa 30 vor allem westdeutsche PDS-Kandidaten eine Mitgliedschaft oder weiteres Engagement in der VVN-BdA an.[468] Der parlamentarische Geschäftsführer der PDS-Fraktion im Berliner Abgeordnetenhaus und ehemalige SEW-Funktionär, Uwe Doering, nennt in seiner offiziellen Biographie als ehrenamtliche Funktionen: „Sprecher VVN/VdA e.V. – Vereinigung der Verfolgten des Naziregimes/Verband der Antifaschistinnen und Antifaschisten und Ko-Vorsitzender des Bundes der Antifaschisten in Berlin e.V."[469] Der niedersächsische Landessprecher der VVN-BdA, Gerd Bornemann, war parteiloser PDS-Spitzenkandidat bei den Landtagswahlen 2003. Der VVN-BdA Stadtverband Chemnitz hat seine Internetpräsenz in einem Unterverzeichnis der lokalen PDS.[470] Im Saarland war der als „Neofaschismusexperte" angekündigte VVN-BdA-Funktionär Ulrich Schneider Hauptreferent bei einem Seminar der PDS-nahen Peter-Imandt-Gesellschaft zum Thema „Rechtsextremismus in Deutschland".[471]

Ulla Jelpke, ehemaliges K-Gruppen-Mitglied und langjährige innenpolitische Sprecherin der PDS-Bundestagsfraktion, ist eine der lautstärksten Verteidigerinnen der VVN-BdA gegen eine Überwachung durch den Verfassungsschutz: „Gemeinsam mit VVN und BdA habe ich im letzten Jahr einen Aufruf verfasst, der fordert, die Organisationen der Verfolgten des Naziregimes aus allen VS-Berichten herauszunehmen und ihre Diffamierung endlich zu beenden."[472] Ulla Jelpke gehört außerdem zum Herausgeberkreis der Antifaschistischen Nachrichten, einem der VVN-BdA nahe stehenden Publikationsorgan aus dem linksextremistischen GNN-Verlag.[473] Diese berichteten wiederum regelmäßig über die Arbeit der Abgeordneten.

Neben den bereits oben aufgezeigten engen personellen Verflechtungen zwischen PDS und VVN-BdA besteht auf Bundesebene ein unregelmäßiger inhaltlicher Austausch. Beide besuchen gegenseitig Veranstaltungen beziehungsweise treten bei diesen als Referenten auf. Die VVN-BdA-Mitglieder innerhalb der PDS beteiligen sich regelmäßig an den inhaltlichen Debatten der PDS zum Antifaschismus. Die PDS-Verantwortlichen fordern ihre Mitglieder, Sympathisanten und Wähler immer wieder zur Beteiligung an den Aktivitäten der VVN-BdA

---

[468] Vgl. http://www.pds2002.de/kandidaten/liste/.

[469] http://www.parlament-berlin.de/parlamentb.nsf/(AbgeordnetePDS)/4125688200305312C125649D004BE0A9?OpenDocument.

[470] http://www.pds-chemnitz.de/Kontakt/VVN/vvn.htm.

[471] Seminar – Rechtsextremismus in Deutschland, 26.1.2003 in der Reihe: „Vor 70 Jahren, am 30. Januar 1933, Die Machtergreifung der Faschisten in Deutschland", http://www.peter-imandt.de/Archiv/Rechtsextremismus/rechtsextremismus.html.

[472] Ulla Jelpke, Mitglied des Deutschen Bundestages für die PDS, Arbeitsbericht 1998 bis 2002, S. 10.

[473] Vgl. Innenministerium des Landes Nordrhein-Westfalen, Verfassungsschutzbericht 2001, S. 162.

88 IV. Antifaschistische Organisation der PDS

auf.[474] Die Scharnierfunktion der VVN-BdA bei der Zusammenführung verschiedener antifaschistischer Organisationen und Strömungen wird bei dem vom VVN-BdA-Funktionär Ulrich Schneider herausgegebenen Sammelband „Tut was! Strategien gegen Rechts" deutlich.[475] In diesem Band finden sich Aufsätze von einem sehr breiten Spektrum von Autoren von PDS-Politikern wie Ulla Jelpke, Winfried Wolf und Kerstin Köditz, über die linke Grünen-Abgeordnete Annelie Buntenbach, marxistische Professoren aus Ost und West wie Kurt Pätzold und Reinhard Kühnl bis hin zu jungen „autonomen" Antifaschisten. Die VVN-BdA bleibt sowohl im Osten als auch im Westen, wo die PDS aus einer stark isolierten Position heraus arbeitet, ein wichtiger Aktions- und Bündnispartner für die PDS.

2.3.   „Autonome" Antifa

Das Verhältnis zwischen „autonomen" antifaschistischen Gruppen und der PDS ist als zwiespältig zu bezeichnen.[476] Beide Seiten sind sich der Vorteile aber auch der Schwierigkeiten im Zusammenwirken bewusst. Für die PDS bedeutet die Zusammenarbeit mit jungen Antifaschisten aus dem „autonomen" Spektrum die Möglichkeit zur Rekrutierung neuer Mitglieder und Funktionäre. Viele jüngere Funktionäre der PDS sowohl in den alten als auch in den neuen Ländern haben über die Arbeit in antifaschistischen Gruppen den Weg zur PDS gefunden. In Leipzig gibt es beispielsweise einen engen Austausch zwischen der lokalen PDS und dem linksextremistischen „Bündnis gegen Realität" (BgR, früher „Bündnis gegen Rechts").[477] Bei der bekannten Altersstruktur der PDS gerade in den neuen Bundesländern und den allgemein niedrigen Mitgliederzahlen in den alten Ländern ist dies ein nicht zu unterschätzender Faktor. Abgesehen vom hohen Rekrutierungspotenzial kann die PDS Vorteile aus der punktuellen Zusammenarbeit mit „autonomen" Antifaschisten gewinnen, indem sie auf ein breites und jugendliches Aktionspotenzial zurückgreifen kann.

Aus der Sicht der „autonomen" Antifaschisten bietet die Zusammenarbeit mit der PDS den Zugriff auf Infrastruktur – beispielsweise in Form von Räumen[478] oder gar finanzieller Unterstützung.[479] Außerdem wird bei Anmeldungen von Versammlungen der „autonomen" Antifaschisten gerne auf Abgeordnete der PDS zurückgegriffen, um – vermeintlich – eine

---

[474]   Vgl. Lothar Bisky/Gabi Zimmer, Aufruf gegen rechtsextremistischen Terror: Nicht mit uns!, Berlin, 9.8.2000, in: Neues Deutschland, 10.8.2000.

[475]   Vgl. Ulrich Schneider (Hrsg.), Tut was!, Strategien gegen Rechts, Köln 2001.

[476]   Allgemein zu autonomen antifaschistische Gruppen: Landesamt für Verfassungsschutz Berlin, „Antifa heißt Angriff", Antifaschismus als Deckmantel für Gewalt, Durchblicke Nr. 10, Berlin 1999; Bundesamt für Verfassungsschutz, Militante Autonome, Charakteristika – Strukturen – Aktionsfelder, Köln 1999; Landesamt für Verfassungsschutz Baden-Württemberg, Antifaschismus als Aktionsfeld von Linksextremisten, Stuttgart 1998. Siehe auch: Peter Frisch, Militante Autonome, in: Uwe Backes/Eckhard Jesse (Hrsg.), Jahrbuch Extremismus & Demokratie, Bd. 9, Baden-Baden 1997, S. 188-201.

[477]   Vgl. Juliane Nagel, Die autonome Antifa ist die konsequenteste antifaschistische Kraft, Neues Deutschland 2002, zitiert nach: http://www.linxxnet.de/juliane.nagel/antifa2.htm; Boris Krumnow, „Autonome Antifa", http://www.linxxnet.de/linXXboriZ/TexteP/0004.html; siehe zum „Bündnis gegen Realität" (BgR), das bis Ende 2003 „Bündnis gegen Rechts" hieß, auch: Verfassungsschutzbericht des Freistaates Sachsen 2001, S. 106 f.; Landesamt für Verfassungsschutz Sachsen, Autonome Szene im Freistaat Sachsen, Dresden 2004, S. 22-24.

[478]   Vgl. Antwort der Bundesregierung auf Kleine Anfrage des Abgeordneten Axel Fischer u.a., 7.1.2002, Bundestags-Drucksache 14/7968; Bundesamt für Verfassungsschutz, Verfassungsschutzbericht 2001, S. 170; das „Antifaschistische Schulnetzwerk Dresden" trifft sich im „Haus der Begegnung" und Sitz der Dresdner PDS, vgl. Peter Russig, Der 1. Mai 2000 und 2001 – Extreme Linke und extreme Rechte in Sachsen, in: Uwe Backes/Eckhard Jesse (Hrsg.), Jahrbuch Extremismus & Demokratie, Band 14 (2002), Baden-Baden 2002, S. 155-168.

[479]   Bundestags-Drucksache 12/8372, S. 7.

2. Antifaschistische Arbeit bei der PDS

bessere Verhandlungsposition gegenüber der Versammlungsbehörde zu haben. Grundsätzlich lehnen die meisten „autonomen" antifaschistischen Gruppen eine dauerhafte Kooperation mit Parteien ab. Alle Parteien gelten als Vertreter des von ihnen abgelehnten bürgerlichen Repressionssystems.[480] Selbst die PDS wirkt ihnen oft zu staatstragend.[481] Und obwohl die PDS aus der Sicht der „autonomen" Antifaschisten als die parlamentarische Kraft gilt, welche einem konsequenten antifaschistischen Anspruch am nächsten komme, kritisiert die „autonome" Antifa, dass „Elemente rassistischen Gedankenguts unter Wählern und Mitgliedern" der PDS vorhanden sei.[482]

Auf Grund dieser ideologischen Ausrichtung und des militanten Auftretens in der Öffentlichkeit kommt es insbesondere in den neuen Bundesländern immer wieder zu Problemen in der Zusammenarbeit zwischen „Autonomen" und der PDS. Lokale PDS-Gliederungen in den neuen Ländern bevorzugen teilweise lokale Bündnisse unter breitem Einschluss von anderen Parteien und Organisationen bis hin zur CDU und stehen dem „Demonstrationstourismus" sowie militanten Auftreten von „autonomen" Antifaschisten kritisch gegenüber.[483] Manche ältere PDS-Mitglieder haben Schwierigkeiten mit den Motiven und dem Aktionismus junger „autonomer" Antifaschisten.[484] Der PDS-Europaabgeordnete André Brie stellte fest, dass die PDS im Osten sich mit Aktionen schwer tue, die einen „libertären, zivilgesellschaftlichen Charakter" hätten. „Linke und antifaschistische Jugendkultur ist ihr fremd. Die PDS muss in den ostdeutschen Kommunen ihre Haltung aufgeben, Ruhe sei erste Bürgerpflicht", forderte Brie.[485] Für eine engere Kooperation von PDS und „autonomen" Antifaschisten in den neuen Bundesländern plädiert ebenso Volkmar Wölk, Mitarbeiter der sächsischen Landtagsabgeordneten Kerstin Köditz.[486] Er kritisiert, dass viele PDS-Politiker in den neuen Ländern rechtsextremistische Aktivitäten in „ihrer" Gemeinde und Stadt leugneten oder minimierten. Viele PDS-Politiker, so Wölk, unterschätzten die Bedeutung der außerparlamentarischen Arbeit. Das Äußere vieler „Autonomer" solle „niemanden in der Partei vom Versuch eines Dialogs und vom anzustrebenden Zusammenwirken abbringen". Nach der Einschätzung von Lothar Bisky haben die jungen Leute aus der Antifa und diejenigen, die mit dem DDR-Antifaschismus aufgewachsen sind, innerhalb der Partei „bisher nicht wirklich zueinander" gefunden.[487] Bereits 1993 hatte Gunnar Zessin in der PDS-Mitgliederzeitschrift „Disput" gefordert: „Die PDS hat einen guten Stand in der wissenschaftlichen Analyse der faschistischen Entwicklungen. Sie wird aber in der Konsequenz viel stärker auf außerparlamentarische Aktionen und Selbsthilfe

---

[480] Vgl. Armin Pfahl-Traughber, Die Autonomen, Portrait einer linksextremistischen Subkultur, in: Aus Politik und Zeitgeschichte B 9-10/98, S. 36-46.

[481] Holger Zschoge, Antifaschismus wächst von unten, in: „Wer redet da von Entwarnung?", Berlin 1995, S. 141-144.

[482] Juliane Nagel, Die autonome Antifa ist die konsequenteste antifaschistische Kraft, Neues Deutschland 2002, zitiert nach: http://www.linxxnet.de/juliane.nagel/antifa2.htm.

[483] Vgl. Michael Leutert, Wie steht Sachsens PDS künftig zur Antifa?, Interview, in: Junge Welt, 2.6.2000; Peter Russig, Der 1. Mai 2000 und 2001 – Extreme Linke und extreme Rechte in Sachsen, in: Uwe Backes/Eckhard Jesse (Hrsg.), Jahrbuch Extremismus & Demokratie, Bd. 14 , Baden-Baden 2002, S. 155-168.

[484] Vgl. Lothar Bisky, Interview, in: Berliner Zeitung, 14.10.2000; Norbert Madloch, Interview Neues Deutschland, 8.10.1996, in: Autorenkollektiv, Wie rechts ist der Zeitgeist?, Texte von der antifaschistischen Konferenz in Salzgitter, Berlin 1997, S. 57-73.

[485] Berliner Zeitung, 7.8.2000.

[486] Vgl. Reiner Zilkenat, „Der Schoß ist fruchtbar noch", Aktivtagung des Kreisverbandes Sächsische Schweiz der PDS zum Umgang mit rechten Strukturen und der NPD in der Region, in: Rundbrief der AG Rechtsextremismus/Antifaschismus 3/2005, S. 48 f.

[487] Vgl. Gespräch mit Lothar Bisky, PDS ist sich nicht einig im Kampf gegen Rechtsextremismus, Potsdamer Fraktionschef fordert mehr Unterstützung für Parteijugend, in: Berliner Zeitung, 14.10.2000.

setzen müssen. Töricht wäre es, autonome Gruppen bei unterstützenswerten Aktivitäten allein zu lassen."[488] Die heutige jugendpolitische Sprecherin der PDS Sachsen, Juliane Nagel, kritisierte im Sommer 2002 die Beteiligung von sächsischen PDS-Kommunalpolitikern an „Bündnissen gegen Gewalt und Extremismus" mit anderen Parteien. Solche Bündnisse basierten auf der „Gleichsetzung von Links und Rechts" und beförderten „Diffamierungen der ‚Autonomen Antifa"'.[489]

Das Bundesjugendtreffen der PDS in Leipzig beschloss im Jahr 2000 eine unmissverständliche Abgrenzung gegen „Bündnisse gegen politischen Extremismus".[490] In dem Beschluss heißt es: „Die Mitwirkung in solchen Bündnissen stellt unseren antifaschistischen Anspruch in Frage."[491] Stattdessen forderte der Jugendtag „breite Bündnisse unter Einschluss ‚bürgerlicher' Antifaschisten". Um junge „Autonome" enger an die PDS zu binden, kam es Anfang der neunziger Jahre zur Gründung einer AG „Autonome Jugend in und bei der PDS".[492] Diese Arbeitsgemeinschaft besteht heute nicht mehr.

In den alten Bundesländern gibt es keine Berichte über größere Unstimmigkeiten zwischen lokalen PDS-Gruppen und „autonomen" antifaschistischen Gruppen. Regelmäßig treten West-Verbände der PDS gemeinsam mit Antifa-Gruppen als Aufrufer oder Unterzeichner bei Demonstrationen auf, beispielsweise bei Demonstrationen gegen NPD-Aufmärsche.[493] Auch im Rahmen der Proteste gegen den Bundeswehr-Einsatz im ehemaligen Jugoslawien oder gegen den Irak-Krieg kam es wiederholt zu gemeinsamen Aufrufen der PDS mit Antifa-Gruppen.[494] Die PDS Saarland bietet eine Broschüre der linksextremistischen Antifa Saar[495] über Faschismus im Saarland auf ihrer Internetseite zum Versand an.[496] Bei einem Antifaschistischen Bündnis Saar fungierten unter anderem die PDS Saarland und die Antifa Saar gemein-

---

[488] Gunnar Zessin, Hilflosen Antifaschismus überwinden, in: Disput Nr. 17, 1993, S. 13-15.

[489] Juliane Nagel, Die autonome Antifa ist die konsequenteste antifaschistische Kraft, Neues Deutschland 2002, zitiert nach: http://www.linxxnet.de/juliane.nagel/antifa2.htm.

[490] Vgl. http://linxxnet.de/juliane.nagel/antifa1.htm.

[491] Ebd.

[492] Vgl. Armin Pfahl-Traughber, Die Autonomen, Portrait einer linksextremistischen Subkultur, in: Aus Politik und Zeitgeschichte B 9-10/98, S. 36-46; Patrick Moreau, Die Partei des Demokratischen Sozialismus, in: ders./Marc Lazar/Gerhard Hirscher (Hrsg.), Der Kommunismus in Europa, Niedergang oder Mutation?, Landsberg/Lech 1998, S. 242-332, hier S. 281.

[493] Vgl. Aufruf zu Protesten gegen die Münchener Konferenz für Sicherheitspolitik am 7./8. Februar 2003 in München durch mehrere Antifa-, DKP- und SDAJ-Gruppen gemeinsam mit PDS Bayern, Solid Bayern und die PDS München; Aufruf zu einer Kundgebung „Für Abschiebestopp und Bleiberecht" am 20.4.2002 in Saarbrücken durch Antifa Saar, PDS Saarland, VVN-BdA u.a. Demonstration „Stoppt den Naziterror! Faschistische Strukturen zerschlagen!" am 5.8.2000 in Düsseldorf durch verschiedene Antifa-Gruppen, mehrere PDS-Gliederungen und -Funktionäre sowie VVN-BdA NRW, MLPD und Jusos. Vgl. zur Situation in Nordrhein-Westfalen Innenministerium von Nordrhein-Westfalen (Hrsg.), Verfassungsschutzbericht 2001, S. 156 f. Vgl. zur Zusammenarbeit zwischen der PDS und „autonomen" Antifaschisten in Bayern Mitte der neunziger Jahre bereits Bayerisches Staatsministerium des Innern (Hrsg.), Die Partei des Demokratischen Sozialismus (PDS), München o.J. (wohl 1996), S. 54.

[494] Zum Beispiel am 22.3.2003 „Nein zum Krieg" in Bielefeld von Antifa-West, PDS Bielefeld u.a.

[495] In ihrer Selbstdarstellung im Internet heißt es: „Dem bürgerlichen Staat ist – auch wenn er auf den Wegen der Demokratie daher kommt – die Option auf Faschismus immanent. Die Wurzeln des Faschismus liegen also im kapitalistischen System, das Konkurrenz an die Stelle von Solidarität stellt und Menschlichkeit durch Verwertbarkeit ersetzt. Unter antifaschistischem Kampf versteht die Antifa Saar das Eintreten für eine Überwindung des kapitalistischen Gesellschaftssystems." http://www.sandimgetriebe.de/antifa/antifaselbst.html.

[496] Kein schöner Land – faschistische Strukturen und Aktivitäten im Saarland, http://www.pds-saar.de/Links/Nazis/body_nazis.html. Vgl. zur engen Zusammenarbeit zwischen PDS und „autonomer" Antifa im Saarland auch: Verfassungsschutz im Saarland, Überblick über das Landesamt für Verfassungsschutz und seine Beobachtungsbereiche im Jahr 2002, http://www.innen.saarland.de/9154.htm.

2. Antifaschistische Arbeit bei der PDS

sam als Träger.[497] Die enge und regelmäßige Zusammenarbeit von „autonomen" Antifa-Gruppen und PDS im Westen spiegelt den zumeist linksextremistischen Hintergrund der West-PDS wider.[498] Einer der Köpfe der „Reformer" in der PDS, Michael Brie, gesteht offen: „Die PDS-Strukturen im Westen sind sehr labil, anfällig für Sektierertum und fast ohne soziale Verankerung. Es ist der PDS nicht gelungen, im Westen Personen und Gruppen zu gewinnen, die die PDS aus ihrer Isolation wirklich herausgeführt hätten."[499] . Der aus Westdeutschland stammende PDS-Fraktionsvorsitzende im Thüringer Landtag, Bodo Ramelow, äußerte dazu: „Es schmerzt, dass in den Altbundesländern mittlerweile Menschen, die so denken wie ich und in die PDS gefunden haben, von Linkssektierern verdrängt werden."[500] Ob sich die Lage der PDS in den alten Bundesländern nach ihrer Umbenennung in „Die Linkspartei" sowie durch die Zusammenarbeit mit der Wahlalternative Arbeit & Soziale Gerechtigkeit (WASG) grundlegend ändern wird, ist sicherlich eine der spannendsten Fragen in den kommenden Monaten und Jahren.

Oft übernehmen PDS-Parlamentarier die polizeiliche Anmeldung von Versammlungen antifaschistischer Gruppen. Dies soll ihnen eine zusätzliche Öffentlichkeit geben sowie „einen gewissen Schutz vor schikanösen Auflagen, Behinderungen und Übergriffen der Polizei bieten".[501] Ein besonders spektakuläres Beispiel war am 1. Mai 2001 zu beobachten. Der Berliner Polizeipräsident hatte ein Verbot des Aufmarsches der Antifaschistischen Aktion Berlin (AAB) unter dem Motto „Kapitalismus bekämpfen – Soziale Revolution weltweit" angeordnet. Die AAB-Aufmärsche zum 1. Mai endeten jedes Jahr mit schweren Krawallen und Ausschreitungen. Nachdem das Verbot gerichtlich bestätigt wurde[502], trat die PDS-Bundestagsabgeordnete Angela Marquardt als Anmelderin einer Demonstration gegen das Demonstrationsverbot auf. Die PDS-Politikerin handelte allerdings nur als offizieller Platzhalter für die AAB, die weiter im Hintergrund die Fäden in der Hand hielt.[503] Im Bundestag hatte Marquardt bereits am 28.

---

[497] Vgl. Aufruf zur Veranstaltung Rassismus, Neonazis und staatliche Politik am 15.3.2002, http://www.sandimgetriebe.de/aktuelles/vaaufruf.PDF.

[498] Vgl. zur PDS im Westen: Florian Weis, Die PDS in den westlichen Bundesländern, Anmerkungen zu keiner Erfolgsgeschichte, in: Utopie kreativ, Heft 173 (März 2005), S. 257-265; Patrick Moreau/Rita Schorpp-Grabiak/Bettina Blank, Die West-PDS als Gravitationsfeld eines linksextremistischen Pluralismus, in: Manfred Agethen/Eckhard Jesse/Ehrhart Neubert (Hrsg.), Der missbrauchte Antifaschismus, DDR-Staatsdoktrin und Lebenslüge der deutschen Linken, Freiburg i.Br. 2002, S. 330-353; Innenministerium des Landes Nordrhein-Westfalen, Verfassungsschutzbericht 2002, S. 151-161; Jonathan Olsen, The PDS in Western Germany, An Empirical Study of PDS Local Politicians, in: German Politics, Vol. 11, No. 1 (April 2002), S. 147-172; Eva Sturm, „Und der Zukunft zugewandt"?, Eine Untersuchung zur „Politikfähigkeit" der PDS, Opladen 2000, S. 229-295; Viola Neu, Am Ende der Hoffnung, Die PDS im Westen, hrsg. von der Konrad-Adenauer-Stiftung, St. Augustin 2000; Bettina Blank, Die PDS in Baden-Württemberg: Ein sozialistisches Experiment in Westdeutschland, in: Hirscher/Segall, Die PDS: Zukunft und Entwicklungsperspektiven, München 2000, S. 35-58; Gerd Langguth, Die PDS und der Linksextremismus, Wie demokratisch ist die PDS?, in: Rudolf van Hüllen/J. Kurt Klein/Gerd Langguth/Reinhard Rupprecht, Linksextremismus – eine vernachlässigte Gefahr, hrsg. von der Konrad-Adenauer-Stiftung, Aktuelle Fragen der Politik, Heft 44, Sankt Augustin 1997, S. 29-45, insbes. S. 34-36; Patrick Moreau, Was will die PDS?, Frankfurt a.M. 1994, S. 89-133.

[499] Michael Brie, Ist die PDS noch zu retten? Analyse und Perspektiven, rls standpunkte 3/2003, Mai 2003, erweiterte Internet-Version, S. 37, http://www.rosalux.de/Bib/Pub/standpunkte/Analyse.pdf.

[500] UNZ linke Zeitung für Thüringen, 26.2.2003, http://www.pds-fraktion-thueringen.de/standpunkt/reform/reform.html.

[501] Ulla Jelpke, Mitglied des Deutschen Bundestages für die PDS, Arbeitsbericht 1998 bis 2002, S. 13.

[502] Vgl. VG Berlin, Beschluss vom 27. April 2001 – VG 1 A 134.01, bestätigt durch OVG Berlin, Beschluss vom 30. April 2001 – OVG 1 SN 41.01.

[503] Vgl. Bundesamt für Verfassungsschutz, Verfassungsschutzbericht 2001, S. 170.

92 IV. Antifaschistische Organisation der PDS

September 2000 in einer Rede ausdrücklich die Arbeit der linksextremistischen Gruppe gelobt.[504]

Ein anderer denkwürdiger Fall ereignete sich in Thüringen, wo der damalige innenpolitische Sprecher der PDS-Landtagsfraktion, Steffen Dittes, als Anmelder einer später verbotenen Demonstration „Es gibt tausend Gründe Deutschland zu hassen!" zum 3. Oktober 2001 auftrat.[505] Hinter der Demonstration stand die anarchistisch-kommunistische Erfurter Antifa-Gruppe *„Youth against Fascism and Government"* (yafago), ein Teil der „Autonomen Thüringer Antifa-Gruppen" (ATAG)[506]. Nach einer kontroversen öffentlichen Diskussion wurde Dittes, der nach eigenen Angaben aus dem Antifa-Milieu stammt, als innenpolitischer Sprecher der Fraktion abgelöst.[507] Seine Gesinnung änderte Dittes nicht: Genau ein Jahr später nahm er „als Privatperson" an einer Demonstration unter dem gleichen Motto teil.[508] Der ehemalige Vorsitzende der Arnstädter PDS hält weiter eine enge Verbindung zu linksextremistischen Antifa-Gruppen über seine Mitarbeit in der Landesarbeitsgemeinschaft Antifa/Antira beim DGB Thüringen.[509] In diesem vom Thüringer Verdi-Fachbereichsleiter Handel, Angelo Lucifero, organisierten Zusammenschluss sind mehrere Antifa-Initiativen des Landes verbunden. Dittes kritisiert seine eigene PDS-Fraktion dafür, dass diese die Landesarbeitsgemeinschaft nicht nachhaltig genug unterstütze.[510] Im Jahr 2003 fiel Dittes ein weiteres Mal negativ auf. Er organisierte am 5. Juli eine „ Antifaschistische Kaffeefahrt" mit etwa 50 – vorwiegend dem „autonomen" Spektrum zuzurechnenden – Teilnehmern. Dabei fuhr ein Bus quer durch Thüringen, um „Treffpunkte der rechten Szene anzusteuern" und „bei der örtlichen Bevölkerung Proteste gegen die Versammlungsorte" zu mobilisieren. Während der Veranstaltung kam es zu gewalttätigen Auseinandersetzungen mit mutmaßlichen Angehörigen der „rechten Szene".[511] Seine Sympathie zu linksextremistischen Antifa-Gruppen lässt Dittes des Weiteren durch eindeutige Links von seiner Website erkennen.[512] Das Mitglied der PDS-Fraktion im Berliner Abgeordnetenhaus Freke Over meldete für den 20. November 2004 in Berlin die jährliche Silvio-Meier-Demo 2004 an, bei welcher überwiegend „autonome" Antifa-Gruppen unter dem Motto „Keine Homezone für Faschisten! Antifa heißt Angriff!" auftraten.[513] Die sächsische PDS-

---

[504] Vgl. Angela Marquardt, Kampf gegen Rechtsextremismus erfordert langwierige Kleinarbeit vor Ort, in: PDS-Pressedienst vom 12. Okt. 2000; Uwe Backes, Organisationen 2000, in: Uwe Backes/Eckhard Jesse (Hrsg.), Jahrbuch Extremismus & Demokratie, Bd. 13, Baden-Baden 2001, S. 107-124.

[505] Vgl. Kleine Anfrage der Abgeordneten Panse und Schwäblein (CDU) vom 6. November 2001, Thüringer Landtag Drucksache 3/1968.

[506] Vgl. http://puk.de/atag/.

[507] Vgl. Thüringer Allgemeine, 2. und 5. Oktober 2001.

[508] Vgl. Martin Debes, Alles nur Privatpersonen, Thüringer Allgemeine, 17. Juli 2002.

[509] Vgl. zur LAG Antira/Antifa Stefan Wogawa, „Lifestyle" gegen rechts, Aktivitäten gegen Rassismus und Neofaschismus sind in Thüringen vielgestaltig, aber keine Massenbewegung, in: Junge Welt, Antifa-Beilage, 27.8.2003; allgemein zu Verbindungen zwischen PDS und Linksextremismus in Thüringen: Helmut Roewer, Antifaschismus: Zur Karriere eines politischen Kampfbegriffs, in: In guter Verfassung. Erfurter Beiträge zum Verfassungsschutz, Erfurt 1997, S. 29-55. Zur engen Verbindung zwischen der PDS und den Gewerkschaften in Thüringen: Claus Peter Müller, Seit' an Seit' ist nicht Tradition, Der DGB steht der PDS in Thüringen näher als der SPD, „Wir sind der Stachel im Fleisch", in: Frankfurter Allgemeine Zeitung, 26.1.2002.

[510] Vgl. Steffen Dittes, Fraktion auf dem Weg auf die Zuschauerbank im Antifa-Bündnis, http://www.steffen-dittes.de/PolitikLAG.htm.

[511] Vgl. Bundesministerium des Innern (Hrsg.); Verfassungsschutzbericht 2003, Berlin 2004, S. 143.

[512] Beispielsweise zu den Seiten von Nadir, zu den Autonomen Thüringer Antifa-Gruppen (ATAG) und zur LAG Antira/Antifa.

[513] Vgl. Streß in der rechten „Homezone", Neonazi-Aufmarsch gegen die traditionelle Silvio-Meier-Demo in Berlin-Lichtenberg, in: Junge Welt, 17.11.2004; Bundesministerium des Innern (Hrsg.), Verfassungsschutzbericht 2004, Vorabversion, Berlin 2005, S. 152 f.

2. Antifaschistische Arbeit bei der PDS

Landtagsabgeordnete Kerstin Köditz rief als Anmelderin für den 27. November 2004 zu einer Antifa-Demonstration unter dem Titel „Schöner Leben ohne Naziläden!" nach Pirna ein.[514]

Als besonders energische Verfechterin einer uneingeschränkten Zusammenarbeit mit „autonomen" antifaschistischen Gruppen trat in der PDS-Bundestagsfraktion die parteilose Abgeordnete Ulla Jelpke in Erscheinung. Sie selbst nahm Antifa-Gruppen gegenüber dem Vorwurf des Linksextremismus in Schutz und lobte in ihrem Arbeitsbericht: „Umgekehrt bekommen wir von antifaschistischen Organisationen und Bündnissen immer wieder wichtige Anregungen und Infos für unsere Arbeit."[515] Bei diesen Anregungen und Informationen handelt es sich offensichtlich um Berichte dieser Gruppen an die PDS über tatsächliche oder vermeintliche rechtsextremistische Ereignisse. Mit diesen Berichten versucht Frau Jelpke, ihre regelmäßig wiederholte Feststellung zu untermauern, dass es viel mehr rechtsextremistische Ereignisse und Straftaten gebe, als von den offiziellen Stellen zugegeben werde. Junge – teilweise gewaltbereite – Linksextremisten werden als Kronzeugen für angebliche staatliche Verschleierungspraktiken angeführt. Das kann kaum besonders glaubwürdig wirken. Daneben dienen die Berichte der antifaschistischen Gruppen dazu, Anfragen im Parlament zu stellen: „Die aus diesem langen gemeinsamen Diskussionsprozess und gegenseitigem Informationsaustausch entstandenen Anfragen sind ein wichtiges Mittel der Öffentlichkeitsarbeit gegen Rechts geworden."[516]

Immer wieder setzte sich die PDS in Parlamenten und kommunalen Vertretungen für die finanziellen Belange von Antifa-Gruppen ein. Eine Vorreiterrolle übernahm die Bundestagsfraktion mit Ulla Jelpke an der Spitze, die regelmäßig forderte, die Mittel für Schutz und Unterstützung von „Opfern rechter Gewalt" zu erhöhen, ebenso wie „lokale antifaschistische und antirassistische Initiativen" mehr und vor allem langfristiger finanziell zu unterstützen. „Jahr für Jahr im Herbst reicht die PDS – von mir angestoßen – Änderungsanträge zum Haushaltsentwurf ein, die mehr Geld für antifaschistische Initiativen vor Ort (...) fordern", heißt es im Arbeitsbericht der Abgeordneten.[517] Im Gegenzug müssten alle Haushaltsmittel für Vertriebenenverbände und „alle anderen Organisationen, die Rechtsextremisten oder rechtsextremistische Positionen in ihren Reihen dulden", gestrichen werden.[518]

Unter dem Motto „Stärkung des zivilgesellschaftlichen Engagements" forderte Jelpke eine bedingungslose Zusammenarbeit mit Antifa Gruppen ein: „Ich (habe) immer wieder darauf hingewiesen, dass antifaschistische Gruppen vor Ort der wichtigste – und meist auch der kompetenteste – Bündnispartner im Kampf gegen Rechts sind. Ihre Ausgrenzung und Diffamierung als linksextremistisch und gewalttätig ist ein grundfalsches Signal an Neonazis. Daher habe ich mich auf Veranstaltungen, Demonstrationen und in der Partei immer für eine breite Bündnispolitik und eine Zusammenarbeit mit Antifa-Gruppen eingesetzt."[519] Diesen Kurs stützte die ehemalige Parteivorsitzende Gabriele Zimmer, die sich öffentlich gegen die „Kriminalisierung von Antifa-Gruppen" wandte.[520] Ebenso rief die PDS im Bundestagswahlprogramm 2002 nach „besserer öffentlicher Unterstützung antifaschistischer und antirassistischer Gruppen"[521] – ohne sich in irgendeiner Form von linksxtremistischer Gewalt zu distanzieren.

---

[514] Vgl. http://stoppnazilaeden.de.vu/.

[515] Ulla Jelpke, Mitglied des Deutschen Bundestages für die PDS, Arbeitsbericht 1998 bis 2002, S. 3.

[516] Ebd., S. 13.

[517] Ebd., S. 10.

[518] Ebd., S. 5.

[519] Ebd., S. 13.

[520] Vgl. Gabi Zimmer, Eröffnungsrede des Kongresses, in: Petra Pau/Dominic Heilig (Hrsg.), Für eine tolerante Gesellschaft – gegen Rechtsextremismus und Rassismus, Berlin 2001, S. 7-18.

[521] Es geht auch anders: Nur Gerechtigkeit sichert Zukunft!, Programm der PDS zur Bundestagswahl 2002, Beschluss des Rostocker Parteitages, 16./17.3.2002, S. 17.

94   IV. Antifaschistische Organisation der PDS

Im Jahr 1996 hatte sich der Parteivorstand ausdrücklich mit der linksextremistischen und gewaltbereiten Göttinger Autonomen Antifa (M) solidarisiert.[522] Dagegen hatte die AG Rechtsextremismus/Antifaschismus noch 1990 eine „klare Abgrenzung von jeglichen Formen offensiver Gewalt" gefordert.[523] „Der Versuch, dem Rechtsextremismus mit linksextremistischen Methoden zu begegnen, untergräbt Rechtsstaatlichkeit und diskreditiert die antifaschistische Bewegung."[524] Diese klare Abgrenzung nach links hat später keinen Eingang in offizielle Programmatik oder die Praxis der PDS gefunden. Stattdessen verfolgt die Partei vielmehr einen weitgehenden Solidarisierungskurs gegenüber „autonomen" Antifaschisten. Sie steht dabei ganz in der Tradition der SED, welche die „Autonomen" trotz deren „sektiererischer Tendenzen" als „Reserve der progressiven Kräfte in den demokratischen Bewegungen" ansah.[525]

2.4.   Internationales Netzwerk

Antifaschistische Arbeit war bereits sehr früh international geprägt. Insbesondere die Kommunisten machten den Antifaschismus zu einem Teil ihrer internationalen Kampagne. Der antifaschistische Widerstand gegen das nationalsozialistische Deutschland organisierte sich länder- und nationenübergreifend.

Ebenso setzt heute die PDS bei der Bekämpfung von Rechtsextremismus auf eine verstärkte internationale Zusammenarbeit.[526] Die PDS verfügt – teilweise noch aus Vor-„Wende"-Zeiten – über umfangreiche bilaterale Beziehungen in der gesamten Welt wie etwa zu den Kommunistischen Parteien Chinas, Nordkoreas oder Kubas.[527] Dem Großteil der bilateralen Beziehungen kommt zumindest nach außen keine messbare Bedeutung zu. Der operative Schwerpunkt der internationalen Bemühungen liegt eindeutig im Raum der Europäischen Union und deren Nachbarländern und Beitrittskandidaten. Hier ist die PDS an den zwei wichtigsten parteipolitischen Strukturen links von Sozialdemokraten und Grünen maßgeblich beteiligt: Sie gehört zu den 15 Parteien, die im Jahr 2004 die Europäische Linkspartei (EL, Party of the European Left) gegründet haben. Die PDS-Abgeordneten im Europaparlament sind Teil der Fraktion Confederal Group of the United Left / Northern Green Left, Groupe confédéral de la Gauche unitaire européenne / Gauche verte nordique (GUE/NGL, Konföderale Fraktion der Vereinigten Europäischen Linken/Nordische Grüne Linke).

Die Gründung der Europäischen Linkspartei erfolgte aus dem New European Left Forum (NELF, Forum der Neuen Europäischen Linken) heraus, einem Zusammenschluss europäi-

---

[522]   Vgl. PDS unterstützt Göttinger Resolution, Solidarität mit den angeklagten Antifaschistinnen und Antifaschisten aus Göttingen – weg mit den Sonderrechtsparagraphen 129/129a, in: PDS-Pressedienst Nr. 24/96, 14.6.1996, S. 4-5. Die Autonome Antifa (M) hat sich am 29.4.2004 aufgelöst in drei Nachfolgegruppen. Vgl. Abschlusserklärung der Autonomen Antifa [M], http://www.puk.de//aam/.

[523]   Vgl. Klaus Böttcher/Norbert Madloch/Werner Paff/Rolf Richter, Nachdenken über Antifaschismus, Manuskript, Berlin 1995, S. 6.

[524]   Zitiert nach ebd.

[525]   Roland Bach, Neuer Aufbruch?, Jugendbewegungen in den Ländern des Kapitals, hrsg. von der Akademie für Gesellschaftswissenschaften beim Zentralkomitee der SED, Institut für wissenschaftlichen Kommunismus, Berlin 1989, S. 154.

[526]   Vgl. Roland Bach/Klaus Böttcher, Die Auseinandersetzung mit dem Rechtsextremismus verstärken, Ein Diskussionsangebot, in: PDS-Pressedienst Nr. 1/99, 8.1.1999, S. 8-10.

[527]   Vgl. Helmut Ettinger, Als zuverlässige Partnerin international geschätzt: PDS, Gäste aus aller Welt beim Rostocker Parteitag, in: Disput April 2002; Internationale Aktivitäten des Parteivorstandes der PDS, Vom 1. Januar bis 30. Juni 2003 (Auswahl), in: PDS-Pressedienst Nr. 31/03, 1.8.2003; Patrick Moreau/Rita Schorpp-Grabiak, „Man muss so radikal sein wie die Wirklichkeit" – Die PDS: eine Bilanz, Baden-Baden 2002, S. 224-250.

2. Antifaschistische Arbeit bei der PDS

scher Parteien aus dem sozialistischen, kommunistischen und grünen Spektrum.[528] Seit 1992 arbeitete die PDS dort als Beobachterin mit. Ein harter Kern des NELF war seit längerer Zeit bestrebt, aus diesem eine gemeinsame europäische Partei zu formen, um damit die Entwicklung in anderen Bereichen des Parteienspektrums nachzuvollziehen.[529] Noch gerade rechtzeitig vor den Europawahlen fand im Mai 2004 in Rom der Gründungskongress der Europäischen Linkspartei statt.[530] Zum Vorsitzenden wurde der Italiener Fausto Bertinotti gewählt.[531] Im Gründungsappell bekennt sich die Europäische Linkspartei zu ihrem antifaschistischen Auftrag: „Wir fühlen uns den Werten und Traditionen des Sozialismus, des Kommunismus und der Arbeiterbewegung (...) und des Antifaschismus (...) im nationalen und internationalen Rahmen verpflichtet."[532] Das konsequente Bekenntnis zum Antifaschismus wurde von mehreren Rednern des Gründungskongresses bekräftigt.[533] In einer Stellungnahme des PDS-Parteivorstandes heißt es zur gemeinsamen Europäischen Linkspartei: „Wir sind Gegner der rechten und rechtspopulistischen Formationen, die Rassismus, Nationalismus und Geschichtsrevision verbreiten."[534]

Seit den letzten Europawahlen am 13. Juni 2004 gehören sieben PDS-Abgeordnete dem Europäischen Parlament an: André Brie, Sylvia-Yvonne Kaufmann, Helmuth Markov, Tobias Pflüger, Feleknas Uca, Sahra Wagenknecht und Gabi Zimmer. Die Partei errang 6,2 Prozent und damit ihr bisher bestes Ergebnis auf Bundesebene. Die PDS-Abgeordneten gehören zur GUE/NGL-Fraktion, die nach den Europawahlen 2004 mit 41 Mitgliedern gegenwärtig die fünftgrößte Fraktion im Europäischen Parlament stellt.[535]

Die GUE/NGL-Abgeordneten stammen aus 17 verschiedenen Parteien und 14 verschiedenen Ländern.[536] Die Fraktion besteht im Kern aus Kommunisten und ehemaligen Kommunisten. Seit der EU-Erweiterung 1995 formen Parteien aus Nordeuropa die Komponente der Nordischen Grünen Linken in der Fraktion. Vorsitzender der Fraktion ist der Franzose Francis Wurtz (PCF). Die sieben PDS-Abgeordneten sind als deutsche Delegation in der

---

[528] Neue Kooperation linker Parteien in Europa, Zum XX. Treffen des Forums der Neuen Europäischen Linken (NELF), in: PDS-Pressedienst 21/2001, 25.5.2001, S. 5 f.

[529] Zur Entwicklung und Funktion des europäischen Parteienwesens vgl. Gerold Denzer, Europäische Parteien, Begriff und Funktion in einem europäischen Integrationsensemble, Baden-Baden 1999.

[530] Vgl. Anna Maldini, Neuer Horizont politischer Aktion, Fausto Bertinotti eröffnet Generaldebatte, Gedenken an den Adreatinischen Höhlen, in: Neues Deutschland, 8.5.2004. Zur Europäischen Linkspartei gehören neben der PDS die nachfolgenden Gründungsmitglieder: Estnische Sozialdemokratische Arbeiterpartei (Eesti Sotsiaaldemokraatlik Tööpartei), Französische Kommunistische Partei (Parti communiste français), Koalition der Linken, der Bewegungen und der Ökologie (SYNASPISMOS – Griechenland), Partei der kommunistischen Wiedergründung (Partito della Rifondazione Comunista), Kommunistische Partei Österreichs, Sozialistische Allianzpartei (Partidul Alianta Socialista, Rumänien), Partei der Arbeit der Schweiz, Kommunistische Partei der Slowakei (Komunistická Strana Slovenska, KSS), Kommunistische Partei Spaniens (Partido Comunista de España), Vereinigte Alternative Linke Kataloniens (Esquerra Unida i Alternativa, Spanien), Vereinigte Linke (Izquierda Unida, Spanien), Partei des Demokratischen Sozialismus (Strana demokratického socialismu, Tschechische Republik), Arbeiterpartei (Munkáspárt, Ungarn), vgl. http://sozialisten.de/sozialisten/el/mitglieder/index.htm sowie http://www.european-left.org.

[531] http://sozialisten.de/sozialisten/el/vorstand.htm.

[532] Programm der Partei der Europäischen Linken (EL), beschlossen auf dem Gründungskongress der Partei der Europäischen Linken am 8. und 9. Mai 2004 in Rom.

[533] Vgl. Stefan Richter, Eine unabdingbare und radikale Entscheidung, Vom Gründungskongress der gemeinsamen Partei „Europäische Linke" am 8. und 9. Mai in Rom, in: Disput 5/2004, S. 18-22.

[534] Vgl. PDS engagiert sich für Gründung einer europäischen Linkspartei, Stellungnahme des Parteivorstandes, in: PDS-Pressedienst Nr. 48/2003, 28.11.2003.

[535] Vgl. http://wwwdb.europarl.eu.int/ep6/owa/p_meps2.repartition?ilg=DE&iorig=home sowie http://www.europarl.eu.int/gue.

[536] Vgl. http://www.sylvia-yvonne-kaufmann.de/europa/fraktion.html.

GUE/NGL-Fraktion vertreten. Sie verfügen über eine eigene Webseite[537] und geben das Informationsblatt „europarot" heraus.

Innerhalb von NELF bzw. Europäischer Linkspartei sowie GUE/NGL spielt die Bekämpfung des Rechtsextremismus eine wichtige Rolle. Der internationale PDS-Kongress „Gegen Rechtsextremismus und Rassismus – für eine tolerante Gesellschaft" im Mai 2001 in Berlin fand gleichzeitig als XX. Treffen von NELF statt und auch die GUE/NGL gehörten zu den offiziellen Unterstützern der Konferenz.[538] Bei einem Treffen auf Einladung der Europäischen Linkspartei und der PDS in Potsdam im März 2005 besaß die Auseinandersetzung mit rechtsextremistischen Parteien eine besonders hohe Priorität.[539] Die PDS will europäische Trends in die Analysen zur Entwicklung des Rechtsextremismus einbeziehen und entsprechendes Material mit Partnern im politischen und wissenschaftlichen Bereich austauschen. Ein weiteres wichtiges Ziel auf europäischer Ebene sieht die PDS in der Beobachtung und Dokumentation rechtsextremistischer und rassistischer Vorkommnisse.[540]

Die PDS setzte sich dafür ein, dass die Holocaust-Gedenkinitiative der schwedischen Regierung, die sie als „antifaschistische Aufklärungskampagne über die Verbrechen des Faschismus"[541] bezeichnete, gestärkt werde und Deutschland mit einbeziehe. In einem Redebeitrag auf dem Verfassungskonvent forderte die PDS-Europaabgeordnete Sylvia-Yvonne Kaufmann, das „antifaschistische Erbe" der Gründer der europäischen Bewegung in der europäischen Verfassung zu verankern.[542] In der von den PDS-Europaabgeordneten herausgegebenen Zeitschrift „europarot" votierte Kaufmann für die finanzielle Unterstützung „antifaschistische(r) und demokratische(r) Initiativen".[543] Gleichzeitig solle „wissenschaftlichen Institutionen (...), die Geschichtsrevisionisten und Negationisten ein Forum bieten", jede staatliche Förderung entzogen werden.

Der PDS-Abgeordnete Helmuth Markov forderte zur Bekämpfung von Fremdenfeindlichkeit:

- eine konsequente Stigmatisierung rassischer und rechtsextremer Anschauungen,
- einen Wandel der Asyl- und Ausländerpolitik der EU und ihrer Mitgliedstaaten in Richtung Akzeptanz und Integration von Immigranten und Asylbewerbern,
- aktive Beschäftigungs- und Sozialpolitik, insbesondere für Jugendliche und
- eine humanistische Bildungspolitik, die zu Toleranz erzieht und kulturelle und ethnische Vielfalt als Bereicherung betrachtet.[544]

---

[537] http://www.pds-europa.de. Vgl. auch die umfangreiche Informationsarbeit von André Brie: http://www.andrebrie.de.

[538] Neue Kooperation linker Parteien in Europa, Zum XX. Treffen des Forums der Neuen Europäischen Linken (NELF), in: PDS-Pressedienst 21/2001, 25.5.2001, S. 5 f.

[539] Vgl. Marina Flämig, Linkes Europa vereint gegen rechts, EU-Parlamentarier diskutieren über die Gefahr am rechten Rand der Parlamente, in: Neues Deutschland, 21.3.2005.

[540] Vgl. Roland Bach/Klaus Böttcher, Die Auseinandersetzung mit dem Rechtsextremismus verstärken, Ein Diskussionsangebot, in: PDS-Pressedienst Nr. 1/99, 8.1.1999, S. 8-10.

[541] Vgl. ebd.

[542] Vgl. Sylvia-Yvonne Kaufmann, Antifaschismus und Friedensverpflichtung in die europäische Verfassung, Redebeitrag auf der Plenartagung des Konvents, Brüssel, 27. Februar 2003.

[543] Sylvia-Yvonne Kaufmann, Rechtsextremismus wirklich bekämpfen, in: europarot, Ausgabe 2, September 2000; S. 4.

[544] Helmuth Markov, Rechtsextremismus den Boden entziehen, Rede vor dem Europaparlament, 21.9.2000, http://www.pds-europa.de/dokumente/presse/view_dok_html?zid=652&rech=1&ch=&mkid=39e67cbb6888c2f4384791167398da5d.

2. Antifaschistische Arbeit bei der PDS

Auf Initiative der PDS-Delegation in der GUE/NGL-Fraktion und in Zusammenarbeit mit der „Stiftung Brandenburgische Gedenkstätten" fand im Jahr 2003 im Europäischen Parlament eine Ausstellung mit dem Titel „Erinnern, Gedenken, Forschen: 10 Jahre Stiftung Brandenburgische Gedenkstätten" statt.[545] Die Ausstellung sollte an die Resolution zum europäischen und internationalen Schutz von KZ-Gedenkstätten (0284/93), die das Europäische Parlament am 11. Februar 1993 verabschiedet hatte, erinnern. Auf Grundlage dieser Resolution werden nach den Angaben von GUE/NGL von der EU jährlich zahlreiche Projekte zum Erhalt und Ausbau von KZ-Gedenkstätten sowie für Bildungsarbeit unterstützt. Der Sinn der Resolution lag tatsächlich vor allem darin, die KZ-Gedenkstätten auf dem Gebiet der ehemaligen DDR unter europäischen und internationalen Schutz zu stellen, um sie so vor „geschichtsverfälschenden Interpretationen" bundesdeutscher Regierungen zu schützen.[546] Darunter verstehen die PDS und ihre Gesinnungsgenossen den Kampf gegen die Errichtung von Hinweisen in den ostdeutschen KZ-Gedenkstätten auf die nach 1945 dort eingerichteten sowjetischen Speziallager sowie allgemein die Überarbeitung der rein kommunistisch und prosowjetisch ausgerichteten Gedenktafeln.

Ein wichtiger Stein im europäischen antifaschistischen Mosaik ist die seit 1998 tätige Europäische Stelle zur Beobachtung von Rassismus und Fremdenfeindlichkeit in Wien (EUMC).[547] Hier sollen „objektive, verlässliche und vergleichbare Informationen und Daten über Rassismus, Fremdenfeindlichkeit, Islamophobie und Antisemitismus" gesammelt und Strategien gegen Rassismus und Fremdenfeindlichkeit entworfen werden.[548] Eine regierungsunabhängige Stelle zur Rassismuserforschung und -bekämpfung wird als beispielhaft für Deutschland angesehen, da die PDS den staatlichen Stellen und deren Zahlen und Maßnahmen misstraut.[549] Zuletzt fiel die Beobachtungsstelle dadurch auf, dass sie sich weigerte, das Ergebnis einer von ihr in Auftrag gegebenen europaweiten Antisemitismus-Studie zu veröffentlichen.[550] Mutmaßlich passte ihr das Ergebnis nicht. Die Erhebung des Berliner Zentrums für Antisemitismusforschung war zu dem Schluss gekommen, dass die Judenfeindlichkeit in Europa wachse und dass dabei eine erhöhte Gefahr insbesondere von moslemischen Einwanderern ausgehe.[551]

Des Weiteren strebt die PDS an, mit neuen technischen Mitteln und unter Einbeziehung des Europarates antifaschistische Strukturen europaweit zu vernetzen.[552] Neben den beiden Super-Themen Antikapitalismus und Antimilitarismus stellt der Antifaschismus ein weiteres integratives und mobilisierendes Element für eine europäische Linke links von Sozialdemokraten und Grünen dar.

---

[545] Vgl. Helmuth Markov, 10 Jahre europäische Förderung von KZ-Gedenkstätten, Presseerklärung, 21.5.2003.

[546] Vgl. Erklärung des IVVdN und des BdA zur Zukunft der Gedenkstätten, Gegen die Schändung des Antifaschismus, 1.10.1999, http://www.vvn-bda.de/dokumente/9910_01.htm.

[547] Die Einrichtung der Stelle erfolgte auf folgender Rechtsgrundlage: Verordnung (EG) Nr. 1035/97 des Rates vom 2. Juni 1997 zur Einrichtung einer Europäischen Stelle zur Beobachtung von Rassismus und Fremdenfeindlichkeit, Amtsblatt Nr. L 151 vom 10/06/1997, S. 1-7.

[548] http://eumc.eu.int.

[549] Vgl. André Brie, Rassistisch motivierte Übergriffe haben zugenommen, Presseerklärung, 4.12.2000.

[550] Vgl. Antisemitismus-Studie gegen Willen der EU veröffentlicht, in: Netzeitung, 3.12.2003, http://www.netzeitung.de /deutschland/263976.html.

[551] Vgl. ebd.

[552] Vgl. Roland Bach/Klaus Böttcher, Die Auseinandersetzung mit dem Rechtsextremismus verstärken, Ein Diskussionsangebot, in: PDS-Pressedienst Nr. 1/99, 8.1.1999, S. 8-10.

V. Antifaschistische Ideologie der PDS

1. Programmatische Diskussion in der Partei

1.1. Faschismus oder Rechtsextremismus?

Von hoher Bedeutung für die politische Praxis ist die Verwendung und Besetzung von Begriffen.[553] Die Wortwahl verrät daher bereits viel über die eigenen Absichten und Einstellungen. Aus marxistischer Perspektive wird alleine die Verwendung des Begriffes Rechtsextremismus als Provokation angesehen, weil dieser Begriff auch den Gegenbegriff des Linksextremismus impliziere.[554] Bezeichnend ist daher die bevorzugte Verwendung der Begriffe Faschismus, Neofaschismus oder Neonazismus für die Beschreibung aktueller politischer Phänomene in vielen Teilen der PDS. Kurt Pätzold, Mitglied des Sprecherrates des Marxistischen Forums der PDS, zeigt seine Distanz zum Begriff Rechtsextremismus schon darin, dass er dieses Wort in Anführungszeichen setzt und gleichzeitig die Vermutung aufstellt, dass die heutigen Faschisten nicht als Faschisten bezeichnet würden, weil dies „ihrer Tarnung und ihrer Behandlung, die durch Polizei und Justiz eingeschlossen"[555] zugute käme.

Die Bezeichnung Rechtsextremismus wird insbesondere in traditionalistischen Kreisen der PDS als beschönigender Begriff für Faschismus begriffen.[556] Bis heute wird in diesem Teil der PDS unbeirrt an der marxistischen Faschismusdefinition und teilweise gar explizit an der Dimitroff-Formel festgehalten.[557] Der ehemalige Rektor der Humboldt-Universität, spätere PDS-Bundestagsabgeordnete und heutige Sprecher der VVN-BdA, Heinrich Fink, sieht in den faschistischen Tendenzen von heute keinen großen Unterschied zu jenen von früher: „An den faschistischen Tendenzen kann ich überhaupt nichts Neues entdecken – das ist alles das Alte. Und alles, was als ‚neo' bezeichnet wird, ist im Grunde genommen nur eine subversivere Auflage von dem, was beim Alten sehr offen da war."[558] Ähnliche Einschätzungen werden bei der Kommunistischen Plattform und dem Marxistisches Forum vertreten, die auf die allgemeine programmatische Entwicklung der PDS einen stark retardierenden Einfluss besitzen.[559] Neben den dogmatisch-traditionalistischen Kreisen im Osten halten erstaunlich viele PDS-Mitglieder

---

[553] Vgl. Wolfgang Bergsdorf, Herrschaft und Sprache, Studie zur politischen Terminologie der Bundesrepublik Deutschland, Pfullingen 1983.

[554] Vgl. Uwe Backes/Eckhard Jesse, Politischer Extremismus in der Bundesrepublik Deutschland, 4. Auflage, Bonn 1996, S. 19.

[555] Kurt Pätzold, Geschichtliche und aktuelle Befunde zum „Rechtsextremismus", in: Mitteilungen der Kommunistischen Plattform, Heft 10/1998, S. 3-16.

[556] Kurt Gossweiler, Faschismus und herrschende Klasse Gestern und Heute, in: Mitteilungen der Kommunistischen Plattform, Heft 10/1998, S. 20-27.

[557] Ebd.

[558] Heinrich Fink, Subversiver Faschismus, in: Vorwärts in die Vergangenheit?, Argumente gegen Rechts, Texte einer antifaschistischen Konferenz der PDS in Berlin am 23. Oktober 1993, S. 168-170.

[559] Vgl. Sebastian Prinz, Der „Revisionismusstreit" der PDS, Die Debatte um ein neues PDS-Programm in den Jahren 2000 und 2001, in: Hans-Helmuth Knütter/Stefan Winckler (Hrsg.), Handbuch des Linksextremismus, Die unterschätzte Gefahr Graz 2002, S. 127-142.

1. Programmatische Diskussion in der Partei

im Westen an einer undifferenzierten Verwendung der Begriffe Faschismus/Neofaschismus für alle politischen Kräfte und Bewegungen rechts von CDU und CSU fest.[560]

Allerdings hat zuletzt selbst in traditionalistischen Kreisen die Diskussion über die Frage zugenommen, ob der Begriff „Faschismus" noch geeignet ist, um die aktuellen politischen Verhältnisse zutreffend zu bezeichnen.[561] Diese Diskussion steckt allerdings in ihren Anfängen und geht immer noch von einem dogmatisch-kommunistischen Grundverständnis aus. Es ist daher nicht zu erwarten, dass die kritische Befassung mit dem Faschismusbegriff in heutiger Zeit bei dieser Gruppe zu einer Annäherung an die freiheitlich-bürgerliche Demokratie führen wird.

Gemäßigte Kräfte in der AG Rechtsextremismus/Antifaschismus warnen seit 1990 vor dem „Trend einiger Linker", jede rechtsextremistische oder konservative Entwicklung ohne gründliche Analyse mit dem Stempel „faschistisch" oder „faschistoid" zu versehen.[562] Dies führe dazu, Unterschiede zwischen „Neonazismus", „Neuer Rechter", Rechtspopulismus und Rechtskonservatismus zu ignorieren.[563] Diese eher pragmatischen Kräfte akzeptieren und nutzen den Begriff Rechtsextremismus ohne Vorbehalte. Norbert Madloch bezeichnet Rechtsextremismus als „umfassendste Sammelbezeichnung für alle Kräfte (...) am äußerst rechten Rand der Gesellschaft".[564] Das Spektrum reiche von offen bekennenden Neofaschisten bis zu den so genannten „Neuen Rechten". Als wesentliche Charakteristika des Rechtsextremismus macht Madloch aus: völkischen Nationalismus, Rassismus, schroffe Ablehnung Andersdenkender, Ablehnung aller Menschen- und Bürgerrechte, Streben nach einem autoritären Staat, Geschichtsrevisionismus und Militarismus.[565] Die Nutzung des Begriffs Rechtsextremismus durch Madloch und andere gemäßigte Kräfte in der PDS bedeutet aber keine Anerkennung der Extremismustheorie – obwohl die Verwendung des Begriffs Rechtsextremismus logisch zwingend die Anerkennung des Extremismusbegriffs impliziert.[566] Damit sind die PDS-Pragmatiker allerdings nicht die einzigen, die trotz einer vehementen Ablehnung der Extremismus-Formel ausführlich vom Rechtsextremismusbegriff Gebrauch machen.[567]

---

[560] Vgl. Klaus Böttcher, Zeitgeist-Betrachtungen aus Salzgitter, Aspekte einer PDS-Konferenz zur Auseinandersetzung mit dem heutigen Rechtsextremismus, in: PDS-Pressedienst 45/96, 8.11.1996, S. 6-9.

[561] Vgl. Manfred Weißbecker, Möglichkeiten und Grenzen für die Anwendung des Faschismusbegriffs auf heutige Zeiten, in: Weißenseer Blätter 2/2003, S. 51-56.

[562] Vgl. Klaus Böttcher, Gedankenaustausch zum Antifaschismus, Beratung der AG Rechtsextremismus/Antifaschismus, in: PDS-Pressedienst 10/95, 10.3.1995, S. 12-13.

[563] Vgl. Norbert Madloch, Gegen politische Engstirnigkeit, in: Rundbrief der AG Rechtsextremismus/Antifaschismus 2/1998, S. 31f.

[564] Norbert Madloch, Lexikalische Erläuterungen zu den im Rechtsextremismus-Teil verwandten Hauptbegriffen, in: Klaus Kinner/Rolf Richter, Rechtsextremismus und Antifaschismus, Berlin 2000, S. 252-272.

[565] Ebd.

[566] Vgl. Jürgen R. Winkler, Rechtsextremismus. Gegenstand – Erklärungsansätze – Grundprobleme, in: Wolfgang Schubarth/Richard Stöss (Hrsg.), Rechtsextremismus in der Bundesrepublik Deutschland, Eine Bilanz, Opladen 2001, S. 38-68, hier S. 41; Uwe Backes/Eckhard Jesse, Die „Extremismus-Formel". Zur Fundamentalkritik an einem historisch-politischen Konzept, in: dies. (Hrsg.), Jahrbuch Extremismus & Demokratie, Bd. 13, Baden-Baden 2001, S. 13-29.

[567] Ähnlich auch Richard Stöss, Rechtsextremismus im vereinten Deutschland, 3. Auflage, Berlin 2000, S. 20f.; Gero Neugebauer, Extremismus – Rechtsextremismus – Linksextremismus. Einige Anmerkungen zu Begriffen, Forschungskonzepten, Forschungsfragen und Forschungsergebnissen, in: Wolfgang Schubarth/Richard Stöss (Hrsg.), Rechtsextremismus in der Bundesrepublik Deutschland, Eine Bilanz, Opladen 2001, S. 13-37.

1.2. Totalitarismus und Extremismus

Einzelne in der PDS zu Beginn der neunziger Jahre vertretene Thesen kamen der Totalitarismustheorie sehr nahe: „Mit großer Betroffenheit nehmen wir die Tatsache auf und müssen sie politisch wie moralisch verarbeiten, dass es in den Formen und Methoden der Machtausübung, vor allem in der Missachtung der Demokratie, in der Überwachungspraxis, in der Diktatur des Staates und einer Herrschaftsgruppe, im Führerkult, Ähnliches und Paralleles zwischen Staaten autoritären und militaristischen, ja sogar faschistischen Typs und denen des sozialistischen Versuchs gibt."[568] Derartige Auffassungen hatten weder inner- noch außerhalb der PDS eine breitere Wirkung. Sie sind durchaus bezeichnend für die Ungewissheit und das Suchende in der programmatischen Entwicklung der Postkommunisten unmittelbar nach dem Fall der Mauer.

Für breiten Unmut in den eigenen Reihen sorgte das antitotalitäre Bekenntnis des PDS-Bundestagsabgeordneten Dietmar Keller in der Enquête-Kommission zur „Aufarbeitung von Geschichte und Folgen der SED-Diktatur in Deutschland".[569] Er bezeichnete die SED als „jesuitische Sekte ohne jesuitische Intelligenz", in welcher wenig fundiertes Wissen über die Theorien von Karl Marx vorhanden gewesen sei und kritisierte den formalen Antifaschismus der DDR, der unter anderem zur Maßregelung eingesetzt wurde. „Dass man beschuldigt wurde, nicht im antifaschistischen Geist zu handeln, war im Prinzip die schlimmste Beschuldigung, die es in der SED gab."[570] Die überwiegend negativen Reaktionen auf seine drastische Kritik an den Herrschaftsmethoden der SED füllten tagelang die Leserbriefspalten im Neuen Deutschland.[571] Inzwischen hat Keller die PDS verlassen.

Große Aufregung verursachte im Jahr 2000 der PDS-Vordenker André Brie, als er feststellte: „Die kommunistische Bewegung hat spätestens mit ihrer Stalinisierung Demokratie und Emanzipation abgelegt. Sie hat schon vor 1933 Konzepte verfolgt, der gleiche Denkweisen und ähnliche Symbole wie der NS-Bewegung zu Grunde lagen."[572] Vor allem der traditionalistische Parteiflügel geriet in helle Aufregung und sprach von einer „bösartigen Verleumdung der revolutionären Partei der deutschen Arbeiterbewegung und des ersten deutschen Arbeiterstaates".[573] Bereits 1999 hatte Brie mit folgender Erklärung breite Empörung in der Partei hervorgerufen: „Wenn man (...) im Sinne von Hannah Arendt Totalitarismus als Bewegung sieht, dann muss ich sagen: Die DDR war nicht verbrecherischer als der Nationalsozialismus, ganz und gar nicht. Aber totalitärer waren Sowjetkommunismus und DDR im Anspruch, alles unterzuordnen unter einen gestaltenden gesellschaftlichen Willen."[574] In der Partei fanden diese Annäherungen an die Totalitarismustheorie aber niemals Unterstützung.[575] Vor allem die traditionalistische Parteibasis und die traditionalistischen Strömungen wie die Kommunistische

---

[568] Rolf Richter/Norbert Madloch/Manfred Otto/Reiner Zilkenat/Horst Dohle/Klaus Böttcher, Thesenentwurf, Der Antifaschismus, die PDS und die Auseinandersetzung unserer Zeit, Berlin 1991, Manuskript, S. 33f.

[569] Vgl. Dietmar Keller, Die historische Wahrheit zwischen den deutschen Stühlen, Die Machthierarchie in der SED, 22.1.1993, in: Neues Deutschland, 1.3.1993, abgedruckt in: Dietmar Keller/Matthias Kirchner (Hrsg.), Zwischen den Stühlen, Pro und Kontra SED, Berlin 1993, S. 14-25.

[570] Ebd.

[571] Vgl. zu den Reaktionen: Dietmar Keller/Matthias Kirchner (Hrsg.), Zwischen den Stühlen, Pro und Kontra SED, Berlin 1993.

[572] Berliner Zeitung, 7.8.2000.

[573] Kurt Gossweiler, Die Jahrhundert-Show: Kapitalismus wird antifaschistisch, in: Marxistische Blätter Heft 1/01, S. 78-86.

[574] Frankfurter Rundschau, 16.1.1999.

[575] Vgl. Wolfgang-Uwe Friedrich, Denkblockaden. Das Totalitarismusmodell aus der Sicht der PDS, in: Rainer Eckert/Bernd Faulenbach (Hrsg.), Halbherziger Revisionismus. Zum postkommunistischen Geschichtsbild, München und Landsberg am Lech 1996, S. 111-139.

1. Programmatische Diskussion in der Partei

Plattform und das Marxistische Forum rebellierten in aller Schärfe gegen jeden Versuch, die SED-Diktatur überhaupt nur in die Nähe der nationalsozialistischen Diktatur zu rücken.[576]

Die Totalitarismus-Theorie wird heute von nahezu allen PDS-Vertretern – ob Reformer oder nicht – unmissverständlich abgelehnt. Es sei das Ziel der Totalitarismus-Theorie, die „totale kulturelle Hegemonie der Rechten in der Bundesrepublik Deutschland" zu verwirklichen.[577] Bei der von der PDS in alter SED-Diktion als „Totalitarismus-Doktrin" bezeichneten Theorie handelt es sich ihrer Ansicht nach um einen „rabiaten und geschichtsverfälschenden Antikommunismus", mit welchem Rechtsextreme und Rechtskonservative neue Feindbilder aufbauten und „eine politische Ausgrenzungs- und Pogromstimmung" entfachten.[578] Das Extremismus- und Totalitarismus-Konzept der Bundesrepublik werde „zugunsten des rechten Extremismus praktiziert" und verharmlose unablässig „die rassistische und neonazistische Bedrohung und Gewalt durch Analogien zu demokratischen Linken".[579] In einem Beschluss der Kommunistischen Plattform aus dem Jahr 2005 heißt es: „Wir entlarven die Totalitarismusdoktrin als unverantwortliche Verharmlosung des faschistischen Massenmordes."[580] Die PDS steht mit ihrer grundlegenden Kritik an der – angeblich – rein antikommunistischen Totalitarismus-Theorie in der Tradition ihrer Vorgängerin. In einem 1979 von zwei Wissenschaftlern der Akademie für Gesellschaftswissenschaften herausgegebenen Band über „Faschismustheorien in der bürgerlichen Geschichtsschreibung" wird die Totalitarismus-Theorie als zielgerichtete „Umdeutung der historischen Faschismuskritik in militanten Antikommunismus" bezeichnet.[581] Innenpolitisch werde der Totalitarismus als „Instrument für die Verleumdung und Verfolgung demokratischer Kräfte" genutzt wie beispielsweise der als „Berufsverbot" bezeichnete „Extremistenbeschluss" belege, der Verfassungsfeinde von links und rechts aus dem Öffentlichen Dienst der Bundesrepublik Deutschland fernhalten sollte.[582] Die Totalitarismus-Theorie werde darüber hinaus dem „Klassencharakter" des Faschismus nicht gerecht und negiere die mobilisierende Wirkung des Antifaschismus.[583]

Trotz eines Verzichts auf die offensichtlichsten Formulierungen aus der DDR-Zeit hält die PDS im Kern an der Einstellung ihrer Vorgängerin zur Totalitarismus-Theorie fest. Selbst die als gemäßigt geltenden Teile der Partei haben weniger ihre Prinzipien als ihre Sprache den neuen gesellschaftlichen und politischen Verhältnissen angepasst. Als eine der wenigen Aus-

---

[576] Vgl. ebd.

[577] Klaus Böttcher, „Rechtsextremismus in der BRD nach den Bundestagswahlen – Entwicklungstendenzen und Gegenwehr", Von einer Konferenz am 19.11.1994 im Berliner Karl-Liebknecht-Haus, in: PDS-Pressedienst 47/94, 25.11.1994, S. 1-3.

[578] Ebd.

[579] Ludwig Elm, Konservatismus und Faschismus, Anmerkungen im Kontext der Jahrhundertbilanz, in: Manfred Weißbecker/Reinhard Kühnl/Erika Schwarz (Hrsg.), Rassismus, Faschismus, Antifaschismus. Forschungen und Betrachtungen gewidmet Kurt Pätzold zum 70. Geburtstag, Köln 2000, S. 498-510, hier S. 509.

[580] Kommunistische Plattform der PDS, Zu aktuellen Aspekten des Antifaschismus, Resolution in Vorbereitung des sechzigsten Jahrestages der Befreiung, Wir gedenken der Opfer und danken den Befreiern, beschlossen am 12.3.2005 in Weimar, in: Mitteilungen der Kommunistischen Plattform 4/2005, S. 11-16.

[581] Vgl. Gerhard Lozek/Rolf Richter, Legende oder Rechtfertigung?, Zur Kritik der Faschismustheorien in der bürgerlichen Geschichtsschreibung, Berlin 1979, S. 39-45; vgl. zur Diskussion in der DDR auch Eckhard Jesse, Die „Totalitarismus-Doktrin" aus DDR-Sicht, in: ders. (Hrsg.), Totalitarismus im 20. Jahrhundert, Eine Bilanz der internationalen Forschung, 2. Auflage, Bonn 1999, S. 458-483.

[582] Ebd., S. 40; vgl. auch Reiner Zilkenat, Probleme der Faschismusanalyse, in: Konsequent, Beiträge zur marxistisch-leninistischen Theorie und Praxis, hrsg. vom Parteivorstand der Sozialistischen Einheitspartei Westberlins 11, 1981, S. 81-98.

[583] Ebd., S. 45.

nahmen hat Rolf Richter zu gelten, der sich seit der „Wende" erstaunlich (selbst)kritisch mit dem Antifaschismus des untergegangenen DDR-Regimes auseinandersetzt.[584]

Die PDS lehnt bis heute jedes Vorgehen gegen Extremismus von links ab und beurteilt die Arbeit des Verfassungsschutzes als parteiliche Arbeit gegen linke Politik: „Der Gleichsetzung von links und rechts mit der Extremismus-Formel folgt praktisch das Gewährenlassen auf der rechten Seite und Repression und Kriminalisierung gegen links."[585] Dieser Ansatz ist bei der PDS durchaus beliebt. Es wird behauptet, die Extremismustheorie wolle Links- und Rechtsextremismus gleichsetzen, um so den Antifaschismus aus dem öffentlichen Bewusstsein zu verdrängen oder zu diffamieren. Tatsächlich geht es nicht um ein Gleichsetzen, sondern um ein Vergleichen. Ein Vergleich von möglicherweise ähnlichen demokratiefeindlichen Strukturen in verschiedenen extremistischen Ideologien bedeutet nicht die Negation von durchaus anerkannten ideologischen Unterschieden.

Extremismus findet sich nach Ansicht der PDS in erster Linie in der politischen Mitte. Die Partei spricht daher gerne von einem – angeblichen – „Extremismus der Mitte". Die PDS vermutet „rechtsextrem orientierte Kräfte in der Mitte der Gesellschaft" und zwar namentlich im rechten Flügel der CDU/CSU und FDP.[586] Daneben spielen konservativ-bürgerliche Publikationen wie die „Frankfurter Allgemeine Zeitung" in den Augen der PDS eine wichtige Rolle für den „Extremismus der Mitte".[587]

Als regelmäßiger Stichwortgeber der PDS dient der Politikwissenschaftler Christoph Butterwegge, der rechtsextremistische Tendenzen und Themen fest in der politischen Mitte verwurzelt sieht.[588] Dies kann jedoch kaum Überraschung hervorrufen, soweit Butterwegge bereits Begriffe wie „nationale Identität" oder gar „Westbindung" als „propagandistische Waffen, die dem geistigen (Um-)Feld des Rechtsextremismus" entstammten, wertet.[589] Rechtsextremismus wird nach seiner Auffassung von der politischen Mitte zu einem Randproblem gemacht; dadurch entziehe sie sich selbst der Verantwortung und Schuld für rechtsextremistische Gewalttaten.[590] Die politische Mitte nehme immer wieder Argumentationsmuster rechtsextremistischer Strömungen auf und verleihe rechtsextremistischen Gewalttätern somit eine Legitimierung.[591] Der Politikwissenschaftler Heinz Lynen von Berg stellte in einer Untersuchung fest, dass Vertreter der „politischen Mitte" sich als „Verstärker für rechtspopulistische Themen" hergäben und dadurch fremdenfeindliche Ausgrenzungsmuster politikfähig machten.[592]

---

[584] Vgl. zum Beispiel Rolf Richter, Antifaschismus vor neuen Herausforderungen, in: Beiträge zur Geschichte der Arbeiterbewegung, Nr. 6/1990, S. 772-778.

[585] Ulla Jelpke, Mitglied des Deutschen Bundestages für die PDS, Arbeitsbericht 1998 bis 2002, S. 10.

[586] Vgl. Klaus Böttcher, „Rechtsextremismus in der BRD nach den Bundestagswahlen – Entwicklungstendenzen und Gegenwehr", Von einer Konferenz am 19.11.1994 im Berliner Karl-Liebknecht-Haus, in: PDS-Pressedienst 47/94, 25.11.1994, S. 1-3.

[587] Vgl. ebd. Zur Rolle der Frankfurter Allgemeinen Zeitung siehe auch Reinhard Kühnl, Die FAZ erklärt den deutschen Faschismus, in: Manfred Weißbecker und Reinhard Kühnl unter Mitwirkung von Erika Schwarz (Hrsg.), Rassismus, Faschismus, Antifaschismus, Forschungen und Betrachtungen, Gewidmet Kurt Pätzold zum 70. Geburtstag, Köln 2000, S. 476-497.

[588] Vgl. Christoph Butterwegge/Alexander Häusler, Rechtsextremismus, Rassismus und Nationalismus: Randprobleme oder Phänomene der Mitte?, in: dies. u.a., Themen der Rechten – Themen der Mitte, Zuwanderung, demografischer Wandel und Nationalbewusstsein, Opladen 2002, S. 217-266.

[589] Ebd., S. 225.

[590] Vgl. Christoph Butterwegge, Rechtspopulismus in der Mitte?, Über die aktuellen Tendenzen zu einer Renationalisierung der politischen Kultur in Deutschland, in: spw, Heft 126, Juli/August 2002, S. 43-46.

[591] Ebd.

[592] Heinz Lynen von Berg, Politische Mitte und Rechtsextremismus, Diskurse zu fremdenfeindlicher Gewalt im 12. Deutschen Bundestag (1990-1994), Opladen 2000, S. 290 f.

1. Programmatische Diskussion in der Partei

Die PDS greift die Argumente dieser und anderer Wissenschaftler immer wieder auf, um auf die Verantwortlichkeit der politischen Mitte für Rechtsextremismus hinzuweisen. Wenn die politische Mitte selbst für Rechtsextremismus verantwortlich gemacht werden kann, so wohl das Kalkül der PDS, bleibt als einzige reale Alternative zum Rechtsextremismus die radikale Linke – eben sie selbst. Der Kampf der PDS gegen die Positionen der politischen Mitte in Deutschland und gegen den demokratischen Verfassungsstaat gewinnt so eine zusätzliche Legitimation, weil dieser sich gegen den vermeintlichen geistigen und politischen Nährboden für Rechtsextremismus richtet.[593]

Weder Totalitarismus- noch Extremismustheorie haben eine Verankerung in der Programmatik der Partei gefunden. Linksextremismus bleibt ein Tabu in der PDS. Der antitotalitäre und antiextremistische Konsens des Grundgesetzes wird von der PDS offen abgelehnt.[594] Stattdessen will die PDS dem herrschenden Extremismus-Begriff mit einem „sozialistischen Antifaschismus"[595] oder einer „antifaschistisch orientierten Extremismus-Konzeption"[596] entgegentreten. Ein von Rolf Richter geforderter „erneuerter Antifaschismus", der stets „die Auseinandersetzung mit rechtsextremistischen und linksextremistischen Kräften" gebiete,[597] konnte sich programmatisch bei der PDS nicht durchsetzen.

1.3. *Antifaschismus*

Der Begriff des Antifaschismus genießt in der PDS weiterhin ungeteilten Zuspruch. Die allgemein in der Partei vorhandene hohe Wertschätzung für diesen Begriff wird von außen oft in der Weise interpretiert, innerhalb der Partei herrsche ein stark homogenes Antifaschismus-Verständnis vor. Das ist aber nicht der Fall. Tatsächlich fand seit Anfang der neunziger Jahre innerhalb der PDS eine breite Diskussion über das antifaschistische Selbstverständnis der Partei statt. Im Wesentlichen sind dabei zwei Linien auszumachen: erstens sich selbst eher den „Reformern" zurechnende ehemalige Wissenschaftler der DDR, die sich bis heute stark in der AG Rechtsextremismus/Antifaschismus engagieren; zweitens eine Gruppe der Traditionalisten, die in Zirkeln wie der Kommunistischen Plattform (KPF) oder dem Marxistischen Forum (MF) zu finden sind. Dazu kommen viele weitere Strömungen und Bewegungen, die oft auf Grund ihrer eigenen Biografie ihr eigenes Antifaschismus-Verständnis entwickelt haben. Beispielsweise sehen alte West-Linke, die aus verschiedenen linksradikalen und linksextremisti-

---

[593] Zur Kritik am Begriff des „Extremismus der Mitte" vgl. Uwe Backes/Eckhard Jesse, Extremismus der Mitte? – Kritik an einem modischen Schlagwort, in: dies. (Hrsg.), Jahrbuch Extremismus & Demokratie, Bd. 7, Baden-Baden 1995, S. 13-26; Eckhard Jesse, Formen des politischen Extremismus, in: Bundesministerium des Innern (Hrsg.), Extremismus in Deutschland, Erscheinungsformen und aktuelle Bestandsaufnahme, Texte zur Inneren Sicherheit, Berlin 2004, S. 7-24; Andreas Klump, Freiheit den Feinden der Freiheit?, Die Konzeption der streitbaren Demokratie in Deutschland – demokratietheoretische Grundlagen, Praxis, Kritik und Gegenkritik, in: ebd., S. 338-389, insbes. S. 361-370.

[594] Vgl. PDS-Fraktion im Sächsischen Landtag, Handlungskonzept zur antifaschistischen Politik der PDS-Fraktion im Sächsischen Landtag, Dresden 2003, S. 2.

[595] Ebd.

[596] Ludwig Elm, Herkunft und Aufgabe, Elf Thesen zum Antifaschismus, Antifaschistische Rundschau Nr. 40, Oktober/Dezember 1999, S. 9-12.

[597] Rolf Richter, Ist Antifaschismus noch zeitgemäß?, in: Magistratsverwaltung für Jugend, Familie und Sport (Hrsg.), Jugend und Rechtsextremismus in Berlin-Ost, Fakten und Gegenstrategien, Berlin o.J. (wohl 1990), S. 63-68.

schen Bewegungen der alten Bundesrepublik zur PDS gekommen sind, im Antifaschismus im Wesentlichen ein Symbol des Gegensatzes zur Alt-BRD.[598]

Tabelle 2: Antifaschismus-Verständnis verschiedener PDS-Generationen[599]

	Aufbaugeneration	Kinder der Gründer- und Aufbaugeneration	Generationen im Systemkonflikt[600]	kommunistische und nicht-kommunistische Westlinke
Antifaschismus-Verständnis	Legitimation des eigenen Lebens	Symbol der Legitimation der DDR und Vorbild für Engagement	Symbol des Gegensatzes zum gegenwärtigen System	Symbol des Gegensatzes zur Alt-BRD

Im Gegensatz zu den fundamentalistischen Kräften lehnen die PDS-Reformer eine „nostalgische Verklärung" des Begriffs Antifaschismus ab.[601] Sie benennen offen dessen Belastungen und Diskreditierungen: „teilweise Instrumentalisierung, Missbrauch und Verkrustung in der DDR, Inanspruchnahme durch die RAF, ‚antifaschistische' Drapierung diffuser gewaltbereiter Jugendgruppen mit einer spezifischen Mentalität".[602] In einem von verschiedenen Personen unter der Federführung von Rolf Richter vorgelegten Thesenentwurf wird grundlegend mit dem SED-Antifaschismus ins Gericht gegangen: „Nicht die vertrauensvolle, kritische, verantwortungsbewusste Haltung des antifaschistisch gesonnenen Staatsbürgers stand im Zentrum, sondern der geradezu totale Macht-, Meinungs- und vor allem Wahrheitsanspruch einer Partei, der SED, und vor allem ihrer engeren Führung."[603] Rolf Richter forderte sogar einen Paradigmenwechsel in der Interpretation des Antifaschismus „von einer linear aufsteigenden Erfolgs- zu einer reichen, differenzierten und widerspruchsvollen Erfahrungsgeschichte".[604]

In einem als „Diskussionsangebot" bezeichneten Papier aus dem Jahr 1992 unter dem Titel „Antifaschismus in Geschichte und Gegenwart" votierten Norbert Madloch, Werner Paff und Christoph Reimer für eine „Historisierung" des Antifaschismus.[605] Sie forderten eine „sachliche Erforschung" des Antifaschismus, wollten ihn von seinen Mythen befreien und „von parteitaktisch motivierten Legenden" entrümpeln.[606] Die Verfasser bekannten sich dabei

---

[598] Vgl. Tabelle 2; Michael Brie, Die PDS. Strategiebildung im Spannungsfeld von gesellschaftlichen Konfliktlinien und politischer Identität, in: ders./Rudolf Woderich (Hrsg.), Die PDS im Parteiensystem, Berlin 2000, S. 14-51.

[599] Tabelle nach Michael Brie, Die PDS. Strategiebildung im Spannungsfeld von gesellschaftlichen Konfliktlinien und politischer Identität, in: ders./Rudolf Woderich (Hrsg.), Die PDS im Parteiensystem, Schriften 4 hrsg. von der Rosa-Luxemburg-Stiftung Gesellschaftsanalyse und Politische Bildung, Berlin 2000, S. 14-51.

[600] Von der jüngeren Generation der PDS-Anhänger erfasst Brie nach eigenen Angaben in seiner Tabelle aus Gründen der Anschaulichkeit nur jene, die einer basisdemokratischen Fundamentalopposition zuneigen.

[601] Vgl. Klaus Böttcher, Gedankenaustausch zum Antifaschismus, Beratung der AG Rechtsextremismus/Antifaschismus, in: PDS-Pressedienst 10/95, 10.3.1995, S. 12-13.

[602] Ebd.

[603] Rolf Richter/Norbert Madloch/Manfred Otto/Reiner Zilkenat/Horst Dohle/Klaus Böttcher, Thesenentwurf, Der Antifaschismus, die PDS und die Auseinandersetzung unserer Zeit, Berlin 1991, Manuskript, S. 33.

[604] Ebd.

[605] Norbert Madloch/Werner Paff/Christoph Reimer, Antifaschismus in Geschichte und Gegenwart (Diskussionsangebot), in: PDS-Pressedienst, 10.7.1992, S. 10-16.

[606] Ebd.

1. Programmatische Diskussion in der Partei

zum politischen Ziel eines „eindeutig antifaschistisch-humanistischen Klimas" in der Gesellschaft.[607] Diese Gruppe ist mit einer kritischen Auseinandersetzung des Antifaschismus der DDR zu Beginn der neunziger Jahre weit vorangekommen. Die Wirkung der Gruppe auf die Gesamtpartei blieb aber begrenzt.

Neben diesem reformerisch orientierten Antifaschismus ist ein noch stark durch die DDR geprägter Antifaschismus in der PDS verbreitet, der besonders in Strukturen wie der KPF aber ebenso an der Parteibasis im Osten gepflegt wird. Dieser zeichnet sich durch weitgehende Uneinsichtigkeit und Verständnislosigkeit gegenüber den Veränderungen nach 1989 aus. Die „Liquidierung der DDR" ist in den Augen des KPF-Aktivisten Heinz Karl eine Voraussetzung für die Entwicklung einer relevanten rechtsextremistischen Strömung im Osten Deutschlands gewesen.[608] Als Ursache für den Rechtsextremismus in den neuen Bundesländern nach 1989 werden von dieser Strömung im Wesentlichen eine „systematisch hochgepeitschte großdeutsch-nationalistische Psychose" sowie eine „antikommunistische Welle, hochgeputscht *objektiv* in konzertierter Aktion von der bürgerlichen Opposition in der DDR, westdeutschen Politikern und Medien sowie opportunistischen (bisher ‚staatstragenden') Kräften der DDR, besonders in den Medien (‚Wendejournalismus')" ausgemacht.[609] Vertreter dieser Strömung behaupten, dass NPD und DVU ebenso wie die im Bundestag vertretenen Parteien von SPD bis CSU „nur Filialen der einen großen Partei der herrschenden Klasse, der imperialistischen deutschen Monopolbourgeoisie", darstellten.[610] Deren wirkliche, den Kurs bestimmende Leitungen säßen in den Spitzenverbänden der deutschen Wirtschaft.

Einen ähnlich gegenüber neuen politischen Entwicklungen abgeschotteten Kurs verfolgen die ehemaligen Mitglieder des früher unmittelbar dem ZK der SED zuarbeitenden Komitees der antifaschistischen Widerstandskämpfer und die Angehörigen der Lagergemeinschaften, die heute in der VVN-BdA organisiert sind und die auf die Formulierung offizieller Parteitagsbeschlüsse einen wichtigen Einfluss haben. Kurt Goldstein, Ehrenvorsitzender der VVN-BdA und ehemals langjähriger führender Funktionär des Komitees der antifaschistischen Widerstandskämpfer, durfte auf dem PDS-Parteitag im Oktober 2004 in Potsdam an hervorgehobener Stelle eine Rede zum Thema Antifaschismus halten. In dieser Rede warnte er vor sozialen Verwerfungen, Geschichtsrevisionismus und Antikommunismus – das seien die Hintergründe, „vor denen alte und neue Nazis ihren Einfluss erweitern und vertiefen".[611] Es dürfte unter anderem seinem Einfluss sowie dem seiner Mitstreiter zu verdanken sein, dass die „Völker der Sowjetunion" in einer Resolution des Parteitages „Zum 60. Jahrestag der Befreiung vom Faschismus" ausdrücklich für ihren maßgeblichen Beitrag für den Sieg der Anti-Hitler-Koalition und die Befreiung Deutschlands vom Faschismus gelobt werden – und gleichzeitig

---

[607] Ebd.

[608] Vgl. Heinz Karl, Zum Vordringen des Rechtsextremismus und seinen Triebkräften, in: Mitteilungen der Kommunistischen Plattform, April 2001, http://sozialisten.de/politik/publikationen/kpf-mitteilungen/view_html?zid=4212&bs=1&n=3.

[609] Ebd., Hervorhebung im Original.

[610] Kurt Gossweiler, Der deutsche Imperialismus und der Platz des Faschismus in seinem Herrschaftssystem heute, in: Roland Bach/Klaus Böttcher/Horst Helas/Peer Jürgens/Jürgen Plagge-Vandelaar/Reiner Zilkenat (Hrsg.), Antifaschismus als humanistisches Erbe in Europa, Festschrift zum 60. Geburtstag von Prof. Dr. Rolf Richter, Berlin 2005, S. 121-133, hier S. 122.

[611] Kurt Goldstein, Der sozialen Demagogie der Rechten den Kampf um soziale Rechte entgegensetzen, Rede auf der 1. Tagung des 9. Parteitages, 30. und 31. Oktober 2004 in Potsdam.

106 V. Antifaschistische Ideologie der PDS

jeder Hinweis auf die Verantwortung der Sowjetunion für die Errichtung einer kommunistischen Diktatur im von ihr besetzten Teil Deutschlands fehlt.[612]

Anlässlich einer Tagung der PDS-Programmkommission am 12. Januar 2001 trugen die Rechtsextremismus-Experten der PDS, Norbert Madloch und Rolf Richter, ihre Thesen zum „Antifaschismus heute" vor. Dabei stellte Richter bedauernd fest, dass sich der Begriff „Antifaschismus" heute kaum noch in Dokumenten der Gewerkschaften, anderer Parteien, Kirchen oder freier Träger wieder finde. In einem Rundbrife-Beitrag im Jahr 2005 schreibt Richter: „Manche kritisieren an der PDS, dass sie mit ihrem Antifaschismus den Verfassungscharakter des bürgerlichen Staates zu wenig verteidige; eine völlig andere Position wiederum klagt, dass der Antifaschismus in der PDS nicht konsequent auf die rasche Liquidation des Kapitalismus ziele. Rechte Ideologen und Universitätsprofessoren wollen den Antifaschismus durch Antitotalitarismus oder Antiextremismus ersetzen."[613] Im Gegensatz zu vielen anderen hält die PDS in ihrer politischen Theorie und Praxis weiter an dem Begriff Antifaschismus fest. Er mobilisiert wie kein anderer die eigenen Mitglieder und Anhänger – obwohl er in verschiedenen Strömungen und Generationen der Partei eine unterschiedliche Bedeutung genießt. Gerade weil viele Organisationen und alle anderen größeren Parteien den Begriff des Antifaschismus weitestgehend aus ihrem Vokabular gestrichen haben, verschafft der Begriff der PDS ein unverwechselbares Profil und eine klare Identifikation.

2. Programme und Beschlüsse

2.1. *Grundsatzprogramme*

Das erste Grundsatzprogramm der PDS, welches 1990 in den Wirren der „Wende"-Zeit verabschiedet wurde, war in den Augen der PDS-Forscherin Viola Neu „von Anfang an dem formalen Zweck geschuldet, ein neues Programm haben zu müssen, um die Glaubwürdigkeit der Neuorientierung zu dokumentieren".[614] Es enthielt viele äußerst widersprüchliche Aussagen und konnte keine wesentliche Bedeutung auf die spätere Entwicklung der PDS-Politik gewinnen.[615] Das in ihm enthaltene Bekenntnis zur sozialen Marktwirtschaft war laut Gregor Gysi einem Versehen geschuldet: Im Entwurf war „sozialistische Marktwirtschaft" einfach durch „soziale Marktwirtschaft" ersetzt worden und niemand habe es bei der Beschlussfassung gemerkt.[616] Das Grundsatzprogramm von 1990 streift das Thema Antifaschismus nur am Rande.[617] In Kapitel I. „Wer wir sind, und was wir wollen" hieß es: „Die PDS steht für die Bewahrung einer dem Frieden, dem Antifaschismus und der Solidarität bewusst verpflichteten Haltung im Volke".

---

[612] Zum 60. Jahrestag der Befreiung vom Faschismus, Resolution der 1. Tagung des 9. Parteitages der PDS, 30. und 31. Oktober 2004 in Potsdam.

[613] Rolf Richter, Antifaschismus, in: Rundbrief der AG Rechtsextremismus/Antifaschismus 3/2005, S. 20.

[614] Vgl. Viola Neu, Das neue PDS-Programm, hrsg. von der Konrad-Adenauer-Stiftung, November 2003, S. 3.

[615] Ebd.; dies., Das Janusgesicht der PDS, Wähler und Partei zwischen Demokratie und Extremismus, Baden-Baden 2004, S. 174 f.

[616] Vgl. Gregor Gysi, Das war's. Noch lange nicht!, Düsseldorf 1995, S. 149.

[617] Vgl. Grundsatzprogramm der PDS, beschlossen am 25.2.1990, in: Partei des Demokratischen Sozialismus, Programm und Statut, Berlin 1990.

2. Programme und Beschlüsse

Das Grundsatzprogramm von 1993 erlangte im Gegensatz zu jenem von 1990 eine wesentlich höhere Bedeutung für die programmatische Entwicklung der PDS.[618] Anders als das erste Grundsatzprogramm besaß es eine strikt antikapitalistische Ausrichtung. In ihm spiegelten sich allerdings wie im ersten Programm die unterschiedlichen Strömungen der PDS wider: die Reformer auf der einen Seite, die Traditionalisten auf der anderen Seite.[619] Das Programm blieb ein Kompromiss mit vielen offenen Streitfragen. Obwohl die Reformer das Grundsatzprogramm von 1993 stark beeinflussen konnten, war es in ihren Augen nur eine Übergangslösung. Diese Auffassung wird in einem von den Reformern herausgegebenen Kommentar zum 93er-Programm deutlich.[620] Bereits im Vorwort des Kommentars sprach sich der damalige Parteivorsitzende für eine Fortsetzung der programmatischen Arbeit in der PDS aus.[621] Diese mündete schließlich 2003 in einem neuen Grundsatzprogramm.

Im Programm von 1993 wurde die wichtige Funktion des Antifaschismus als ideologisches Bindemittel sowohl für die eigene Mitgliedschaft als auch für die Wählerschaft deutlich. Die Mitwirkung von PDS-Mitgliedern in antifaschistischen Organisationen fand ausdrücklich Erwähnung. Im letzten Satz des Programms betonte die Partei ihre Verpflichtung gegenüber dem Antifaschismus. Zur Grundausstattung der PDS-Programmatik gehört die Legende vom antifaschistisch-demokratischen Wiederaufbau einer „besseren Gesellschaftsordnung" im Osten Deutschlands nach 1945 sowie die Gleichsetzung von Kapitalismus und Faschismus: „Die antifaschistisch-demokratischen Veränderungen im Osten Deutschlands und später das Bestreben, eine sozialistische Gesellschaft zu gestalten, standen in berechtigtem Gegensatz zur Rettung des Kapitalismus in Westdeutschland, der durch die in der Menschheitsgeschichte unvergleichlichen Verbrechen des deutschen Faschismus geschwächt und diskreditiert war."[622]

Unter dem Kapitel 4.2 „Den Rechtsruck aufhalten" erklärte die PDS: „Deutsche Geschichte und Gegenwart stellen uns in eine besondere Verantwortung für aktiven Antifaschismus und Widerstand gegen die Rechtsentwicklung."[623] Interessant sind die Ursachen, welche die PDS für den Rechtsextremismus in der Bundesrepublik ausmachte: „Massenarbeitslosigkeit, Abbau sozialer Leistungen, soziale Unsicherheit wie juristische Benachteiligung und ökologische Belastung für die Menschen und die Duldung von Rechtsextremismus und Rassismus sowie die Unterstützung nationalistischer Positionen durch die etablierten Parteien."[624] Damit ortete die PDS die Hauptverantwortung für Rechtsextremismus im herrschenden Wirtschafts- und Gesellschaftssystem und in der Politik der etablierten Parteien. Hier sind deutliche Parallelen zum Antifaschismus der KPD aus den zwanziger Jahren erkennbar, die in ähnlicher Weise pauschal das Wirtschafts- und Gesellschaftssystem sowie die anderen Parteien für den Faschismus verantwortlich machte.

---

[618] Vgl. Programm der Partei des Demokratischen Sozialismus, Beschluss der 1. Tagung des 3. Parteitages der PDS am 29. bis 31. Januar 1993 in Berlin.

[619] Vgl. Jürgen P. Lang, Partei ohne Mitte – Die programmatischen Auseinandersetzungen in der PDS, in: Uwe Backes/Eckhard Jesse (Hrsg.), Jahrbuch Extremismus & Demokratie, Bd. 13, Baden-Baden 2001, S. 155-168.

[620] Vgl. André Brie/Michael Brie/Judith Dellheim/Thomas Falkner/Dieter Klein/Michael Schumann/Dietmar Wittich, Zur Programmatik der Partei des Demokratischen Sozialismus, Ein Kommentar, Berlin 1997.

[621] Vgl. Lothar Bisky, Zum Geleit, in: André Brie/Michael Brie/Judith Dellheim/Thomas Falkner/Dieter Klein/Michael Schumann/Dietmar Wittich, Zur Programmatik der Partei des Demokratischen Sozialismus, Ein Kommentar, Berlin 1997, S. 7-10.

[622] Programm der Partei des Demokratischen Sozialismus, Beschluss der 1. Tagung des 3. Parteitages der PDS am 29. bis 31. Januar 1993 in Berlin, S. 5.

[623] Ebd., S. 10.

[624] Ebd.

Das Grundsatzprogramm 2003 setzt diese Linie fort.[625] Dem Antifaschismus kommt die Funktion eines allgemeinen Grundwertes der PDS zu. So heißt es in der Präambel: „Dem Antifaschismus verpflichtet, leisten wir Widerstand gegen neonazistische Politik." Wenig mehr als eine formelhafte Beschwörung des Antifaschismus ist in Kapitel III. „Reformalternativen: demokratisch, sozial, zivil" auszumachen: „Mit Blick auf die deutsche Geschichte und Gegenwart bekennt sich die PDS zu konsequentem Antifaschismus und lehnt jede Form von Rechtsextremismus und Rechtspopulismus strikt ab." Die Verpflichtung zum Antifaschismus taucht des Weiteren am Schluss in Kapitel IV. „Veränderung mit der PDS – Selbstveränderung der PDS" wieder auf: „den unterschiedlichen revolutionären und demokratischen Bewegungen kritisch verbunden und dem Antifaschismus verpflichtet, wollen wir, dass unsere Partei des Demokratischen Sozialismus zu einer politikfähigen sozialistischen Alternative wird". Antifaschismus dient hier als lyrisch-emotionale Füllmasse der PDS-Programmatik. Konkrete Aussagen darüber, wie die PDS den Rechtsextremismus bekämpfen will, sind dem Grundsatzprogramm nicht zu entnehmen.

Beim Rückblick auf die eigene Geschichte bleibt das neue Grundsatzprogramm der Legende von der antifaschistisch-demokratischen Neuordnung in der sowjetisch besetzten Zone nach 1945 verhaftet. „Die antifaschistisch-demokratischen Veränderungen im Osten Deutschlands und das spätere Bestreben, eine sozialistische Gesellschaft zu gestalten, standen in berechtigtem Gegensatz zur Weiterführung des Kapitalismus in Westdeutschland, der durch die in der Menschheitsgeschichte unvergleichbaren Verbrechen des deutschen Faschismus geschwächt und diskreditiert war." Während der demokratische und marktwirtschaftliche Wiederaufbau in den westlichen Besatzungszonen in die Nähe des Faschismus gerückt wird, stellt die PDS die Entwicklung in der sowjetisch besetzten Zone zu einer sozialistischen Diktatur beschönigend als antifaschistische Demokratie dar. Diese historische Interpretation des Antifaschismus im PDS-Grundsatzprogramm zeigt, dass die Partei an dem Gegensatz Sozialismus-Kapitalismus festhalten will und den Gegensatz Demokratie-Diktatur weiterhin ablehnt. Im Übrigen ist mit der geschichtlichen Einordnung des Antifaschismus eine Anerkennung der kommunistischen Antifaschismus-Definition verbunden, welche den Kapitalismus stets als Vorstufe des Faschismus einordnet.

Im Vorfeld der Verabschiedung des neuen Grundsatzprogramms von 2003 hatten drei Mitglieder des Sprecherrates im Rundbrief der AG Rechtsextremismus/Antifaschismus vom Januar 2000 einen Text zum Thema Antifaschismus vorgeschlagen.[626] In diesem Beitrag stellten die Autoren fest, dass in der Mitgliederbasis der PDS das Bedürfnis stark entwickelt sei, den Antifaschismus deutlich im „programmatischen und statutarischen Selbstverständnis" der Partei auszuweisen. Grundsätzlich habe das Grundsatzprogramm von 1993 dabei die Parteimitglieder in Bezug auf den Antifaschismus „richtig orientiert". Dennoch hieß es: „Am Eingang des 21. Jahrhunderts sind indes eine Reihe neuer Erfahrungen zu beachten und zu diskutieren." Dies spiegelt die Linie der AG Rechtsextremismus/Antifaschismus wider, dass der heutige Rechtsextremismus nicht als einfache Fortsetzung oder Wiederbelebung des Nationalsozialismus eingeordnet werden könne. In ihrem Entwurf verorteten die Autoren den

---

[625] Vgl. Programm der Partei des Demokratischen Sozialismus, Beschluss der 2. Tagung des 8. Parteitages der PDS am 25./26. Oktober 2003 in Chemnitz, http://sozialisten.de/partei/grundsatzdokumente/programm/programm2003.pdf. Vgl. zum Programm insgesamt Viola Neu, Das neue PDS-Programm aus dem Jahr 2003, in: Uwe Backes/Eckhard Jesse (Hrsg.), Jahrbuch Extremismus & Demokratie, Bd. 16, Baden-Baden 2004, S.155-168.

[626] Vgl. Roland Bach/Norbert Madloch/Rolf Richter, Antifaschismus und extreme Rechte als Themen der Programmdiskussion der PDS, Rundbrief der AG Rechtsextremismus/Antifaschismus, Januar 2000.

2. Programme und Beschlüsse

heutigen Rechtsextremismus in einem breiten Spektrum „von militanten Neonazis bis zu den rechten Rändern der CDU/CSU und FDP". Den ideologischen Kern der „demokratiefeindlichen" rechtsextremistischen Bewegung sieht die Gruppe in der „Ungleichheit und Ungleichwertigkeit der Menschen".

In den Handlungsempfehlungen des Entwurfs wurden „breiteste Bündnisse" aller Gegner des Rechtsextremismus gefordert. Die weiteren Vorschläge waren im Wesentlichen vergangenheitsbezogen: Ein „Schlussstrich unter die Geschichte des Faschismus" wurde abgelehnt, hingegen eine „fortdauernde" Auseinandersetzung mit der nationalsozialistischen Vergangenheit der Deutschen gefordert. Die PDS sollte sich für eine antifaschistische „Erinnerungs- und Aktionskultur" – auch europaweit – einsetzen. In dem Entwurf fiel positiv auf, dass weitgehend von einer „nationalsozialistischen" Vergangenheit gesprochen wurde – und nicht von einer „faschistischen" oder „nazistischen". In der endgültig verabschiedeten Fassung des Grundsatzprogramms von 2003 ist vom Entwurf der AG nicht viel wieder zu finden.

2.2. Wahlprogramme

In den Programmen für die Wahlen zum Bundestag, zum Europäischen Parlament oder zu Landtagswahlen spielen grundsätzliche Bekenntnisse zum Antifaschismus und gegen Rechtsextremismus und Rassismus zumeist eine wichtige Rolle. Allerdings können andere aktuelle Politikfelder sowie der allgemeine Trend zu kürzeren und für den Wähler lesbaren Programmen den Bereich Antifaschismus/Rechtsextremismus überlagern. So fehlten beispielsweise im Wahlprogramm der PDS zu den Europawahlen 2004 weitgehend Aussagen zum Themenfeld Antifaschismus/Rechtsextremismus.[627] Stattdessen bildeten Aussagen gegen „Neoliberalismus" und Krieg den Schwerpunkt des Programms. Nur am Ende des Kapitels III. „Freiheit, Sicherheit und Rechtsstaatlichkeit gewährleisten – Offene Grenzen für Menschen in Not" hieß es: „Die Bekämpfung von Nationalismus, Antisemitismus und Rassismus ist und bleibt eine zentrale Aufgabe europäischer Politik, wie die Bekämpfung jeglicher neofaschistischer Bestrebungen zentrales Anliegen von Demokratinnen und Demokraten ist. Rassistische Einstellungen in der Bevölkerung, antisemitische und rassistische Gewalttaten, aber auch rassistische Diskriminierung durch Behörden gehören leider zum Alltag. Das muss sich ändern."

Im Bundestagswahlprogramm 2002[628] existierte im Kapitel „Freiheit, Demokratie und Sicherheit in der offenen Gesellschaft" ein eigener Abschnitt „Rechtsextremismus bekämpfen". Darin votierte die PDS für die „konsequente strafrechtliche Verfolgung rassistischer und rechtsextremistischer, neonazistischer und nationalistischer Volksverhetzung und Gewalttaten"[629]. Zugleich rief sie nach „besserer öffentlicher Unterstützung antifaschistischer und antirassistischer Gruppen"[630]. Außerdem wiederholte die Partei ihre langjährige Forderung nach der Einrichtung einer „öffentlichen Beobachtungsstelle für antisemitische, rassistische und rechtsextremistische Aktivitäten".[631] Rechtsextremismus will die PDS streng beobachten und scharf verfolgen lassen. Antifaschistische und antirassistische Gruppen sollen nach der Auffas-

---

[627] Vgl. Europawahlprogramm 2004, beschlossen durch die 3. Tagung des 8. Parteitages am 31. Januar 2004 in Berlin, http://sozialisten.de/wahlen2004/wahlprogramm/langfassung.

[628] Es geht auch anders: Nur Gerechtigkeit sichert Zukunft!, Programm der PDS zur Bundestagswahl 2002, Beschluss des Rostocker Parteitages, 16./17.3.2002.

[629] Ebd., S. 37.

[630] Ebd.

[631] Ebd.

sung der Partei öffentlich gefördert werden. Jede Distanzierung von Gewaltbereitschaft und Linksextremismus, die in diesen unbestritten verbreitet sind, fehlt. Für das Programm zu den Bundestagswahlen 2005 wurde der Abschnitt „Rechtsextremismus bekämpfen" bis auf eine leichte redaktionelle Überarbeitung nahezu wortwörtlich übernommen.[632]

In den Bundestagswahlprogrammen 2002 und 2005 forderte die PDS außerdem eine umfassende Ausweitung des Asylrechts sowie allgemein der Rechte von Asylbewerbern und Zuwanderern. Die Verknüpfung des Kampfes gegen Rechtsextremismus mit dem Ausbau von Ausländerrechten ist charakteristisch für die PDS, da sie im gegenwärtigen Ausländer- und Zuwanderungsrecht eine wesentliche Ursache für das Entstehen von Rechtsextremismus sieht. Offensichtlich missversteht die PDS den Unterschied zwischen dem Fordern und Fördern von Ausländerfreundlichkeit. Sollten ihre Forderungen nach „offenen Grenzen" und der „Abschaffung von diskriminierenden Sondergesetzen"[633], worunter sie beispielsweise das Asylbewerberleistungsgesetz versteht, erfüllt werden, wäre dies vermutlich das beste Förderprogramm für Rechtsextremismus in Deutschland.

Die Parteiführung und der Parteiapparat, von denen die programmatischen Texte wesentlich beeinflusst werden, verfügen über ein als instrumentell zu beschreibendes Verhältnis zum Antifaschismus. Grundsätzlich werden gerne einige markige Bekenntnisse zum antifaschistischen Auftrag der Partei beziehungsweise zur Bekämpfung von Rechtsextremismus und Rassismus aufgenommen, weil jeder weiß, dass dies in der Partei sowie in ihrem Umfeld gut ankommt. Soweit das Thema gerade nicht besonders in den Medien auftaucht, wird genauso gerne auf weitere konkrete Aussagen zu diesem Bereich verzichtet.

Das Thema Antifaschismus/Rechtsextremismus hatte im PDS-Programm zur Europawahl 1999[634] noch einen breiteren Raum eingenommen. Dort hieß es im Kapitel 3.5 unter der Überschrift „Rassismus und Fremdenfeindlichkeit verhindern": „Die PDS wird weiterhin gemeinsam mit anderen demokratischen und antifaschistischen Kräften konsequent Widerstand gegen Rechtsentwicklung, Rassismus und Antisemitismus leisten. Die Entwicklung breitester antifaschistischer Initiativen und Organisationen ist der PDS ein dringliches politisches Anliegen." Im Kapitel 4 des Programms (Kultur und Kunst, Bildung, Wissenschaft und Sport fördern) forderte die Partei: „Bildung und Schule müssen der Friedens- und Menschenrechtserziehung sowie der Erziehung zur gewaltfreien Konfliktlösung, der interkulturellen Vielfalt, der Demokratie, der Emanzipation von Kindern und Jugendlichen, dem Antirassismus und Antifaschismus, der Förderung von Toleranz und Akzeptanz unterschiedlicher Lebensentwürfe sowie der Bewahrung natürlicher Lebensentwürfe verpflichtet sein." Die PDS will über die Bildungsinstitutionen ihr Gesellschaftsbild, zu welchem der Antifaschismus an zentraler Stelle gehört, verbreitet wissen.

Bei den letzten Landtagswahlen im Jahr 2004 in Sachsen und Brandenburg spielte das Thema Rechtsextremismus zumindest in den offiziellen Wahlprogrammen der PDS keine besonders große Rolle, obwohl die DVU seit 1999 im Brandenburger Landtag saß und Sachsen bekanntermaßen bereits vor den Landtagswahlen als bundesweite Hochburg der NPD galt. Die PDS Brandenburg forderte eine intensivere Auseinandersetzung mit Rechtsextremismus

---

[632] Für eine neue soziale Idee, Eine andere Politik ist nötig – für soziale und demokratische Alternativen, Entwurf beschlossen vom PDS-Parteivorstand am 15.7.2005.

[633] Ebd., S. 38.

[634] Beschlossen auf der 2. Tagung des 6. Parteitages am 6. März 1999 in Suhl.

2. Programme und Beschlüsse 111

an Schulen unter Ablehnung einer „Gleichsetzung von DDR und Nazi-Deutschland".[635] Außerdem sprach sich die Brandenburger PDS für eine bessere Vernetzung und finanzielle Ausstattung von Maßnahmen gegen Rechtsextremismus des Landes und der freien Träger aus. Besonders neue oder mutige Ideen fehlen. Die sächsische PDS war beim Thema Rechtsextremismus noch sparsamer. Im Wahlprogramm für die Landtagswahlen im Jahr 2004 hieß es knapp: „Eine zufriedene Bevölkerung ist der beste Schutz gegen Rechtsextremismus und Kriminalität."[636]

2.3.   Weitere Beschlüsse

Ein grundlegender und richtungsweisender Beschluss unter dem Titel „Die PDS und der Antifaschismus" wurde auf der 1. Tagung des 7. Parteitages der PDS am 14. und 15. Oktober 2000 in Cottbus gefasst. In diesem Beschluss erklärt sich die PDS als „entschieden antifaschistische, antirassistische und antimilitaristische Partei". Ein Schwerpunkt der Resolution liegt in der Bewertung der Vergangenheit. „Der Sieg des Antifaschismus 1945" gehört nach Ansicht der PDS zu den „unverzichtbaren Grundlagen von Demokratie und Menschenrechten in Europa". Zu Recht kritisiert der Historiker Werner Müller an dieser Formulierung, dass Demokratie und Menschenrechte nach 1945 nur in Westeuropa zur Durchsetzung kamen.[637] Offenbar ist aber die PDS der Auffassung, die Sowjetunion habe in dem von ihr besetzten Teil Europas in gleicher Weise gewirkt: Der „Sieg" bleibe ein „maßgeblicher Orientierungspunkt für die Anstrengungen in allen europäischen Ländern, Rassismus und Rechtsextremismus zu widerstehen."

Die PDS blendet die Errichtung von sowjetisch dominierten neuen terroristischen Diktaturen in Osteuropa im unmittelbaren Anschluss an den Zweiten Weltkrieg vollkommen aus. Die DDR wird in der Cottbuser Erklärung im Rückblick als das Land dargestellt, welches im Gegensatz zur Bundesrepublik konsequent mit der nationalsozialistischen Vergangenheit gebrochen habe: „Neofaschismus, Rassismus und Antisemitismus waren (...) keine gesellschaftlichen Probleme mehr." Dagegen seien „Neonazismus, rechte Gewalt, Ausländerfeindlichkeit, Rassismus und Antisemitismus (...) stets wesentliche und mehr oder weniger legale Bestandteile des politischen Systems der Bundesrepublik gewesen" – während sie in der DDR nur ihre „Nischen und versteckten Wirkungsmöglichkeiten" gehabt hätten.

Die PDS versteht sich als Verteidiger des Erbes des kommunistischen Widerstandes gegen den Nationalsozialismus. Dieser gilt ihr als „unschätzbarer Beitrag zum Antifaschismus". Gleichzeitig bekennt sie sich zum antifaschistischen Erbe der DDR und erklärt es für „willkürlich, die heutige Eskalation von Ausländerfeindlichkeit und Rechtsterrorismus in Ostdeutschland direkt aus der DDR zu erklären".

Trotz des grundsätzlich positiven Bekenntnisses zur DDR ist eine – wenn auch vorsichtige – Abgrenzung zu deren Antifaschismus erkennbar. Es heißt: „Wir haben uns von der einsei-

---

[635] Den Abwärtstrend stoppen, in die Zukunft investieren, für soziale Gerechtigkeit streiten! Miteinander verändern! Programm der PDS Brandenburg zu den Landtagswahlen am 19. September 2004, beschlossen auf der 3. Tagung des 8. Landesparteitages der PDS Brandenburg am 27.3.2004 in Blossin, S. 11.

[636] Ein anderes Sachsen ist möglich!, Das Wahlprogramm der PDS Sachsen zur Landtagswahl am 19. September 2004, beschlossen auf der 2. Tagung des 8. Landesparteitages der PDS Sachsen am 4.4.2004 in Leipzig-Markkleeberg, S. 19.

[637] Vgl. Werner Müller, Bruch oder Kontinuität? SED, PDS und ihr „Antifaschismus", in: Manfred Agethen/Eckhard Jesse/Ehrhart Neubert (Hrsg.), Der missbrauchte Antifaschismus, DDR-Staatsdoktrin und Lebenslüge der deutschen Linken, Freiburg i.Br. 2002, S. 363-376.

112   V. Antifaschistische Ideologie der PDS

tigen und vielfach im Pathos überhöhten oder vordergründig politisch instrumentalisierten Würdigung des kommunistischen Widerstandes gelöst". Es werden die „zunehmend autoritären und diktatorischen" Züge der DDR kritisiert wie auch deren „Dialogunfähigkeit gegenüber Andersdenkenden". Mangelnde Dialogfähigkeit und zunehmend autoritäre und diktatorische Züge sind eine stark euphemistische Beschreibung des diktatorischen SED-Systems, dessen Macht-, Meinungs- und Wahrheitsanspruch sich auf alle Lebensbereiche der DDR erstreckte.

Für die Gegenwart wird davor gewarnt, den Kampf gegen Rechtsextremismus ausschließlich auf die NPD zu konzentrieren: „Der rechte Rand wurzelt in der Mitte der Gesellschaft." Das gelte auch für den „Geschichtsrevisionismus und die mit der Totalitarismuskeule betriebene Gleichsetzung der DDR mit dem NS-Regime". In ihren „Strategien gegen rechts" setzt die PDS nicht nur auf eine „Ächtung von Nationalismus, Ausländerfeindlichkeit und Rassismus", sondern will sich auch für „antifaschistische Leitbilder und Wertvorstellungen" einsetzen. Bündnispolitisch setzt die PDS beim Antifaschismus auf breite Bündnisse auf allen Ebenen „ohne Führungsanspruch und Ausgrenzung". Die PDS solidarisiert sich ausdrücklich mit allen Gruppen und Initiativen, die „oftmals allein gelassen und dazu noch staatlicherseits kriminalisiert auf der Straße und in anderen Formen Neofaschismus und Rassismus widerstehen".

Im Umfeld des Parteitages hatte es außerdem Diskussionen um den Begriff des „ausgrenzenden Antifaschismus" gegeben, der in der DDR praktiziert worden sei.[638] Stattdessen, so vor allem die Parteispitze, müsse heute von der PDS ein „werbender Antifaschismus" betrieben werden. Der PDS-Vordenker und Europaabgeordnete André Brie hatte bereits vor dem Parteitag gewarnt: „Es gibt Leute in der Partei, die diesen Antifaschismus elitär instrumentalisieren wollen, um eine viel radikalere, letzten Endes sektiererische Politik durchzusetzen."[639] Die Parteispitze möchte demgegenüber über den Antifaschismus breite gesellschaftliche Bündnisse unter Einschluss der PDS bilden. Kurt Goldstein, stellvertretender Vorsitzender des internationalen Auschwitz-Komitees, unterstützte die Strategie breiter Bündnisse im Kampf gegen Rechtsextremismus[640] ebenso wie der VVdN-Funktionär Fred Dellheim.

Die „Frankfurter Rundschau" bewertete die PDS-Resolution zum Antifaschismus sowie die Ablehnung des „elitären Antifaschismus" der DDR bereits euphorisch als Umwerben der politischen Mitte.[641] Die Bewertung durch die „Frankfurter Rundschau" verkennt aber, dass die Resolution vom Cottbuser Parteitag immer noch eine nachhaltige Auseinandersetzung mit dem diktatorischen DDR-Regime vermissen lässt und sich stattdessen in Angriffen auf das politische System der Bundesrepublik Deutschland übt.[642]

Dem traditionellen PDS-Milieu ging bereits diese Resolution zu weit. Die ehemaligen Spanien-Kämpfer Fred Müller und Fritz Teppich kritisierten, dass in der PDS-Resolution kein Wort der Distanzierung zu „undemokratischen Rechtsparteien" wie CDU und CSU zu finden sei und jeder Hinweis darauf fehle, dass „Rechtsextremisten vor allem in CDU/CSU ihre Hauptausgangsbasis" hätten.[643] Im Übrigen warnen sie vor einer „ideologischen Anpassung"

---

[638] Vgl. Junge Welt, 17.10.2000.

[639] Rheinischer Merkur, 13.10.2000.

[640] Wen muß Antifaschismus mit einbeziehen?, jW sprach mit Kurt Goldstein, stellvertretender Vorsitzender des internationalen Auschwitz-Komitees, Junge Welt, 17.10.2000.

[641] Vgl. Stephan Hebel, Gegen den elitären Antifaschismus, Neue PDS-Spitze umwirbt die politische Mitte, Frankfurter Rundschau, 16.10.2000, S. 4.

[642] Vgl. Werner Müller, Bruch oder Kontinuität? SED, PDS und ihr „Antifaschismus", in: Manfred Agethen/Eckhard Jesse/Ehrhart Neubert (Hrsg.), Der missbrauchte Antifaschismus, DDR-Staatsdoktrin und Lebenslüge der deutschen Linken, Freiburg i.Br. 2002, S. 363-376.

[643] Vgl. Fallstricke, Eine Erklärung von Fred Müller und Fritz Teppich zur Antifaschismus-Resolution der PDS, Junge Welt, 20.10.2000.

2. Programme und Beschlüsse 113

des PDS-Antifaschismus an die Staatsräson der Bundesrepublik, die sie nach wie vor für „antikommunistisch" halten. Außerdem sehen sie es als diskriminierend an, den Antifaschismus der DDR als „ausgrenzenden Antifaschismus" zu bezeichnen. Eine Ausgrenzung – nämlich des kommunistischen Widerstandes – habe es nur im Westen gegeben.

Die Kommunistische Plattform der PDS Berlin kritisiert in einer Stellungnahme des LandessprecherInnenrates vom 13.2.2001 drei Punkte der PDS-Resolution zum Antifaschismus. Erstens werde „eine Entlastung des BRD-Staates von seiner entsprechenden Verantwortung (...) hingenommen und entschuldigt". Eine prinzipielle Auseinandersetzung mit dem Anti-Antifaschismus finde nicht statt. Zweitens denunziere die Resolution – die Entlastung des bundesdeutschen Herrschaftssystems befördernd – die DDR als eine „Brutstätte des Rechtsextremismus". Drittens richte sie „demagogisch das Feuer gegen einen angeblichen ‚ausgrenzenden Antifaschismus'". Die „sozialökonomischen, klassenmäßigen Bestimmungen und Bezüge des Rechtsextremismus" würden negiert. Es fehlten Aussagen zu den „gesellschaftlichen Kräften, Interessen und Aktivitäten, gegen die Antifaschismus sich richten" müsse, wenn er nicht „folgenloser moralischer Appell" bleiben solle.

In einem Referat des Bundessprecherrates[644], vorgetragen von Ellen Brombacher, betont die Kommunistische Plattform, dass sie die Positionen der PDS zum Antifaschismus als eine der entscheidenden politischen Fragen ihrer Richtungsentscheidung beurteilt. Die Richtung, welche die Kommunistische Plattform für richtig hält, wird dabei unmissverständlich klar gemacht: „Wir sollten es als eine unserer vornehmsten Pflichten betrachten, dass es dabei bleibt, dass einem antikommunistischen ‚Antifaschismus', der die DDR als strukturell faschismusfördernd denunziert, seitens der PDS die Tür nicht einen Spalt breit geöffnet wird. Antifaschismus, der antikommunistisch ist, ist keiner!" Für die Kommunistische Plattform ist jede Kritik am Antifaschismus der DDR tabu. Zugleich lehnt sie den Begriff vom „werbenden" und „nicht ausgrenzenden" Antifaschismus ab. Sie will an einem strikt kommunistisch geprägten Antifaschismusbegriff festhalten.

Im Leitantrag[645] des Cottbuser Parteitages fordert die PDS ein hartes und repressives Vorgehen gegen Rechtsextremismus. So setzt sie sich für das Verbot aller rechtsextremistischer Parteien und Organisationen ein und will Druck und Verbreitung „faschistischer Literatur" untersagen. Sie bestätigt ihre These vom Extremismus der Mitte: „Rechtsextremismus und Ausländerfeindlichkeit kommen aus der Mitte der Gesellschaft und Politik". Als Ursachen für Rechtsextremismus werden ausgemacht: die Asyl- und Ausländerpolitik von SPD, CDU und CSU, die Bildungspolitik sowie die „soziale Perspektivlosigkeit", die viele Jugendliche persönlich oder in ihrem Umfeld erlebten. Die These von einem „Extremismus der Mitte" wird regelmäßig von der PDS vorgetragen. Bei einem Gespräch des Sprecherrates der AG Rechtsextremismus/Antifaschismus mit der PDS-Parteivorsitzenden Gabi Zimmer 2001 stellte Norbert Madloch fest: „Immer massiver und sichtbarer werden rechtsextremistische Tendenzen in und aus der Mitte der Gesellschaft."[646]

Bereits am 14. August 2000 hatte der Parteivorstand ein Konzept „Handeln gegen Rechts"[647] beschlossen, welches weniger ideologische Positionen als vielmehr konkrete Hand-

---

[644] Vgl. Die Aufgaben der Kommunistischen Plattform in der Weiterführung der PDS-Programmdebatte, Mitteilungen der Kommunistischen Plattform, April 2001.

[645] Den Politikwechsel nachholen! Deutschland braucht mehr sozialistische Politik! Die PDS und die Wahlen 2002, Beschluss der 1. Tagung des 7. Parteitages der PDS am 14. und 15. Oktober in Cottbus.

[646] Klaus Böttcher, Neuer Typ von Rechtsextremismus, Gedankenaustausch über aktuelle Auseinandersetzung, in: PDS-Pressedienst 25/2001, 22.6.2001, S. 11.

[647] Pressedienst Nr. 33 vom 18.8.2000.

lungsanweisungen enthielt. Nach einleitenden Worten, in denen die PDS vor allem politische Kampagnen der CDU und CSU zum Staatsbürgerschaftsrecht sowie zum Asylrecht als Ursachen für Rechtsextremismus und Fremdenfeindlichkeit in Deutschland ausmacht, regt die PDS Maßnahmen an, die sie in vier Kategorien unterteilt. Erstens Anregungen für die eigenen Mitglieder und Wähler wie beispielsweise der Besuch von Flüchtlingsheimen oder Hilfe bei Übergriffen „durch Rufen der Polizei oder andere geeignete Maßnahmen", zweitens Maßnahmen der Politik auf Bundesebene, drittens der Politik auf Landesebene und viertens der Kommunalpolitik. Außerdem heißt es, die PDS suche die Kooperation mit allen demokratischen Organisationen und Verbänden, mit den Kirchen und jüdischen Gemeinden, um einen „breiten Konsens gegen Rechts" zu schaffen.

Im Jahr 1993 hatte die PDS auf einem Bundesparteitag einen Beschluss zum Thema „Antifaschistische Politik heute, Positionen der PDS" getroffen.[648] Dieser lag inhaltlich auf der Linie der West-Linken in der Partei: er enthielt den Vorwurf der „Weltmacht"-Politik an die Bundesregierung, die eigentliche Bedrohung ginge von der „gesellschaftlichen Mitte" aus, die „konservativ-liberale Regierung" und selbst die SPD wurden für Entsolidarisierung, Rechtsentwicklung und Rechtsextremismus verantwortlich gemacht, die Ausländerpolitik der Bundesregierung diffamierte die PDS als „staatlich organisierten Rassismus". Ausdrücklich hieß es: „Der ‚Kampf gegen rechts' beginnt mit der Kritik der konservativ-liberalen Regierung." Neben der rechtlichen Verhinderung von rechtsextremistischen Versammlungen forderte die PDS „die konkrete Verhinderung von Nazitreffen" und rief damit unverhohlen zu Gewalt auf.

Auch auf der Ebene der Landesverbände findet eine programmatische Auseinandersetzung mit dem Rechtsextremismus statt. Der 7. Landesparteitag der Berliner PDS verabschiedete am 20. Mai 2000 einen Beschluss „Der rechte Extremismus – Herausforderung für die PDS", der sowohl im Rundbrief der AG Rechtsextremismus/Antifaschismus[649] wie auch in einem eigens aufgelegten Band der Berliner PDS veröffentlicht wurde.[650] In der Präambel des Beschlusses werden in nahezu einem Atemzug die Aufmärsche der NPD, der Rechtspopulismus der FPÖ, die Unterschriftenaktion gegen die doppelte Staatsbürgerschaft der CDU und die Berliner Abschiebepraxis gegeißelt. Die eigentliche Ursache für die Massenarbeitslosigkeit liege nicht wie von den Rechtsextremisten suggeriert bei den in der Bundesrepublik lebenden Ausländerinnen und Ausländern, sondern sei begründet in der „Dominanz der Profitinteressen" und einer Politik, die Großunternehmen optimale Steuervorteile verschaffe.

Die Berliner PDS wendet sich in dem Beschluss gegen Einschränkungen im Versammlungsrecht. Des Weiteren fordert sie eine bessere Information der Bevölkerung über „rechtsextreme Parolen". Sie will außerdem verdeutlichen, dass ein Zusammenhang bestände zwischen „einer offiziellen Politik, die Minderheiten diskriminiert, mit rassistischen Vorurteilen liebäugelt und der Verbreitung rechtsextremer Überzeugungen in der Bevölkerung". Um „zivilgesellschaftlichen Widerstand" gegen die Verbreitung von Rechtsextremismus zu fördern, seien ein breites Spektrum von Parteien, gesellschaftlichen Organisationen, Kirchen usw. umfassende Bündnisse und Initiativen „sowie vielfältige sonstige Kampfformen gegen Rechts" zu unterstützen. Dabei wendet sich die Berliner PDS ausdrücklich gegen die „Kriminalisierung des Antifaschismus". Weitere Schwerpunkte bei der Bekämpfung des Rechtsextremismus sieht sie in der Kommunalpolitik sowie in der Errichtung und Erhaltung von Gedenkstätten für die Opfer des Nationalsozialismus. Für Schulen fordert die Berliner PDS in Brennpunkten den

---

[648] Antifaschistische Politik heute, Beschluss des 3. Parteitages, 2. Tagung, in: Disput Heft 13/14, 1993, S. 35-38.
[649] Rundbrief der AG Rechtsextremismus/Antifaschismus, Februar 2000.
[650] PDS-Landesvorstand Berlin (Hrsg.), Kein Sommerloch, Diskussionen – Strategien – Differenzen, Berlin 2000.

2. Programme und Beschlüsse

Einsatz von mobilen Beratungsteams sowie generell Vorträge von „antifaschistischen Widerstandskämpferinnen und Widerstandskämpfern". Der Berliner Landesverband setzt in seinem Beschluss mehr auf praktisch umsetzbare Maßnahmen gegen Rechtsextremismus. Der historische und ideologische Kontext des Antifaschismus wird weitgehend ausgespart.

VI. Antifaschistische Strategie der PDS

1. Mobilisierung von Mitgliedern und Sympathisanten

Trotz einzelner Unterschiede im Verständnis besitzt der Antifaschismusbegriff bis heute eine hohe Identifikationskraft für die verschiedenen Strömungen und nahezu alle Mitglieder an der PDS-Basis. Antifaschismus und der Kampf gegen Rechtsextremismus werden bei der Mitgliedschaft der PDS als besonders wichtige Aufgaben der Parteiarbeit angesehen. 70 Prozent der Mitglieder sowie 78 Prozent der Amtsträger bezeichnen „entschlossenes Handeln gegen Rechtsextremismus" bei der Frage nach den wichtigsten künftigen PDS-Aktivitäten als „wichtig" oder „sehr wichtig".[651] Nur das „Eintreten für soziale Gerechtigkeit" erzielt noch höhere Werte. Die beiden Autoren der Studie zur Mitgliederbefragung, Michael Chrapa und Dietmar Wittich, bezeichnen das Engagement für soziale Gerechtigkeit sowie gegen Rechtsextremismus deshalb als „Super-Werte"[652] in der Mitgliedschaft der PDS.

Die PDS versucht, die hohe Mobilisierungswirkung durch den eher abstrakten Begriff des Antifaschismus in der praktischen Politik fruchtbar zu machen. Ein wichtiges Feld der Nutzung des Antifaschismus für die Tagespolitik stellt die Kommunalpolitik dar.[653] In den neuen Ländern kann die Partei auf der lokalen Ebene eine starke Verwurzelung vorweisen.[654] Insbesondere in den Gemeinden der neuen Länder hat sie vielfach durch eine sachorientierte und bürgernahe Politik verbunden mit kompetentem Personal einen Imagewandel von der isolierten „SED-Nachfolgepartei" zu einer Partei des politischen Alltags erfahren.[655] Antifaschismus mobilisiert in hohem Maße eigene Mitglieder und Sympathisanten. Außerdem wird die PDS insbesondere in der Bevölkerung der neuen Bundesländer als glaubwürdiger und zuverlässiger Akteur im Kampf gegen Rechtsextremismus beurteilt.

Vor Ort organisieren PDS-Gruppen antifaschistische Aktionen. In Gemeinde- und Stadtteilvertretungen bringen PDS-Fraktionen antifaschistische Themen ein. Lokale PDS-Gruppen arbeiten eng mit örtlichen antifaschistischen Vorfeldorganisationen wie der VVN-BdA zu-

---

[651] Michael Chrapa/Dietmar Wittich, Die Mitgliedschaft, der große Lümmel... Studie zur Mitgliederbefragung 2000 der PDS, Berlin 2001, S. 14.

[652] Ebd.

[653] Vgl. Arbeitsgruppe 5, Kommunale Strategien gegen Rechtsextremismus und Rassismus, in: Petra Pau/Dominic Heilig (Hrsg.), Für eine tolerante Gesellschaft – gegen Rechtsextremismus und Rassismus, Berlin 2001, S. 121-132; Fritz-Dieter Kupfernagel, Bürgermeister gegen Rechtsextremismus, in: PDS-Landesvorstand Berlin (Hrsg.), Kein Sommerloch, Diskussionen – Strategien – Differenzen, Berlin 2000; S. 118-120; Rechtsextremismus in Berlin konkret und vor Ort bekämpfen, Vorschläge der PDS für den „Runden Tisch gegen Rechtsextremismus", in: ebd., S. 121-124; PDS-Fraktion im Stadtrat Arnstadt/PDS-Stadtvorstand Arnstadt, Handlungskonzept für die Stadt Arnstadt gegen Rassismus und Neofaschismus, für Demokratie, http://www.steffen-dittes.de/PolitikAntifa.htm.

[654] Vgl. Lothar Probst, Die PDS – von der Staats- zur Regionalpartei. Eine Studie aus Mecklenburg-Vorpommern, Hamburg 2000, S. 6.

[655] Vgl. Günter Pollach, Die PDS im kommunalen Parteiensystem, in: Michael Brie/Rudolf Woderich (Hrsg.), Die PDS im Parteisystem, Schriften 4 hrsg. von der Rosa-Luxemburg-Stiftung Gesellschaftsanalyse und Politische Bildung, Berlin 2000, S. 194-207.

2. Mythisierung der eigenen Geschichte 117

sammen. Damit erfüllt die antifaschistische Arbeit der PDS eine wichtige Funktion in der parteiinternen Integration und Mobilisierung.

Daneben spielt das Thema in der externen Mobilisierung der PDS, das heißt bei Wahlen, eine wichtige Rolle. Die Bekämpfung des Rechtsextremismus ist zwar kein exklusives PDS-Thema, aber die Partei sieht in der konsequenten Bekämpfung des Rechtsextremismus ein zentrales Wahlkampfthema[656] und vermutet nicht zu Unrecht, dass der PDS im linken Spektrum eine besonders glaubwürdige Rolle im Kampf gegen Rechtsextremismus zuerkannt wird.

2.   Mythisierung der eigenen Geschichte

Wenn Geschichte zur Rechtfertigung bestimmter politischer Entscheidungen instrumentalisiert wird, führt dies in der Regel zu einer unzulässigen Vereinfachung historischer Abläufe und zur politisch motivierten Produktion von Geschichtsmythen.[657] Der offizielle DDR-Antifaschismus war eine derartige Mythenbildung.[658] Die Existenz der DDR sowie die Politik der SED sollten durch den Mythos Antifaschismus begründet und legitimiert werden.[659]

Eine wesentliche Funktion des Antifaschismus der PDS besteht darin, der eigenen Parteigeschichte wie der gesamten Geschichte der DDR ein positives Bild zu geben.[660] Rudolf van Hüllen wirft der PDS vor, es gehe ihr bei der Geschichtsaufarbeitung offensichtlich darum, einzelne Motive der SED-Historiographie ins vereinte Deutschland hinüberzuretten.[661] Dazu

---

[656]   PDS-Parteivorstand, Neue Gerechtigkeit sichert Zukunft. Wahlstrategie der PDS, Beschluss vom 5.5.2001, in: PDS-Pressedienst 19/2001, S. 3-8.

[657]   Vgl. Jürgen Danyel, Antifaschismus als Geschichtswissenschaft, Programmatischer Anspruch, Wissenschaftsmentalität und selbstverschuldete Unmündigkeit der ostdeutschen Zeitgeschichtsschreibung zum Nationalsozialismus, in: Claudia Keller (Hrsg.), Die Nacht hat zwölf Stunden, dann kommt schon der Tag, Antifaschismus, Geschichte und Neubewertung, Berlin 1996, S. 203-219.

[658]   Vgl. Michael Zimmermann, Der antifaschistische Mythos der DDR, in: Mythos Antifaschismus, Ein Traditionskabinett wird kommentiert, Berlin 1992, S. 135-153.

[659]   Vgl. Raina Zimmering, Mythen in der Politik der DDR, Ein Beitrag zur Erforschung politischer Mythen, Opladen 2000, S. 37-168.

[660]   Vgl. Rainer Eckert, Geschichte als Instrument, Geschichte und Agitprop in der PDS und ihrem Umfeld, in: ders./Bernd Faulenbach (Hrsg.), Halbherziger Revisionismus, Zum postkommunistischen Geschichtsbild, München und Landsberg am Lech 1996, S. 153-197, hier S. 177 f.; Stefan Meining, Die leichte Last der Vergangenheit, Die Aufarbeitung der DDR-Geschichte durch die PDS, in: Gerhard Hirscher/Peter Christian Segall, Die PDS: Zukunft und Entwicklungsperspektiven, München 2000, S. 139-161; Sebastian Prinz, Der Umgang der PDS mit der Geschichte von DDR und SED, Eichstätt 1998, Manuskript, S. 89. Vgl. zum Geschichtsbild der PDS Patrick Moreau, Was will die PDS?, Frankfurt a.M. 1994, S. 134-147; ders./Rita Schorpp-Grabiak, „Man muss so radikal sein wie die Wirklichkeit" – Die PDS: eine Bilanz, Baden-Baden 2002, S. 253-273; Viola Neu, Das Janusgesicht der PDS, Wähler und Partei zwischen Demokratie und Extremismus, Baden-Baden 2004, S. 191-216; Michael Gerth, Die PDS und die ostdeutsche Gesellschaft im Transformationsprozess, Wahlerfolge und politischkulturelle Kontinuitäten, Hamburg 2003, S. 118-128; Gero Neugebauer/Richard Stöss, Die PDS. Geschichte, Organisation, Wähler, Konkurrenten, Opladen 1996, S. 81-89; Rudolf van Hüllen, „Kulturelle Hegemonie" als strategisches Konzept von Linksextremisten – dargestellt am Beispiel der „Geschichtsaufarbeitung", in: ders./J. Kurt Klein/Gerd Langguth/Reinhard Rupprecht, Linksextremismus – eine vernachlässigte Gefahr, hrsg. von der Konrad-Adenauer-Stiftung, Aktuelle Fragen der Politik, Heft 44, Sankt Augustin 1997, S. 59-80; ders., Aufarbeitung, Mythenbildung, „Kurzer Lehrgang" – oder was? Entwicklungslinien der „Geschichtsarbeit" unter Postkommunisten, in: Uwe Backes/Eckhard Jesse (Hrsg.), Jahrbuch Extremismus & Demokratie, Bd. 7, Baden-Baden 1995, S. 27-41.

[661]   Rudolf van Hüllen, Aufarbeitung, Mythenbildung, „Kurzer Lehrgang" – oder was? Entwicklungslinien der „Geschichtsarbeit" unter Postkommunisten, in: Uwe Backes/Eckhard Jesse (Hrsg.), Jahrbuch Extremismus & Demokratie, Bd. 7, Baden-Baden 1995, S. 27-41, hier S. 39.

zähle vor allem „die Konservierung des antifaschistischen Politik- und Geschichtsparadigmas in seiner klassischen orthodox-kommunistischen Variante".[662]

Die grundlegende und zentrale Aussage im PDS-Geschichtsbild lautet, dass es sich bei der Gründung der DDR um eine „legitime", weil „antifaschistische" Alternative gehandelt habe.[663] Dass die sowjetische Besatzungsmacht und die entscheidenden Kräfte der KPD von Anfang an der Etablierung einer stalinistischen Diktatur gearbeitet haben, wird von der PDS – zumindest offiziell – nicht zur Kenntnis genommen.[664] Im Übrigen müssten diejenigen, die der DDR ihren Antifaschismus zugute halten, auch dem Nationalsozialismus seinen Antikommunismus positiv anrechnen.[665] Bei der Verteidigung des politisch-gesellschaftlichen Systems der DDR spielt die eigene Biographie vieler PDS-Mitglieder eine entscheidende Rolle. Das Abstellen auf die hohe antifaschistische Qualität der DDR lässt die eigene politische und gesellschaftliche Betätigung in der DDR, für viele das Sinnzentrum ihres Lebens, in einem besseren Licht erscheinen. Einer zu nachhaltigen Kritik am historischen Antifaschismus der DDR ist der PDS durch diese Befindlichkeiten der eigenen Mitgliedschaft eine Grenze gesetzt.

Im Bereich der historischen Aufarbeitung und Auseinandersetzung mit dem DDR-Antifaschismus betrachtet der Großteil der PDS-Mitgliedschaft die Neukonzeption der „antifaschistischen Gedenkstätten" außerordentlich kritisch.[666] Nachdrücklich verteidigte man den Status quo, der ein einseitiges und teilweise ahistorisches kommunistisches Geschichtsbild vermittelte.[667] Insbesondere um die Nationale Mahn- und Gedenkstätte Buchenwald und deren Umgestaltung entwickelte sich eine starke Kontroverse. Gemeinsam mit kommunistischen Antifaschismusgruppen wehrte sich die PDS gegen eine Neuordnung der Gedenkstätte nach 1990.[668]

Die Traditionalisten in der PDS verweigern bis heute jede Diskussion über die zwiespältige Rolle der „roten Kapos" in Buchenwald. Zur Lagerverwaltung bediente sich die SS recht weitgehend der Häftlinge selbst. Diese wurden mit den Aufgaben als Vorarbeiter, Leiter von Arbeitskommandos oder Blockälteste betraut. Diese wichtigen Ordnungs- und Kontrollfunktionen hatten in Buchenwald weitgehend Kommunisten inne.[669] Dadurch verfügte die illegale

---

[662] Ebd.

[663] Viola Neu, Strategische Bedeutung des „Antifaschismus" für die Politik der PDS, in: Manfred Agethen/Eckhard Jesse/Ehrhart Neubert (Hrsg.), Der missbrauchte Antifaschismus, DDR-Staatsdoktrin und Lebenslüge der deutschen Linken, Freiburg i.Br. 2002, S. 396-405.

[664] Vgl. auch das einseitige Geschichtsbild bei Ludwig Elm, Herkunft und Aufgabe, Elf Thesen zum Antifaschismus, Antifaschistische Rundschau Nr. 40, Oktober/Dezember 1999, S. 9-12.

[665] Vgl. Uwe Backes/Eckhard Jesse, Politischer Extremismus in der Bundesrepublik Deutschland, 4. Auflage, Bonn 1996, S. 458.

[666] Vgl. Heinrich Fink, Antifaschistische Gedenkstätten im Spannungsfeld der Bundesrepublik, in: Manfred Weißbecker/Reinhard Kühnl/Erika Schwarz (Hrsg.), Rassismus, Faschismus, Antifaschismus. Forschungen und Betrachtungen gewidmet Kurt Pätzold zum 70. Geburtstag, Köln 2000, S. 511-517; Kurt Finker, Zwischen Integration und Legitimation, Der antifaschistische Widerstandskampf in Geschichtsbild und Geschichtsschreibung der DDR, Schkeuditz 1999, S. 167 f.

[667] Vgl. Bernd Faulenbach, Die DDR als antifaschistischer Staat, in: Rainer Eckert/Bernd Faulenbach (Hrsg.), Halbherziger Revisionismus. Zum postkommunistischen Geschichtsbild, München und Landsberg am Lech 1996, S. 47-68, hier S. 63; Manfred Agethen, Gedenkstätten und antifaschistische Erinnerungskultur in der DDR, in: ders./Eckhard Jesse/Ehrhart Neubert (Hrsg.), Der missbrauchte Antifaschismus, DDR-Staatsdoktrin und Lebenslüge der deutschen Linken, Freiburg i.Br. 2002, S. 128-144.

[668] Vgl. Gerhard Finn, Die Roten und Buchenwald, Vom schwierigen Werden einer zweifachen Gedenkstätte, in: Zeitschrift des Forschungsverbundes SED-Staat, Nr. 12 (2002), S. 127-145.

[669] Vgl. Lutz Niethammer, Der „gesäuberte" Antifaschismus, Die SED und die roten Kapos von Buchenwald, Dokumente, Berlin 1994; ders., Die SED und die roten Kapos von Buchenwald, in: Claudia Keller (Hrsg.), Die

2. Mythisierung der eigenen Geschichte

KPD-Lagerleitung über eine erhebliche Macht innerhalb des Lagers. Sie besaß auch die Möglichkeit, sich und ihre Klientel bei gefährlichen Kommandos oder Strafen besser zu schützen.[670]

Ein besonderer Dorn im Auge war allen Kommunisten jede Erwähnung der Geschehnisse in Buchenwald nach 1945 als sich dort das sowjetische Speziallager Nr. 2 befand. Nach wohl zutreffenden sowjetischen Angaben waren von 1945 bis 1950 ungefähr 122.000 Deutsche in den Speziallagern inhaftiert, fast 43.000 Personen starben in ihnen.[671] Ein großer Teil der Internierten hatte mit dem NS-System nichts zu tun. Vielfach handelte es sich einfach um tatsächliche oder vermeintliche Oppositionelle des neuen Systems.

Im traditionalistischen Umfeld der PDS stößt die Umbenennung von Straßennamen, die Kommunisten gewidmet waren, die tatsächlich oder vermeintlich als antifaschistische Widerstandskämpfer tätig waren, auf vollkommenes Unverständnis.[672] Insgesamt wird eine gezielte Demontage und Delegitimierung des Antifaschismus und der DDR ausgemacht. Daher sehen PDS-nahe Kreise „das Ringen um jeden Straßennamen für antifaschistische Widerstandskämpfer" als „praktisches Handeln gegen den Geschichtsrevisionismus".[673]

Die Argumentation von der „legitimen, weil antifaschistischen DDR" spiegelte sich in der PDS-Kritik an der Arbeit der Enquête-Kommission des Deutschen Bundestages zur „Aufarbeitung von Geschichte und Folgen der SED-Diktatur" wider. Die Kommission verleugne die DDR als historische Alternative und relativiere den Hitlerfaschismus.[674] Die Erinnerung an die Errungenschaften der DDR wie den authentischen DDR-Antifaschismus solle ausgelöscht werden und die DDR auf einen totalitären Unrechtsstaat reduziert werden.[675]

Seit 1990 ist allerdings eine positive Entwicklung der Geschichtsdiskussion innerhalb der PDS zu konstatieren. Der 17. Juni 1953 wird von der PDS mittlerweile deutlich differenzierter betrachtet als noch von der SED. Zum 50. Jahrestag veröffentlichte die Historische Kommission der PDS eine Erklärung.[676] Darin heißt es eingangs, seit 1989 gebe es „wesentlich bessere Voraussetzungen für einen sachgerechten Meinungsstreit": „Keine Staatsraison, keine Parteidisziplin blockiert ihn mehr, und er kann sich auf viele neu erschlossene Quellen beziehen."[677] Dennoch bleibt die Erklärung in vorsichtiger Kritik an Fehlern der Partei stecken. Als erwähnenswerte Ursachen der Ereignisse werden weiterhin die antikommunistische Propaganda der West-Berliner Rundfunksender, Rowdys und Randalierer sowie die amerikanische „Roll back"-

---

Nacht hat zwölf Stunden, dann kommt schon der Tag, Antifaschismus, Geschichte und Neubewertung, Berlin 1996, S. 333-350.

[670] Vgl. Manfred Agethen, Gedenkstätten und antifaschistische Erinnerungskultur in der DDR, in: ders./Eckhard Jesse/Ehrhart Neubert (Hrsg.), Der missbrauchte Antifaschismus, DDR-Staatsdoktrin und Lebenslüge der deutschen Linken, Freiburg i.Br. 2002, S. 128-144.

[671] Vgl. ebd.

[672] Vgl. Kurt Pätzold, Von Nachttöpfen und anderen Theorien, Über Ursachen des Rechtsextremismus und Ausgangspunkte seiner Bekämpfung in Ostdeutschland und anderswo, in: Ulrich Schneider (Hrsg.), Tut was!, Strategien gegen Rechts, Köln 2001, S. 38-49.

[673] Vgl. Ulrich Schneider, Neue Tendenzen des Geschichtsrevisionismus, in: Vorwärts in die Vergangenheit?, Argumente gegen Rechts, Texte einer antifaschistischen Konferenz der PDS in Berlin am 23. Oktober 1993, S. 133-147.

[674] Vgl. Rainer Eckert, Geschichte als Instrument. Geschichte und Agitprop in der PDS und ihrem Umfeld, in: Rainer Eckert/Bernd Faulenbach (Hrsg.), Halbherziger Revisionismus. Zum postkommunistischen Geschichtsbild, München und Landsberg am Lech 1996, S. 153-197, hier: S. 175.

[675] Vgl. Jochen Cerny, Erkunden oder aufarbeiten? Un/Arten des Umgangs mit deutscher Zeitgeschichte, in: Utopie kreativ 47/48, 1994, S. 13-27.

[676] Vgl. Der 17. Juni 1953 – eine spontane Arbeitererhebung, Erklärung der Historischen Kommission beim Parteivorstand der PDS, in: PDS-Pressedienst 17/2003, 25.4.2003.

[677] Ebd.

Politik ausgemacht. Somit sei der Einsatz der Sowjetarmee und der Kasernierten Volkspolizei „legitim" gewesen, solange ihr Einsatz „dem Schutz von Personen und öffentlichen Einrichtungen" gegolten habe. In der Erklärung vermischen sich halbherzige Kritik an der Partei- und Staatsführung mit unbedarften Verteidigungsbemühungen.

In einem Bericht über die Parteivorstandssitzung, in welcher über den 17. Juni und die entsprechende Erklärung der Historischen Kommission diskutiert wurde, heißt es: „Zum 17. Juni 1953 kann es für die PDS nicht um die Alternative ‚Identifizierung oder Distanzierung' gehen. Es wird (...) politisch zu leisten sein, sich sowohl vom Stalinismus der SED zu distanzieren, zugleich aber nicht jene zu verprellen, die aus ehrlicher Überzeugung damals für eine falsche Politik den Kopf hingehalten haben."[678] Dies macht in aller Kürze den Spagat der PDS im Umgang mit der eigenen Geschichte deutlich. Einerseits versucht sie sich als demokratische Partei von ihrer eigenen diktatorischen Vergangenheit distanzieren. Andererseits will sie jene große Zahl ihrer Mitglieder, die an das Gute der DDR geglaubt haben – und glauben – nicht durch zu harte Kritik an der eigenen Vergangenheit verprellen.

In einem Gespräch mit der PDS-Mitgliederzeitschrift äußerte sich Jochen Cerny, Mitglied der Historischen Kommission der PDS, kritisch über die Darstellung der Ereignisse vom 17. Juni 1953 in der DDR. Die Geschichte über die angebliche KZ-Kommandeuse Erna Dorn nannte er einen „Journalistenirrtum", der zu einer „Politikerlüge" wurde. Er lehnte die Bezeichnung „Volksaufstand" ab, weil es an jeglicher Führung und Logistik der Bewegung gemangelt habe. Stattdessen sprach er von einer „Erhebung".[679] In der Sonderbeilage des Neuen Deutschland am 17. Juni 2003 durfte der Theologe und Mitbegründer der DDR-Bürgerbewegung, Wolfgang Ullmann, auf Seite 1 zum Thema Stellung nehmen.[680] Dies zeigt eine positive Entwicklung in der Kraft zur kritischen Betrachtung der SED- und DDR-Vergangenheit.

Klare Worte fand der Berliner Wirtschaftssenator Harald Wolf bei einer Feierstunde in der Gedenkstätte Plötzensee anlässlich des 59. Jahrestages des Attentats- und Umsturzversuches gegen Hitler am 20. Juli 1944. Er stellte fest, dass für viele Widerstandsorganisationen der Kampf nicht am 8. Mai 1945 mit dem Untergang des nationalsozialistischen Deutschland vorbei gewesen sei: „Die Befreiung von der Nazi-Diktatur bedeutete für Ostdeutschland und die Völker Ost-Mitteleuropas keinesweges das Ende der Unfreiheit."[681] Weiter stellte Wolf fest: „Viele, die Hitler die Stirn geboten haben, wurden später wieder eingekerkert, weil sie Stalin und seinen Helfershelfern die Stirn boten."[682] Die Äußerungen führten zu heftigen Protesten bei der Kommunistischen Plattform. In einem Beschluss wurde Wolf vorgeworfen, er habe mit seiner Rede „die antikommunistische Totalitarismuskonzeption bedient" und viele Genossinnen und Genossen „abgrundtief beleidigt".[683] Nach der Auskunft des PDS-Landesgeschäftsführers wird die Kritik der Kommunistischen Plattform aber von keinem

---

[678] Ein Blick nach vorn: Europawahl 2004 – ein Blick zurück: 17. Juni 1953, Zur Sitzung des Parteivorstandes am 12. und 16. April 2003, in: PDS-Pressedienst 17/2003, 25.4.2003.

[679] Interview mit Jochen Cerny, „Sie wollen demokratisieren, nicht restaurieren", in: Disput 5/2003, S. 18-20.

[680] Vgl. Wolfgang Ullmann, Arbeiteraufstand, Volkserhebung, Bürgerbewegung, in: Neues Deutschland, 17.6.2003.

[681] Harald Wolf, Bürgermeister von Berlin und Senator für Wirtschaft, Arbeit und Frauen, Widerstand gegen Diktatur und Unterdrückung ist niemals umsonst, 20.7.2003, http://www.berlin.de/landespressestelle/archiv/2003/07/18/13769/index.html.

[682] Ebd.

[683] Beschluss des Bundeskoordinierungsrates der Kommunistischen Plattform der PDS vom 9.8.2003, in: Mitteilungen der Kommunistischen Plattform, Nr. 9/2003, S. 5.

2. Mythisierung der eigenen Geschichte 121

Mitglied des Landesvorstands der Berliner PDS geteilt.[684] Dies macht deutlich, dass die Reformer der PDS, zu welchen Harald Wolf und der Landesvorstand der Berliner PDS gehören, zu einer kritischeren Betrachtung der DDR-Geschichte bereit sind. Der dogmatische Flügel der PDS will dagegen an dem bereits in der DDR geltenden Geschichtsbild möglichst ohne Abstriche festhalten und lehnt selbst sachlich zutreffende Kritik an der diktatorischen Vergangenheit der DDR und den Verbrechen, die im Namen des Kommunismus und des Antifaschismus verübt wurden, nach wie vor kategorisch ab.[685]

Zwar gibt es immer wieder kritische Äußerungen einzelner Mandatsträger zur eigenen Parteigeschichte, die in der Entschuldigungserklärung von Gabi Zimmer und Petra Pau vom 18. April 2001 gipfelten.[686] In den Gremien der PDS gibt es aber bis heute keine Mehrheit für eine klare Abgrenzung zur eigenen diktatorischen Geschichte. Das traditionalistische Beharrungsvermögen der eigenen Parteibasis stand derartigen Bemühungen bisher im Wege. Trotz des Referates von Michael Schumann auf dem außerordentlichen Parteitag im Dezember 1989 unter dem Titel „Wir brechen unwiderruflich mit dem Stalinismus als System!" erfolgte die Abgrenzung zum Stalinismus nicht mit der wünschenswerten Konsequenz und Nachhaltigkeit.[687] Der PDS-Vorsitzende Lothar Bisky nutzte den 60. Jahrestag des Gedenkens an die Ermordung von Ernst Thälmann, um diesen als aufrechten Widerstandskämpfer gegen den Faschismus zu ehren.[688] Stalin, so Bisky, habe den „charismatischen deutschen Arbeiterfunktionär" nur missbraucht. Der Widerstand gegen den Faschismus – mit Ernst Thälmann an vorderster Stelle – habe eines deutlich gemacht: „Antifaschismus gehört in Europa und in einer gerechten Welt zum Grundverständnis einer demokratischen Gesellschaft."[689] Ob gerade dieser ausgewiesene Antidemokrat und treue Vasall Stalins ein geeignetes Beispiel für einen Antifaschismus in einer freiheitlichen demokratischen Gesellschaft ist, erscheint mehr als fragwürdig. Der vom vermeintlichen „Reformer" Lothar Bisky im Jahr 2004 um Thälmann veranstaltete Heldenkult spricht eher für eine Fortsetzung der SED-Geschichtsschreibung mit einer etwas modernisierten Sprache und einzelnen taktischen Zugeständnissen als für einen tatsächlichen Bruch mit der eigenen totalitären Vergangenheit.

---

[684] Vgl. Antwort von Carsten Schatz, Landesgeschäftsführer der PDS Berlin, in: Mitteilungen der Kommunistischen Plattform, Nr. 9/2003, S. 5.

[685] Einen Überblick über die Verbrechen, die im Namen des Kommunismus verübt wurden, gewährt: Stéphane Courtois u.a., Das Schwarzbuch des Kommunismus, Unterdrückung, Verbrechen und Terror, München 1998.

[686] Vgl. Mike Schmeitzner, Postkommunistische Geschichtsinterpretationen. Die PDS und die Liquidierung der Ost-SPD 1946, in: Zeitschrift des Forschungsverbunds SED-Staat, 11/2002, S. 82-101.

[687] Vgl. Rainer Eckert, Geschichte als Instrument, Geschichte und Agitprop in der PDS und ihrem Umfeld, in: ders./Bernd Faulenbach (Hrsg.), Halbherziger Revisionismus. Zum postkommunistischen Geschichtsbild, München und Landsberg am Lech 1996, S. 153-197, hier: S. 168-170. Die Rede von Michael Schumann ist dokumentiert in: Lothar Hornbogen/Detlef Nakath/Gerd-Rüdiger Stephan (Hrsg.), Außerordentlicher Parteitag der SED/PDS, Protokoll der Beratungen am 8./9. und 16./17. Dezember in Berlin, Berlin 1999, S. 178-192; nach „Des späten Novembers rauchiges Lächeln, Über den Potsdamer Landtagsabgeordneten Michael Schumann", Disput Heft 12/1998 standen als Ideengeber Markus Wolf und Heinz Vietze hinter dem Referat Schumanns. Sie wollten „wegen ihrer Karrieren im Parteiapparat" den glaubwürdigeren Schumann nach vorne schicken, da er nur Basisfunktionen in der SED innegehabt habe; zur Stalinismus-Debatte in der PDS siehe auch Patrick Moreau/Jürgen P. Lang, Linksextremismus, Eine unterschätzte Gefahr, Bonn 1996, S. 36-38; Horst Helas, PDS und Stalinismus, Ein Beitrag zur Rekonstruierung einer wissenschaftlich-politischen Debatte, hrsg. von der Historischen Kommission der PDS, Heft 5, Manuskript, Berlin 1995.

[688] Vgl. Lothar Bisky, Antifaschismus gehört zum Grundverständnis einer demokratischen Gesellschaft, PDS-Vorsitzender Lothar Bisky zum Gedenken an Ernst Thälmann am 18. August in Buchenwald, in: PDS-Pressedienst, Nr. 34/2004, S. 4 f.

[689] Ebd.

Auf Grund der engen Verbundenheit des SED-Herrschaftssystems mit dem Ministerium für Staatssicherheit (MfS) sowie wegen des erheblichen Prozentsatzes ehemaliger offizieller und inoffizieller Mitarbeiter des MfS in den Reihen der PDS ist in der Partei ebenso die Auseinandersetzung mit der Geschichte des MfS heikel.[690] Bis heute verweigern sich immer wieder Abgeordnete der PDS der üblichen Stasi-Überprüfung.

Selbst nach der „Wende" erfolgte keine offene Aufklärung und unmissverständliche Abgrenzung der PDS vom Antisemitismus der SED. Zwar erschien im Jahr 1991 ein Artikel in der PDS-Zeitschrift Disput, in welchem der Autor eine kritische Ausleuchtung des Beziehungsgefechtes zwischen Stalinismus und Antisemitismus forderte.[691] In dem Artikel wurden „antisemitische Haltungen und Erscheinungen" in der Geschichte der kommunistischen Staaten einschließlich der Geschichte von DDR und SED eingeräumt.[692] In einem „Thesenentwurf" der AG Rechtsextremismus/Antifaschismus aus demselben Jahr hieß es: „Die Partei des Demokratischen Sozialismus distanziert sich vorbehaltlos von der als ‚Anti-Zionismus' bemäntelten Gegnerschaft der ehemaligen SED-Führung zum Staat Israel. (...) Die PDS tritt vor allem einer in linken Kreisen gelegentlich artikulierten Kritik an der Politik Israels entgegen, die den jüdischen Staat in die Nähe des Faschismus rückt."[693] Eine offizielle historische und programmatische Auseinandersetzung mit der eigenen antisemitischen Geschichte, wie zu Beginn der neunziger Jahre von einigen gefordert, blieb die PDS dennoch schuldig. Noch 1998 beklagte der Präsident des Zentralrats der Juden in Deutschland, Ignatz Bubis, dass sich die PDS nicht klar von den antizionistischen Aussagen der SED abgegrenzt habe.[694]

Bei der Geschichtsaufarbeitung der PDS bleibt es bei einem „halbherzigen Revisionismus".[695] Was für die Bewertung der Zwangsvereinigung zwischen KPD und SPD gilt, kann für die gesamte historische Arbeit der PDS gelten: Die ersten Schritte einer Neubewertung der eigenen Geschichte sowie der Geschichte der DDR werden nur von einer kleinen Minderheit des Führungspersonals der PDS vollzogen und getragen. Ein Paradigmenwechsel in der Geschichtsinterpretation der PDS ist nicht erkennbar.[696]

3.　　Verhältnis zur Nation

In bestimmten antifaschistischen Kreisen gilt jede positive Haltung zur eigenen Nation prinzipiell als faschistisch. Konsequenter Antifaschismus muss demgemäß strikt antinational sein. Regelmäßig finden Antifa-Demonstrationen unter Mottos wie „Deutschland verrecke!", „Deutschland halt's Maul!", „Keine Träne für Dresden!" oder „Es gibt tausend Gründe Deutschland zu hassen!" statt. Derartige Parolen sind zwar kein Teil der offiziellen PDS-Programmatik. Immer wieder fanden sich aber einzelne Mitglieder oder Abgeordnete der PDS

---

[690]　Rainer Eckert, ebd., S. 170-173.
[691]　Vgl. Reiner Zilkenat, Was tun gegen Antisemitismus?, in: Disput, 2. Oktoberheft 1991, S. 6-9. Eine längere Version des Artikels liegt als Manuskript vor: Reiner Zilkenat, Antisemitismus in den neuen Bundesländern, Berlin o.J.
[692]　Ebd.
[693]　Rolf Richter/Norbert Madloch/Manfred Otto/Reiner Zilkenat/Horst Dohle/Klaus Böttcher, Thesenentwurf, Der Antifaschismus, die PDS und die Auseinandersetzung unserer Zeit, Berlin 1991, Manuskript, S. 36 f.
[694]　Vgl. Süddeutsche Zeitung, 17.7.1998.
[695]　Rainer Eckert/Bernd Faulenbach (Hrsg.), Halbherziger Revisionismus. Zum postkommunistischen Geschichtsbild, München und Landsberg am Lech 1996.
[696]　Vgl. Mike Schmeitzner, Postkommunistische Geschichtsinterpretationen. Die PDS und die Liquidierung der Ost-SPD 1946, in: Zeitschrift des Forschungsverbunds SED-Staat, 11/2002, S. 82-101, hier S. 97.

3. Verhältnis zur Nation

bereit, Demonstrationen von „autonomen" Antifa-Gruppen unter vergleichbaren Titeln zu unterstützen oder polizeilich anzumelden.

Zwar werden derartige politische Aktionen auch innerhalb der PDS kritisiert. Rolf Richter, heute Antifaschismus-Experte der Rosa-Luxemburg-Stiftung, warnte bereits 1991 davor, dass „antinationale Verkrampfungen und Berührungsängste in Sachen deutscher Nation und deutschem Vaterland" die Auseinandersetzung mit dem Rechtsextremismus erheblich schwächen könnten.[697] Losungen wie „Links braucht kein Vaterland" wurden und werden von Richter für „realitätsfern und falsch" gehalten.[698] Norbert Madloch kritisierte ebenfalls im Jahr 1991, dass viele Linke nur den Satz „Die Arbeiter haben kein Vaterland" aus dem Kommunistischen Manifest im Kopf hätten.[699] Das Scheitern des „bisherigen Gedankengebäudes" sollte auch in der nationalen Frage als Chance begriffen werden, dem „gesamten Gedankenreichtum von Marx, Engels, und anderer linker Theoretiker zur nationalen Problematik wieder mehr Geltung zu verschaffen".[700]

Breite Kritik erfuhr das Interview, welches der damalige PDS-Fraktionschef von Mecklenburg-Vorpommern, Johann Scheringer, der „Jungen Freiheit" gab.[701] In diesem Interview bekannte sich der PDS-Politiker, Sohn des Reichswehr-Offiziers Richard Scheringer, zum Begriff der Nation. Sein Vater wurde Ende der zwanziger Jahre als nationalsozialistischer Verschwörer verhaftet und mutierte im Gefängnis zum Kommunisten. Später vertrat er einen national orientierten Kurs in der KPD, der unter dem Begriff „Scheringer-Kurs" Bekanntheit erlangte. Nicht nur die inhaltlichen Äußerungen des Fraktionschefs, sondern überhaupt die Tatsache des Interviews mit der von der PDS als rechtsextremistisch eingeschätzten Wochenzeitung, führten zu tiefem Unmut in der Partei.

Gabriele Zimmer hatte nach ihrer Wahl zur Parteivorsitzenden im Oktober 2000 eine breite Debatte um die Nation in der PDS angestoßen, als sie nach ihrer Wahl zur Parteivorsitzenden feststellte, dass auch Linke Deutschland lieben dürften.[702] Bereits das Parteitagsmotto „Dass ein gutes Deutschland blühe" – ein Zitat aus Brechts Kinderhymne – hatte bei Traditionalisten für Unmut gesorgt. In einem Interview nach dem Parteitag erklärte Gabriele Zimmer, dass die PDS in Zeiten zunehmenden Rechtsextremismus sensible Themen nicht den anderen überlassen dürfe: „Die Linke wird unglaubwürdig, wenn sie den Nationenbegriff immer nur in Bezug auf andere Völker zulässt, mit ‚nationalen Befreiungsbewegungen' in aller Welt sympathisiert, den Begriff in Deutschland aber ausspart."[703] In der nachfolgenden Debatte gab es einen heftigen Schlagabtausch in der Partei.[704] Das Bekenntnis zum eigenen Vaterland verstand

---

[697] Vgl. Rolf Richter, Über Geschichte und Gegenwärtiges des Antifaschismus aus deutscher Sicht, Kongressvortrag, in: „In der Diskussion Neofaschismus." Dokumentation des internationalen Kolloquiums „Humanismus in der Verantwortung – Gegen Rechtsextremismus, Rassismus und Nationalismus", Berlin, 4./5.10.1991, S. 48-53.

[698] Ebd.

[699] Vgl. Norbert Madloch, Zur Problematik des Rechtsextremismus in Ostdeutschland, in: In der Diskussion Neofaschismus. Dokumentation des internationalen Kolloquiums „Humanismus in der Verantwortung – Gegen Rechtsextremismus, Rassismus und Nationalismus" am 4. und 5. Oktober 1991 in Berlin, S. 7-11.

[700] Ebd.

[701] Junge Freiheit, September 1993.

[702] Vgl. Interview mit Gabriele Zimmer, „Ich liebe Deutschland!", taz 30.10.2000; Daniel Friedrich Sturm, PDS-Streit um Nation und Selbstverständnis, Die Welt, 9.1.2001.

[703] Interview mit Gabriele Zimmer, „Die Linke muss auch einen Kampf um die Herzen der Leute führen", Frankfurter Rundschau 27.12.2000.

[704] Vgl. Erhard Crome, Die Linke und ihr Verhältnis zu Nation und Nationalstaat – Die Nation zwischen Europäischer Union und Regionen, Berlin 2001; Ronald Lötzsch, Die Linke und ihr Verhältnis zu Nation und Nationalstaat – Nationalismus und nationale Minderheiten, Berlin 2001; PDS-Landesverband Sachsen, Nation und die Linke im 21. Jahrhundert, Beiträge zur Programmdebatte, Heft 8, Dresden 2001.

die Parteivorsitzende Zimmer dabei als deutliche Kritik am weit verbreiteten Antinationalismus in den westlichen PDS-Landesverbänden: „„Deutschland, halts Maul!' oder ‚Deutschland verrecke' – ich verstehe, wenn Leute so denken, aber auf dieser Grundlage kann ich keine Politik machen. Wer das Volk verachtet und seine eigene kleine Meinung für die ewige Wahrheit hält, wie es ein Teil unserer westlichen Mitgliedschaft tut, der endet im Sektierertum."[705] Der Chef der sächsischen PDS-Fraktion, Peter Porsch, forderte als Konsequenz aus den Erfolgen rechtsextremistischer Parteien zu Beginn des Jahres eine Patriotismus-Debatte der deutschen Linken und erntete dafür Kritik vom innenpolitischen Sprecher der PDS-Fraktion in Sachsen-Anhalt, Matthias Gärtner, der erklärte, eine derartige Debatte stoße „Leute, die sich vor Ort antifaschistisch engagieren" ab.[706] In einer Rede distanzierte sich Porsch ausdrücklich von Formulierungen wie „No tears for krauts" oder „Deutschland ist scheiße!" und wandte sich gegen ein „Denkverbot für Linke" bei Themen wie Heimat und Nation.[707] Zu einer abschließenden Klärung, wie die PDS mit der eigenen Nation umgehen solle, kam es aber bis heute nicht.

Vor allem in den West-Verbänden der PDS gehört ein aggressiver Antinationalismus weiterhin zur ideologischen Grundausstattung. Neben pauschalen Angriffen auf die deutsche Nation oder den deutschen Staat macht die PDS immer wieder der parlamentarische Rechtsstaat für Fehlentwicklungen in der Gesellschaft verantwortlich. Etwas subtiler geht die intellektuelle Garde der West-PDS vor. So behauptet der PDS-nahe Politikprofessor Christoph Butterwegge: „Forderungen nach einer Neukonturierung der ‚nationalen Identität' fungierten als Brücke zwischen der ‚liberal-konservativen Mitte' und der extremen Rechten."[708] Damit stellt er jede Diskussion über die nationale Identität unter den Verdacht des Rechtsextremismus.

Die Position der PDS zur deutschen Nation wird in Zukunft ein wichtiger Punkt der antifaschistischen Strategie der PDS bleiben. Offen ist, ob sich traditionalistische Kräfte mit einer Verdammung der Nation durchsetzen oder ob pragmatischere Kräfte eine vernünftige Beziehung der PDS zur Nation herstellen können. Ein demokratischer Antifaschismus wäre mit einem aggressiven Antinationalismus und Antipatriotismus, der in einem Hass auf die eigene Nation gipfelt, nicht vereinbar.

4. Umgang mit rechtsextremistischen Kräften

Gerade in den neuen Ländern sind häufig verfestigte lokale Strukturen des Rechtsextremismus anzutreffen.[709] Deshalb muss sich die dortige PDS immer wieder mit der Frage auseinandersetzen, wie sie selbst mit rechtsradikalen oder rechtsextremistischen Parteien oder Jugendgruppen umgeht. Teile der Partei hatten eine „akzeptierende Jugendarbeit" im Umgang mit diesen Jugendgruppen unterstützt. Die breite Mehrheit der PDS lehnt jedoch jede Kooperation mit

---

[705] Interview mit Gabriele Zimmer, „Ich liebe Deutschland!", taz 30.10.2000.

[706] Vgl. Tom Strohschneider, Porschs Vorschlag findet keine Heimat, Kritik an linker Patriotismus-Debatte, in: Neues Deutschland, 14.2.2005.

[707] Vgl. Peter Porsch, „Linke, Heimat, Vaterland", Rede anlässlich der Eröffnung der Ausstellung „Deutschkunde" im Sächsischen Landtag, 22.02.2005.

[708] Vgl. Christoph Butterwegge, Globalismus, Neoliberalismus, Rechtsextremismus, in: Utopie kreativ, Heft 135, Januar 2002, S. 55-67.

[709] Vgl. Schönbohm besorgt über rechte Gewalt in Brandenburg, Märkische Oderzeitung, 29.5.2004; Sven Heitkamp, In Sachsen machen sich die Rechtsextremen breit, in: Die Welt, 7.7.2004.

4. Umgang mit rechtsextremistischen Kräften

derartigen Kräften ab.[710] Diese wird als „Subventionierung rechtsextremer Jugend- und Kulturarbeit"[711] bewertet.

Einen Höhepunkt erreichte dieser Streit nach einem gemeinsamen Gespräch der damaligen sächsischen PDS-Bundestagsabgeordneten und stellvertretenden PDS-Vorsitzenden Christine Ostrowski und dem stellvertretenden Vorsitzenden der Nationalen Offensive (NO), Constantin Mayer. In einem Interview im Anschluss an das Gespräch äußerte Frau Ostrowski: „Unsere sozialen Forderungen stimmen im Grunde überein, bis hin zum Wortlaut. Unterschiede gibt es in der ideologischen Grundlage. So sehen wir die Ursachen für die Arbeitslosigkeit anders als die Nationale Offensive."[712] Diese Äußerungen führten zu einer breiten Protestwelle innerhalb der PDS. So kritisierten Lothar Bisky und Gregor Gysi in einer Presseerklärung: „Niemand in der Partei des Demokratischen Sozialismus hat das Recht, den Grundkonsens hinsichtlich eines aktiven und aufrichtigen Antifaschismus zu verletzen."[713] Diesen antifaschistischen Grundkonsens sahen sie wie die breite Mehrheit in der PDS durch das Gespräch mit dem Rechtsextremisten-Funktionär sowie den anschließenden Interview-Äußerungen Ostrowskis in Gefahr.

In mehreren Länder- sowie Kommunalparlamenten der neuen Bundesländer sahen beziehungsweise sehen sich PDS-Abgeordnete mit Vertretern rechtsextremistischer Parteien konfrontiert. In der PDS sind unterschiedliche Ansätze im Umgang mit parlamentarischem Rechtsextremismus erkennbar. Während in Sachsen-Anhalt ein umfangreicher medienöffentlicher Schlagabtausch mit der DVU-Fraktion sowie deren Nachfolgegruppen geführt wurde, setzte die Brandenburger PDS im Landtag eher auf eine bestimmte, aber ruhige Auseinandersetzung mit der dortigen DVU. In der medialen Öffentlichkeit von Brandenburg findet die DVU praktisch nicht statt. In Sachsen-Anhalt konnten sich sowohl die Rechtsextremisten als auch die PDS im öffentlichen Aufeinandertreffen stark profilieren. Neben den Möglichkeiten des Ignorierens und Ausgrenzens bevorzugen daher die meisten PDS-Vertreter die harte politische Auseinandersetzung mit Rechtsextremisten.[714] Nachdem kürzlich die DVU die Wiedereinzug in den Landtag von Brandenburg schaffte und es der NPD gelang, in den Sächsischen Landtag einzuziehen, erlangte die Frage des Umgangs mit Rechtsextremisten im Parlament wieder eine hohe Aktualität für die PDS. Nach der Auffassung von Matthias Gärtner dürfen Anträge der NPD niemals Unterstützung von der PDS erhalten selbst wenn diese möglicherweise wörtlich aus dem Programm der PDS übernommen worden seien.[715] Andererseits spricht sich Gärtner gegen Geschäftsordnungstricks aus, um die NPD aus Gremien herauszuhalten.[716]

Gegen derartige Tricks spricht sich auch der Parlamentarische Geschäftsführer der PDS-Fraktion im Sächsischen Landtag, André Hahn, aus.[717] In einem pragmatischen und an den Realitäten der Macht orientierten Beitrag warnt Hahn davor, die NPD durch massive Ausgrenzung in eine „Märtyrerrolle" zu bringen. Die Ausgrenzung der PDS durch die CDU habe ers-

---

[710] Vgl. Lothar Bisky/Gabi Zimmer, Aufruf gegen rechtsextremistischen Terror: Nicht mit uns!, Berlin, 9.8.2000, in: Neues Deutschland, 10.8.2000.

[711] Ebd.; vgl. Sabine Jünger, Auf Bekehrung zu setzen macht wenig Sinn, Zwischen akzeptierender und antifaschistischer Jugendarbeit, in: Disput Oktober 1999.

[712] Dresdener Neuste Nachrichten, 9.3.1993.

[713] Lothar Bisky und Gregor Gysi, Presseerklärung, 11.3.1993.

[714] Vgl. André Hahn, Zum Umgang mit Rechtsextremen in den Parlamenten, in: Klaus Kinner/Rolf Richter, Rechtsextremismus und Antifaschismus, Berlin 2000, S. 52-55.

[715] Vgl. Matthias Gärtner, Nicht deren Hegemonieansprüche nähren, in: Neues Deutschland, 13.8.2004.

[716] Ebd.

[717] Vgl. André Hahn, Grundsatzbeschlüsse müssen realitätstauglich sein, in: Neues Deutschland, 13.8.2004.

terer eher genutzt als geschadet. Als problematisch erscheint ihm die Ablehnung eines inhaltlich richtigen NPD-Antrages auf kommunaler Ebene, weil ein einmal abgelehnter Antrag nach
den sächsischen Kommunalgesetzen erst nach sechs Monaten wieder erneut eingebracht werden dürfe. Die Annahme eines PDS-Antrags mit den Stimmen der NPD ist für ihn ebenso
wenig ein Problem wie die Wahl eines PDS-Kandidaten mit den Stimmen der NPD in einer
geheimen Abstimmung: „Soll der PDS-Mann nun sein Mandat ablehnen, weil es womöglich
auch mit NPD-Stimmen zustande kam? (...) Das kann doch niemand ernsthaft wollen."[718]
Hahn spricht sich außerdem gegen „exportierte Demonstrationen ohne Abstimmung mit den
regionalen Akteuren" aus, weil diese in der Regel nichts brächten.[719]

In der PDS herrscht heute Konsens darüber, dass eigene Kontakte mit rechtsextremistischen Kräften strikt abzulehnen sind. Um die Wähler der rechtsextremistischen Parteien soll
aber geworben werden.[720] Wie weit diese Werbung gehen darf, ist allerdings umstritten. Nach
der Mehrheit der PDS gingen die „Fremdarbeiter"-Äußerungen Oskar Lafontaines bereits zu
weit.[721] Er hatte am 14. Juni 2005 auf einer Kundgebung in Chemnitz gesagt: "Der Staat ist
verpflichtet zu verhindern, dass Familienväter und Frauen arbeitslos werden, weil Fremdarbeiter zu niedrigen Löhnen ihnen die Arbeitsplätze wegnehmen."[722] Seine Formulierung führte in
der PDS zu umfassender Kritik. Auf dem Nominierungsparteitag der PDS Nordrhein-
Westfalen zeigte eine Gruppe aus Protest gegen Lafontaine ein Transparent mit der Aufschrift
"Links ist, wo keiner fremd ist".[723] Er verteidigte sich, seine Äußerung sei absichtsvoll missver-
standen worden.[724]

Die konsequente Abgrenzungsstrategie gegenüber allem, was die PDS als rechtsextremistisch ansieht, ist aus der Sicht des demokratischen Verfassungsstaates als legitim zu bewerten.
Mit extremistischen Parteien und Gruppen dürfen Demokraten nicht zusammenarbeiten. Es
wäre wünschenswert, wenn die PDS ebenso unmissverständlich, wie sie die Kooperation mit
Rechtsextremisten ablehnt, jede Kooperation mit Linksextremisten ablehnte.

Fraglich bleibt aber, inwieweit der konsequente Abgrenzungskurs gegenüber Rechtsextremismus nur ein ideologischer Reflex ohne konkrete Bedeutung für die Arbeit vor Ort ist.
Eine scharfe Abgrenzung in Worten fällt leicht. Kundgebungen und andere Aktionen „gegen
rechts" entsprechen der antifaschistischen Gesinnung der Partei und beruhigen das eigene
Gewissen. Trägt diese Art der Auseinandersetzung tatsächlich zur Lösung von Problemen mit
Rechtsextremisten vor Ort bei? Johanna Edelbloude äußert sich dazu in einer Untersuchung
der „Affäre Ostrowski" kritisch.[725] Im Gegensatz zur „reinen (Abgrenzungs-)Lehre" der Bun-
des- und Landesebene sei vor Ort eine langfristige und pragmatische Herangehensweise erforderlich, um rechtsextremistische und rassistische Denk- und Verhaltensweisen wirksam zu
bekämpfen.

Zu überprüfen wäre auch, inwieweit es der PDS gelingt, sich mit rechtsextremistischen
Denkmustern in den eigenen Reihen auseinanderzusetzen. Insbesondere in den neuen Bundesländern sind „Elemente rassistischen Gedankenguts" unter PDS-Wählern und -Mitgliedern

---

[718] Ebd.
[719] Ebd.
[720] Vgl. Gysi verteidigt Werbung um rechtsradikale Wähler, in: Financial Times Deutschland, 3.8.2005.
[721] Vgl. Martin Debes, Ramelow greift Lafontaine an, in: Thüringer Allgemeine, 17.6.2005.
[722] Fremdarbeiter - Lafontaine erntet Kritik für ein Wort, in: Hamburger Abendblatt, 17.6.2005.
[723] Vgl. Jochen Bülow, Mit Applaus auf Platz eins: Vier von fünf Delegierten in NRW wählten Oskar Lafontaine auf
die Pole-Position, in: Neues Deutschland, 1.8.2005.
[724] Ebd.
[725] Vgl. Johanna Edelbloude, L'affaire Ostrowski: le parti néo-socialiste est-allemand face à l'extrême droite, in:
Revue Française de Science Politique, vol. 53, n°3, Juni 2003, S. 409-433.

5. Bündnispolitik 127

vorhanden, wie nicht nur die jugendpolitische Sprecherin der PDS Sachsen, Juliane Nagel, feststellt.[726] Formelhafte Beschwörungen des „antifaschistischen Auftrages" der Partei tragen nur begrenzt zu einer tatsächlichen Auseinandersetzung mit derartigen Tendenzen bei.

5.   Bündnispolitik

Lenin wird ohne Beleg die Bezeichnung „nützliche Idioten" für die Bündnispartner zugeschrieben, die keine Kommunisten waren, aber in bestimmten Fragen zu Bündnissen mit den Kommunisten bereit waren.[727] Bündnisse mit anderen Parteien, Organisationen und Einzelpersonen bilden seit frühester Zeit eine zentrale Taktik kommunistischer Parteien, um ihre Isolation zu durchbrechen.[728] Charakteristisch ist der taktische Gedanke der Bündnisse. Sie sollen den Einfluss der Kommunisten in einer Schwächephase stärken. Langfristig halten die Kommunisten immer an dem Ziel einer kommunistischen Gesellschaft fest. Spätestens bei Erreichen dieses Zieles entledigen sich die Kommunisten aller ihrer Bündnispartner wieder.

Die Akzeptanzstrategie war der PDS vor allem nach der Diskreditierung der SED-Politik von höchster Bedeutung. 1990 wurde die PDS als unmittelbare Erbin der rundum ruinierten SED im Westen der Republik als reines Phänomen von Übergang und Umbruch gedeutet. Selbst in den neuen Bundesländern galt sie zunächst bloß als „sektiererisches Sammelbecken einer Minderheit ewiggestriger Genossen, die sich schnell verflüchtigen werde".[729] Die PDS musste aus ihrer politischen und gesellschaftlichen Isolierung ausbrechen, um wieder politikfähig zu werden. Ein wichtiges Instrument war bei diesem Ausbruch aus der eigenen Isolation die Bildung von beziehungsweise die Beteiligung an antifaschistischen Bündnissen „gegen rechts".[730] Antifaschismus war bereits der wirksamste „integrative Faktor" der DDR – bezogen auf die ideologische Ebene.[731] Antifaschismus bleibt auch in der Bundesrepublik einer der zentralen Faktoren der bündnispolitischen Anstrengungen der Partei.[732] Bei der Bekämpfung des Rechtsextremismus konnte sich die PDS als Verteidigerin der demokratischen Ordnung und Teil des Verfassungsbogens darstellen – besonders deutlich wurde dies bei der Großdemonstration am 9. November 2000.[733] Auch wenn innerhalb der PDS der „Aufstand der Anständigen" als „Reklameveranstaltung der Regierenden"[734] kritisiert wurde, konnte die PDS bei

---

[726]   Vgl. Juliane Nagel, Die autonome Antifa ist die konsequenteste antifaschistische Kraft, Neues Deutschland 2002, zitiert nach: http://www.linxxnet.de/juliane.nagel/antifa2.htm.

[727]   Vgl. zur Genese des Begriffs Emil-Peter Müller, Die Bündnispolitik der DKP, ein trojanisches Pferd, Köln 1982, S. 31 f.

[728]   Vgl. ebd., S. 15.

[729]   Tobias Dürr, Die Linke nach dem Sog der Mitte. Zu den Programmdebatten von SPD, Grünen und PDS in der Ära Schröder, in: Aus Politik und Zeitgeschichte, B 21/2002, S. 5-12, hier S. 7.

[730]   Vgl. Archiv der PDS, Arbeitsplan der Arbeitsgruppe Bündnisarbeit, 12.4.1991.

[731]   Vgl. Bernd Faulenbach, Einführung zur 30. Sitzung der Enquete-Kommission „Aufarbeitung von Geschichte und Folgen der SED-Diktatur in Deutschland" am 5. März 1993, in: Materialien der Enquete-Kommission (12. Legislaturperiode des Deutschen Bundestages), hrsg. vom Deutschen Bundestag, Band III, Baden-Baden/Frankfurt a.M. 1994, S. 101-110. Siehe auch: Manfred Wilke, Antifaschismus als Legitimation staatlicher Herrschaft in der DDR, in: Bundesminister des innern (Hrsg.), Bedeutung und Funktion des Antifaschismus, Texte zur Inneren Sicherheit, Bonn 1990, S. 52-64.

[732]   Vgl. Patrick Moreau/Rita Schorpp-Grabiak, „Man muss so radikal sein wie die Wirklichkeit" – Die PDS: eine Bilanz, Baden-Baden 2002, S. 176.

[733]   So auch: Manfred Wilke, Die „antifaschistische" Republik – Die PDS strebt eine neue Lagerbildung an, in: Die politische Meinung 377, 2001, S. 65-69.

[734]   Roland Bach, Der „Aufstand der Anständigen" – Was brachte er? Was bleibt? Was bleibt zu tun?, in: Rundbrief der AG Rechtsextremismus/Antifaschismus 1/2002, S. 14-16.

den zahlreichen Demonstrationen und Aktionen „gegen rechts" ihre Anerkennung als demokratischer Bündnispartner im Kampf gegen die Feinde der Demokratie ausbauen.

Die PDS unterstützte das von der rot-grünen Bundesregierung initiierte „Bündnis für Demokratie und Toleranz – gegen Extremismus und Gewalt". Entgegen seines Namens beschäftigte sich das Bündnis bisher ausschließlich mit der Bekämpfung von Rechtsextremismus. Insgesamt blieb die Frage nach der Effizienz der Mittelverwendung zweifelhaft. Eine Studie der Friedrich-Ebert-Stiftung macht gravierende Mängel bei der Ergebniskontrolle aus.[735]

Inzwischen wird beim Bündnis genauer kontrolliert, wo und wie die Fördergelder Verwendung finden. Damit ist es für Verfassungsfeinde von links schwerer, im Auftrag und mit Geldern des Staates gegen Verfassungsfeinde von rechts zu arbeiten. Die Linksextremisten, die nun keine Förderung mehr erhalten, kritisieren, dass „unbequeme Basisinitiativen", die sich seit langem für eine – angeblich – „demokratische Gegenkultur" einsetzten, nahezu keine Chance mehr hätten, finanzielle Förderung zu erhalten.[736]

Die Anerkennung der PDS als Partner der demokratischen Parteien im Kampf gegen Rechtsextremismus zeigt sich auch in der Beteiligung der Partei an dem interfraktionellen Antrag „Gegen Rechtsextremismus, Fremdenfeindlichkeit, Antisemitismus und Gewalt"[737], der im März 2001 gemeinsam mit den Fraktionen von SPD, Bündnis 90/Die Grünen und FDP im Deutschen Bundestag eingebracht und verabschiedet wurde. In diesem Antrag werden unter anderem mehr Gelder für die „Opfer rechter Gewalt" sowie für Öffentlichkeitsarbeit gegen Rechtsextremismus gefordert[738] und ein Prüfauftrag zur Einrichtung einer Beobachtungsstelle für Rassismus und Fremdenfeindlichkeit in der Bundesrepublik Deutschland erteilt. Dabei handelt es sich um eine langjährige Forderung der PDS.

Starkes Engagement legt die PDS im Kampf gegen die rechtsextremistische NPD an den Tag. Bei Aufzügen der NPD steht die PDS regelmäßig auf der Seite der Gegendemonstranten. Die PDS unterstützte das Verbotsverfahren gegen die NPD. Sie war aber mit der Art und Weise der Verfahrensführung nicht einverstanden und übte scharfe Kritik an der Arbeit des Verfassungsschutzes.[739] Im Kampf gegen die NPD konnte sich die PDS einerseits als Verteidigerin der Demokratie gegenüber Extremisten darstellen und andererseits die ihr schon lange suspekte Arbeit des Verfassungsschutzes kritisieren.

Bündnisse mit linken sozialen Kräften werden von den führenden PDS-Strategen als existenziell wichtig für die PDS beurteilt. Zwar hat sich die Partei aus der nach dem Mauerfall bestehenden fast vollständigen politischen und wirtschaftlichen Isolation befreien können. Dennoch war nach der Bundestagswahl 2002 und dem Verschwinden der PDS aus dem Deutschen Bundestag deutlich geworden, dass die PDS in ihrer bestehenden Struktur nicht über die

---

[735] Vgl. Roland Roth unter Mitarbeit von Anke Benack, Bürgernetzwerke gegen Rechts, Evaluierung von Aktionsprogrammen und Maßnahmen gegen Rechtsextremismus und Fremdenfeindlichkeit, erstellt für den Arbeitskreis „Bürgergesellschaft und Aktivierender Staat" der Friedrich-Ebert-Stiftung, Bonn 2003, http://fesportal.fes.de/pls/portal30/docs/FOLDER/BUERGERGESELLSCHAFT/044Buergernetzwerke.pdf.

[736] Vgl. Kathrin Klever, Ungewollte Effekte, Mittel aus staatlichen Förderprogrammen für Initiativen gegen rechts haben zunächst auch linke Gruppen bekommen, Nun rudern die Bewilligungsbehörden zurück, in: Junge Welt, Antifa-Beilage, 27.8.2003.

[737] Gegen Rechtsextremismus, Fremdenfeindlichkeit, Antisemitismus und Gewalt, Antrag der Fraktionen SPD, Bündnis 90/Die Grünen, FDP und PDS, 6. März 2001, Bundestags-Drs. 14/5456.

[738] Nach Ansicht der PDS wird für private Initiativen gegen Rechtsextremismus allerdings immer noch viel zu wenig Geld zur Verfügung gestellt. Vgl. Ulla Jelpke, Erklärung nach § 31 GO zur Abstimmung über den Antrag: Gegen Rechtsextremismus, Fremdenfeindlichkeit, Antisemitismus und Gewalt (Drs. 14/5456), Plenarprotokoll, 14. WP, 162. Sitzung, 30. März 2001, S. 15866.

[739] Vgl. Petra Pau, Nicht nur das Verfahren ist verfahren, in: Disput 3/2003, S. 22f.; dies., Geheimdienste und Rechtsextremismus zurückdrängen, Pressemitteilung vom 18. März 2003.

5. Bündnispolitik

erforderlichen Ressourcen verfügte, um „die vorhandenen Potenziale einer sozialistischen Partei in Deutschland im notwendigen Maße zu erschließen".[740] Kurzfristige Erfolge der PDS als Protestpartei gegen unangenehme Reformen wie die „Agenda 2010" oder „Hartz IV" bei Landtagswahlen in den neuen Bundesländern widersprechen diesem grundsätzlichen Befund nicht. Die Umbenennung der PDS in „Die Linkspartei" sowie die Zusammenarbeit mit der Wahlalternative Arbeit & soziale Gerechtigkeit (WASG) stellen einen maßgeblichen Schritt in die angestrebte Richtung dar, weil sie die Bündnisfähigkeit der Partei stärken.

Als Antwort auf die Krise der PDS empfahl der programmatische Vordenker Michael Brie im Jahr 2003 die Schaffung eines „historischen Blocks" à la Gramsci, der eine „wirklich soziale und demokratische Reformalternative" bieten solle.[741] Durch ein Bündnis zwischen außerparlamentarischen sozialen Bewegungen und der PDS strebt die intellektuelle Avantgarde der Partei die kulturelle Hegemonie des Sozialismus über den gegenwärtig herrschenden Konsens aus parlamentarischer Demokratie und sozialer Marktwirtschaft an. Das Konzept der starken und attraktiven Formation, die durch ein Bündnis der PDS mit anderen linken sozialen Kräften geformt wird, nannte Brie „PDS plus". Dabei sollten die Stärken der PDS verbunden werden mit jenen Potenzialen, die „außerhalb der PDS für ein sozialistisches parteipolitisches Projekt in Deutschland bestehen und nicht direkt durch die PDS erreicht werden können".[742] Bevorzugte Bündnispartner der PDS wären dabei linke Gewerkschaften, die globalisierungskritischen Bewegungen, die Friedensbewegung, Umweltgruppen, Frauengruppen, aber ebenso antifaschistische Gruppen. Damit das Bündnis eine so große Stärke wie möglich bekommt, muss die PDS so viele Gruppen und Bewegungen links von SPD und Grünen wie möglich einbinden. Als einziger Partei innerhalb eines Bündnisses sozialer Bewegungen käme der PDS automatisch eine Schlüsselstellung in der Formation zu – obwohl offiziell selbstverständlich jeder „Anschein einer einseitigen Instrumentalisierung und Fernsteuerung dieser Struktur durch die PDS und andere Gruppen verhindert" werden soll.[743]

Brie möchte mit dem Konzept „PDS plus" die politischen und gesellschaftlichen Voraussetzungen für einen „Richtungswechsel" in SPD und Grünen und damit für eine Mitte-Links-Koalition schaffen, „in deren Zentrum ein sozialer, demokratischer und ziviler Gesellschaftsvertrag stehen würde".[744] Alle Ebenen der PDS, ob auf Kommunal-, Landes-, Bundes- und Europa-Ebene müssten sich dem Konzept „PDS plus" unterordnen. Der neue Gesellschaftsvertrag ist nach den Worten von Brie „eine Strategie für die soziale und demokratische Gestaltung einer neuen Produktionsweise, eines neuen Akkumulations- und Regulationsregimes".[745] Der gesellschaftsverändernde Anspruch der PDS ist in den Gedanken von Michael Brie ebenso wie bei anderen so genannten „Reformern" nicht zu übersehen. Dass die „Reformer" das Ziel einer sozialistischen Gesellschaft nicht aufgegeben haben, zeigt eine weitere zentrale These Bries: „Nur jene sozialistische Partei/Parteienformation wird auf Dauer Erfolg haben, die zugleich einen bundespolitischen Gebrauchswert für einen Richtungswechsel von Politik hat und reale Veränderungen auch unter den Bedingungen des gegenwärtigen Kräfteverhältnisses zumindest auf kommunaler und Landesebene zu erreichen vermag."[746] Das „gegenwärtige

---

[740] Michael Brie, Ist die PDS noch zu retten? Analyse und Perspektiven, rls standpunkte 3/2003, Mai 2003, erweiterte Internet-Version, http://www.rosalux.de/cms/fileadmin/rls_uploads/pdfs/Standpunkte/standpunkte0303.pdf, S. 34.
[741] Ebd., S. 35.
[742] Ebd., S. 38.
[743] Ebd., S. 39.
[744] Ebd., S. 36.
[745] Ebd., S. 19.
[746] Ebd., S. 29.

Kräfteverhältnis" ist die parlamentarische und marktwirtschaftliche Ordnung der Bundesrepublik, der „Richtungswechsel von Politik" ist der Weg zu einer sozialistische Gesellschafts- und Wirtschaftsordnung. Auf Grund der politischen Schwäche der PDS und der geringen Popularität von sozialistischen Konzepten, wird das Ziel der sozialistischen Umgestaltung der gegenwärtigen Ordnung vorsichtig formuliert. Das langfristige Ziel der PDS, die freiheitlich-parlamentarische und marktwirtschaftliche Ordnung der Bundesrepublik abzulösen, ist zwischen „Traditionalisten" und „Reformern" unumstritten. Streit gibt es nur über den richtigen Weg zu diesem Ziel.

Die antifaschistischen Bündnisse der PDS müssen als Teil einer Strategie wie „PDS plus" verstanden werden. Die Partei nutzt den Antifaschismus, um sehr unterschiedliche politische Gruppen und Strömungen unter dem Dach der PDS zu vereinen oder die PDS als Mitspieler in einem breiten politischen Spektrum zu integrieren.[747] Mit Aktionen und Bündnissen „gegen rechts" strebt die PDS an, einen breiten Kreis von teilweise überparteilich agierenden kirchlichen Gruppen, Stiftungen, Zentren, bürgerlichen Kräften, Sozialdemokraten und Grünen bis hin zu eindeutig linksextremistischen antifaschistischen Bewegungen zu aktivieren. Als Vorbild und Ziel gilt die so genannte „Erfurter Erklärung".[748] Bei dieser gelang es der PDS, eine breite politische und gesellschaftliche Bewegung von Intellektuellen, Künstlern, Kirchenvertretern und sogar ehemaligen Bürgerrechtlern zu versammeln. Hinter der darin zum Ausdruck kommenden Breite will die PDS bei Ihrer Antifaschismus-Arbeit nicht zurückbleiben.[749]

Die PDS wünscht sich eine Zusammenarbeit „aller demokratischer und antifaschistischer Kräfte" gegen Rechtsextremismus.[750] Dabei strebt die Partei nach eigenem Bekunden ausdrücklich keine Führungsrolle in Bündnissen gegen Rechtsextremismus an.[751] Und obwohl CDU, CSU und FDP gemeinsamen Aktionen mit der PDS kritisch gegenüberständen, „bemüht sich die PDS um eine sachlich-konstruktive Zusammenarbeit mit allen VertreterInnen konservativer und liberaler Parteien, die sich für Toleranz und Humanismus und gegen den Rechtsextremismus engagieren."[752]

Ein wichtiger Aspekt der Bündnispolitik ist für die PDS die Zusammenarbeit mit antifaschistischen Organisationen sowie wissenschaftlichen Einrichtungen, Archiven, Zentren und Publikationsorganen, die sich mit Rechtsextremismus auseinandersetzen.[753] Durch diese Kooperation strebt die PDS an, zum bevorzugten, wenn nicht gar zum ausschließlichen parteipolitischen Partner für die heterogene antifaschistische Szene zu werden. Soweit es der PDS gelingt, möglichst viele ihrer Bündnispartner in größere und breitere Bündnisse „gegen rechts" zu integrieren, besitzt sie automatisch eine hervorgehobene Stellung in derartigen Bündnissen.

---

[747] Vgl. Klaus Böttcher, Neuer Typ von Rechtsextremismus, Gedankenaustausch über aktuelle Auseinandersetzung, PDS-Pressedienst 25/2001, 22.6.2001, S. 11.

[748] Vgl. Erfurter Erklärung, Bis hierher und nicht weiter, Verantwortung für die soziale Demokratie, 9.1.1997; in der Erklärung wird eine Umkehr in der Wirtschafts- und Sozialpolitik sowie eine Regierung links von Union und FDP gefordert. Der Text der Erklärung wird wiedergegeben bei Jürgen Hoffmann/Viola Neu, Getrennt agieren, vereint marschieren?, Die Diskussion über ein Linksbündnis bei SPD, Grünen und PDS, hrsg. von der Konrad-Adenauer-Stiftung, Interne Studie Nr. 162/1998, S. 82-84. Vgl. zum Zustandekommen der Erklärung Markus Trömmer, Der verhaltene Gang in die deutsche Einheit, Das Verhältnis zwischen den Oppositionsgruppen und der (SED-)PDS im letzten Jahr der DDR, Frankfurt a.M. 2002, S. 270-273 und Hoffmann/Neu, S. 59-74.

[749] Vgl. Klaus Böttcher, Stereotype Wertungen überwinden, Von der Tagung der AG Rechtsextremismus/Antifaschismus, in: PDS-Pressedienst 49/98, 4.12.1998, S. 12.

[750] Vgl. Roland Bach/Klaus Böttcher, Die Auseinandersetzung mit dem Rechtsextremismus verstärken, Ein Diskussionsangebot, in: PDS-Pressedienst Nr. 1/99, 8.1.1999, S. 8-10.

[751] Vgl. ebd.

[752] Ebd.

[753] Vgl. ebd.

5. Bündnispolitik

Abgesehen davon kann sich die PDS in breiten Bündnissen mit allen demokratischen Parteien nicht nur als Teil des demokratischen Verfassungsbogens etablieren, sondern sich sogar zum „Gralshüter des demokratischen Verfassungsstaates"[754] gegen rechtsextremistische – und rechtskonservative – Bedrohungen stilisieren.

Soweit es der PDS gelingen sollte, bestehende oder neu gegründete „Bündnisse für Demokratie" von einem antiextremistischen Standpunkt hin zu einem eher antifaschistisch geprägten Standpunkt zu bewegen, kann sie bereits einen entscheidenden Erfolg verbuchen. Das langfristige Ziel der PDS-Bündnispolitik bleibt die Erringung einer antifaschistisch-sozialistisch geprägten kulturellen Hegemonie.

Der PDS geht es bei der Beteiligung an oder der Begründung von breiten Bündnissen „gegen rechts" nicht nur um die Bekämpfung von Rechtsextremismus, sondern auch um eine eigene Machtperspektive. Das wird deutlich, soweit die PDS eine „breite, über den Antifaschismus hinausgehende (...) Zusammenarbeit gegen eine weitere Rechtsentwicklung in der Gesellschaft" mit der Hoffnung auf „eine Rückeroberung der kulturellen Hegemonie eines linken und antifaschistischen Denkens in der Bundesrepublik" verbindet.[755] Die PDS steht mit dieser Denkweise in der Tradition des kommunistischen Antifaschismus. Noch in den siebziger Jahren forderte Wolfgang Fritz Haug: „,Antifaschismus' ist zunächst und vor allem ein politisches und ideologisches Problem, nämlich die Aufgabe, einen demokratischen Block unter Hegemonie der Arbeiterorganisationen zusammenzuschmieden."[756] Die marxistische Strategie der Bündnisbildung besitzt eine lange Tradition. Ebenso fest verwurzelt ist allerdings die Tatsache, dass Bündnisse nur in Schwächeperioden geschlossen werden, um bei geeigneter Gelegenheit die kommunistische Linie komplett umzusetzen.[757] Die Aufgabe der Kommunisten wird folgendermaßen beschrieben: „Ihre Rolle als Vorhut und Hauptkraft der revolutionären Erneuerung der Welt gründet sich nicht auf die Bevormundung der Bündniskräfte."[758] Weiter heißt es: „Man darf auch nicht vergessen, dass die Ausarbeitung umfassender Aktionsprogramme für die breite antiimperialistische Bewegung in entscheidendem Maße von der kommunistischen Bewegung ausgeht. Ihre Initiative und Vorhutrolle ist eine wesentliche Voraussetzung für die Stärkung der progressivsten und konsequentesten Positionen im antiimperialistischen Kampf."[759]

Das Ergebnis der – kurzfristigen – Akzeptanzstrategie der PDS, bei welcher dem Engagement gegen Rechtsextremismus eine wesentliche Bedeutung zukommt, lässt sich sehen. Die Partei ist heute in zwei Landesregierungen vertreten. Regelmäßig bekommen PDS-Politiker Auftritte in den Medien – vor allem in den neuen Ländern findet die PDS eine große publizistische Unterstützung.[760] Die PDS wird in weiten Kreisen der Bundesrepublik und fast überall

---

[754]   Eckhard Jesse, Die Tabuisierung des Extremismusbegriffs, in: Die Welt, 4.2.2002.

[755]   Vgl. Klaus Böttcher, „Rechtsextremismus in der BRD nach den Bundestagswahlen – Entwicklungstendenzen und Gegenwehr", Von einer Konferenz am 19.11.1994 im Berliner Karl-Liebknecht-Haus, in: PDS-Pressedienst 47/94, 25.11.1994, S. 1-3.

[756]   Wolfgang Fritz Haug, Der hilflose Antifaschismus, Zur Kritik der Vorlesungsreihen über Wissenschaft und NS an deutschen Universitäten, 4. Auflage, Köln 1977, S. 2 f.

[757]   Vgl. zur Zusammenarbeit der Kommunisten mit anderen antiimperialistischen Gruppen: Bruno Mahlow/Harald Neubert, Die Kommunisten und ihr Zusammenwirken, hrsg. von der Akademie für Gesellschaftswissenschaften beim Zentralkomitee der SED, Institut für Internationale Arbeiterbewegung, Berlin 1983.

[758]   Ebd., S. 174.

[759]   Ebd., S. 213.

[760]   Vgl. Harald Bergsdorf, Kein voreiliges Requiem. Die PDS nach der Bundestagswahl, in: Liberal 45 (2001), 3, S. 30-33, hier S. 31. Vgl. auch: Christiane Eilders, Bilder der Parteien in den Medien: Die Darstellung der PDS in überregionalen Pressekommentaren, in: Michael Brie/Rudolf Woderich (Hrsg.), Die PDS im Parteiensystem, Schriften 4 hrsg. von der Rosa-Luxemburg-Stiftung Gesellschaftsanalyse und Politische Bildung, Berlin 2000,

VI. Antifaschistische Strategie der PDS

in den neuen Bundesländern, wo sie fest im vorpolitischen Raum verankert ist[761], als Teil des Verfassungsbogens angesehen. Inwieweit die PDS mit ihrer – langfristigen – Strategie der Erringung einer antifaschistisch-sozialistisch geprägten kulturellen Hegemonie erfolgreich sein wird, ist im Moment nicht abzusehen.

6. Angriffe auf Liberale und Konservative

Im Jahr 1991 hieß es in einem Thesenentwurf der PDS: „Die PDS wendet sich gegen jede schematische Vereinfachung und grenzt sich entschieden von allen Meinungen ab, die dem in einer pluralistischen Gesellschaft legitimen politischen und geistigen Konservatismus in die Nähe des Rechtsextremismus rücken. Bei voller Beachtung der im Konservatismus vorhandenen Frontstellung gegen links würde eine solche Position das auch in konservativen Kreisen vorhandene antifaschistische Potenzial ignorieren und gemeinsame Anstrengungen gegen Rechtsextremismus, Neofaschismus und Neonazismus verhindern."[762] Die im Entwurf formulierten hehren Ideen für eine Kooperation mit Konservativen im Kampf gegen Rechtsextremismus konnten sich in der Praxis nicht durchsetzen.

Immer wieder wurden und werden in der PDS Angriffe auf rechtsextremistische Strukturen eng verbunden mit Angriffen gegen Konservative und Liberale, denen vorgeworfen wird, den Rechtsextremismus zu fördern. Teilweise werden selbst Sozialdemokraten unter den Verdacht der Förderung des Rechtsextremismus gestellt. Antifaschistische Angriffe auf Liberale und Konservative besitzen im Kommunismus eine lange Tradition. Traditionell werden Konservative in die Nähe des Faschismus gerückt, oder die gesamte bürgerliche Demokratie firmiert als Vorstufe zum Faschismus.[763] Dass die Dogmatik der kommunistischen Konservatismus-Forschung in leichter Abwandlung in der PDS immer noch aktuell ist, macht der ehemalige PDS-Bundestagsabgeordnete Ludwig Elm deutlich, der als führender Konservatismus-Forscher der DDR galt: „International agierende konservativ-neoliberale Kräfte in Wirtschaft, Politik, Militär und Medien führen erneut ursächlich Spannungen und Konflikte herbei, zu deren ‚Lösung' sie schließlich einmal mehr ihre untauglichen und menschenverachtenden polizeilichen, militärischen und terroristischen Mittel aufbieten. Damit werden auch faschistischen, völkisch-nationalistischen und rassistischen Bewegungen und Herrschaftskonzepten neue Wirkungsmöglichkeiten eröffnet, nicht zuletzt – und wiederum protegiert von interessierten Oberschichten – in der Konkurrenz zu demokratischen und sozialistischen Gegenbewegungen

---

S. 154-166. Nach dieser Studie wurde die PDS in Kommentaren der überregionalen linksorientierten Presse wie Frankfurter Rundschau und taz überdurchschnittlich positiv bewertet. Selbst die Süddeutsche Zeitung bewertete die PDS noch positiver als CDU/CSU/FDP. Überhaupt nicht verglichen werden kann das recht positive Abschneiden der PDS mit der ausschließlich negativen Bewertung der rechtsradikalen Parteien durch alle überregionalen Zeitungen.

[761] Vgl. Lothar Probst, Die PDS – von der Staats- zur Regionalpartei. Eine Studie aus Mecklenburg-Vorpommern, Hamburg 2000, insbes. S. 12; Harald Bergsdorf, Kein voreiliges Requiem. Die PDS nach der Bundestagswahl, in: Liberal 45 (2001), S. 30-33, hier S. 31 f.; ders., Extremismusbegriff im Praxistest: PDS und REP im Vergleich, in: Uwe Backes/Eckhard Jesse (Hrsg.), Jahrbuch Extremismus & Demokratie, Bd. 14, Baden-Baden 2002, S. 61-80; Gero Neugebauer/Richard Stöss, Die PDS. Geschichte, Organisation, Wähler, Konkurrenten, Opladen 1996, S. 135.

[762] Rolf Richter/Norbert Madloch/Manfred Otto/Reiner Zilkenat/Horst Dohle/Klaus Böttcher, Thesenentwurf, Der Antifaschismus, die PDS und die Auseinandersetzung unserer Zeit, Berlin 1991, Manuskript, S. 11.

[763] Vgl. Kleines politisches Wörterbuch, 3. Auflage, Berlin (Ost) 1978, S. 237 f.

6. Angriffe auf Liberale und Konservative

und Alternativen."[764] In seiner Analyse hält Elm unmissverständlich an dem Dualismus Konservative, Liberale und Faschisten auf der einen Seite, Demokraten und Sozialisten auf der anderen Seite, fest.

Neben den ostdeutschen Traditionskommunisten neigen vor allem die zumeist aus den K-Gruppen hervorgegangenen West-Mitglieder der PDS dazu, alle politischen Positionen rechts von der eigenen unter potenziellen Faschismus-Verdacht zu stellen. In der Ausländerpolitik ordnen aus der Bundesrepublik stammende PDS-Politiker wie beispielsweise Ulla Jelpke gerne jede politische Forderung, die nicht zu einer Verbesserung der Rechte von Ausländern führt, als Förderung von Rassismus und Neofaschismus ein. In der Asyldebatte zu Beginn der neunziger Jahre wurde selbst die SPD durch die PDS in den Verdacht der Nähe zum Neofaschismus gesetzt: „Damals übernahmen CDU/CSU und weite Teile der SPD nationalistische und großdeutsche Positionen in einem Ausmaß, das sie bis zur Unkenntlichkeit als die alten Parolen der neofaschistischen Gruppierungen erhellte."[765]

Immer wieder werden bürgerliche Parteien als die wahren Verantwortlichen für „Neofaschismus" in Deutschland ausgemacht: „Diese Rand- oder Braunzonen v.a. der CDU/CSU sind wichtigste Glieder im Netz des Neofaschismus. Sie sind die eigentlichen Stichwortgeber für offene Nazigruppen und seriösere, wissenschaftlich aufgemachte Theoriezirkel, Mediengruppen und Organisationen."[766] In einem Flugblatt der PDS zur Bundestagswahl 1998 wird CDU und CSU vorgeworfen, dass aus ihren Reihen immer wieder „Vorlagen für rechtsextremistische Parteien" kämen.[767] Die Bundesregierung Kohl hätte „neu-rechte Denkfabriken und Stiftungen eingerichtet und diese großzügig finanziert"; sie würde mit ihrer Sozial- und Wirtschaftspolitik für eine hohe Arbeitslosigkeit verantwortlich sein: „Das Erstarken rechtsextremer Parteien ist damit auch ein Ergebnis der Kohl-Ära."[768] Der Marburger Politikwissenschaftler Gerd Wiegel fertigte für den PDS-Bundestagswahlkampf 2002 eine Broschüre, in welcher er die personelle und inhaltliche Nähe zwischen CDU und CSU einerseits und Rechtsextremisten andererseits zu belegen versuchte.[769] Nicht zu Unrecht fürchten Politiker der Union, dass die „Kampagne gegen rechts" zu einer „Kampagne gegen Konservative"[770] umfunktioniert oder zumindest zielgerichtet mitgenutzt wird, um bürgerliche Kräfte politisch und kulturell in die Defensive zu drängen.[771] Es wurde ausdrücklich vor einer „Antifa-Falle" für die CDU gewarnt.[772]

Besondere Aufmerksamkeit der Antifaschismus-Arbeit der PDS erlangte die Entwicklung des Rechtspopulismus und insbesondere die Partei Rechtsstaatlicher Offensive (Schill-Partei). Roland Bach widmete der Partei eine Serie im Rundbrief der Arbeitsgemeinschaft. Er stellt

---

[764] Vgl. Ludwig Elm, Konservatismus und Faschismus, Anmerkungen im Kontext der Jahrhundertbilanz, in: Manfred Weißbecker/Reinhard Kühnl/Erika Schwarz (Hrsg.), Rassismus, Faschismus, Antifaschismus. Forschungen und Betrachtungen gewidmet Kurt Pätzold zum 70. Geburtstag, Köln 2000, S. 498-510, hier S. 509 f.

[765] Ulla Jelpke: „Der Herren eigener Geist...", Kongressvortrag, in: „In der Diskussion Neofaschismus." Dokumentation des internationalen Kolloquiums „Humanismus in der Verantwortung – Gegen Rechtsextremismus, Rassismus und Nationalismus", Berlin, 4./5.10.1991, S. 4-7.

[766] Ebd.

[767] Bundestagsgruppe der PDS, Nazis raus aus den Köpfen, Bonn 1998.

[768] Ebd.

[769] Vgl. Gerd Wiegel, Die Union und der rechte Rand, Zur Strategie der CDU/CSU-Fraktion im Umgang mit Parteien der extremen Rechten, hrsg. von der PDS-Bundestagsfraktion, Berlin 2002.

[770] Vgl. Ralph Bollmann, Union fürchtet „Kampagne gegen Konservative", in: die tageszeitung, 29.8.2000.

[771] Vgl. Deutschland und die Last seiner Mythen, Der „Kampf gegen Rechts" und der Nationalbegriff, in: Neue Zürcher Zeitung, 9.12.2000; Jan Ross, Das schlimme K-Wort, Die CDU wird niemals wieder zu Kräften kommen, wenn sie den Begriff „Konservatismus" als Schimpfwort durchgehen lässt, in: Die Zeit, 20.12.2000.

[772] Zitiert nach Ross, ebd.

darin sachlich und faktenreich die Entwicklung der Schill-Partei dar.[773] Für Norbert Madloch stehen folgende Punkte im Mittelpunkt der Wahlstrategie der Rechtspopulisten: militanter völkischer Nationalismus, direkter und indirekter Rassismus, eine neoliberale Wirtschaftspolitik, Sozialabbau, eine massive Law-and-Order-Politik sowie ein autoritäres Gesellschaftsmodell.[774] Eine wesentliche Ursache für den Erfolg rechtspopulistischer Parteien sieht Madloch bei den sozialistischen und sozialdemokratischen Parteien in Europa, denen wegen ihrer „in den neunziger Jahren vollzogenen Wende nach rechts ein gesellschaftliches Versagen und eine neoliberale Preisgabe sozialistischer Prinzipien und republikanischer Werte"[775] vorzuwerfen sei. Obwohl Madloch zu den gemäßigten Kräften in der PDS gehört, scheint er hier zwei Fehleinschätzungen zu unterliegen. Erstens erfolgt bei ihm keine klare Trennung zwischen Rechtsextremismus und Rechtspopulismus, die zusammenfallen können, aber nicht müssen.[776] Nicht jede rechtspopulistische Partei vertritt einen militanten völkischen Nationalismus und Rassismus. Gerade auf die Schill-Partei trafen diese Vorwürfe nicht zu. Zweitens erinnert die von der PDS hergestellte enge Verbindung zwischen Reformvorschlägen zur Umgestaltung des Sozialstaates einerseits und Rechtspopulismus und Rechtsextremismus andererseits an die Dimitroff-Formel: Schuld am Faschismus ist der Kapitalismus oder – etwas moderner formuliert – die neoliberale Wirtschaftspolitik. Wer schon Ansatzpunkte von Rechtsextremismus in einer Politik zu erkennen meint, die sich für marktwirtschaftliche Reformen, einen Umbau der sozialen Sicherungssysteme und eine bessere Kriminalitätsbekämpfung einsetzt, muss sich nicht wundern, dass er plötzlich „Extremismus" in der politischen Mitte zu finden glaubt.[777]

Härter gingen lokale PDS-Gruppen gegen die Schill-Partei vor.[778] Der PDS-Kreisverband Wesel rief gemeinsam mit „autonomen" Antifa-Gruppen und der linksextremistischen „Jungen Linken" unter dem Motto „Schill out in Wesel und Duisburg!" zu antifaschistischen Protesten gegen die Gründung von Ortsgruppen der Schill-Partei auf.[779] Dabei wurde der Schill-Partei die Verbreitung von „rassistischen, menschenverachtenden und demokratiefeindlichen Parolen" vorgeworfen, ohne dass diese Parolen aber näher erläutert worden wären.

Eine Vermischung zwischen Rechtsextremisten und Konservativen findet bei der PDS auch statt, soweit sie sich gegen das so genannte „Anti-Antifa-Konzept" wendet. Grundsätzlich nennen sich Rechtsextremisten „Anti-Antifa", die Daten von tatsächlichen oder vermeintlichen Linksextremisten ausspähen und diese mit der Handlungsaufforderung „etwas zu tun"

---

[773] Vgl. Roland Bach, Die Partei Rechtsstaatlicher Offensive (P.R.O.) – „Schill-Partei", in: Rundbrief der AG Rechtsextremismus/Antifaschismus 2/3 2002, S. 8-15; 4/2002, S. 10f. Sachlich berichtet auch die Rosa-Luxemburg-Stiftung: Meinhard Meuche-Mäker, Quo vadis, Schill-Partei?, in: RLS Standpunkte 5/2002, http://www.rosalux.de/Bib/Pub/standpunkte/standpunkte_0205.pdf.

[774] Vgl. Norbert Madloch, Ist der Vormarsch des Rechtspopulismus noch zu stoppen?, in: Rundbrief der AG Rechtsextremismus/Antifaschismus 2/3 2002, S. 7f. Wesentlich schwammiger noch: Ders., Lexikalische Erläuterungen zu den im Rechtsextremismus-Teil verwandten Hauptbegriffen, in: Klaus Kinner/Rolf Richter, Rechtsextremismus und Antifaschismus, Berlin 2000, S. 252-272.

[775] Ebd.

[776] Vgl. Frank Decker, Der neue Rechtspopulismus, 2. Auflage, Opladen 2004, S. 162; Perspektiven des Rechtspopulismus in Deutschland am Beispiel der Schill-Partei, in: Aus Politik und Zeitgeschichte, B 21/2002, S. 22-31.

[777] Vgl. Uwe Backes, Gestalt und Bedeutung des intellektuellen Rechtsextremismus in Deutschland, in: Aus Politik und Zeitgeschichte, B 46/2001, S. 24-31.

[778] Vgl. Antwort der Bundesregierung auf die Kleine Anfrage der Abgeordneten Ulla Jelpke und der Fraktion der PDS – Drucksache 14/7772 –, Berichte über Rechtsextremismus im Umfeld der „Schill-Partei", Bundestagsdrucksache 14/7948, 3.1.2002.

[779] Vgl. Rheinische Post, 1.5.2002; Flugblatt der PDS Wesel vom 27.4.2002, http://www.pds-moers.de/aktuell/2002/april/0427schill_a1.htm.

7. Angriffe auf den demokratischen Verfassungsstaat 135

veröffentlichen.[780] Die PDS bezeichnet hingegen auch allgemeine Kritik von konservativer Seite am Antifaschismus als „Anti-Antifa-Konzept".[781] Nach ihrer Ansicht sei dieses Konzept ein „Teil des Konzepts der Konservativen" auf dem Weg, die „nachträgliche Revision der Ergebnisse des Zweiten Weltkrieges" zu erreichen.[782] Dieser Umgang mit Begrifflichkeiten deutet darauf hin, dass die PDS nicht bereit ist, einen klaren Trennungsstrich zwischen demokratischen Konservativen und Rechtsextremisten zu ziehen, sondern eher interessiert scheint, Differenzierungen einzuebnen.

Regelmäßige Angriffe werden von der PDS gegen Vertriebenenverbände und Studentenverbindungen gerichtet.[783] Dabei findet nur sehr selten eine Differenzierung zwischen rechtsextremistischen Funktionären und Tendenzen in einzelnen Verbänden und der nichtextremistischen Gesamtheit der Verbände statt.

Die PDS hält – zumindest in weiten Teilen – unter dem Topos „Bekämpfung des Rechtsextremismus" an pauschalen Angriffen gegen konservative und liberale Demokraten fest. Derartige Angriffe gegen bürgerlich geprägte Parteien und Verbände knüpfen nahtlos an die kommunistische Antifadoktrin an, nach welcher alle bürgerlichen Kräfte letztlich mit den Faschisten gemeinsame Sache machen.

7.   Angriffe auf den demokratischen Verfassungsstaat

Nach der PDS-Forscherin Viola Neu hat die Antifaschismus-Strategie der PDS im wesentlichen zwei konstitutive Elemente: den aktuellen „Kampf" gegen den Rechtsextremismus und die langfristige Umwandlung der Bundesrepublik unter dem Banner des Antifaschismus in einen nicht-parlamentarischen sozialistischen Staat.[784] Wahlsoziologisch formuliert seien dies eine kurzfristige Akzeptanz- und eine langfristige Umwandlungsstrategie. Auf die Akzeptanzstrategie wurde bereits im Kapitel über die Bündnispolitik der PDS eingegangen. An dieser Stelle soll die Bedeutung der antifaschistischen Arbeit im Rahmen der Umwandlungsstrategie näher beleuchtet werden.

Der Antifaschismus bildet bei der PDS ein wesentliches Element bei der Erringung der so genannten „kulturellen Hegemonie" im Sinne des italienischen Kommunisten Antonio Gramsci. In der bürgerlichen Gesellschaft fungiert die politische und ideologische Vorherrschaft nach Gramscis Überzeugung als eigentliches Machtmittel. Gramsci, der als einer der Vorväter des Eurokommunismus gilt, hielt eine kommunistische Revolution im leninschen Sinne im komplexen System der westeuropäischen bürgerlichen Gesellschaften für wenig Er-

---

[780]   Vgl. Hans Daniel, Mobilmachung, Die „Anti-Antifa" präsentiert ein neues Strategiepapier zum Aufbau eines „Nationalen Informationsdienstes", in: Junge Welt, Antifa-Beilage, 27.8.2003.

[781]   Vgl. Klaus Böttcher, Wie weiter nach dem 50. Jahrestag der Befreiung? Beratung der AG Rechtsextremismus/Antifaschismus am 9.9.1995, in: PDS-Pressedienst, 22.9.1995, S. 5.

[782]   Ebd.

[783]   Vgl. Ulla Jelpke, Mitglied des Deutschen Bundestages für die PDS, Arbeitsbericht 1998 bis 2002, http://www.ulla-jelpke.de/jelpke-arbeitsbericht.pdf, S. 5; Norbert Madloch, Denkfabriken ultrarechter Bestrebungen, Burschenschaften am „rechten Rand", in: Rundbrief der AG Rechtsextremismus/Antifaschismus 3/2005, S. 13-15.

[784]   Viola Neu: Strategische Bedeutung des „Antifaschismus" für die Politik der PDS, in: Manfred Agethen/Eckhard Jesse/Ehrhart Neubert (Hrsg.), Der missbrauchte Antifaschismus, DDR-Staatsdoktrin und Lebenslüge der deutschen Linken, Freiburg i.Br. 2002, S. 396-405.

folg versprechend, da diese zu robust seien.[785] Bevor erfolgreich für eine Überwindung des Systems gekämpft werden kann, muss die revolutionäre Arbeiterklasse daher zunächst auf intellektueller und moralischer Ebene die „kulturelle Hegemonie" erringen.[786] Eine zentrale Rolle bei der Transformation des Staates kommt dabei den Intellektuellen zu.

Auf die gegenwärtige Lage der Bundesrepublik übertragen bedeutet das Konzept, dass nicht die Besetzung von Regierungsinstitutionen und Fabriken als Voraussetzung der Revolution anzusehen ist. Die Kampfplätze in den westlichen Demokratien bilden die Universitäten, die Medien und die Kultur. Voraussetzung einer Revolution ist somit „die umfassende Diskreditierung des westlich-demokratischen Werte-, Staats- und Rechtssystems unter Einschluss seines Wirtschaftssystems, und zwar bei so vielen Menschen, dass sich eine entscheidende Anzahl von Verteidigern dieser Ordnung im Falle einer Krise nicht mehr findet".[787]

Die Theorie Gramscis bestimmte maßgeblich die Ideologie der italienischen Kommunisten bis 1968 und half dem PCI, die Fesseln der stalinistischen Orthodoxie zu lockern.[788] Mitte der siebziger Jahre gewann der Gramscische Hegemoniebegriff eine erhebliche Bedeutung für den Eurokommunismus.[789] In der PDS fiel diese Theorie nach dem Fall der DDR auf fruchtbaren Boden. Harald Neubert, der in der Partei als Gramsci-Experte gilt, gab im Jahr 1991 eine Zusammenstellung von Gramsci-Texten heraus, hatte sich jedoch schon vor der „Wende" mit dem Autor beschäftigt.[790] Einer der führenden Theoretiker der Partei, André Brie, betonte in einem Interview im Jahr 1995 die Notwendigkeit, die „konservative geistige Hegemonie" zu zerstören und selbst die Hegemonie in der Zivilgesellschaft zu erlangen.[791] In dem für die Ideologie der so genannten Reformer in der PDS aussagekräftigsten Werk heißt es gleich zu Beginn: „Sie [die PDS] will Teil im Kampf um die Erringung einer Hegemonie der Linken in Deutschland sein. Wie könnten die Schritte zur Formierung eines ‚historischen Blockes' (Gramsci) aussehen, um die anstehende gesellschaftliche Transformation politisch einzuleiten?"[792] Neubert schreibt zur Bündnisbildung und „kulturellen Hegemonie" im Sinne Gramscis: *„Hegemonie ist kein Anspruch, den man einfordern kann, sondern eine Führungsfunktion in einem Bünd-*

---

[785] Vgl. Viola Neu, Die PDS zwischen Utopie und Realität: Bundestagswahlprogramm und Regierungsbeteiligung in den Ländern, Arbeitspapier Nr. 63/2002 der Konrad-Adenauer-Stiftung, St. Augustin April 2002, S. 4 f. Grundlegend: Antonio Gramsci, Briefe aus dem Kerker, Berlin 1956.

[786] Vgl. Patrick Moreau, „Kulturelle Hegemonie" – Gramsci und der Gramscismus, in: Uwe Backes/Stéphane Courtois (Hrsg.), „Ein Gespenst geht um in Europa", Das Erbe kommunistischer Ideologien, Schriften des Hannah-Arendt-Instituts für Totalitarismusforschung Band 20, Köln 2002, S. 259-283; ders./Rita Schorpp-Grabiak, „Man muss so radikal sein wie die Wirklichkeit" – Die PDS: eine Bilanz, Baden-Baden 2002, S. 273-281.

[787] Vgl. Rudolf van Hüllen, „Kulturelle Hegemonie" als strategisches Konzept von Linksextremisten – dargestellt am Beispiel der „Geschichtsaufarbeitung", in: ders./J. Kurt Klein/Gerd Langguth/Reinhard Rupprecht, Linksextremismus – eine vernachlässigte Gefahr, hrsg. von der Konrad-Adenauer-Stiftung, Aktuelle Fragen der Politik, Heft 44, Sankt Augustin 1997, S. 59-80.

[788] Vgl. Patrick Moreau, „Kulturelle Hegemonie" – Gramsci und der Gramscismus, in: Uwe Backes/Stéphane Courtois (Hrsg.), „Ein Gespenst geht um in Europa", Das Erbe kommunistischer Ideologien, Schriften des Hannah-Arendt-Instituts für Totalitarismusforschung Band 20, Köln 2002, S. 259-283.

[789] Vgl. Klaus Kellmann, Pluralistischer Kommunismus?, Handlungstendenzen eurokommunistischer Parteien in Westeuropa und die Reaktion auf die Erneuerung in Polen, Stuttgart 1984, S. 52-77.

[790] Vgl. Harald Neubert (Hrsg.), Antonio Gramsci – vergessener Humanist?, eine Anthologie, Berlin 1991; ders., Theoretische Erkenntnisse Lenins und Gramscis über die Hegemonie der Arbeiterklasse und der Kampf der Kommunisten in den kapitalistischen Ländern, in: Beiträge zur Geschichte der Arbeiterbewegung, hrsg. vom Institut für Marxismus-Leninismus beim ZK der SED 24, 1982, S. 657-670.

[791] Vgl. Junge Welt, 29.5.1995.

[792] André Brie/Michael Brie/Judith Dellheim/Thomas Falkner/Dieter Klein/Michael Schumann/Dietmar Wittich, Zur Programmatik der Partei des Demokratischen Sozialismus, Ein Kommentar, Berlin 1997, S. 11.

7. Angriffe auf den demokratischen Verfassungsstaat

Bündnis, die man allein durch geistige, politische und moralische Vorzüge erringen muss und die stets der Billigung seitens der Bündnispartner bedarf."[793]

Ein deutlicher Indikator für die Stellung einer Partei zum demokratischen Verfassungsstaat ist die Positionierung der Partei zu den demokratischen Institutionen des Staates und insbesondere zu jenen Organen, welche den Staat vor seinen Gegnern schützen sollen. Für die Bekämpfung von verfassungsfeindlichen Bestrebungen innerhalb der Bundesrepublik Deutschland sind – neben der grundsätzlichen Aufgabe aller Bürger, ihre Freiheit und Demokratie zu verteidigen – speziell das Bundesamt für Verfassungsschutz sowie entsprechende Stellen in den Ländern zuständig.

Die PDS unterstellt den staatlichen Organen regelmäßig das Aufbauschen der extremistischen Gefahr von links und die Verharmlosung der extremistischen Gefahr von rechts. Weniger als 30 von insgesamt 108 rechtsextremistischen Organisationen fänden im Bericht des Bundesamtes Erwähnung.[794] Ursachenforschung wie zum Beispiel über Rechtsextremismus in den neuen Bundesländern werde kaum betrieben.[795] Nach der Vorstellung der PDS müsste der Verfassungsschutz im Bereich der Bekämpfung des Rechtsextremismus finanziell und organisatorisch deutlich ausgebaut werden, während er offenbar die Beobachtung von Linksextremismus einstellen sollte, da es sich bei „Linksextremismus" nach der Auffassung der PDS um eine Erfindung beziehungsweise einen Kampfbegriff der Konservativen gegen antifaschistische, antikapitalistische und fortschrittliche Kräfte handelt. Die Art, wie die PDS die Arbeit des Verfassungsschutzes beurteilt und die Art wie sie sich die Arbeit des Verfassungsschutzes idealtypisch vorstellt, spiegeln das antifaschistische Demokratieverständnis der PDS wider, welches immer noch das Gegensatzpaar Demokratie und Extremismus ablehnt. Stattdessen wird an einer Dichotomie zwischen – stets antifaschistischem und demokratischem – Sozialismus einerseits und – potenziell undemokratischem und faschistischem – Kapitalismus andererseits festgehalten.

Den Höhepunkt der parlamentarischen Tätigkeiten bildete im Jahr 2001 ein verfassungsändernder Antrag der PDS-Bundestagsfraktion, mit welchem eine so genannte „antifaschistische Klausel" in das Grundgesetz eingefügt werden sollte. Der von der PDS-Fraktion eingebrachte Gesetzentwurf sah vor, Art. 26 Abs. 1 des Grundgesetzes folgendermaßen zu fassen:

> „(1) Handlungen, die geeignet sind und in der Absicht vorgenommen werden, das friedliche Zusammenleben der Völker zu stören, insbesondere die Führung eines Angriffskrieges vorzubereiten, *oder nationalsozialistisches Gedankengut wieder zu beleben*, sind verfassungswidrig. Sie sind unter Strafe zu stellen."[796]

In der ausführlichen Antragsbegründung versuchte die PDS darzulegen, dass das Grundgesetz aus ihrer Sicht von einer „antifaschistischen Grundtendenz" geprägt sei. Ausdrücklich stellten die Sozialisten fest: „Das Grundgesetz ist antifaschistisch, nicht antisozialistisch." Zur Begründung führte die PDS einzelne Entscheidungen des Bundesverfassungsgerichts und Zitate aus Grundgesetz-Kommentaren an. Diese Belege wurden aber nicht systematisch in ihren Zu-

---

[793] Harald Neubert (Hrsg.), Antonio Gramsci – vergessener Humanist?, eine Anthologie, Berlin 1991, S. 28, Hervorhebungen im Original.

[794] Vgl. Klaus Böttcher, Rechtsextremistische Strategien enttarnen, Gedankenaustausch über weitere Auseinandersetzung mit dem Rechtsextremismus, in: PDS-Pressedienst 18/99, 7.5.1999, S. 8 f.

[795] Ebd.

[796] Entwurf eines Gesetzes zur Änderung des Grundgesetzes (Art. 26 Abs. 1, Antifaschistische Klausel), 22.1.2001, Drs. 14/5127, Hervorhebungen im Original.

sammenhang eingeordnet. So schilderte die PDS zwar ausführlich das Verbot der rechtsextremistischen Sozialistischen Reichspartei im Jahr 1952, um damit eine antifaschistische Ausrichtung des Grundgesetzes zu beweisen. Das anschließend erfolgte Verbot der linksextremistischen KPD wurde jedoch nur kurz als – angebliche – Instrumentalisierung der freiheitlichen demokratischen Grundordnung gegen linke Demokraten erwähnt und erscheint in den Augen der Postkommunisten im Übrigen ohne Bedeutung zu sein.

Trotz des – nach der Auffassung der PDS – bereits vorhandenen antifaschistischen Charakters des Grundgesetzes sei eine ausdrückliche Verankerung des Verbots der Wiederbelebung nationalsozialistischen Gedankenguts in der Verfassung erforderlich, da keine spezielle verfassungsrechtliche Vorsorge getroffen worden sei, um „einer Wiederbelebung faschistischer Bestrebungen vorzubeugen und Schranken zu setzen". Die Ereignisse der letzten Jahre zeigten, dass es sich bei der Wiederbelebung nationalsozialistischen Gedankenguts um ein „dauerhaftes und äußerst gefährliches Phänomen handelt, dessen Bekämpfung deshalb an prominenter Stelle im Verfassungstext als allgemeiner Handlungsauftrag formuliert werden sollte".

Neben juristischen Begründungen zog die PDS auch Zitate des Bundespräsidenten sowie von weiteren Persönlichkeiten des öffentlichen Lebens heran, um die Erforderlichkeit einer antifaschistischen Klausel zu begründen. Mit der Hilfe des Potsdamer Abkommens von 1945 sowie des 2+4-Vertrag von 1990 versuchte die Partei, ihre angestrebte Grundgesetzänderung völkerrechtlich zu begründen. Ähnliche Argumente verwendet die VVN-BdA, um darzulegen, dass das Grundgesetz bereits antifaschistisch sei, aber fälschlicherweise immer antitotalitär ausgelegt werde.[797]

Trotz des umfangreichen, wenn auch schlecht aufbereiteten Potpourris verschiedenster Begründungen fand der verfassungsändernde Gesetzentwurf der PDS bei den anderen im Bundestag vertretenen Parteien erwartungsgemäß keine Zustimmung. Positiv war das Echo für die PDS allerdings insoweit, als bei der anlässlich des Antrags durchgeführten Bundestagsdebatte nur die CDU/CSU auf den antiextremistischen Charakter des Grundgesetzes verwies sowie die Geschichte des Antifaschismus als politischer Kampfbegriff der Kommunisten offen legte.[798] Alle anderen Parteien hielten das Ziel der PDS – eine Stärkung des Antifaschismus – für richtig und nur den Weg einer Verfassungsänderung für nicht erforderlich.[799]

Mit der Forderung nach einer „antifaschistischen Klausel" im Grundgesetz steht die PDS in der Tradition der bundesrepublikanischen Linken, die schon lange versucht, einen „antifaschistischen Charakter" in das Grundgesetz zu interpretieren[800], der allerdings erstens nie in die politische und rechtliche Praxis umgesetzt worden sei und zweitens später sukzessive durch

---

[797] Vgl. VVN-BdA-Kommission Neofaschismus (Hrsg.), Neofaschismus in der Bundesrepublik Deutschland III, Neofaschismus und Konservatismus, Hannover 1999, S. 49-52.

[798] Plenarprotokoll 14/153, 16. Febr. 2001, S. 15028A-15035A. Vgl. auch Manfred Wilke, Die »antifaschistische« Republik – Die PDS strebt eine neue Lagerbildung an, in: Die politische Meinung 377, 2001, S. 65-69.

[799] Kritik an der geplanten Grundgesetz-Änderung kam allerdings auch von ganz links: Tim Engels, Mehr Antifaschismus ins Grundgesetz – oder ist weniger manchmal mehr?, in: Mitteilungen der Kommunistischen Plattform, Heft 3/2003, S. 26-33. Da das Grundgesetz bereits antifaschistisch sei, ist eine Grundgesetz-Änderung aus der Sicht der Kommunistischen Plattform unnötig.

[800] Vgl. Wolfgang Abendroth, Das Grundgesetz – sein antifaschistischer und sozialer Auftrag, in: ders. u.a., Der antifaschistische Auftrag des Grundgesetzes. Eine Waffe der Demokraten. Texte eines Kolloquiums von Antifaschisten zum 25. Jahrestag der Verkündung des Grundgesetzes, Frankfurt a.M. 1974, S. 16-21; Peter Römer (Hrsg.), Der Kampf um das Grundgesetz, Über die politische Bedeutung der Verfassungsinterpretation, Referate und Diskussionen eines Kolloquiums aus Anlaß des 70. Geburtstages von Wolfgang Abendroth, Frankfurt a.M. 1977.

7. Angriffe auf den demokratischen Verfassungsstaat 139

Anpassungen des Grundgesetzes an „Erfordernisse der Restauration" verblasst beziehungsweise zur weitestgehenden Unkenntlichkeit zerstört worden sei.[801]

Die „antifaschistische Klausel" sollte das Profil der PDS in der Öffentlichkeit schärfen und deutlich zu machen, dass sie die einzig wahre antifaschistische Kraft im Parlament sei. Der Antrag und seine schriftliche Begründung verdeutlichten einmal mehr ein antifaschistisches Staatsverständnis der PDS, welches mit dem antiextremistischen Konsens des Grundgesetzes nicht vereinbar ist.[802]

Ein weiterer Beleg dafür, wie wenig das antifaschistische Verfassungsverständnis der Partei mit dem antiextremistisch geprägten Grundgesetz vereinbar ist, zeigt sich in der Stellung der PDS zum Versammlungsrecht. Einerseits tritt die Partei gegen jede Verschärfung des Versammlungsgesetzes ein. Andererseits will sie rechtsextremistische Versammlungen verbieten.[803] Die PDS strebt unter dem Motto „Faschismus ist keine Meinung, sondern ein Verbrechen" ein Sonderrecht gegen bestimmte Auffassungen an, die sie als rechtsextremistisch einordnet und denen das Grundrecht auf Meinungs- und Versammlungsfreiheit nicht zustehe.[804] Interessanterweise steht die Partei mit ihrer Argumentation dem Oberverwaltungsgericht Münster nahe, welches aus Art. 79 Abs. 3, Art. 20 Abs. 4 und Art. 139 GG eine verfassungsimmanente Beschränkung „demonstrativer Äußerungen nazistischer Meinungsinhalte" herleitet.[805] Die Entscheidungen des Oberverwaltungsgerichts wurden sämtlich vom Bundesverfassungsgericht aufgehoben.[806]

Das Grundgesetz schützt alle Versammlungen unabhängig von den darin geäußerten Meinungen. In Art. 8 Abs. 1 GG heißt es: „Alle Deutschen haben das Recht, sich ohne Anmeldung oder Erlaubnis friedlich und ohne Waffen zu versammeln." Versammlungen gelten allgemein als ein unentbehrliches Element für die Funktionsfähigkeit der Demokratie und besitzen insbesondere in der parlamentarischen Demokratie eine hohe Bedeutung, weil sich in ihnen das Volk unmittelbar an der politischen Willensbildung beteiligen kann.[807]

---

[801]   Vgl. Robert Erlinghagen, Die Diskussion um den Begriff des Antifaschismus seit 1989/90, Berlin 1997, S. 24 f.

[802]   So auch Patrick Moreau/Rita Schorpp-Grabiak, Antifaschismus als Strategie der PDS, Manfred Agethen/Eckhard Jesse/Ehrhart Neubert (Hrsg.), Der missbrauchte Antifaschismus, DDR-Staatsdoktrin und Lebenslüge der deutschen Linken, Freiburg i.Br. 2002, S. 377-395, hier S. 388.

[803]   Vgl. Antifaschistische Politik heute, Beschluss des 3. Parteitages, 2. Tagung, in: Disput Heft 13/14, 1993, S. 35-38; Wolfgang Dietrich, Alle grundgesetzlichen Möglichkeiten nutzen, in: Rundbrief der AG Rechtsextremismus/Antifaschismus, 1+2 2003, S. 66-72; Beschluss der Gesamtmitgliederversammlung der PDS Neubrandenburg vom 5.3.2004, http://www.pds-nb.de/doku/Aufruf.html. Die PDS beteiligt sich im Übrigen regelmäßig an Demonstrationen gegen rechtsextremistische Aufzüge, die sich nicht nur – legitimerweise – mit den Inhalten der Rechtsextremisten auseinandersetzen, sondern die dazu aufrufen die rechtsextremistischen Versammlungen zu verhindern, zu stoppen oder zu stören, vgl. beispielsweise „Aufruf des Bündnis gegen Rechts: Kein Nazi-Aufmarsch in Braunschweig! und auch nicht anderswo" unterstützt u.a. von der PDS Niedersachsen, 18.10.2003, http://www.nazi-aufmarsch-stoppen.de.vu und „Faschismus ist keine Meinung, sondern ein Verbrechen! Aufruf des Hamburger Bündnis gegen den Naziaufmarsch am 31.1.2004 unterstützt u.a. von der PDS Hamburg, http://www.hamburg-gegen-nazis.de.vu.

[804]   Vgl. Wolfgang Dietrich, Alle grundgesetzlichen Möglichkeiten nutzen, in: Rundbrief der AG Rechtsextremismus/Antifaschismus, 1+2 2003, S. 66-72.

[805]   Vgl. Oberverwaltungsgericht Münster, Beschluss vom 30.4.2001, 5 B 585/01, in: Neue Juristische Wochenschrift 2001, S. 2114; siehe auch Ulrich Battis/Joachim Grigoleit, Neue Herausforderungen für das Versammlungsrecht?, Neue Zeitschrift für Verwaltungsrecht 2001, S. 121-129.

[806]   Vgl. Bundesverfassungsgericht (1. Kammer des Ersten Senats), Beschluss vom 24.3.2001, 1 BvQ 13/01, in: Neue Juristische Wochenschrift 2001, S. 2069-2072.

[807]   Vgl. Entscheidungen des Bundesverfassungsgerichts, Band 69, S. 315-372, hier S. 342-347; Christoph Gusy, in: Hermann von Mangoldt/Friedrich Klein/Christian Starck, Das Bonner Grundgesetz, Kommentar, 4. Auflage, Band 1, München 1999, Artikel 8, Rn. 11; Wolfgang Leist, Versammlungsrecht und Rechtsextremismus, Die

Soweit sich staatliche Beschränkungen auf den Inhalt und die Form einer Meinungsäußerung beziehen – auch wenn die Äußerung in einer oder durch eine Versammlung erfolgt –, ist ausschließlich Art. 5 Abs. 1 GG betroffen.[808] Demgegenüber schützt Art. 8 Abs. 1 GG die Freiheit, mit anderen Personen zum Zwecke einer gemeinschaftlichen, auf die Teilhabe an der öffentlichen Meinungsbildung gerichteten Erörterung oder Kundgebung örtlich zusammenzukommen.[809]

Dies bedeutet, dass Einschränkungen von auf Versammlungen geäußerten Inhalten sich nicht gegen eine bestimmte Meinung als solche richten dürfen.[810] Wie das Bundesverfassungsgericht zutreffend feststellt, fallen selbst Meinungen, die sich gegen die verfassungsmäßige Ordnung wenden, unter den Grundrechtsschutz der Meinungsäußerungsfreiheit:

„Die Bürger sind rechtlich nicht gehalten, die Wertsetzungen der Verfassung persönlich zu teilen. Das Grundgesetz baut zwar auf der Erwartung auf, dass die Bürger die allgemeinen Werte der Verfassung akzeptieren und verwirklichen, erzwingt die Werteloyalität aber nicht. Die Bürger sind daher auch frei, grundlegende Wertungen der Verfassung in Frage zu stellen, solange sie dadurch Rechtsgüter anderer nicht gefährden. Die plurale Demokratie des Grundgesetzes vertraut auf die Fähigkeit der Gesamtheit der Bürger, sich mit Kritik an der Verfassung auseinander zu setzen und sie dadurch abzuwehren."[811]

Wehrhafte Demokratie manifestiert sich auch und gerade in Garantien staatlicher Grundrechte und im Aufbau allgemeiner rechtsstaatlicher Sicherungen.[812] Mit diesem Grundsatz wäre es nicht vereinbar, wenn – wie von der PDS gefordert – der Staat tatsächlich oder vermeintlich verfassungsfeindlichen Meinungen pauschal den Grundrechtsschutz verweigern könnte.

Auf Grund des hohen Werts der Meinungsfreiheit kommen nur sehr enge Einschränkungen dieses Grundrechts in Betracht. Das Bundesverfassungsgericht beurteilt die Meinungsfreiheit in ständiger Rechtsprechung als „schlechthin konstituierend" für die freiheitliche demokratische Ordnung des Grundgesetzes.[813] Im Zweifel gelte die Vermutung der freien Rede. Zu den anerkannten Einschränkungen der Meinungsfreiheit gemäß Art. 5 Abs. 2 GG gehören die Strafgesetze, die zum Rechtsgüterschutz ausnahmsweise bestimmte Inhalte verbieten wie allgemein Beleidigungen und Verleumdungen (§§ 185 ff. StGB) und speziell volksverhetzende Inhalte (§ 130 StGB) oder die Verwendung von Kennzeichen verfassungswidriger Organisationen (§ 86a StGB). Offen nationalsozialistische Forderungen sind somit bereits heute verboten, weil sie regelmäßig unter einen der bestehenden Straftatbestände fallen. Für darüber hi-

---

rechtlichen Möglichkeiten, rechtsextremistische Demonstrationen zu verbieten oder zu beschränken, Hamburg 2003, S. 46-52.

[808] Vgl. Bundesverfassungsgericht, Beschl. v. 23.6.2004, 1 BvQ 19/04, Abs. 19, http://www.bverfg.de/entscheidungen/qs20040623_1bvq001904a.html; Roman Herzog, in: Theodor Maunz/Günter Dürig (Hrsg.), Grundgesetz, Kommentar, Band I, München, 39. Ergänzungslieferung Juli 2001, Art. 8, Rn. 22; Wolfram Höfling, in: Michael Sachs (Hrsg.), Grundgesetz, Kommentar, 3. Auflage, München 2003, Art. 8, Rn. 73; Michael Kloepfer, Versammlungsfreiheit, in: Josef Isensee/Paul Kirchhof (Hrsg.), Handbuch des Staatsrechts der Bundesrepublik Deutschland, Band VI, Freiheitsrechte, Heidelberg 1989, S. 739-774.

[809] Vgl. Bundesverfassungsgericht, Entscheidungssammlung, Bd. 104, S. 92-126, hier S. 104.

[810] Vgl. Herbert Bethge, in: Michael Sachs (Hrsg.), Grundgesetz, Kommentar, 3. Auflage, München 2003, Art. 5, Rn. 144.

[811] Bundesverfassungsgericht (1. Kammer des Ersten Senats), Beschluss vom 24.3.2001, 1 BvQ 13/01, in: Neue Juristische Wochenschrift 2001, S. 2069-2072, hier S. 2070.

[812] Vgl. Bundesverfassungsgericht (1. Kammer des Ersten Senats), Beschluss vom 1.5.2001, 1 BvQ 22/01, in: Neue Juristische Wochenschrift 2001, S. 2076-2078, hier S. 2077; Christoph Gusy, Rechtsextreme Versammlungen als Herausforderung an die Rechtspolitik, in: Juristen Zeitung 2002, S. 105-114.

[813] Entscheidungen des Bundesverfassungsgerichts, Band 7, S. 198-230, hier S. 208.

7. Angriffe auf den demokratischen Verfassungsstaat

nausgehende „verfassungsimmanente Grenzen" der Meinungsfreiheit lässt das Grundgesetz keinen Raum.[814]

Etwas anderes folgt nicht aus Art. 79 Abs. 3, Art. 20 Abs. 4 und Art. 139 GG. Aus der Ewigkeitsklausel des Art. 79 Abs. 3 GG und dem Widerstandsrecht aus Art. 20 Abs. 4 GG ergeben sich keine Schutzbereichseinschränkungen oder verfassungsimmanenten Schranken für andere Grundrechte. Spezielle Grundrechtsschranken wie Art. 5 Abs. 3 Satz 2 und Art. 9 Abs. 2 GG hätten ansonsten keinen Sinn. Art. 139 GG entfaltet seit der Aufhebung der Entnazifizierungsvorschriften keine Wirkung mehr – auch nicht als normativer Ausdruck einer antifaschistischen Werthaltung des Grundgesetzes.[815]

Im Übrigen wäre fraglich, wo die Grenze zwischen einer – verbotenen – neonationalsozialistischen oder rechtsextremistischen Meinung und einer – noch erlaubten – rechtsradikalen, deutschnationalen oder rechtskonservativen Auffassung verliefe. Versammlungsbehörden und Gerichte müssten darüber entscheiden, welche Meinungen in Deutschland grundrechtlichem Schutz unterliegen. Dies wäre nicht mit Art. 9 Abs. 2, Art. 18 und Art. 21 Abs. 2 GG vereinbar.[816] Weder das Oberverwaltungsgericht Münster noch die PDS können überzeugend erklären, wo dem Grundgesetz eine unterschiedliche Behandlung von rechten Verfassungsfeinden einerseits und anderen Verfassungsfeinden andererseits zu entnehmen ist. Ein „Sonderrecht gegen rechts" entspringt möglicherweise dem rechtspolitischen Wunsch der Postkommunisten und der Münsteraner Oberverwaltungsrichter nach einer antifaschistischen Grundordnung, aber findet keine Begründung in der antiextremistischen Ausgestaltung des Grundgesetzes.

Problematisch erscheint neben der prinzipiellen Verweigerung des Grundrechtsschutzes für bestimmte als „neonazistisch" und „rechtsextremistisch" eingeordnete Meinungen darüber hinaus die Grenzziehung der PDS, das heißt welche Meinungen nach der Auffassung der Partei nicht mehr dem Grundrechtsschutz unterfallen. Aus der Sicht der PDS fielen nicht nur unzweifelhaft rechtsextremistische Positionen aus dem Grundrechtsschutz heraus. Auch einzelne bürgerlich-konservative Auffassungen – insbesondere in den Bereichen der Ausländerpolitik oder Inneren Sicherheit – verlören mit an Sicherheit grenzender Wahrscheinlichkeit ihren Grundrechtsschutz, ginge es nach der PDS.

Bei einer Prüfung der verfassungsrechtlichen Zulässigkeit von Meinungen würde die Grenzziehung zwischen erlaubten und verbotenen Versammlungsinhalten dadurch erschwert, dass Versammlungen von Rechtsextremisten im Regelfall keine offen nationalsozialistischen Ziele verfolgen oder gar eine komplette Rückkehr zum NS-Staat fordern. Die Mottos derartiger Demonstrationen lauten beispielsweise: „Gegen doppelte Staatsbürgerschaft", „Kein deutsches Blut für fremde Interessen – gegen Krieg und Gewalt", „Gegen Globalisierung und Euro-Wahn" oder „Argumente statt Verbote".[817] Derartig unverfängliche Mottos, die teilweise

---

[814] Bundesverfassungsgericht (1. Kammer des Ersten Senats), Beschluss vom 24.3.2001, 1 BvQ 13/01, in: Neue Juristische Wochenschrift 2001, S. 2069-2072, hier S. 2070.

[815] Vgl. Horst Meier, Parteiverbote und demokratische Republik, Zur Interpretation und Kritik von Art. 21 Abs. 2 des Grundgesetzes, Baden-Baden 1991, S. 247-255 m.w.N.; Gertrude Lübbe-Wolf, Zur Bedeutung des Art. 139 GG für die Auseinandersetzung mit neonazistischen Gruppen, Neue Juristische Wochenschrift 1988, S. 1289-1294; Christoph Gusy, Rechtsextreme Versammlungen als Herausforderung an die Rechtspolitik, in: Juristen Zeitung 2002, S. 105-114, hier S. 110.

[816] So auch Ulli F. H. Rühl, „Öffentliche Ordnung" als sonderrechtlicher Verbotstatbestand gegen Neonazis im Versammlungsrecht?, in: Neue Zeitschrift für Verwaltungsrecht 2003, S. 531-537, hier S. 534.

[817] Vgl. die Übersicht über rechtsextremistische Versammlungen in Mecklenburg-Vorpommern 1999-2001: Wolfgang Leist, Versammlungsrecht und Rechtsextremismus, Die rechtlichen Möglichkeiten, rechtsextremistische Demonstrationen zu verbieten oder zu beschränken, Hamburg 2003, S. 26 -29.

ebenso im demokratischen wie sogar im dezidiert linken politischen Spektrum vertreten werden, können kein Verbot rechtfertigen.[818]

Alle Bürger, Vereine und Parteien können sich auf die Grundrechte der Meinungs- und der Versammlungsfreiheit berufen, soweit ihnen nicht gemäß Art. 18 GG die individuelle Berufung auf die Grundrechte ausdrücklich aberkannt wurde oder die aufrufende Organisation beziehungsweise Partei gemäß § 3 Abs. 2 Vereinsgesetz beziehungsweise Art. 21 Abs. 2 GG verboten wurde. Die Grundrechte zeichnen sich durch eine Neutralität gegenüber der politischen Positionierung desjenigen aus, der sie in Anspruch nehmen möchte. Eine pauschale Einschränkung von Grundrechten für tatsächliche oder vermeintliche Rechtsextremisten hätte eine mit dem Grundgesetz nicht zu vereinbarende Sanktionierung von Gesinnungen zur Folge.

Sollte sich die von der PDS unterstützte Auffassung durchsetzen, würde dies auf eine antifaschistische Zensurpraxis von Meinungen, die in Deutschland öffentlich vertreten werden dürfen, hinauslaufen. Dieses Muster passt zum antifaschistischen Politikverständnis der Partei: Nach links ist per se alles erlaubt.[819] Nach rechts sollen bereits bürgerlich-konservative Positionen als rechtsextremistisch oder neofaschistisch aus dem demokratischen Diskurs verbannt werden.

Die von der PDS verfolgte Einschränkung der Meinungs- und Versammlungsfreiheit für bestimmte unerwünschte Inhalte besitzt selbst totalitäre Züge und ist nicht mit dem pluralistischen Meinungswettbewerb sowie der antiextremistischen Grundausrichtung des Grundgesetzes vereinbar. Die Forderungen der PDS zur Meinungs- und Versammlungsfreiheit stellen eine Bedrohung der freiheitlichen und demokratischen Verfassungsordnung der Bundesrepublik Deutschland dar.

Positiv ist die jüngste Entwicklung der Diskussion innerhalb der PDS zum Versammlungsrecht zu bewerten. Insbesondere Petra Pau erklärte im Jahr 2005 wiederholt, dass eine massive Einschränkung des Versammlungsrechts bis hin zu einem Verbot für Rechtsextremisten nicht im Sinne der PDS sei. Im Januar 2005 erklärte sie in einer Pressekonferenz: „Für falsch halte ich alle Versuche, eine Lex NPD zu stricken. Wer das Versammlungsrecht partiell beschneiden will, beschneidet es grundsätzlich. Das wäre keine Antwort auf den Rechtsextremismus, das wäre eine Dienstleistung für den Rechtsextremismus."[820] In einer Presseerklärung von ihr im Februar 2005 heißt es: „Das Demonstrationsrecht ist ein Grundrecht und daher besonders geschützt. Es gilt für alle und überall, solange keine strafrechtlichen Gründe dagegen stehen."[821] Im selben Monat verabschiedeten die rechts- und innenpolitischen Sprecherinnen und Sprecher der PDS im Bundestag, in den Landtagen sowie im PDS-Vorstand eine „Berliner Erklärung", die sich gegen „Aktionismus, gegen kurzschlüssige Einschränkungen des Versammlungsrechts und Verbotsverfahren" wendet.[822] Die Erklärung ist insgesamt besonnen und abgewogen formuliert. Das Wort „Faschismus" kommt nur im Zusammenhang mit dem 8. mai 1945 vor. Ansonsten ist ausschließlich vom „Rechtsextremismus" die Rede.

---

[818] Ebd., S. 117 f. und 157 f.

[819] Pikant ist hierbei vor allem, dass die PDS regelmäßig als Unterstützerin linksextremistischer Versammlungen auftritt. Weder sie selbst noch das Oberverwaltungsgericht Münster oder andere Gerichte und Rechtswissenschaftler sind je auf die Idee gekommen, eine Versammlung wegen der Unvereinbarkeit ihrer linksextremistischen Inhalte mit der grundgesetzlichen Ordnung zu verbieten – oder dieses zumindest zu prüfen.

[820] Petra Pau, Rechtsextremismus bekämpfen – Rechtsstaat stärken, PDS-Pressekonferenz am 31.1.2005, http://www.petra-pau.de/aktuell/presse/050131_pk-rechts.htm.

[821] Petra Pau, Kein Sonderrecht am Brandenburger Tor, Presseerklärung vom 11.2.2005.

[822] Berliner Erklärung: Kontinuierlich gegen Rechts – Zivilgesellschaft stärken, verabschiedet von den rechts- und innenpolitischen Sprechern der PDS im Bundestag, in den Landtagen und des PDS-Vorstands, 4.2.2005.

7. Angriffe auf den demokratischen Verfassungsstaat 143

Es bleibt abzuwarten, inwieweit sich diese Linie in der Gesamtpartei durchsetzt. Zumindest in der Frage des Versammlungsrechts ist eine Annäherung von pragmatischen Teilen der PDS an die Konzeption des demokratischen Verfassungsstaates sowie die freiheitliche demokratische Ordnung des Grundgesetzes festzustellen.

Im Jahr 1994 hatte die PDS einen Entwurf für eine neue Verfassung[823] vorgelegt, der in eine ganz andere Richtung ging. Das Grundgesetz sollte nach dem Willen der PDS durch eine Verfassung abgelöst werden, welche die Errichtung einer Räterepublik vorsah.[824] Mit der freiheitlichen demokratischen Ordnung und der repräsentativen Demokratie des Grundgesetzes hatte der Entwurf nichts mehr gemein.[825]

Trotz ihrer Mitarbeit in bundesdeutschen Parlamenten wollen zumindest fundamentalistische Teile der PDS weiter Systemopposition betreiben. Ulla Jelpke beschrieb ihre Arbeit für die PDS im Bundestag so: „Oppositionsarbeit bedeutet für mich: dem Druck der Anpassung an das System zu widerstehen, nicht zu kuschen und zu kneifen vor den Mächtigen in diesem Land, sondern offensiv zu kämpfen für die Verbesserung der Lebenssituation der Lohnabhängigen, der sozial Schwachen, von Flüchtlingen und MigrantInnen, in diesem Land und weltweit. (...) Information und Aufklärungsarbeit leisten, Sand im Getriebe der Macht sein (...) das sind für mich auch in Zukunft zentrale Aufgaben einer linken Opposition im Parlament."[826] Die der Opposition im Parlament zustehenden Rechte sollen für einen Kampf gegen das System missbraucht werden. Ulla Jelpke bestätigte mit ihren Aussagen den offen antiparlamentarischen Kurs der fundamentalistischen Strömungen in der PDS.

In einer neuen Strategie versucht sich die PDS in ihrer Politik auf das Grundgesetz zu berufen. Die PDS will mit ihrer sozialistischen Reformpolitik das Grundgesetz vor dem Neoliberalismus retten. Die neoliberale Politik der Unternehmer bedeute „Vertrags- und Verfassungsbruch", diese wollten „eine andere Republik und ein anderes politisches System".[827] Nun müsse die PDS das Grundgesetz verteidigen: „Die Hülle des Grundgesetzes, das immer noch den antifaschistischen, antimonopolistischen Geist atmet, aus dem es entstanden ist, wird zur Fessel für den neoliberalen Umbau der Gesellschaft."[828] Politische Ideen, die der PDS nicht passen, werden als verfassungsfeindlich dargestellt. Wer sich für mehr Markt und mehr Wettbewerb einsetzt, ist in den Augen der PDS grundsätzlich suspekt und wird von ihr mit dem Verdacht der Verfassungswidrigkeit belegt. Wer Einschränkungen im Asyl- und Polizeirecht befürwortet, gefährdet nach der Auffassung von PDS-Politikern die demokratische Verfasstheit der Bundesrepublik. Es ist kein Wunder, dass ein derartiges Bild von der grundgesetzlichen Ordnung zu folgender Einschätzung führt: „Der Geist und Inhalt des Grundgesetzes lassen sich leichter mit ihrer Politik [der PDS-Politik] als mit der der heutigen CDU/CSU-FDP-Systemveränderer in Übereinstimmung bringen."[829]

---

[823] Entwurf eines Gesetzes über die Annahme einer Verfassung nach Art. 146 GG, Bundestags-Drucksache 12/6570.

[824] Vgl. Gerd Wehner, Die etwas andere Art einer zukünftigen Verfassung. Ein historischer Beitrag zum Verfassungsentwurf der PDS von 1994, Zeitschrift für Politik, 2/2000, S. 173-182.

[825] Vgl. Armin Pfahl-Traughber, Wandlung zur Demokratie? Die programmatische Entwicklung der PDS, in: Deutschland Archiv, 28. Jg., Heft 4/1995, S. 359-368, hier S. 363-367; Gero Neugebauer/Richard Stöss, Die PDS. Geschichte, Organisation, Wähler, Konkurrenten, Opladen 1996, insbes. Anm. 186.

[826] Ulla Jelpke, Mitglied des Deutschen Bundestages für die PDS, Arbeitsbericht 1998 bis 2002, S. 4.

[827] Wolfgang Gehrcke, Mitbestimmung – Sozialstaatlichkeit – Reform der politischen Institutionen: Bestandteile sozialistischer Reformpolitik, in: Utopie kreativ, Heft 91/92 (Mai/Juni) 1998, S. 155-162.

[828] Ebd.

[829] Ebd.

144   VI. Antifaschistische Strategie der PDS

Hier werden zwei Strategien der PDS deutlich. Erstens wird versucht, das Grundgesetz so weit wie möglich im Sinne der PDS zu interpretieren. Offenbar weiß die PDS, dass ein offener Kampf gegen das von der breiten Bevölkerungsmehrheit als sehr positiv eingeschätzte Grundgesetz wenig Aussicht auf Erfolg hat. Wenn es nicht gelingt, Stimmung gegen die Verfassung zu machen, so will die PDS sie zumindest sozialistisch und antifaschistisch auslegen. Dies kann als Versuch bewertet werden, sich zum Wortlaut der Verfassung zu bekennen, aber sie tatsächlich durch eine sozialistische Politik ersetzen wollen, die nicht mit den grundlegenden freiheitlichen Prinzipien des Grundgesetzes vereinbar ist. Mit ihrer Strategie der marxistisch-leninistischen Interpretation des Grundgesetzes steht die PDS in der Tradition der extremen Linken der Bundesrepublik vor 1990.[830] Zweitens versucht die PDS, Initiativen des politischen Gegners nicht im demokratischen Meinungswettbewerb argumentativ zu widerlegen, sondern als verfassungsfeindlich aus dem demokratischen Diskurs auszugrenzen. Deutlich wird einmal mehr das Bestreben der PDS bestätigt, den pluralistischen, repräsentativ-demokratischen, rechtsstaatlichen und antiextremistischen Kern des Grundgesetzes durch eine antifaschistisch-sozialistische Ordnung zu ersetzen, die nicht genehmen politischen Meinungen schlicht mit Verboten begegnet.

8.   Angriffe auf die Soziale Marktwirtschaft

Neben den Angriffen auf die freiheitliche demokratische und antiextremistische Ordnung des Grundgesetzes dürfen die Angriffe der PDS auf das Wirtschafts- und Gesellschaftssystem der Bundesrepublik nicht unterschätzt werden. In der marxistischen Theorie formt das Wirtschaftssystem die Basis des politischen Überbaus. Bei allen kommunistisch geprägten Faschismustheorien bildet die Dialektik zwischen Ökonomie und Politik einen wesentlichen Begründungszusammenhang für die Entstehung von Faschismus. Von daher ist es wenig verwunderlich, dass jeder marxistisch inspirierte Antifaschismus sich an hervorgehobener Stelle mit der Ökonomie auseinandersetzt. Angriffe von linksextremistischen Antifaschisten richten sich somit nicht ausschließlich gegen den demokratischen Verfassungsstaat, sondern ausdrücklich ebenso gegen seine Wirtschaftsverfassung. In der Bundesrepublik steht die Soziale Marktwirtschaft nicht zufällig im Kreuzfeuer antifaschistischer Kritik.

Die These, dass Neoliberalismus eine der wesentlichen Ursachen für Rechtsextremismus sei, gewinnt gegenwärtig im Kreise marxistisch geprägter Politik- und Wirtschaftswissenschaftler zunehmend an Zustimmung.[831] Nach der Auffassung des PDS-nahen Politikprofessors Christoph Butterwegge stützt der modernisierte Rechtsextremismus sich auf eine ideologische

---

[830]   Vgl. Viola Neu, Das neue PDS-Programm, hrsg. von der Konrad-Adenauer-Stiftung, November 2003, S. 7.

[831]   Vgl. Herbert Schui/Ralf Ptak/Stephanie Blankenburg/Günter Bachmann/Dirk Kotzur, Wollt ihr den totalen Markt?, Der Neoliberalismus und die extreme Rechte, München 1997; Christoph Butterwegge/Rudolf Hickel/Ralf Ptak, Sozialstaat und neoliberale Hegemonie, Standortnationalismus als Gefahr für die Demokratie, Berlin 1998; Ralf Ptak, Die soziale Frage als Politikfeld der extremen Rechten, Zwischen marktwirtschaftlichen Grundsätzen, vormodernem Antikapitalismus und Sozialismus-Demagogie, in: Jens Mecklenburg (Hrsg.), Braune Gefahr, DVU, NPD, REP – Geschichte und Zukunft, Berlin 1999, S. 97-145. Herbert Schui kandidiert bei den Bundestagswahlen 2005 für die PDS/Linkspartei auf Platz 3 der Landesliste Niedersachsen. Christoph Butterwegge und Ralf Ptak gehören zu den Unterzeichnern des „Appells der 333", in welchem PDS und WASG zum gemeinsamen Antreten bei den Bundestagswahlen aufgefordert wurden, vgl. http://www.rosalux.de/cms/index.php?id=6703&type=98. Rudolf Hickel diente gemeinsam mit Daniela Dahn, Norman Paech und Konstantin Wecker als Vermittler zwischen WASG und PDS im Vorfeld der Bundestagswahl 2005.

8. Angriffe auf die Soziale Marktwirtschaft

Verklammerung von Wirtschaftsliberalismus und Nationalismus.[832] Die „neoliberale Hegemonie" gefährde die Demokratie und bereite den Nährboden für Rechtsextremismus und Neofaschismus.[833]

Butterwegge schlägt vor, die Stellung von Rechtsextremisten zur Marktwirtschaft als Abgrenzungskriterium zwischen „Alter" und „Neuer" Rechter zu machen: „Als ‚neurechts' wären sodann Strömungen im Rechtsextremismus selbst wie auch im politisch-ideologischen Grenzland zwischen diesem und dem Neoliberalismus zu bezeichnen, die Marktradikalismus mit Standortnationalismus kombinieren."[834] Diese Abgrenzung erscheint mit Blick auf die tatsächliche wirtschaftspolitische Ausrichtung dessen, was allgemein unter der „Neuen Rechten" verstanden wird, wenig nachvollziehbar. Gerade die neurechten Kreise, die sich auf die „konservative Revolution" berufen[835], stehen der Marktwirtschaft und den Auswirkungen der Globalisierung besonders kritisch gegenüber. Die marktwirtschaftlich orientierten Kräfte, die ohne Zweifel in Parteien wie den Republikanern oder der FPÖ existieren und die besonders stark im Bund Freier Bürger (BFB) konzentriert waren, stellen im gesamten heutigen Spektrum des Rechtskonservatismus, der „Neuen Rechten" und des Rechtsextremismus der Bundesrepublik eine deutliche Minderheit dar. Abgesehen davon ist zu Recht umstritten, inwieweit es sich bei den drei letztgenannten Parteien überhaupt um rechtsextremistische oder rechtsradikale Parteien handelt. Butterwegges Versuch einer Neudefinition der Rechten hat bisher zu Recht wenig Zustimmung gefunden.

Die grundsätzliche These, dass Neoliberalismus und Marktwirtschaft eine wesentliche Ursache von Rechtsextremismus seien, wird allerdings im radikalen linken Spektrum immer häufiger vertreten. Der DKP-nahe Marburger Politikprofessor Reinhard Kühnl stellt Marktwirtschaft gar als Sozialdarwinismus in die unmittelbare geistige Nähe der NS-Ideologie von der Herrschaft des Stärkeren im ewigen Kampf der Völker und Rassen.[836] Kühnl bezeichnete die Soziale Marktwirtschaft bereits im Jahr 1971 als „Neoliberalismus".[837] Die „neoliberale Wirtschaftslehre" diene dem bürgerlichen Herrschaftssystem dazu, die wahren Machtverhältnisse nach der Restauration des Kapitalismus in Westdeutschland nach 1945 zu verschleiern und die sozialistische Planwirtschaft zu denunzieren.[838] Kurt Pätzold, Mitglied im Sprecherrat des Marxistischen Forums der DDR, macht keinen Hehl aus seiner Ansicht, dass Maßnahmen, die den Rechtsextremismus erheblich eindämmen, erst als ein Ergebnis der Überwindung des Kapitalismus erwartet werden könnten.[839] Die gegenwärtige marktwirtschaftliche Ordnung verschaffe Rechtsradikalen auf Grund der von ihr verursachten sozialen Probleme Zulauf,

---

[832] Vgl. Christoph Butterwegge, Globalismus, Neoliberalismus, Rechtsextremismus, in: Utopie kreativ, Heft 135, Januar 2002, S. 55-67.

[833] Vgl. Christoph Butterwegge, Herren und andere Menschen, Rechtsextremismus und politische (Un-)Kultur in Deutschland, in: Ulrich Schneider (Hrsg.), Tut was!, Strategien gegen Rechts, Köln 2001, S. 50-59.

[834] Christoph Butterwegge, Rechtsextremismus, Freiburg i.Br. 2002, S. 69.

[835] Vgl. Armin Pfahl-Traughber, „Konservative Revolution" und „Neue Rechte", Rechtsextremistische Intellektuelle gegen den demokratischen Verfassungsstaat, Opladen 1988.

[836] Vgl. Reinhard Kühnl, Nicht Phänomene beschreiben, Ursachen analysieren, Zum Problem der extremen Rechten in der Bundesrepublik Deutschland, in: Ulrich Schneider (Hrsg.), Tut was!, Strategien gegen Rechts, Köln 2001, S. 30-37.

[837] Vgl. Reinhard Kühnl, Formen bürgerlicher Herrschaft, Liberalismus – Faschismus, Hamburg 1971, S. 70-73.

[838] Ebd.

[839] Vgl. Kurt Pätzold, Von Nachttöpfen und anderen Theorien, Über Ursachen des Rechtsextremismus und Ausgangspunkte seiner Bekämpfung in Ostdeutschland und anderswo, in: Ulrich Schneider (Hrsg.), Tut was!, Strategien gegen Rechts, Köln 2001, S. 38-49.

behauptet der Ökonom Robert Katzenstein im PDS-Theoriemagazin „Utopie kreativ".[840] Erforderlich seien daher umfangreiche staatliche Eingriffe zum Schutz der sozialen Sicherheit und als wirkungsvolle Ursachenbekämpfung von Rechtsradikalismus. Als gelungenes Beispiel für soziale Sicherheit führt Katzenstein die Sowjetunion an, in welcher der „soziale Standard der Werktätigen" über siebzig Jahre lang gesichert und auch gesteigert worden sei.

Ralf Ptak räumt zwar ein, dass „Neoliberalismus und Rechtsextremismus respektive Faschismus keineswegs identisch" seien.[841] Beide hätten aber „die Legitimation einer von demokratischen Einflüssen und Verteilungsgerechtigkeit befreiten kapitalistischen Ordnung" gemein. Außerdem, so Ptak, stehe ein autoritäres Regime dem Neoliberalismus näher als eine lebendige Demokratie und Hayeks „kulturelle Evolution" entspreche einem kulturell determinierten Rassismus. Träfe Ptaks Interpretation von Neoliberalismus zu, dann wäre Marktwirtschaft grundsätzlich antidemokratisch, unsozial und rassistisch.

Eine freiheitliche Wirtschaftsordnung stellt tatsächlich die natürliche Ergänzung zu einer freiheitlichen politischen Ordnung dar. Der Neoliberalismus setzt dabei ausdrücklich auf eine ordnende Wettbewerbspolitik des Staates, welche den freien und fairen Markt sichern soll. Auch eine Sozialpolitik für diejenigen, die sich nicht am Markt beteiligen können, ist dem Neoliberalismus nicht fremd.

Eine Politik ist nicht immer dann besonders sozial, wenn sie viel umverteilt. Wirtschaftspolitik wird nicht sozial gerechter, je höher der staatliche Einfluss auf die Wirtschaft ist. Wahrscheinlich ist eher das Gegenteil der Fall. Zentrale Verwaltungswirtschaften haben im historischen Rückblick mit Abstand die schlechtesten Ergebnisse in den Bereichen Wohlstand, Freiheit und Demokratie erzielt. Und im Übrigen gab und gibt es Rassismus leider sowohl in marktwirtschaftlichen als auch in staatswirtschaftlich strukturierten Systemen. Bisher fehlt jedenfalls jeder Nachweis darüber, ob eine bestimmte Wirtschaftsform mehr Rassismus als eine andere erzeugt.

Ptak erklärt den Neoliberalismus zunächst zur führenden Wirtschaftstheorie des deutschen Rechtsextremismus, um dann festzustellen, dass die politische Mitte immer mehr zum Neoliberalismus tendiere und so den Rechtsextremismus fördere. Damit unterliegt die Argumentation Ptaks einem Zirkelschluss. Ptak unterstellt außerdem, dass jede Zurückdrängung von gewerkschaftlichem Einfluss ein Merkmal von Rechtsextremismus sei.[842] Damit stünde jeder Reformvorschlag, der Rechte von Gewerkschaften beschneidet oder sich für mehr Flexibilität auf dem Arbeitsmarkt einsetzt, automatisch unter dem Verdacht des Rechtsextremismus.

In der PDS fällt die Theorie, dass das herrschende Wirtschafts- und Gesellschaftssystem ursächlich für Rechtsextremismus sei, auf fruchtbaren Boden. Die Soziale Marktwirtschaft wird dabei von der PDS vorzugsweise als „Neoliberalismus" oder „Marktradikalismus" bezeichnet. Die bayerische PDS-Bundestagsabgeordnete Eva Bulling-Schröter erklärte im Jahr 1998: „Im Kern ist die Durchsetzung des Neoliberalismus der Totengräber der Demokratie und die Vorbereitung für die Übernahme faschistoider Herrschaftsformen."[843] Zu den Bundestagswahlen 2002 äußerte die PDS: „Bedingungen und Ursachen des Neofaschismus liegen in

---

[840] Vgl. Robert Katzenstein, Zuwanderung und Arbeitsmarkt, Provoziert der gegenwärtige Kapitalismus den Zulauf für die Rechtsradikalen?, in: Utopie kreativ 49, 1994, S. 35-44.

[841] Ralf Ptak, Wirtschaftspolitik und die extreme Rechte, Betrachtungen zu einer wenig behandelten Frage, in: Jens Mecklenburg (Hrsg.), Handbuch deutscher Rechtsextremismus, Berlin 1996, S. 901-922.

[842] Ebd.

[843] Eva Bulling-Schröter, Faschisten sind die Profiteure des Neoliberalismus, Rundbrief der AG Rechtsextremismus/Antifaschismus 1/1998, S.2.

8. Angriffe auf die Soziale Marktwirtschaft 147

der Mitte der Gesellschaft. Eine Wirtschafts- und Gesellschaftsordnung, die auf Konkurrenz, Profitmaximierung und Ausgrenzung basiert, ist wesentlich für neofaschistische Tendenzen verantwortlich."[844] Bereits 1991 erklärte der Rechtsextremismus-Experte der PDS, Norbert Madloch: „Begünstigend für rechtsextreme Denk- und Verhaltensmuster, für die Bejahung von Gewalt gegen Personen und Sache, wirken auch die vielfältigen Formen eines brutalen Manchester-Kapitalismus, eine sich ausbreitende Entsolidarisierung in Gestalt der Ellenbogengesellschaft im Osten Deutschlands."[845]

Der gesamte Ansatz, marktwirtschaftliche Positionen in die Nähe von Rechtsextremismus zu rücken, ist Teil einer Strategie der Diffamierung freiheitlicher und demokratischer Politik. Die Soziale Marktwirtschaft ist ein wirtschaftspolitisches Konzept der Mitte, welches aus der „Freiburger Schule" geboren wurde und eng mit den Namen Walter Eucken und Franz Böhm verbunden ist.[846] Diese als Ordoliberalismus bezeichnete Ausprägung des Neoliberalismus bildet das geistige Fundament der Sozialen Marktwirtschaft.[847] Ordo- und Neoliberalismus zeichnen sich dadurch aus, dass sie grundsätzlich das freie Spiel der Kräfte am Markt als effizienteste Konstruktion der Wirtschaftsordnung ansehen. Im Gegensatz zum klassischen Liberalismus befürworten sie aber einen staatlichen Ordnungsrahmen ebenso wie einen sozialen Ausgleich. Im Gegensatz zu den politischen Kräften, die „Neoliberalismus" als Begriff zur Diffamierung der erfolgreichen Marke „Soziale Marktwirtschaft" nutzen und suggerieren, im „Neoliberalismus" habe sich alles Profitinteressen unterzuordnen, stehen Neoliberalismus und Soziale Marktwirtschaft eben nicht für eine entfesselte und freie Marktwirtschaft, sondern für eine Marktwirtschaft, die ordnungspolitisch eingehegt ist und für sozialen Ausgleich abseits des freien Marktes offen steht.

Die Behauptung, im System der Sozialen Marktwirtschaft habe sich der Mensch den Profitinteressen unterzuordnen, ist eine gerne von den Gegnern der Marktwirtschaft verbreitete Legende. Im Mittelpunkt der Sozialen Marktwirtschaft steht der Mensch. Die Wirtschaft soll dem Menschen dienen und nicht der Mensch der Wirtschaft. Im Sinne der christlichen Soziallehre schützt die Soziale Marktwirtschaft die Freiheit und Würde des Einzelnen vor Übergriffen und Bevormundung des Staates sowie Willkür von privater wirtschaftlicher Macht. Die schöpferischen Fähigkeiten des Einzelnen können sich frei entfalten ohne dabei die Rechte und Chancen Dritter zu beeinflussen. Die Konsumenten und Produzenten entscheiden frei von staatlichem Dirigismus über ihren Konsum beziehungsweise ihre Produktion. Eine möglichst große Anzahl von Menschen wird durch eigene Leistung von staatlichen Transfers unabhängig gemacht. Staatliche Umverteilung, die durch erfolgreiche Märkte finanziert wird, ist gemäß dem Subsidiaritätsprinzip auf ein erforderliches Minimum begrenzt und steht nur wirk-

---

[844] Stichworte & Positionen „Rechtsextremismus", http://www.pds2002.de/positionen/stichworte/view_html?zid=98.

[845] Norbert Madloch, Zur Problematik des Rechtsextremismus in Ostdeutschland, in: In der Diskussion Neofaschismus. Dokumentation des internationalen Kolloquiums „Humanismus in der Verantwortung – Gegen Rechtsextremismus, Rassismus und Nationalismus" am 4. und 5. Oktober 1991 in Berlin, S. 7-11.

[846] Neben Eucken und Böhm werden außerdem Hans Großmann-Doerth, Friedrich A. Lutz, Karl Friedrich Maier, Fritz W. Meyer und Leonhard Miksch zum engeren Kreis der Freiburger Schule gerechnet. Zum weiteren Kreis gehörten Wilhelm Röpke und Alexander Rüstow. Als weiterer geistiger Vater der Sozialen Marktwirtschaft gilt daneben der Kultursoziologe Alfred Müller-Armack.

[847] Vgl. Rainer Klump, Soziale Marktwirtschaft: Geistige Grundlagen, ethischer Anspruch, historische Wurzeln, in: Otto Schlecht/Gerhard Stoltenberg (Hrsg.), Soziale Marktwirtschaft, Grundlagen, Entwicklungslinien, Perspektiven, hrsg. von der Konrad-Adenauer-Stiftung und der Ludwig-Erhard-Stiftung, Freiburg i.Br. 2001, S. 17-59; Hans-Rudolf Peters, Wirtschaftssystemtheorie und Allgemeine Ordnungspolitik, 4. Auflage, München 2002, S. 144-161.

lich Bedürftigen zu. Interventionen des Staates in die Wirtschaftspolitik reduzieren sich auf marktkonforme Maßnahmen.

Mit Ludwig Erhard konnte sich die Soziale Marktwirtschaft als wirtschaftspolitisches Erfolgsrezept gegen viele Widerstände in der Bundesrepublik Deutschland durchsetzen. Auf Grund ihres Erfolges bekannte sich selbst die SPD in ihrem Godesberger Programm 1959 zur Sozialen Marktwirtschaft und schwor marxistischen Positionen ab. In den siebziger Jahren misslang es linken Sozialdemokraten, die im Rahmen der Studentenbewegung populäre Theorie des „staatsmonopolistischen Kapitalismus" in der SPD programmatisch zu verankern.[848] Dennoch ist bereits 1967 eine wirtschaftspolitische Wende in der Bundesrepublik Deutschland zu verzeichnen, die zunächst von der Großen Koalition getragen wurde und ab 1969 von der sozialliberalen Koalition fortgeführt wurde: Die klaren ordnungspolitischen Prinzipien unterworfene Soziale Marktwirtschaft Ludwig Erhards wurde durch eine keynesianistisch geprägte Interventionspolitik abgelöst.[849]

Wenn heute die sozialen Sicherungssysteme auf Grund der demographischen und wirtschaftlichen Situation vor dem Kollaps stehen und in der Bundesrepublik eine Staatsquote von über 50 Prozent existiert, ergibt sich evident ein Bedarf nach Reformen der Wirtschaftsordnung und des Sozialstaates. Ein Wohlfahrtsstaat wie ihn die Bundesrepublik Deutschland heute darstellt, ist möglicherweise wünschenswert, aber nicht finanzierbar. Über die erforderlichen Reformkonzepte lässt sich streiten. Wer aber jede Reform des Sozialstaates als „Neoliberalismus", „Marktradikalismus" und „Zerstörung des Sozialstaates" diffamiert, erweist jenen, die vom Wohlfahrtsstaat profitieren sollen, keinen Gefallen. Ohne Reformen droht der Sozialstaat in naher Zukunft seine Leistungsfähigkeit zu verlieren. Wer die wirtschaftliche Leistungskraft des Landes durch einen ausufernden Sozialstaat überfordert, gefährdet Wachstum und Beschäftigung und zerstört damit die Finanzierungsquelle der sozialen Sicherung.[850]

Die Soziale Marktwirtschaft war die dem deutschen „Wirtschaftswunder" der Nachkriegszeit zugrunde liegende wirtschaftspolitische Konzeption. Die Soziale Marktwirtschaft Ludwig Erhards ist ihrem postulierten Ziel „Wohlstand für alle"[851] erstaunlich nahe gekommen. Eine vergleichbare Erfolgsgeschichte hat keine einzige der wirtschaftspolitischen Theorien vorzuweisen, die von den Kritikern der Marktwirtschaft bevorzugt werden. Im Gegenteil hat sich bisher gezeigt, dass staatsorientierte und marxistisch inspirierte Wirtschaftsmodelle grundsätzlich zu weniger Wachstum, weniger Innovation und weniger Wohlstand führen. Hinzu kommt die Einschränkung der wirtschaftlichen und persönlichen Freiheit des Individuums in derartigen Wirtschaftssystemen. Marktwirtschaft ist nicht nur so gut mit einer demokratischen Staatsverfassung vereinbar, weil sie den Bürgern ein Optimum an konsumtiver und produktiver Planungsfreiheit einräumt, sondern weil sie selbst eine tägliche und stündliche

---

[848] Einer der führenden Stamokap-Theoretiker in der damaligen SPD war Christoph Butterwegge, der daraufhin aus der Partei ausgeschlossen wurde, vgl. Wolfgang Rudzio, Die Erosion der Abgrenzung. Zum Verhältnis zwischen der demokratischen Linken und Kommunisten in der Bundesrepublik Deutschland, Opladen 1988; Christoph Butterwegge, Parteiordnungsverfahren, Zur Rolle der Parteigerichtsbarkeit in der SPD, Berlin 1975. Heute ist Butterwegge wieder Mitglied der SPD, steht ideologisch aber eher Positionen der PDS nahe.

[849] Vgl. Horst Friedrich Wünsche, Die Verwirklichung der Sozialen Marktwirtschaft nach dem Zweiten Weltkrieg und ihr Verfall in den sechziger und siebziger Jahren, in: Otto Schlecht/Gerhard Stoltenberg (Hrsg.), Soziale Marktwirtschaft, Grundlagen, Entwicklungslinien, Perspektiven, hrsg. von der Konrad-Adenauer-Stiftung und der Ludwig-Erhard-Stiftung, Freiburg i.Br. 2001, S. 61-114.

[850] Vgl. Hans Tietmeyer, Freiheit und sozialer Ausgleich, Konsequenter nach den Grundsätzen der Sozialen Marktwirtschaft handeln, in: Frankfurter Allgemeine Zeitung, 23.2.1985.

[851] Vgl. Ludwig Erhard, Wohlstand für alle, Düsseldorf 1957.

8. Angriffe auf die Soziale Marktwirtschaft

plebiszitäre Demokratie ist.[852] „Das Stimmrecht an der Wahlurne wird durch das Stimmrecht auf dem Markt (...) erweitert."[853] Paul Nolte spricht in diesem Zusammenhang von einem „Citizen Consumer" oder „Verbraucher-Bürger".[854]

Das Bundesverfassungsgericht hat zwar der Sozialen Marktwirtschaft keinen Verfassungsrang in Form einer *Systemgarantie* zugebilligt.[855] Eine freiheitlich orientierte Wirtschaftsverfassung bildet aber das Gegenstück zur freiheitlichen politischen und gesellschaftlichen Ausgestaltung des Grundgesetzes. Die individuellen grundrechtlichen Garantien des Eigentums (Art. 14 GG), der Berufs-, Gewerbe- und Unternehmensfreiheit verbunden mit der freien Wahl des Arbeitsplatzes und der Ausbildungsstätte (Art. 12 GG), das Recht der Gründung von Handelsgesellschaften (Art. 9 GG) und die in Art. 2 Abs. 1 GG enthaltene Garantie der Wettbewerbs- und Vertragsfreiheit bilden in ihrem Wirkungs- und Ordnungszusammenhang eine *Funktionsgarantie* für die Marktwirtschaft.[856]

Eine sozialistische Zentralverwaltungswirtschaft wäre nicht mit dem Grundgesetz vereinbar.[857] Dagegen spricht auch nicht die Sozialisierungsermächtigung von Art. 15 GG, weil diese schon wegen des Entschädigungsgebots eine die Eigentumsinstitutsgarantie ablösende Sozialisierung rechtlich und nicht nur faktisch verhindert.[858] Die Marktwirtschaft ist nicht als System durch das Grundgesetz geschützt, ihre Beseitigung wird aber durch die Einzelgrundrechte verhindert. Im Übrigen wäre eine Zentralverwaltungswirtschaft nur mit einer starken Exekutivgewalt mit nahezu schrankenlosen Vollmachten durchsetzbar.[859] Eine derartige diktatorische oder zumindest autoritäre Ordnung stände im Widerspruch zur freiheitlichen und demokratischen Ordnung des Grundgesetzes.

Die gesamte Rechtsprechung des Bundesverfassungsgerichts zeigt, dass es von einer grundsätzlich freien Wirtschaftsordnung ausgeht. Für staatliche Eingriffe in die wirtschaftliche Betätigungsfreiheit ist in jedem Einzelfall eine Rechtfertigung erforderlich. Eingriffe sind nur als zulässig anzusehen, wenn sie durch überwiegende Gründe des Gemeinwohls geboten sind.[860] Obwohl das Gericht die Soziale Marktwirtschaft nicht als System durch das Grundge-

---

[852] Vgl. Franz Böhm, Freiheit und Ordnung in der Marktwirtschaft, hrsg. von Ernst-Joachim Mestmäcker, Baden-Baden 1980, S. 89.

[853] Paul Nolte, Generation Reform, Jenseits der blockierten Republik, München 2004, S. 115.

[854] Ebd.

[855] Vgl. Entscheidungen des Bundesverfassungsgerichts, Band 4, S. 7-27, hier S. 17 f.; Band 7, S. 377-444, hier S. 400; Band 50, S. 290-381, hier S. 388. Die Auffassung von Hans Carl Nipperdey, dass die Soziale Marktwirtschaft als System vom Grundgesetz garantiert werde, blieb eine Mindermeinung, vgl. ders., Soziale Marktwirtschaft und Grundgesetz, 3. Auflage, Köln 1965, insbes. S. 64 f.

[856] Vgl. Hans-Jürgen Papier, Grundgesetz und Wirtschaftsordnung, in: Ernst Benda/Werner Maihofer/Hans-Jochen Vogel (Hrsg.), Handbuch des Verfassungsrechts der Bundesrepublik Deutschland, 2. Auflage, Berlin 1994, S. 799-850; Peter-Christian Müller-Graff, Unternehmensinvestitionen und Investitionssteuerung im Marktrecht, Zu Maßstäben und Schranken für die überbetriebliche Steuerung von Produktinvestitionen aus dem Recht des wettbewerbsverfaßten Marktes, Tübingen 1984, S. 246-312; Hans-Heinrich Rupp, Grundgesetz und „Wirtschaftsverfassung", Tübingen 1974, S. 17-22.

[857] Vgl. Ulrich Karpen, Soziale Marktwirtschaft und Grundgesetz, Eine Einführung in die rechtlichen Grundlagen der Sozialen Marktwirtschaft, Baden-Baden 1990, S. 62.

[858] So zutreffend Hans-Jürgen Papier, Unternehmen und Unternehmer in der verfassungsrechtlichen Ordnung der Wirtschaft, in: Veröffentlichungen der Vereinigung der deutschen Staatsrechtslehrer 35, 1977, S. 55-104, hier S. 82-86;Reiner Schmidt, Staatliche Verantwortung für die Wirtschaft, in: Josef Isensee/Paul Kirchhof (Hrsg.), Handbuch des Staatsrechts der Bundesrepublik Deutschland, Band III Das Handeln des Staates, Heidelberg 1988, § 83, S. 1141-1170, Rdnr. 20.

[859] Vgl. Franz Böhm, Freiheit und Ordnung in der Marktwirtschaft, hrsg. von Ernst-Joachim Mestmäcker, Baden-Baden 1980, S. 82.

[860] Vgl. Entscheidungen des Bundesverfassungsgerichts, Band 18, S. 315-344, hier S. 327.

setz garantiert ansieht, spricht es von der „bestehenden Wirtschaftsverfassung", die als Grundlage den „grundsätzlich freien Wettbewerb der als Anbieter und Nachfrager auf dem Markt auftretenden Unternehmer als eines ihrer Grundprinzipien" enthalte.[861]

Durch Artikel 1 des Staatsvertrages zwischen Bundesrepublik und DDR hat „die Soziale Marktwirtschaft als gemeinsame Wirtschaftsordnung beider Vertragsparteien" im Jahr 1990 eine einfachgesetzliche Verankerung als Wirtschaftssystem des vereinten Deutschlands gefunden. Der Staatsrechtler Peter Badura beurteilt dies als eine „authentische Interpretation der wirtschaftsverfassungsrechtlichen Staatsziele und Garantien des Grundgesetzes".[862] Die Wirtschaftsverfassung der Europäischen Union ist im Gegensatz zu jener des Grundgesetzes in Art. 4 Abs. 1 EG ausdrücklich „dem Grundsatz einer offenen Marktwirtschaft mit freiem Wettbewerb verpflichtet".

Früher wurde in der marxistischen Theorie der Kapitalismus als ursächlich für die Machterlangung des Faschismus angesehen und als Ausweg die „Diktatur des Proletariats" angestrebt. Heute wird die als „Neoliberalismus" abqualifizierte Soziale Marktwirtschaft zur Ursache für Rechtsextremismus erklärt und als Lösung ein „sozialer, demokratischer und ziviler Gesellschaftsvertrag" angeboten. Gemeint ist dasselbe. Der alte Inhalt ist nur in eine moderne Sprache verpackt. Wer wie die PDS und die ihr nahe stehenden marxistischen Politik- und Wirtschaftswissenschaftler den „Neoliberalismus" und die Soziale Marktwirtschaft zur wesentlichen Ursache für den heutigen Rechtsextremismus erklärt, stellt eine neue Dimitroff-Formel des 21. Jahrhunderts auf.

Die marktwirtschaftlich geprägten Parteien wie die Union und die FDP, aber ebenso die Reform-Flügel in SPD und Grünen geraten nach dieser „neuen Dimitroff-Formel" pauschal unter den Verdacht der Förderung des Rechtsextremismus. Antifaschismus wird so zu einer politischen Waffe gegen das Wirtschafts- und Gesellschaftssystem der Bundesrepublik Deutschland, gegen marktwirtschaftliche Reformen und gegen die politischen Wettbewerber.

---

[861] Entscheidungen des Bundesverfassungsgerichts, Band 32, S. 311-319, hier S. 317.
[862] Peter Badura, Staatsrecht, Systematische Erläuterungen des Grundgesetzes für die Bundesrepublik Deutschland, 2. Auflage, München 1996, C 91, S. 192 f.

VII. Antifaschismus im Vergleich

1. Antifaschismus linksextremistischer Gruppen und Parteien

1.1. *Antifaschismus der „autonomen" Antifa*

Die „autonome" Szene verfügt über kein einheitliches ideologisches Konzept. Stattdessen verfolgen die sehr heterogenen Gruppen und Bewegungen in dieser Szene zumeist an anarchistische und kommunistische Theorien angelehnte Ideen.[863] Ein ideologischer Minimalkonsens ist in einer „diffusen antifaschistischen und antikapitalistischen Grundhaltung" zu finden, die sich mit dem „perspektivischen Ziel, eine unterdrückungsfreie Gesellschaftsordnung zu erkämpfen, gegen die bestehende politische und gesellschaftliche Ordnung richtet".[864] Innerhalb der „autonomen" Szene herrscht weitgehende Übereinstimmung über die Bereitschaft, zur Durchsetzung politischer Ziele Gewalt einzusetzen.[865] Wenn auch nicht üblich, so werden unter bestimmten Umständen selbst Mord und Totschlag von „Autonomen" als legitimes Mittel der „Gegenwehr" angesehen oder zumindest billigend in Kauf genommen.[866]

Der Kampf gegen tatsächlichen und vermeintlichen Rechtsextremismus bildet für militante „Autonome" eines der wesentlichen – wenn auch nicht das einzige – Aktionsfeld. In Publikationen der Szene werden nicht nur „faschistische Strukturen" gebrandmarkt, sondern auch Namen und Wohnorte von Politikern und anderen Personen veröffentlicht, die aus „autonomer" Sicht faschistischen Entwicklungen Vorschub leisten. Als legitime Ziele „autonomer" Gewalt gelten Einrichtungen oder Publikationen, denen eine Brückenfunktion zwischen Konservatismus und „Neofaschismus" vorgeworfen wird. Dazu zählen Anschläge auf die Druckerei der „Jungen Freiheit", Kampagnen gegen Kioske, die „faschistische Literatur und Zeitschriften" verbreiten oder auf studentische Verbindungen – zumeist pauschal als „Burschenschaften" bezeichnet – die von „Autonomen" als Hort von Neofaschismus, Patriarchat, Milita-

---

[863] Vgl. Peter Frisch, Militante Autonome, in: Uwe Backes/Eckhard Jesse (Hrsg.), Jahrbuch Extremismus & Demokratie, Bd. 9, Baden-Baden 1997, S. 174-187, hier S. 190. Siehe auch: Armin Pfahl-Traughber, Die Autonomen. Portrait einer linksextremistischen Subkultur, in: Aus Politik und Zeitgeschichte, B 9-10/98, S. 36-46; Patrick Moreau/Jürgen P. Lang, Linksextremismus, Eine unterschätzte Gefahr, Bonn 1996, S. 366-403; Rudolf van Hüllen, Linksextremismus vor und nach der Wende, in: ders./J. Kurt Klein/Gerd Langguth/Reinhard Rupprecht, Linksextremismus – eine vernachlässigte Gefahr, hrsg. von der Konrad-Adenauer-Stiftung, Aktuelle Fragen der Politik, Heft 44, Sankt Augustin 1997, S. 7-28, insbes. S. 19-24. Aus „autonomer" Perspektive vgl. Geronimo, Feuer und Flamme, Zur Geschichte der Autonomen, 6. Auflage, Berlin 2002.

[864] Vgl. Peter Frisch, Militante Autonome, in: Uwe Backes/Eckhard Jesse (Hrsg.), Jahrbuch Extremismus & Demokratie, Bd. 9, Baden-Baden 1997, S. 174-187, hier S. 190.

[865] Ebd., S. 192; Matthias Mletzko, Gewaltdiskurse und Gewalthandeln militanter Szenen Teil 1, Unterschiede am Beispiel „Antifa" und „Anti-Antifa" dargestellt, in: Kriminalistik 8-9/2001, S. 543-548; ders., Merkmale politisch motivierter Gewalttaten bei militanten autonomen Gruppen, in: Uwe Backes/Eckhard Jesse (Hrsg.), Jahrbuch Extremismus & Demokratie, Bd. 11, Baden-Baden 1999, S. 180-199.

[866] Vgl. Matthias Mletzko, Gewaltdiskurse und Gewalthandeln militanter Szenen Teil 1, Unterschiede am Beispiel „Antifa" und „Anti-Antifa" dargestellt, in: Kriminalistik 8-9/2001, S. 543-548; Berliner Landesamt für Verfassungsschutz (Hrsg.), Deutscher gewaltorientierter Linksextremismus in Berlin, Die „militante autonome Bewegung", Durchblicke Nr. 5, 1995, S. 44-56.

rismus und Revanchismus diffamiert werden. Das Ausländerrecht der Bundesrepublik Deutschland ist in den Augen der „Autonomen" ein „rassistisches Sonderrecht". Daher sind Abschiebehaftanstalten ebenso wie Amtsärzte, die Abschiebehäftlinge untersuchen, oder Fluggesellschaften, mit denen Abschiebungen durchgeführt werden,[867] immer wieder das Ziel von Agitation und Aktion „autonomer" Antifaschisten.

Wer Faschist ist, bestimmt die „Antifa". Wie die eigene Ideologie bleibt das Feindbild gewollt diffus.[868] Zur Bekämpfung des politischen Gegners, der als Faschist identifiziert wurde, sind aus der Sicht der „Antifa" undemokratische und nicht-rechtsstaatliche Mittel vollkommen legitim. Im Zweifel ist der Einsatz derartiger Mittel zur Abwehr einer imminenten faschistischen Gefahr sogar unbedingt geboten. Veranstaltungen und Redner, die der „Antifa" nicht passen, werden von der „Antifa" gesprengt. Die Liste für derartige Beispiele „antifaschistischer" Aktivitäten ist lang, ihre Darstellung würde den Rahmen der Arbeit bei weitem sprengen.[869]

Kennzeichnend für die Art der politischen Auseinandersetzung der „autonomen" Antifaschisten ist, dass sie dem politischen Gegner pauschal alle demokratischen Rechte wie etwa Meinungsfreiheit mit der Formel „Faschismus ist keine Meinung, sondern ein Verbrechen!" abspricht. Mit gegnerischen politischen Positionen setzt sich die „Antifa" nicht argumentativ auseinander, wenn man von langatmigen Pamphleten absieht, die sich aber weniger mit Argumenten Andersdenkender befassen, sondern im Wesentlichen zur Darstellung der eigenen kruden Ideologie dienen. Der friedliche und demokratische Diskurs wird politisch nicht linken Kräften üblicherweise verweigert, die Auseinandersetzung erfolgt mit Gewalt statt mit Argumenten. Damit wendet die „Antifa" selbst Mittel an, die sich kaum von dem Vorgehen früherer Nationalsozialisten oder heutiger Rechtsextremisten unterscheiden.

Für einen Richtungsstreit innerhalb der „autonomen" antifaschistischen Bewegung sorgt seit dem Irak-Krieg zunehmend eine so genannte „antideutsche" Strömung, welche den im linksradikalen Bereich weit verbreiteten Antiamerikanismus scharf kritisiert.[870] Die USA hätten Deutschland schließlich vom Faschismus befreit. Auch die Anti-Israel- und Pro-Palästina-Haltung, die in der deutschen Linken üblich ist, wird von den Antideutschen grundlegend in Frage gestellt. Die Auseinandersetzung über den richtigen Standpunkt zur Al-Akza-Intifada, zum Kampf gegen den Terror nach dem 11. September und zum damals im Planungsstadium befindlichen Irak-Krieg der USA führte zu einer tief greifenden Spaltung und politischen Lähmung der gesamten „autonomen" Szene.[871] Die Autonome Antifa Berlin (AAB), in den neunziger Jahren eine der tonangebenden Gruppen der bundesdeutschen Antifa, zerfiel Mitte Februar 2003 in zwei etwa gleich große Gruppen, die sich gegenseitig „Antisemitismus" bezie-

---

[867] Vgl. Kampagne gegen die Lufthansa von „kein mensch ist illegal" unter dem Titel „Deportation Class Lufthansa", http://www.deportationclass.com/.

[868] Vgl. Peter Schütt, „Schlagt die Faschos, wo Ihr sie trefft!" Gewaltbereitschaft bei selbsternannten „Faschisten"-Jägern, in: Manfred Agethen/Eckhard Jesse/Ehrhart Neubert (Hrsg.), Der missbrauchte Antifaschismus, DDR-Staatsdoktrin und Lebenslüge der deutschen Linken, Freiburg i.Br. 2002, S. 314-324.

[869] Ebd. Zahlreiche Beispiele sind auch zu finden bei Claus-M. Wolfschlag, Das „antifaschistische Milieu". Vom „schwarzen Block" zur „Lichterkette" – die politische Repression gegen „Rechtsextremismus" in der Bundesrepublik Deutschland, Graz 2001.

[870] Martin Kloke, Antizionismus und Antisemitismus als Weltanschauung? Tendenzen im deutschen Linksradikalismus und -extremismus, in: Bundesministerium des Innern (Hrsg.), Extremismus in Deutschland, Erscheinungsformen und aktuelle Bestandsaufnahme, Texte zur Inneren Sicherheit, Berlin 2004, S. 163-196; Bundesamt für Verfassungsschutz, Massiver ideologischer Streit zum Nahost-Konflikt unter Linksextremisten, in: ebd., S. 197-210; Senatsverwaltung für Inneres Berlin, Antisemitismus im extremistischen Spektrum Berlins, Berlin 2004, S. 30-35.

[871] Ebd.

1. Antifaschismus linksextremistischer Gruppen und Parteien 153

hungsweise „Bellizismus" vorwarfen.[872] Die traditionelle Antifa-Bewegung führt ihre Aktionen seitdem als „Antifaschistische Linke Berlin" weiter. Der Teil mit den „antideutschen" Tendenzen, der sich selbst als „die bessere Hälfte" der AAB bezeichnete, organisiert sich heute unter dem Namen „Gruppe Kritik & Praxis (KP) Berlin". Die Göttinger Autonome Antifa (M), die als Urgestein der bundesweiten autonomen Szene galt, zersplitterte auf Grund von inhaltlichen Differenzen über den Nahost-Konflikt im Jahr 2004 in drei verschiedene Gruppen.[873] Die PDS und ihr Umfeld neigen dabei eher zur traditionellen Israel-Kritik und Palästinenser-Solidarität – auch wenn einzelne PDS-Politiker wie etwa Gregor Gysi aus dem antiisraelischen Konsens ihrer Partei ausbrechen.[874]

Die „autonome" Antifa verschmilzt immer mehr mit einem gewaltbereiten und radikal kapitalismuskritischen Teil der Anti-Globalisierungs-Bewegung. Dabei wünscht sich die „autonome" Antifa innerhalb dieser Bewegung eine starke Kraft „links vom reformerischen Besteuerungsansatz enttäuschter Sozialdemokraten (ATTAC)".[875] Das hohe Mobilisierungs- und Medienpotenzial der Anti-Globalisierungs-Bewegung wird von den „autonomen" Antifaschisten als hilfreich im gemeinsamen Kampf für die Abschaffung des Kapitalismus angesehen – selbst wenn die eigene antifaschistische Identität darunter leide, dass die mediale Öffentlichkeit nicht zwischen verschiedenen Teilen der Bewegung differenziere.[876]

In der Antifa-Bewegung liegt ein enormes Rekrutierungspotenzial: das moralisch wertvolle Grundanliegen, die Möglichkeit, selbst „praktisch" eingreifen zu können, sowie die Antifa-Gruppe als „Gefahrengemeinschaft" bieten Jugendlichen eine reizvolle Tätigkeit.[877] Auf diese Weise geraten manche Jugendliche, die sich „für eine gute Sache" einsetzen möchten, ohne besonders politisiert zu sein, zur „autonomen" Antifa. Es wäre ein Fehler, ausnahmslos alle Anhänger der „autonomen" Antifa als überzeugte Linksextremisten zu bewerten. Der harte Kern sowie die bestimmenden Elemente der „autonomen" Antifa vertreten aber ohne Zweifel eine linksextremistische und gewaltbereite Linie.

1.2. *Antifaschismus der VVN-BdA*

Bis 1990 wurde die VVN-BdA in der Bundesrepublik unmittelbar von der DKP gesteuert.[878] In der DDR war das durch die SED kontrollierte „Komitee der antifaschistischen Widerstandskämpfer" als Nachfolgeorganisation der zu schwer kontrollierbaren und 1953 verbotenen VVN gegründet worden. Die nach 1989 auf dem Gebiet der DDR gegründeten Schwesterorganisationen der VVN-BdA – die IVVdN sowie der BdA – standen von Beginn an in einem sehr engen Kooperationsverhältnis zur PDS. Seit dem Zusammenschluss aller Verbände

---

[872] Die bessere Hälfte, Erklärung zur Auflösung der Antifaschistischen Aktion Berlin (AAB), 14.2.2003, http://de.indymedia.org/2003/02/41283.shtml.

[873] Die Autonome Antifa (M) hat sich am 29.4.2004 aufgelöst in drei Nachfolgegruppen. Vgl. Abschlusserklärung der Autonomen Antifa [M], http://www.puk.de//aam/.

[874] Vgl. Martin Kloke, Antizionismus und Antisemitismus als Weltanschauung? Tendenzen im deutschen Linksradikalismus und –extremismus, in: Bundesministerium des Innern (Hrsg.), Extremismus in Deutschland, Erscheinungsformen und aktuelle Bestandsaufnahme, Texte zur Inneren Sicherheit, Berlin 2004, S. 163-196.

[875] Antifaschistische Linke Berlin, Think global, Gegenwärtige Überlegungen zu zukünftiger Politik, in: Junge Welt, Antifa-Beilage, 27.8.2003.

[876] Ebd.

[877] Vgl. Matthias Mletzko, Gewaltdiskurse und Gewalthandeln militanter Szenen Teil 1, Unterschiede am Beispiel „Antifa" und „Anti-Antifa" dargestellt, in: Kriminalistik 8-9/2001, S. 543-548.

[878] Zu den Einzelheiten der Organisation s.o. Kapitel 2.2.

aus Ost und West im Jahr 2002 hat sich der Einfluss der PDS in der VVN-BdA vergrößert, obwohl er nicht mit der Steuerung durch DKP und SED vor 1990 vergleichbar ist.

Aufmerksamkeit erlangte die VVN-BdA in letzter Zeit mit ihrer Wanderausstellung „Neofaschismus in der Bundesrepublik Deutschland", die von der IG Metall und der linksextremistischen Antifa-Zeitschrift „Der rechte Rand" unterstützt wird. Diese Ausstellung greift ausdrücklich die CDU als Wegbereiter von Rechtsextremismus an. Deshalb gab es Konflikte darüber, ob die Ausstellung in öffentlichen Gebäuden gezeigt werden dürfe.[879] Ausstellungen gehören seit langem zu einem festen Bestandteil der VVN-Öffentlichkeitsarbeit, um das eigene einseitige Geschichtsbild einer möglichst breiten Öffentlichkeit und vorzugsweise Schulklassen zu vermitteln.[880]

Ebenso gehören Angriffe auf Konservative zum Standard-Repertoire der antifaschistischen Arbeit der VVN-BdA. Eine Broschüre rückt auf dem Niveau einer mittelmäßigen Schülerzeitung Studentenverbindungen, die Vertriebenenjugend und die Junge Union in die Nähe des Neofaschismus.[881] Die einzelnen Beiträge dieser Broschüre sind sämtlich schlecht recherchiert und ebenso schlecht geschrieben. In einer anderen Broschüre heißt es, Konservatismus und Faschismus dürften „nicht gleichgesetzt" werden.[882] Aber Konservatismus und Faschismus könnten auch „nicht einander entgegen- oder nebeneinander gestellt werden, da es zwischen ihnen in entscheidenden Zielsetzungen Berührungspunkte und Übereinstimmung" gebe.[883] In Anlehnung an die Dimitroff-Theorie behauptet die VVN-BdA, der Faschismus wachse aus dem Konservatismus heraus, CDU, CSU und FDP wollten den Sozialstaat zerschlagen, demokratische Rechte abbauen und Angriffskriege führen.[884] Das heißt aus antifaschistischer Sicht nichts anderes, als dass Liberale und Konservative konsequent den Weg für die Neofaschisten bereiten. Die rot-grüne Bundesregierung, so die VVN-BdA, sei im Übrigen nicht viel besser als ihre liberal-konservativen Vorgänger.[885] Die gesamte bürgerliche Demokratie wird so von der VVN-BdA unter einen pauschalen Faschismus-Verdacht gestellt. Neofaschismus werde bereits heute „von den herrschenden Rechtskreisen als Vehikel benutzt", behauptet die VVN-BdA und macht rechtsextremistische Gewalttäter damit zu Instrumenten von bürgerlichen Demokraten.[886] Mit dieser Formulierung knüpft die VVN-BdA an die kommunistische Agentur-Theorie an, nach welcher die Faschisten als Agenten der bürgerlich-konservativen Kapitalisten agieren.

Obwohl die VVN-BdA nicht mehr unmittelbar der Steuerung einer kommunistischen Partei unterliegt, bleibt jede Kritik an der kommunistischen Instrumentalisierung des Antifaschismus ein Tabu. Die VVN-BdA verharrt ideologisch in einem Antifaschismus der dreißiger Jahre. Die freiheitliche und marktwirtschaftliche Wirtschafts- und Gesellschaftsordnung der Bundesrepublik steht bei der VVN-BdA weiterhin unter einem generellen Faschismus-Verdacht.

---

[879] Vgl. Junge Welt, 22.1.2003; 25./26.1.2003.

[880] Vgl. Wolfgang Rudzio, Die Erosion der Abgrenzung. Zum Verhältnis zwischen der demokratischen Linken und Kommunisten in der Bundesrepublik Deutschland, Opladen 1988, S. 122 f.

[881] Vgl. Kommission Neofaschismus der VVN-BdA (Hrsg.), Auf dem Weg nach Rechts, Jugend im Umfeld von Neofaschismus und Konservatismus, Berlin 2003.

[882] Vgl. Kommission Neofaschismus der VVN-BdA (Hrsg.), Neofaschismus in der Bundesrepublik Deutschland III, Neofaschismus und Konservatismus, Hannover 1999, S. 10.

[883] Ebd., S. 11.

[884] Ebd., S. 5-8.

[885] Ebd., S. 5.

[886] Ebd., S. 18.

1. Antifaschismus linksextremistischer Gruppen und Parteien   155

1.3.   *Antifaschismus der DKP*

Die DKP wurde 1968 gegründet, um die Tradition der 1956 in der Bundesrepublik Deutschland verbotenen KPD legal fortzuführen.[887] Die DKP stand von ihrer Gründung bis zum Zusammenbruch der DDR unter finanzieller und ideologischer Abhängigkeit der SED.[888] Ihr Ziel war stets ein Staatsaufbau der Bundesrepublik Deutschland nach dem Muster der Sowjetunion. Nach der „Wende" verlor sie nicht nur ihre großzügigen Finanzquellen im Osten, sondern ebenso weite Teile ihrer Mitgliedschaft. Die meisten Reformer zogen sich ins Privatleben zurück, einige wechselten zur PDS. Zentrales politisches Ziel der DKP bleibt die Überwindung des kapitalistischen Systems: „Das hauptsächliche Hindernis für den gesellschaftlichen Fortschritt ist die ökonomische und politische Macht der Monopolbourgeoisie. (...) Die Alternative zum gegenwärtigen System des Kapitalismus ist eine Gesellschaft, in der das Privateigentum an den entscheidenden Produktionsmitteln durch gesellschaftliches Eigentum ersetzt ist."[889] Bei Wahlen konnte die DKP vereinzelte Achtungserfolge in Kommunen erzielen, blieb auf Landes- und Bundesebene aber regelmäßig unterhalb von 1 Prozent der Stimmen und zumeist sogar deutlich unter den für eine Wahlkampfkostenerstattung relevanten 0,5 Prozent.[890]

Das Engagement für den Antifaschismus ist für die Partei seit ihrer Gründung ein zentrales Aktionsfeld, welches sie in enger Kooperation mit ihrer Vorfeldorganisation VVN-BdA bearbeitet.[891] In der im Jahr 2005 vom Parteivorstand beschlossenen Diskussionsgrundlage für den Entwurf eines neuen Parteiprogramms heißt es: „Die Mitglieder der DKP sind aktiv in antifaschistischen Organisationen und Bündnissen. Sie suchen die Gemeinsamkeit mit all jenen Kräften – vor allem jungen Menschen – die sich gegen Faschismus, Rassismus und Krieg für die Rechte der Migrantinnen und Migranten, der Asylsuchenden und gegen weitere Einschränkung demokratischer Grundrechten einsetzen. (...) Wir fordern gemeinsam mit anderen Antifaschistinnen und Antifaschisten das Verbot sowie die Auflösung aller neofaschistischen Parteien und Organisationen." [892] Die DKP bekennt sich in dem Entwurf zu ihrer antifaschistisch-kommunistischen Tradition: „Die DKP ist eine revolutionäre Partei der Arbeiterklasse. (...) In ihr lebt das Erbe des antifaschistischen Widerstands und des Ringens um einen antifaschistisch-demokratischen Neubeginn nach der Befreiung vom Hitlerfaschismus."[893] Die DDR wird als antifaschistische und sozialistische Alternative zur imperialistischen Bundesrepublik gepriesen: „Der Arbeiter- und Bauernstaat stand für Frieden, Antifaschismus und soziale Ge-

---

[887] Vgl. Patrick Moreau/Jürgen P. Lang, Linksextremismus, Eine unterschätzte Gefahr, Bonn 1996, S. 248-265; Patrick Moreau, Der westdeutsche Kommunismus in der Krise – ideologische Auseinandersetzungen und Etappen des organisatorischen Verfalls, in: Uwe Backes/Eckhard Jesse (Hrsg.), Jahrbuch Extremismus & Demokratie, Bd. 2, Bonn 1990, S. 170-206.

[888] Vgl. Steffen Kailitz, Politischer Extremismus in der Bundesrepublik Deutschland, Eine Einführung, Wiesbaden 2004, S. 68.

[889] Politische Erklärung der DKP, Den Widerstand gegen Kriegspolitik, Sozialkahlschlag und Demokratieabbau verstärken! - Das Kräfteverhältnis verändern!, beschlossen auf dem 17. Parteitag in Duisburg, 12./13.2.2005.

[890] Bei den Bundestagswahlen am 22.9.2002 verharrte die DKP mit 3.953 Stimmen bei 0,0 Prozent. Bei den jüngsten Landtagswahlen erlangte die DKP 0,1 Prozent (Schleswig-Holstein, 20.2.2005) bzw. 0,2 Prozent (Brandenburg 19.9.2004).

[891] Vgl. Bundesministerium des Innern (Hrsg.), Verfassungsschutzbericht 2003, Berlin 2004, S. 133-135; Uwe Backes/Eckhard Jesse, Politischer Extremismus in der Bundesrepublik Deutschland, Bonn 1996, S. 179.

[892] Diskussionsgrundlage für den Entwurf eines Parteiprogramms, beschlossen auf der 1. Tagung des Parteivorstandes der DKP am 5./6. März 2005, S. 20.

[893] Ebd., S. 2.

rechtigkeit. Die DDR, die sozialistische Alternative zum deutschen Imperialismus, war die größte Errungenschaft in der Geschichte der revolutionären deutschen Arbeiterbewegung."[894]

Die Parteiführung hält zur Definition des Faschismus an einer nur leicht abgewandelten Dimitroff-Formel fest. Der langjährige Parteivorsitzende Heinz Stehr erklärte auf der 9. Tagung des Parteivorstands am 30./31. Oktober 2004: „Faschismus ist die offen terroristische Machtvariante der entscheidenden Teile des Finanzkapitals. Faschismus bleibt eine Option für kapitalistische Machtverhältnisse, wobei die konkreten Formen unterschiedlich sein können."[895] Ideologisch verfolgt die DKP weiter ein dogmatisches und orthodoxes Antifaschismus-Verständnis mit nur kleineren und vergleichsweise unbedeutenden sprachlichen Anpassungen an Entwicklungen nach 1990.

2.   Antifaschismus der Bundestagsparteien

2.1.   *Antifaschismus der SPD*

Die SPD ist die älteste der derzeit im Bundestag vertretenen Parteien.[896] Der 23. März 1933 bildet in der Historie der deutschen Sozialdemokratie ein Datum von herausragender Bedeutung: Die verbliebenen 94 Abgeordneten der SPD stimmten an jenem Tag als einzige gegen Hitlers „Ermächtigungsgesetz". Den Abgeordneten der KPD waren zuvor ihre Mandate aberkannt worden. Die Rede des Sozialdemokraten Otto Wels gegen das Gesetz hielt gilt als höchstes Zeugnis freiheitlicher demokratischer Überzeugung sowie Ablehnung jeder Form von Diktatur. Bis heute versteht sich die SPD als „Partei der Freiheit", die „wie keine andere Partei in Deutschland (...) gegen Unfreiheit, Unterdrückung und Ausbeutung gekämpft hat".[897]

Geprägt von den Erfahrungen der Weimarer Republik und der Zeit des Nationalsozialismus war die SPD nach dem 2. Weltkrieg strikt antinationalsozialistisch orientiert. Unter den Gegnern und Opfern des NS-Regimes befanden sich unzählige Sozialdemokraten. Die bekanntesten Widerstandskämpfer in den Reihen der Sozialdemokraten waren Julius Leber, Carlo Mierendorff und Wilhelm Leuschner, die zur Bewegung des 20. Juli gehörten. Unter Kurt Schumacher entwickelte die SPD in den westlichen Besatzungszonen nach 1945 aber ebenso einen klaren Abgrenzungskurs gegenüber den Kommunisten. Dazu trug die Erfahrung der Gängelung, Verfolgung von Sozialdemokraten in der sowjetisch besetzten Zone bei.[898] Die SPD in den westlichen Besatzungszonen hatte sich der 1946 erzwungenen Vereinigung von SPD und KPD in der sowjetischen Zone zur SED konsequent widersetzt.

Gegenüber der von der KPD gesteuerten VVN-BdA fasste die SPD am 6. Mai 1948 einen Unvereinbarkeitsbeschluss. Stattdessen wurde ein eigener Opferverband gegründet. Damit befand sich die SPD von Beginn der Bundesrepublik an auf einem antitotalitären Kurs. Die

---

[894] Ebd., S. 14.

[895] Zu den Schwerpunkten in der Arbeitsorientierung 2005/2006, in: Unsere Zeit, 12.11.2004.

[896] Vgl. zur Geschichte der SPD Siegfried Heimann, Die Sozialdemokratische Partei Deutschlands, in: Richard Stöss (Hrsg.), Parteien-Handbuch, Die Parteien der Bundesrepublik Deutschland 1945-1980, Band II: FDP bis WAV, S. 2025-2216; Susanne Miller/Heinrich Potthoff, Kleine Geschichte der SPD, Darstellung und Dokumentation 1848-1983, 5. Auflage, Bonn 1983.

[897] Gerhard Schröder, Vorwort, in: Sozialdemokratische Partei Deutschlands (Hrsg.), Der Freiheit verpflichtet, Gedenkbuch der deutschen Sozialdemokratie im 20. Jahrhundert, Berlin 2000, S. 9 f.

[898] Vgl. zur Verfolgung der Sozialdemokraten im Nationalsozialismus und der SBZ/DDR: Sozialdemokratische Partei Deutschlands (Hrsg.), Der Freiheit verpflichtet, Gedenkbuch der deutschen Sozialdemokratie im 20. Jahrhundert, Berlin 2000.

2. Antifaschismus der Bundestagsparteien

Ablehnung des Nationalsozialismus gehörte ebenso fest zu den Grundwerten der Schumacher-SPD wie die Ablehnung des SED-Kommunismus. Explizit hieß es im Godesberger Programm: „Die Kommunisten unterdrücken die Freiheit radikal. Sie vergewaltigen die Menschenrechte und das Selbstbestimmungsrecht der Persönlichkeit und der Völker. (...) Auf dem Rücken ihrer Völker errichteten sie eine wirtschaftliche und militärische Macht, die zur wachsenden Bedrohung der Freiheit wird."[899]

Der SDS, eine ehemals der SPD nahe stehende Studentengruppe, entfernte sich allerdings immer weiter vom antitotalitären Kurs ihrer Mutterpartei. Dies führte 1961 zu einem Unvereinbarkeitsbeschluss mit der Studentenorganisation.[900] Die dennoch im SDS oder dessen Förderergesellschaft verbleibenden SPD-Mitglieder wurden aus der Partei ausgeschlossen.[901] Eine wichtige Ursache für den Beschluss der SPD spielte nach der Ansicht von Wolfgang Rudzio der „Vorwurf der Kollaboration mit der kommunistischen Seite".[902] Der SDS wurde zu einem Motor in der Achtundsechziger-Studentenbewegung und viele seiner Mitglieder orientierten sich später im Bereich der Neuen Linken. Auf der gesamten politischen Linken kam es im Zuge der linken Studentenbewegung zu Solidarisierungen mit verschiedensten kommunistischen, maoistischen, trotzkistischen und anderen Ideologien. Teilweise gab es bis in die SPD hinein eine offene Verbrüderung mit diktatorischen Regimen wie von Mao in China, Ho-Chi-Minh in Vietnam oder der DDR. Die SPD selbst hielt aber mehrheitlich an ihrem antitotalitären Kurs fest.

Neben der Unvereinbarkeit einer Mitgliedschaft von SPD und kommunistisch orientierten Gruppen beschloss die SPD 1970 das Verbot von Aktionsgemeinschaften mit Kommunisten:

> „Zwischen Sozialdemokraten und Kommunisten gibt es keine Aktionsgemeinschaft. Der Parteirat fordert deshalb alle Organisationsgliederungen auf, in Fällen, in denen Mitglieder der SPD gemeinsam mit Mitgliedern der DKP, SEW, SDAJ und der FDJ (Berlin)
> - gemeinsame Veranstaltungen durchführen,
> - gemeinsame Publikationen herausgeben,
> - gemeinsame Aufrufe, Flugblätter, Einladungen usw. unterzeichnen sowie in Fällen, in denen Sozialdemokraten an von DKP, SEW, SDAJ und FDJ (Berlin) gesteuerten Publikationen mitarbeiten, diese Mitglieder mit Nachdruck auf den parteischädigenden Charakter ihres Verhaltens hinzuweisen und notfalls Parteiordnungsverfahren einzuleiten."[903]

Der klare Abgrenzungsbeschluss wurde vor allem von der Parteijugend in Frage gestellt. Der Juso-Bundesausschuss forderte bereits eine Woche später die Fortsetzung gemeinsamer Aktionen mit kommunistischen Gruppen, die von den Jusos offiziell als „progressive Gruppen" bezeichnet wurden.[904] Schon zuvor hatte es Entscheidungen der Jusos gegeben, in welchen Aktionsgemeinschaften unter Einschluss von Kommunisten befürwortet wurden. Das Neuartige am Juso-Beschluss vom November 1970 war, dass erstmals ein wichtiges Bundesgremium

---

[899] SPD-Parteivorstand (Hrsg.), Grundsatzprogramm der SPD, Bonn 1959, S. 8.

[900] Vgl. Beschluss des SPD-Parteivorstandes vom 16.10.1961, bestätigt vom SPD-Parteirat am 26.11.1961.

[901] Vgl. Tilman Fichter, SDS und SPD, Parteilichkeit jenseits der Partei, Opladen 1988, S. 336-368.

[902] Vgl. Wolfgang Rudzio, Die Erosion der Abgrenzung. Zum Verhältnis zwischen der demokratischen Linken und Kommunisten in der Bundesrepublik Deutschland, Opladen 1988, S. 38.

[903] SPD-Parteirat, Beschluss vom 14.11.1970, in: SPD-Parteivorstand (Hrsg.), Jahrbuch 1970-72, Bonn o.J., S. 555.

[904] Juso-Bundesausschuss, Beschluss vom 22.11.1970, zitiert nach: Norbert Gansel, Die Strategie in der Diskussion der Jungsozialisten, in: ders. (Hrsg.), Überwindet den Kapitalismus oder Was wollen die Jungsozialisten?, Reinbek 1971, S. 92-94.

dem Parteirat der SPD ausdrücklich widersprach. Für Wolfgang Rudzio beginnt hier die „Erosion der Abgrenzung" zwischen Sozialdemokraten und Kommunisten.[905] Ein „jahrzehntelanger innerparteilicher Abgrenzungskonsens", so Rudzio, sei mit dem Juso-Beschluss zusammengebrochen. Im Jahr 1974 entschied die Bundesschiedskommission der SPD zwar, dass Beschlüsse von Arbeitsgemeinschaften in der SPD – wie es die Jusos sind – denen der Partei stets nachgeordnet seien.[906] Das bedeutete, dass die Entscheidung der Jusos zur Zusammenarbeit mit den Kommunisten von 1970 juristisch gesehen unwirksam war. Die SPD setzte zunächst auch mehrere Parteiausschlüsse gegen Jusos und andere SPD-Mitglieder durch, die sich an gemeinsamen Aktionen mit Kommunisten beteiligt hatten oder die sich öffentlich für derartige Aktionsgemeinschaften einsetzten.[907] Dennoch gelang es nach der Einschätzung von Rudzio nicht, die seit dem Ende der sechziger Jahre entwickelte „Kollaborationsbereitschaft und den Einbruch kommunistischer Theorie" wieder rückgängig zu machen.[908] Bei den Jusos erklärte sich der vom Stamokap-Flügel stammende Bundesvorsitzende Klaus Uwe Benneter – heute SPD-Generalsekretär – 1977 offen für eine Zusammenarbeit mit den Kommunisten, die zwar politische Gegner seien – im Gegensatz zu CDU und CSU handele es sich bei Kommunisten aber nicht um „Klassenfeinde".[909] Daraufhin wurde Benneter aus der SPD ausgeschlossen. Nachdem dieser bundesweit Solidaritätsbekundungen bekam, verzichtete die SPD auf weitere Parteiordnungsverfahren gegen Mitglieder, welche den Abgrenzungsbeschluss gegenüber Kommunisten missachteten. Aktionseinheiten zwischen Sozialdemokraten und Kommunisten wurden zumeist stillschweigend hingenommen – vor allem galt dies für den Jugend- und Hochschulbereich.[910]

In den siebziger und achtziger Jahren setzten sich die SPD-Vertreter in den Bundes- und Landesregierungen für einen kompromisslosen Kurs gegen den linksextremistisch motivierten Terrorismus ein.[911] Die SPD unterstützte das Gebot der Verfassungstreue bei der Einstellung von Bewerbern für den öffentlichen Dienst, auch wenn Differenzen zur Union über das zur Überprüfung anzuwendende Verfahren bestanden.[912] Diese als „Radikalenerlass" oder „Extremistenbeschluss" bekannt gewordene Regelung traf quantitativ vornehmlich Bewerber aus dem linksextremistischen Spektrum. Obwohl aus diesen Kreisen starker Druck gegen die aus

---

[905] Vgl. Wolfgang Rudzio, Die Erosion der Abgrenzung. Zum Verhältnis zwischen der demokratischen Linken und Kommunisten in der Bundesrepublik Deutschland, Opladen 1988, S. 56.

[906] Ebd., S. 70.

[907] Als Wortführer des Stamokap-Flügels der Jusos wurden im SPD-Bezirk Westliches Westfalen 1974 Parteiordnungsverfahren gegen Christoph Butterwegge (Mitglied des Juso-Bezirksvorstandes) und Harald Hudy (Juso-Unterbezirksvorsitzender Dortmund) eingeleitet, die am 24.3.1975 mit dem Parteiausschluss der beiden durch das Bundesschiedsgericht endeten, vgl. Christoph Butterwegge, Parteiordnungsverfahren, Zur Rolle der Parteigerichtsbarkeit in der SPD, Berlin 1975.

[908] Vgl. Wolfgang Rudzio, Die Erosion der Abgrenzung. Zum Verhältnis zwischen der demokratischen Linken und Kommunisten in der Bundesrepublik Deutschland, Opladen 1988, S. 70.

[909] Ebd., S. 71.

[910] Ebd., S. 85.

[911] Vgl. Sicherheit für Deutschland. Wahlprogramm 1980, SPD-Wahlparteitag in Essen, 9./10. Juni 1980, S. 37: „Den Kampf gegen Terrorismus, auch den gegen neonazistische Aktivitäten, setzen wir unbeirrt fort. Dabei steht die politisch-geistige Auseinandersetzung mit dem Terror und seinen Ursachen im Vordergrund."

[912] Vgl. SPD-Regierungsprogramm 1976-80, Weiter arbeiten am Modell Deutschland, S. 40: „Der freiheitliche, demokratische und soziale Rechtsstaat erwartet zu Recht von den Angehörigen des öffentlichen Dienstes, daß sie sich aktiv für unsere freiheitliche Grundordnung einsetzen. Wer diese Grundordnung bekämpft, kann nicht im öffentlichen Dienst beschäftigt werden."; SPD-Parteitag in Köln, 9./10.12.1978, Initiativantrag 1, Grundsätze für die Feststellung der Verfassungstreue im öffentlichen Dienst; ausdrücklich bestätigt durch SPD-Wahlparteitag in Essen, 9./10.6.1980, Antrag 667, Ortsverein Stuttgart-Mitte.

2. Antifaschismus der Bundestagsparteien

ihrer Sicht praktizierten „Berufsverbote" ausgeübt wurde, hielt die SPD damals weitgehend an ihrem Kurs fest.

Einzelne SPD-Mitglieder arbeiteten bei den DKP-dominierten Bündnisaktion „Weg mit den Berufsverboten" mit – selbst nach einem klaren Abgrenzungsbeschluss des SPD-Parteivorstandes vom 1. Februar 1975.[913] Bei Verstößen gegen diesen Beschluss wurden keine Parteiordnungsmaßnahmen eingeleitet.[914] Einzelne SPD-Mitglieder, die mit dem Abgrenzungskurs nicht einverstanden waren, verließen die Partei allerdings freiwillig – oft in Richtung DKP.[915] Obwohl die Bundesregierung grundsätzlich an der Prüfung der Verfassungstreue bei Bewerbern für den öffentlichen Dienst festhielt, verfolgten einige SPD-geführte Landesregierungen nach 1978 einen deutlich weicheren Kurs bei der Einstellung von DKP-Mitgliedern in den öffentlichen Dienst.[916]

Die SPD-Bundesspitze grenzte sich gegenüber der DKP unmissverständlich ab. Der Parteivorsitzende Willy Brandt stellte 1986 anlässlich einer Veranstaltung zum vierzigsten Jahrestag der Zwangsvereinigung zwischen KPD und SPD in der sowjetisch besetzten Zone fest: „Die DKP in der Bundesrepublik ist für uns ohne Belang. Ihr Versuch, unter dem Stichwort ,Kampf gegen Rechts' immer wieder offen oder verdeckt Bündnisse zu schmieden, wird von uns abgelehnt."[917] Ähnlich ablehnend verhielt sich die Bundesführung der SPD gegenüber gewalttätigen Antifaschisten: „Der kleine Teil der Linken, der sich berechtigt fühlt, dem rechten Extremismus mit Gewalt zu begegnen (,Haut die Faschisten, wo ihr sie trefft!'), borgt sich aus der Geschichte eine Legitimation, die seinem Handeln nicht zukommt."[918] Wie bereits gezeigt, ist die klare Haltung der Parteiführung an der Basis sowie insbesondere bei den Jusos allerdings oft missachtet worden.

Nach der „Wende" in der DDR blieb die SPD-Führung zunächst bei ihrem klaren Abgrenzungskurs gegenüber links- wie rechtsextremistischen Gruppen und Parteien. Noch im August 1994 verabschiedeten die ostdeutschen Landes- und Fraktionsvorsitzenden der SPD auf Initiative des Bundesvorsitzenden Rudolf Scharping die so genannte „Dresdner Erklärung", in welcher jeder Koalition mit der PDS auf Bundes- oder Landesebene eine Absage erteilt wird.[919] Diese klare Abgrenzungserklärung, die allerdings kein offizieller Gremienbeschluss der Partei war, musste von Anfang an mit dem Makel leben, dass sich in Sachsen-Anhalt eine SPD-geführte Minderheitsregierung nur durch eine Tolerierung durch die PDS im Amt halten konnte. Diese enge Kooperation, die kurz vor der Schwelle zur Regierungsbeteiligung stehen blieb, erlangte als „Magdeburger Modell" Bekanntheit. Die „Dresdner Erklärung" verlor weiter an Glaubwürdigkeit, nachdem der auf eine klare Abgrenzung bedachte Rudolf Scharping auf dem Mannheimer Parteitag der SPD durch Oskar Lafontaine ersetzt wurde.

---

[913] Vgl. Wolfgang Rudzio, Die Erosion der Abgrenzung. Zum Verhältnis zwischen der demokratischen Linken und Kommunisten in der Bundesrepublik Deutschland, Opladen 1988, S. 87-110.

[914] Ebd.

[915] Eine heute prominente PDS-Politikerin, welche die SPD wegen des sog. „Radikalenerlasses" in Richtung DKP verließ, ist die heutige Berliner Gesundheitssenatorin Heidi Knake-Werner.

[916] Vgl. Wolfgang Rudzio, Die Erosion der Abgrenzung. Zum Verhältnis zwischen der demokratischen Linken und Kommunisten in der Bundesrepublik Deutschland, Opladen 1988, S. 106.

[917] Willy Brandt, Thesen zum Verhältnis von Kommunisten und Sozialdemokraten Ende der Achtziger Jahre, vorgetragen auf der Veranstaltung „Vierzig Jahre danach" am 17.3.1986 im Erich-Ollenhauer-Haus, Bonn, in: SPD-Parteivorstand (Hrsg.), Jahrbuch 1986/87, Bonn o.J.

[918] Vgl. Anke Fuchs, Vorstellung einer Studie über die Republikaner, vom SPD-Parteivorstand in Auftrag gegeben, in: SPD-Parteivorstand (Hrsg.), Jahrbuch 1988-1990, Bonn o.J., S. C 247-248.

[919] Vgl. Dresdner Erklärung, in: Presseservice der SPD vom 11.8.1994, S. 2. Siehe auch: Axel Brückom, Jenseits des „Magdeburger Modells", in: Uwe Backes/Eckhard Jesse (Hrsg.), Jahrbuch Extremismus & Demokratie, Bd. 9, Baden-Baden 1997, S. 174-187.

160 VII. Antifaschismus im Vergleich

Lafontaine machte aus seiner Nähe zur PDS keinen großen Hehl und traf sich gleich öffent-
lichkeitswirksam mit Gregor Gysi.

Zu einer weiteren Erosion der Abgrenzung führte ein Strategiepapier des stellvertretenden Bundesvorsitzenden Wolfgang Thierse, in welchem dieser – entgegen der „Dresdner Erklärung" – eine wie auch immer geartete Zusammenarbeit mit der PDS auf Länderebene nicht
ausschließen wollte.[920] Zu einer weiteren Annäherung führte die so genannte „Erfurter Erklärung", die am 9. Januar 1997 von einem „Bündnis linker Schriftsteller, Theologen, Wissenschaftler und Gewerkschafter" verbreitet wurde. Die Unterzeichner dieser Erklärung, unter
ihnen PDS- wie SPD-Mitglieder, forderten SPD, Grüne und PDS auf, gemeinsam Regierungsverantwortung in Deutschland zu übernehmen und die Bundesregierung abzulösen, „sobald
die Mehrheit für den Wechsel möglich"[921] werde. Die noch in der „Dresdner Erklärung" ge-
forderte konsequente Abgrenzung wurde in Theorie und Praxis durch eine schleichende Annäherung ersetzt. Dieser „Strategiewechsel"[922] manifestierte sich 1998 in einer Fortsetzung des
„Magdeburger Modells" sowie der Bildung der ersten richtigen rot-roten Koalition im selben
Jahr in Mecklenburg-Vorpommern. Im Jahr 2000 gab es innerhalb der SPD in den neuen Bundesländern keine Landesverbände mehr, die eine engere Zusammenarbeit mit der PDS noch
ablehnten.[923] Ebenso setzte sich auf der Bundesebene die Annäherung zwischen SPD und
PDS fort.[924]

Die rot-grüne Bundesregierung erklärte in ihrer Koalitionsvereinbarung von 1998 den
Kampf gegen Rechtsextremismus zu einem ihrer politischen Schwerpunkte.[925] Öffentlich-
keitswirksam wurde ein „Bündnis für Demokratie und Toleranz – gegen Extremismus und
Gewalt" aus der Taufe gehoben. Trotz des nicht festlegenden Namens beschäftigte sich das
Bündnis ausschließlich mit Rechtsextremismus und rechtsextremistisch motivierter Gewalt.
Die Bekämpfung von Extremismus und Gewalt von links blieb ausgespart. Vereinzelt wurden
sogar Gruppen vom Bündnis als „vorbildliche Projekte" ausgezeichnet, die sich selbst deutlich
linksradikal verorten.[926]

Einen neuen Höhepunkt erreicht die rot-rote Zusammenarbeit mit der Wahl eines
SPD/PDS-Senats in Berlin nach den Abgeordnetenhauswahlen 2001. Eine mit der rot-roten

---

[920] Vgl. Wolfgang Thierse, Strategiepapier „Gesichtspunkte für eine Verständigung der ostdeutschen Sozialdemokraten zum Thema Umgang mit der ‚PDS"', in: Frankfurter Rundschau vom 19.12.1996.

[921] Erfurter Erklärung. Bis hierher und nicht weiter. Verantwortung für die soziale Demokratie, Berlin/Erfurt, S. 3.

[922] Viola Neu, Die PDS zwischen Utopie und Realität: Bundestagswahlprogramm und Regierungsbeteiligung in den
Ländern, Arbeitspapier Nr. 63/2002 der Konrad-Adenauer-Stiftung, St. Augustin April 2002, S. 2.

[923] Vgl. Viola Neu, SPD und PDS auf Bundesebene: Koalitionspartner im Wartestand?, hrsg. von der Konrad-
Adenauer-Stiftung, Sankt Augustin 2001.

[924] Vgl. Gerhard Hirscher, Jenseits der „Neuen Mitte", Die Annäherung der PDS an die SPD seit der Bundestagswahl 1998, hrsg. von der Hanns-Seidel-Stiftung, aktuelle analysen 25, München 2001.

[925] Vgl. Koalitionsvereinbarung zwischen der SPD und Bündnis 90/Die Grünen, Aufbruch und Erneuerung –
Deutschlands Weg ins 21. Jahrhundert, Bonn, 20.10.1998, S. 46.

[926] So beispielsweise der AK Antifa des JUZ Mannheim; in dessen Selbstverständnis heißt es: „Der Kampf gegen
Rechtsextremismus und Faschismus kann nur erfolgreich sein, wenn dessen Wurzeln, die in der Mitte der Gesellschaft liegen, nicht ausgeblendet werden." , im Sommer 2002 wurde u.a. mit den Slogans „No Border No Nation" sowie „Für eine progressive antikapitalistische Linke" zu einem Antirassistischen Sommer aufgerufen, gemeinsame Veranstaltung mit der DKP Mannheim am 23.4.2003. Ein weiteres Beispiel ist „Kick it!", ein Zusammenschluss antifaschistischer und antirassistischer Initiativen aus Bremen und dem Umland. Die Ausländergeset-
ze werden in der gleichnamigen Zeitschrift des Bündnisses als „rassistische Sondergesetze", Abschiebungen als
„Spitze der Politik der rassistischen Diskriminierung" bezeichnet. Im Verfassungsschutzbericht des Landes Bremen taucht sie im Bereich linksextremistische Autonome auf, vgl. Der Senator für Inneres, Kultur und Sport
(Hrsg.), Verfassungsschutzbericht 2002, S. 40.

2. Antifaschismus der Bundestagsparteien 161

Annäherung befürchtete Entwicklung scheint sich im Berliner Koalitionsvertrag[927] zu bestätigen: Unter dem Motto „Bürgergesellschaft gegen Extremismus" geht es ausschließlich gegen Rechtsextremismus, Ausländerfeindlichkeit, Rassismus und Antisemitismus. Linksextremismus gibt es nach der Ansicht der Berliner SPD/PDS-Koalitionäre offenbar nicht. Dies erscheint unverständlich, da Berlin die deutsche Stadt mit den meisten linksextremistisch motivierten Gewalttaten ist. Maßnahmen des Senats „gegen Rechtsextremismus und Rassismus und zur Mobilisierung ziviler Gegenkräfte" werden wie die finanzielle Unterstützung einer „Reihe von antifaschistischen und antirassistischen Initiativen und Vereinen" von der PDS ausdrücklich als Erfolg der Regierungsbeteiligung ausgemacht.[928]

Ein weiteres deutliches Zeichen für mangelnde Abgrenzung gegenüber totalitärer Vergangenheit von links sind zwei symbolische Beschlüsse des Berliner Senats. Der Gegnerin der parlamentarischen Demokratie, Rosa Luxemburg, soll ein Denkmal errichtet werden.[929] Einem Vertreter der sowjetischen Besatzungsmacht, General Bersarin, der als hoher Militär und erster Stadtkommandant Berlins nach dem 2. Weltkrieg Mitverantwortung für Kriegsverbrechen der Roten Armee sowie massenhafte Vergewaltigungen und Plünderungen trägt,[930] wurde die nach der „Wende" aberkannte Ost-Berliner Ehrenbürgerschaft wieder zuerkannt.

Eine teilweise enge Zusammenarbeit zwischen SPD- und PDS-Funktionären erfolgt in einzelnen Verbänden und Gewerkschaften wie beispielsweise den „NaturFreunden". Bei diesen handelt es sich um einen Verband, der sich als überparteilicher Teil der Arbeiterbewegung versteht. In der Präambel der Verbandssatzung heißt es: „Die NaturFreunde sind als Umwelt-, Kultur- und Freizeitorganisation den Idealen des demokratischen Sozialismus verpflichtet." Von österreichischen Sozialisten 1895 in Wien gegründet, gehören heute nach eigenen Angaben etwa 500.000 Mitglieder in 21 Ländern zur NaturFreunde-Bewegung, darunter fast 100.000 in Deutschland.[931] In seinem Bundesvorstand sitzen ebenso Politiker vom linken Flügel der SPD, der Grünen und der PDS. Bundesvorsitzender ist der SPD-MdB Michael Müller, Bundeskassierer der ehemalige PDS-Bundesgeschäftsführer Uwe Hiksch.

Das Thema Rechtsextremismus stellt einen Schwerpunkt in der politischen Arbeit der SPD dar. In regelmäßiger Wiederkehr werden von der SPD Beschlüsse gegen Rechtsextremismus und Fremdenfeindlichkeit gefasst.[932] Vergleichbare Beschlüsse, die sich mit Linksextre-

---

[927] Koalitionsvereinbarung zwischen der Sozialdemokratischen Partei Deutschlands (SPD) Landesverband Berlin und der Partei des Demokratischen Sozialismus (PDS) Landesverband Berlin für die Legislaturperiode 2001-2006, http://berlin.spd.de/servlet/PB/show/1006552/koa2002_gesamt.pdf.

[928] Rolf Reißig, Mitregieren in Berlin, Die PDS auf dem Prüfstand, Berlin 2005.

[929] Vgl. zum Demokratieverständnis von Rosa Luxemburg: Manfred Scharrer, „Freiheit ist immer...", Die Legende von Rosa und Karl, Berlin 2002; Eckhard Jesse, Demokratie oder Diktatur? – Luxemburg und der Luxemburgismus, in: Uwe Backes/Stéphane Courtois (Hrsg.), „Ein Gespenst geht um in Europa", Das Erbe kommunistischer Ideologien, Köln 2002, S. 187-212; Hendrik Hansen, Die Gluthitze der Revolution, PDS und SPD wollen ein Rosa-Luxemburg-Denkmal in Berlin, Damit würde eine totalitäre Denkerin geehrt, in: Frankfurter Allgemeine Sonntagszeitung, 10.2.2002.

[930] Vgl. Jochen Staadt, Nikolai Bersarin, Zeitgeschichte und Legendenbildung, in: Zeitschrift des Forschungsverbundes SED-Staat, Nr. 12 (2002), S. 3-28; vgl. zur Rolle der sowjetischen Truppen vor und nach dem Ende des 2. Weltkrieges: Ilko-Sascha Kowalczuk/Stefan Wolle, Roter Stern über Deutschland, Sowjetische Truppen in der DDR, Sonderausgabe für die Landeszentralen für politische Bildung in Sachsen und Sachsen-Anhalt, Berlin 2001, insbes. S. 35-40 u. 94-98; Gregory Klimow, Berliner Kreml, Köln 1951; Norman M. Naimark, Die Russen in Deutschland, Die Sowjetische Besatzungszone1945 bis 1949, Berlin 1999.

[931] Vgl. http://www.naturfreunde.de.

[932] Vgl. SPD-Parteitag in Berlin, 3.-7.12.1979, Antrag 198, Ortsverein Fürth, Neofaschismus und Rechtsextremismus; SPD-Parteivorstand, Entschließung zum Rechtsextremismus, 29.6.1981; SPD-Parteitag in Bremen, 28.-31. Mai 1991, Antrag IR 383, Ortsverein Bad Gandersheim, Ausländerfeindlichkeit; Außerordentlicher SPD-Parteitag in Bonn, 16./17.11.1992, Initiativantrag 1, Gegen Rechtsextremismus, Gewalt und Ausländerfeindlichkeit; SPD-

mismus auseinandersetzen, fehlen. Üblicherweise ist in den Beschlüssen der SPD von Rechtsextremismus die Rede. Die Begriffe Faschismus, Neofaschismus und Antifaschismus sind nur vereinzelt in älteren Beschlüssen zu finden.[933]

Die SPD stellt im Kampf gegen Rechtsextremismus umfangreiche Materialien zur Verfügung. So wurde vom Parteivorstand der SPD im Jahr 2000 ein „Arbeitspaket" unter dem Titel „Kein Platz für Rechtsextremismus" herausgegeben.[934] Das Paket enthält Positionen der SPD, Hintergrundinformationen sowie Anregungen für Aktivitäten vor Ort. Am 28. Februar 2005 beriet der SPD-Parteivorstand 24 Prinzipien im Umgang mit Rechtsextremismus, die in eine umfangreiche Broschüre mit dem Titel „Wirksam handeln gegen rechts!" einflossen.[935] Die Publikation versucht Handlungsanweisungen für Sozialdemokraten mit einer wissenschaftlichen Darstellung des Themas zu verbinden. In den 24 Prinzipien fordert die SPD eine konsequente Aufklärung über und Auseinandersetzung mit Rechtsextremismus, lehnt jede Duldung oder Verharmlosung ab und spricht sich für eine klare Abgrenzung nach rechts aus. Mit der NPD und der DVU dürften Sozialdemokraten keine gemeinsamen Podien besuchen, der „Jungen Freiheit" dürften keine Interviews gegeben werden. Im Kampf gegen rechtsextremistisch motivierte Straftaten fordert die SPD „null Toleranz". Im Abschnitt „Begriffe, Abgrenzungen und Klärungen" wird immerhin eine Grafik aus der Studie „Rechtsextremismus im vereinten Deutschland" von Richard Stöss wiedergegeben, in welcher auf einem Strahl Linksextremismus, politische Mitte und Rechtsextremismus dargestellt werden. Das bleibt allerdings die einzige Erwähnung des Linksextremismus in dem Papier, das ansonsten trotz seines wissenschaftlichen Anstrichs „rechts" und „rechtsextremistisch" weitgehend synonym verwendet.

Der sozialdemokratische Vorwärts-Verlag gibt einen monatlichen Informationsdienst „blick nach rechts" heraus, der über politische Aktivitäten im Bereich des Rechtsextremismus, Rechtsradikalismus, Rechtspopulismus und teilweise auch Konservatismus berichtet. Aus Kostengründen wird der „blick nach rechts" derzeit nicht mehr in gedruckter Form, sondern nur noch online zur Verfügung gestellt. Der Informationsdienst, der unter der Schirmherrschaft der Parlamentarischen Staatssekretärin im Bundesinnenministerium Ute Vogt steht, warb zumindest zeitweise für linksextremistische Gruppen der „autonomen" Antifa, die zur bundesweiten Demonstration „Deutschland hassen, 3. Oktober 2004" aufriefen.[936] Zum Thema Linksextremismus gibt es keine vergleichbaren Informationsangebote der SPD. Das Stichwort „Linksextremismus" taucht im gesamten Internetangebot des SPD-Bundesverbandes gerade einmal auf. In einem Beschluss des Parteitages aus dem Jahre 2003 unter dem Titel „Bekämpfung des Rechtsextremismus" fordert die SPD eine Reform der Verfassungsschutzämter: „Gleichzeitig müssen sich die Ämter mit den Ergebnissen moderner Rechtsextremismusforschung vertraut machen. Dazu genügt eben nicht mehr die Schulweisheit von Mitte-Rechts,

---

Parteitag in Wiesbaden, 16.-19. November 1993, Antrag IR 79, Bezirk Braunschweig, Aktion „Courage" und Antrag IR 80, Bezirk Weser-Ems, Resolution; SPD-Parteitag in Nürnberg, 19.-22.11.2001, Antrag I 34, Unterbezirk Düsseldorf, Die Ursachen des Rechtsextremismus bekämpfen.

[933] Vgl. SPD-Parteitag in Berlin, 3.-7.12.1979, Antrag 198, Ortsverein Fürth, Neofaschismus und Rechtsextremismus; SPD-Parteivorstand, Entschließung zum Rechtsextremismus, 29.6.1981: „Geist und Tradition des antifaschistischen Widerstandes müssen gepflegt und für die Politik der Gegenwart und Zukunft fruchtbar gemacht werden."

[934] Vgl. Parteivorstand der SPD (Hrsg.), Arbeitspaket, Kein Platz für Rechtsextremismus, Berlin, 11/2000, http://www.spd.de/servlet/PB/show/1010063/Arbeitspaket%20Rechtsextremismus.pdf.

[935] Vgl. Parteivorstand der SPD (Hrsg.), Für eine starke Demokratie - Wirksam handeln gegen rechts! Handlungs- und Aktionsstrategien, Analysen, Berlin 2005, http://www.spd.de/servlet/PB/show/1047264/290305_WBHM-Wirksam-handeln-gegen-rechts.pdf.

[936] Vgl. Presseerklärung der CDU/CSU-Bundestagsfraktion, 30.9.2004.

2. Antifaschismus der Bundestagsparteien

wonach Rechtsextremismus und Linksextremismus ‚im Grunde dasselbe' seien."[937] Im geltenden Grundsatzprogramm der SPD bleibt das Thema Extremismus ausgespart.[938] Ebenso findet sich im Zwischenbericht der Grundsatzprogrammkommission über das neue Programm keine Aussage zum politischen Extremismus.[939]

In der SPD-Bundestagsfraktion gibt es eine Arbeitsgruppe Rechtsextremismus, deren Sprecher seit 2002 der Abgeordnete Sebastian Edathy ist. Nach seiner Einschätzung geht die größte Gefahr für das Gemeinwesen vom Rechtsextremismus aus, der ein deutlich höheres Bedrohungspotenzial als der Links- oder Ausländerextremismus besitze.[940] Stephan Braun, Sprecher der baden-württembergischen SPD-Fraktion für Verfassungsschutz und Extremismus gab im Jahr 2004 gemeinsam mit seinem Mitarbeiter Daniel Hörsch einen Sammelband unter dem Titel „Rechte Netzwerke – ein Gefahr" heraus.[941] Die Herausgeber möchten mit dem Band zu einer „offenen Auseinandersetzung mit dem Gedankengut der deutschen Rechten" beitragen.[942] Die Verwendung des Adjektivs „rechts" statt „rechtsextremistisch" im Titel wie im Vorwort der Herausgeber ist kein Zufall. Die Autoren reichen von bekannten Politikern wie Hans-Jochen Vogel und Ute Vogt über anerkannte Parteienforscher wie Oskar Niedermayer bis hin zu einschlägigen Antifa-Autoren wie Anton Maegerle alias Gernot Moderi oder Margarete Jäger und Helmut Kellersohn vom Duisburger Institut für Sprach- und Sozialforschung (DISS). So unterschiedlich wie die Autoren stellen sich auch die Beiträge in ihrer Herangehensweise an die Thematik sowie ihrer wissenschaftlichen Qualität dar. Der Sammelband wirft ein bezeichnendes Licht auf die enge Zusammenarbeit zwischen den Extremismus-Experten der SPD sowie Antifa-Autoren und -Netzwerken linksradikaler Provenienz.

Inhaltlich zeichnet sich die Arbeit der SPD gegen Rechtsextremismus überwiegend als sachlich und differenziert aus. Seitenhiebe auf andere demokratische Parteien als – angebliche – Stichwortgeber von Rechtsextremismus – insbesondere gegenüber CDU und CSU – sind nicht die Regel, kommen aber vor. Insbesondere kurz vor Wahlen wird der Union gerne eine Nähe zu rechten Themen oder Gruppen vorgeworfen, um den CDU-Vorwurf der SPD/PDS-Zusammenarbeit zu kontern. So sprach der stellvertretende SPD-Vorsitzende Wolfgang Thierse 1994 von „fließenden Übergängen der CDU/CSU zum rechtsextremen Lager".[943] Seit der wesentlich von der SPD initiierten Aktion „Gemeinsam für Mitmenschlichkeit und Toleranz" versucht die SPD zunehmend, die PDS und andere linksradikale Bündnispartner in einen gemeinsamen Kampf „gegen rechts" einzubinden und zugleich die Union aus der politischen Mitte zu drängen.[944]

Damit weicht die Bundes-SPD von ihrem bis Anfang der neunziger Jahre vertretenen Grundsatz ab, keine gemeinsamen Veranstaltungen „gegen rechts" mit linksradikalen Parteien oder Gruppen durchzuführen. Dass es auf lokaler und regionaler Ebene allerdings schon in

---

[937] Antrag 361, Bezirksverband Unterfranken (Landesverband Bayern), beschlossen auf dem Parteitag der SPD in Bochum, 17.-19.11.2003.

[938] Grundsatzprogramm der Sozialdemokratischen Partei Deutschlands. Beschlossen vom Programm-Parteitag der SPD am 20.12.1989 in Berlin, geändert auf dem Parteitag in Leipzig am 17.4.1998.

[939] Vgl. Wegmarken für ein neues Grundsatzprogramm, Zwischenbericht der Grundsatzprogrammkommission an den Parteitag der SPD in Nürnberg, 19.-22.11.2001.

[940] Vgl. Sebastian Edathy, Rückgang der politisch motivierten Kriminalität – aber Anstieg rechtsextremistischer Straftaten gibt weiter Anlass zur Sorge, Presseerklärung vom 22.4.2003.

[941] Vgl. Stephan Braun/Daniel Hörsch (Hrsg.), Rechte Netzwerke – eine Gefahr, Wiesbaden 2004.

[942] Ebd., S. 14.

[943] SPD-Pressemitteilung, 22.8.1994.

[944] Wie sich die SPD die politische Mitte wünscht, kommt deutlich im nachfolgenden SPD-Wahlkampfslogan aus dem Bundestagswahlkampf des Jahres 2002 zum Ausdruck: „In Deutschland ist die Mitte rot!"

den achtziger Jahren entgegen der offiziellen Linie der Bundespartei zu gemeinsamen „antifaschistischen" Protestaktionen zwischen Sozialdemokraten und Linksextremisten von VVN und DKP kam, weist Rudzio nach.[945] In den neuen Ländern sieht die SPD die PDS schon lange als zuverlässigen und geeigneten Partner im Kampf „gegen rechts".[946] Vor allem in Mecklenburg-Vorpommern, Sachsen-Anhalt und Brandenburg sind gemeinsame Aktivitäten von SPD und PDS gegen Rechtsextremismus längst Alltag.[947]

Die SPD verbindet ihren Kampf „gegen rechts" nicht mit pauschalen Angriffen auf den demokratischen Rechtsstaat oder die Soziale Marktwirtschaft. Obwohl die SPD als Partei den Linksextremismus weitgehend ignoriert, leugnet sie nicht dessen Existenz. In den von der SPD geführten Innenministerien gehen Polizei und Verfassungsschutz gegen gewalttätigen Linksextremismus konsequent vor. Problematischer erscheint in Ländern mit SPD-geführten Regierungen die Behandlung des nicht-gewalttätigen Linksextremismus. Insbesondere in Mecklenburg-Vorpommern und Berlin, wo die PDS an der jeweiligen Landesregierung beteiligt ist, werden linksextremistische Bestrebungen nur eingeschränkt vom Verfassungsschutz überwacht. So wird etwa das Marxistische Forum der Berliner PDS trotz offensichtlich verfassungsfeindlicher Positionen nicht mehr beobachtet.[948] In Mecklenburg-Vorpommern und in Brandenburg werden die PDS und ihre sämtlichen Unterorganisationen überhaupt nicht beobachtet. Angeblich gab es im SPD-geführten Bundesinnenministerium Bemühungen, den Verfassungsschutzbericht 2000 zu Gunsten der PDS zu entschärfen.[949] Dagegen ist der Verfassungsschutz im bis zum Jahr 2005 langjährig SPD-regierten Nordrhein-Westfalen dafür bekannt, dass er im rechten Spektrum eine besonders breite Beobachtung nicht nur von rechtsextremistischen, sondern auch von konservativen Bestrebungen betreibt, die unter einem weit gefassten Begriff der „Neuen Rechten" firmieren.[950]

Das Forum Ostdeutschland der Sozialdemokratie veranstaltete im Jahr 2000 einen Kongress in Stendal unter dem Motto „Steh' auf gegen Rechts! Für aktive Menschlichkeit und Toleranz in Deutschland".[951] Die SPD-nahe Friedrich-Ebert-Stiftung engagiert sich im Rahmen der politischen Bildungsarbeit in vielfältiger Weise in der Bekämpfung des Rechtsextremismus.[952] In einer vom Landesbüro der Stiftung in Mecklenburg-Vorpommern publizierten Studie sieht der Landtagsabgeordnete und stellvertretende SPD-Landesvorsitzende Mathias Brodkorb den Rechtsextremismus in der Mitte der Gesellschaft verankert.[953]

---

[945] Vgl. Wolfgang Rudzio, Die Erosion der Abgrenzung. Zum Verhältnis zwischen der demokratischen Linken und Kommunisten in der Bundesrepublik Deutschland, Opladen 1988, S. 121-142.

[946] Vgl. Ralf Georg Reuth, Der Dammbruch droht, in: Welt am Sonntag, 8.4.2001.

[947] Vgl. ebd.

[948] Vgl. Antwort auf die Kleine Anfrage 15/10725, Abgeordnetenhaus von Berlin, 14.7.2003.

[949] Vgl. Ralf Georg Reuth, Der Dammbruch droht, in: Welt am Sonntag, 8.4.2001.

[950] Vgl. Henrik Berger, Im Visier: die Neue Rechte, Der NRW-Verfassungsschutz sucht nach Definitionen für eine neue Gefahr, in: Die Welt, 14.10.2003; Horst von Buttlar, Braune in Nadelstreifen, „Neue Rechte" in Deutschland, in: Spiegel Online 10.10.2003.

[951] Vgl. Forum Ostdeutschland der Sozialdemokratie (Hrsg.), Steh' auf gegen Rechts! Für aktive Menschlichkeit und Toleranz in Deutschland, Dokumentation des Kongresses am 2. Dezember 2000 in Stendal, Berlin 2001.

[952] Vgl. Veranstaltungsangebot http://www.fes.de. S.a. Forschungsinstitut der Friedrich-Ebert-Stiftung, Abt. Arbeit und Sozialpolitik (Hrsg.), Rechtsextremismus und Fremdenfeindlichkeit im vereinten Deutschland: Erscheinungsformen und Gegenstrategien, Bonn 1999.

[953] Vgl. Mathias Brodkorb/Thomas Schmid, Rechtsextremismus in Mecklenburg-Vorpommern, in: Gibt es einen modernen Rechtsextremismus?, Das Fallbeispiel Mecklenburg-Vorpommern, hrsg. von der Friedrich-Ebert-Stiftung Landesbüro Mecklenburg-Vorpommern, 2. Auflage, S. 66-108.

2. Antifaschismus der Bundestagsparteien

In der SPD herrscht eine kritische Distanz zur Geschichte des antifaschistischen Kommunismus vor.[954] Die Sozialdemokratie musste oft am eigenen Leibe spüren, dass in einer so genannten „antifaschistischen Demokratie" kein Platz mehr für Sozialdemokraten ist und diese dort mit Verfolgung und Folter zu rechnen haben. Eine Glorifizierung des kommunistischen Antifaschismus fand daher keinen Eingang in das offizielle Geschichtsbild der bundesrepublikanischen SPD. Stattdessen wird die republikfeindliche Haltung der KPD ebenso unverfälscht dargestellt wie deren Widerstand gegen das NS-Regime. Möglicherweise sind die eigenen schlechten Erfahrungen mit dem kommunistischen Antifaschismus ein Grund dafür, dass der Begriff Antifaschismus sich in der SPD nicht durchsetzen konnte und heute nahezu vollständig aus dem Wortschatz der deutschen Sozialdemokratie gestrichen ist.

Eine direkte Zusammenarbeit zwischen SPD und Linksextremisten kommt grundsätzlich nicht zustande. Ausnahmen bilden einzelne Juso-Gruppen, die mit gewisser Regelmäßigkeit an gemeinsamen Aktionen mit linksextremistischen und teilweise auch gewaltbereiten Gruppen beteiligt sind.[955] In einer Broschüre der Jusos zum Thema Rechtsextremismus wird der linksextremistischen Autonomen Antifa Berlin (AAB) ein Beitrag zugestanden.[956] Jegliche Distanzierung von der linksextremistischen und teilweise gewalttätigen Antifa-Gruppe fehlt. In einer anderen Broschüre distanzieren sich die Jusos allerdings ausdrücklich von der „antikommunistischen und totalitarismustheoretischen Tendenz" eines Beitrags der Arbeitsgemeinschaft verfolgter Sozialdemokraten (AvS).[957] Im Gegensatz zur SPD werden bei den Jusos antifaschistische und antikapitalistische Standpunkte gezielt vermischt.

Wie eine Zusammenarbeit der SPD mit der PDS innerhalb von Länderregierungen unter extremismustheoretischen Gesichtspunkten zu werten ist, hängt davon ab, ob die PDS als extremistische Partei eingeordnet wird oder nicht. Abgesehen von der Zusammenarbeit mit der PDS ergeben sich im Moment keine unmittelbaren Berührungspunkte zwischen Linksextremismus und der SPD. Die Arbeit der SPD gegen Rechtsextremismus ist umfangreich und vielfältig. Eine konsequente Auseinandersetzung mit linksextremistischen Positionen und Gruppen würde der Partei, die sich selbst als „älteste Freiheitspartei Deutschlands"[958] bezeichnet, gut zu Gesicht stehen.

---

[954] Vgl. Rainer Eckert/Bernd Faulenbach (Hrsg.), Halbherziger Revisionismus. Zum postkommunistischen Geschichtsbild, München und Landsberg am Lech 1996; Wolfgang Rudzio, Die Erosion der Abgrenzung. Zum Verhältnis zwischen der demokratischen Linken und Kommunisten in der Bundesrepublik Deutschland, Opladen 1988, S. 120 f.

[955] Zum Beispiel: Antifa-Demo „Tag der Befreiung: Kein Naziaufmarsch am 8. Mai! Gegen Faschismus, Militarisierung und deutsche Opfermythen" am 8.5.2005 von den Jusos Berlin gemeinsam mit mehreren Antifa-, DKP- und Solid-Gruppen; Aufruf zu Protesten gegen die Münchener Konferenz für Sicherheitspolitik am 7./8. Februar 2003 in München durch Jusos München gemeinsam mit mehreren Antifa-, DKP- und SDAJ-Gruppen sowie mit PDS Bayern, Solid Bayern und die PDS München.

[956] Vgl. Antifaschistische Aktion Berlin, Das Leben ist kein Wunschkonzert – von Aufständen der Anständigen und Sinnkrisen der Antifa, in: Argumente 3/2002, hrsg. vom Juso-Bundesverband, S. 40-45.

[957] Vgl. Bundesverband der Jungsozialistinnen und Jungsozialisten in der SPD (Hrsg.), Handbuch Rechtsextremismus, Berlin o.J. (wohl 1999), S. 13.

[958] SPD-Parteivorstand (Hrsg.), Jahrbuch 1988-1990, Bonn o.J., S. 248.

166   VII. Antifaschismus im Vergleich

2.2. *Antifaschismus der Grünen*

Ein nicht unbedeutender Anteil der Grünen rekrutierte sich in den siebziger und achtziger Jahren aus den linksextremistischen so genannten K-Gruppen.[959] Auf Grund ihrer politischen Ausbildung und Vernetzung gelang es ehemaligen K-Gruppen-Funktionären, Schlüsselpositionen in Partei und Bundestagsfraktion bei den Grünen zu besetzen. Besonders erfolgreich erwies sich dabei die dem Kommunistischen Bund (KB) entstammende „Z-Fraktion" (Zentrumsfraktion) um Jürgen Reents, Thomas Ebermann und Rainer Trampert.[960] In Hamburg beherrschten Funktionäre dieser KB-Strömung die erstmals 1978 an den Wahlen teilnehmende „Bunte Liste – Wehrt Euch. Initiativen für Demokratie und Umweltschutz" und spätere Grün-Alternative Liste (GAL).[961] Die 1978 in Berlin gegründete „Alternative Liste – Für Demokratie und Umweltschutz" (AL) wurde maßgeblich von der maoistischen KPD dominiert.[962] Daneben waren Kader des Kommunistischen Bundes sowie der trotzkistischen „Gruppe Internationaler Marxisten" (GIM) in der Berliner AL aktiv. In Hessen kontrollierte die maoistische Splittergruppe „Kommunistischer Bund Westdeutschlands" (KBW) die Entwicklung des Landesverbandes. Das Hauptquartier des 1985 aufgelösten KBW-Hauptquartiers dient heute den hessischen Grünen als Landesgeschäftsstelle.[963]

Trotz des starken Einflusses von K-Gruppen-Kadern auf die Grünen und insbesondere auf bestimmte Landesverbände kann nach der Ansicht des Parteienforschers Joachim Raschke nicht von einer kompletten Unterwanderung und Manipulation der Grünen ausgegangen werden. Erstens betrug die Zahl der ehemaligen K-Gruppen-Mitglieder in den führenden Funktionen der Grünen Anfang der neunziger Jahre nur 21%.[964] Zweitens herrschte zwischen den verschiedenen kommunistischen Gruppen eine starke Heterogenität, welche ein bundesweit koordiniertes gemeinsames Handeln unmöglich machte oder zumindest erschwerte.[965] Drittens

---

[959]   Vgl. Helmut Fogt, Die GRÜNEN und die Neue Linke, Zum innerparteilichen Einfluß des organisierten Linksextremismus, in: Helmut Langner (Hrsg.), Die Grünen auf dem Prüfstand, Analyse einer Partei, Bergisch Gladbach 1987, S. 129-208; Emil-Peter Müller, Die Grünen und das Parteiensystem, Köln 1984; Gerd Langguth, Protestbewegung, Entwicklung – Niedergang – Renaissance, Die Neue Linke seit 1968, Köln 1983, S. 261-276. Zur Geschichte der Grünen vgl. Joachim Raschke, Die Grünen, Was sie wurden was sie sind, Köln 1993; Hubert Kleinert, Vom Protest zur Regierungspartei, Die Geschichte der Grünen, Frankfurt a.M. 1992; Lilian Klotzsch/Richard Stöss, Die Grünen, in: Richard Stöss (Hrsg.), Parteien-Handbuch, Die Parteien in der Bundesrepublik Deutschland 1945-1980, Bd. II: FDP bis WAV, Opladen 1984, S. 1509-1598.

[960]   Vgl. Emil-Peter Müller, Die Grünen und das Parteiensystem, Köln 1984, S. 76 f. Beim Kommunistischen Bund handelt es sich um eine K-Gruppe, die in den siebziger Jahren vor allem in Norddeutschland aktiv war. Es handelte sich um eine marxistisch-leninistische Kaderorganisation mit eindeutig verfassungsfeindlichen Zielen, vgl. Gerd Langguth, Protestbewegung, Entwicklung – Niedergang – Renaissance, Die Neue Linke seit 1968, Köln 1983, insbes. S. 114-122; Michael Steffen, Geschichten vom Trüffelschwein, Politik und Organisation des Kommunistischen Bundes 1971 bis 1991, Berlin 2002.

[961]   Vgl. Helmut Fogt, Die GRÜNEN und die Neue Linke, Zum innerparteilichen Einfluß des organisierten Linksextremismus, in: Helmut Langner (Hrsg.), Die Grünen auf dem Prüfstand, Analyse einer Partei, Bergisch Gladbach 1987, S. 129-208; Gerd Langguth, Der grüne Faktor, Von der Bewegung zur Partei, Osnabrück 1984, S. 116-118.

[962]   Fogt, ebd. Die Kommunistische Partei Deutschlands wurde 1970 von ehemals führenden Funktionären des Sozialistischen Deutschen Studentenbundes (SDS) gegründet, vgl. Gerd Langguth, Protestbewegung, Entwicklung – Niedergang – Renaissance, Die Neue Linke seit 1968, Köln 1983, insbes. S. 77-91.

[963]   Vgl. Helmut Fogt, Die GRÜNEN und die Neue Linke, Zum innerparteilichen Einfluß des organisierten Linksextremismus, in: Helmut Langner (Hrsg.), Die Grünen auf dem Prüfstand, Analyse einer Partei, Bergisch Gladbach 1987, S. 129-208. Hans-Gerhart „Joscha" Schmierer, ehemaliger Anführer des KBW, schaffte es später bis in den Planungsstab des Auswärtigen Amtes, vgl. Jochen Staadt, Nicht unter 200 Anschlägen pro Minute, Hans-Gerhart Schmierer und der „Kommunistische Bund Westdeutschlands", in: Frankfurter Allgemeine Zeitung, 31.1.2001.

[964]   Vgl. Joachim Raschke, Die Grünen, Was sie wurden, was sie sind, Köln 1993, S. 472.

[965]   Vgl. ebd., Fn. 428.

2. Antifaschismus der Bundestagsparteien

entwickelten sich zwar nicht alle, aber doch viele ehemalige Kommunisten bei den Grünen gemäßigte Positionen.[966]

Dennoch konnten die von den K-Gruppen zu den Grünen gestoßenen Funktionäre mit ihren oft überlegenen organisatorischen und ideologischen Fähigkeiten einen starken Einfluss auf die Entwicklung der Grünen nehmen, der ihre rein quantitative Bedeutung übertraf. Ihnen ist es zu verdanken, dass die Politik der Grünen lange Zeit systemoppositionelle Züge besaß.[967] Die Stärke der linksradikalen Gründergeneration wirkte sich auch auf den Umgang der Grünen mit politischem Extremismus aus. Die Befassung mit Linksextremismus fristet bis heute bei den Grünen ein Nischendasein. Mit der Bekämpfung des Rechtsextremismus wurde bei ihnen bis in die Mitte der neunziger Jahre Kritik am aktuellen Gesellschafts- und Wirtschaftssystem verbunden.

Eine „Zwischenbilanz bündnisgrüner Rechts- und Innenpolitik" aus dem Jahr 2001 widmet den Maßnahmen gegen Rechtsextremismus ein eigenes Kapitel.[968] Die Bilanz verweist auf 50 Mio. DM, die im Haushalt 2001 für Opferschutz sowie Maßnahmen gegen Rechtsextremismus vorgesehen seien. Außerdem wird der vom Deutschen Bundestag verabschiedete Antrag „Gegen Rechtsextremismus, Fremdenfeindlichkeit, Antisemitismus und Gewalt"[969] vorgestellt. Den Verfassungsschutzbericht des Jahres 2001 kommentierte der damalige innenpolitische Sprecher der Grünen-Bundestagsfraktion, Cem Özdemir, folgendermaßen: „Der heute vom Bundesinnenminister vorgestellte Verfassungsschutzbericht belegt die bestehende Gefahr durch den Rechtsextremismus. Rechtsextremismus kann nur besiegt werden, wenn die Zivilgesellschaft stark und aktiv ist: Nur dann ist die Demokratie stark."[970] Die Grünen scheinen in der Förderung der „Zivilgesellschaft" ein Allheilmittel gegen Rechtsextremismus zu sehen. Die im Verfassungsschutzbericht enthaltenen Gefahren für die Demokratie durch Linksextremismus und Ausländerextremismus waren dem innenpolitischen Sprecher der Grünen dagegen keine Erwähnung wert.

Im Grundsatzprogramm der von Bündnis 90/Die Grünen, welches im Jahr 2002 beschlossen wurde, heißt es in der Präambel: „Im Bewusstsein historischer Verantwortung treten wir ein gegen Rassismus und Antisemitismus, Rechtsextremismus und jeglichen anderen Extremismus."[971] Ohne andere Formen des politischen Extremismus, die neben Rechtsextremismus existieren, ausdrücklich zu nennen, wird an dieser Stelle eine klare Distanzierung der Grünen gegen alle politischen Extremismen ausgedrückt. Im Kapitel „Staat und Gesellschaft" bezeichnen die Grünen sich selbst als „antitotalitäre und demokratische Partei, die sich gegen jede Form von Gewaltherrschaft wendet".[972] Anschließend wird sowohl an die „Opfer des Naziterrors" als auch an die Opfer der „SED-Diktatur in der DDR" erinnert.[973] Im kurz danach verabschiedeten Wahlprogramm der Grünen für die Bundestagswahlen 2002 ging es

---

[966] Vgl. ebd.

[967] Vgl. Stefan Eisel, Die Gefahr des Irrationalen, Wie die GRÜNEN der ideologischen Versuchung erliegen, in: Helmut Langner (Hrsg.), Die Grünen auf dem Prüfstand, Analyse einer Partei, Bergisch Gladbach 1987, S. 249-282.

[968] Vgl. Bundestagsfraktion Bündnis 90/Die Grünen (Hrsg.), Zwischenbilanz bündnisgrüner Rechts- und Innenpolitik, Stand: 15.6.2001, Berlin.

[969] Gegen Rechtsextremismus, Fremdenfeindlichkeit, Antisemitismus und Gewalt, Antrag der Fraktionen SPD, Bündnis 90/Die Grünen, FDP und PDS, 6. März 2001, Bundestags-Drs. 14/5456.

[970] Pressemitteilung der Bundestagsfraktion Bündnis 90/Die Grünen, 24.5.2002.

[971] Die Zukunft ist grün. Grundsatzprogramm von Bündnis 90/Die Grünen, beschlossen auf der Bundesdelegiertenkonferenz am 15.-17.3.2002 in Berlin, S. 13.

[972] Ebd., S. 120.

[973] Ebd.

allerdings nur gegen Rechtsextremismus. Im Kapitel „Soziale und wirtschaftliche Erneuerung" erklärten die Grünen: „Wir treten dem Rechtsextremismus, Rassismus und Antisemitismus – in Ost und West – entschlossen entgegen."[974] Im Kapitel „Gesellschaftliche Demokratisierung" wird mehrfach die entschiedene Bekämpfung von „Rechtsextremismus, Rassismus und Antisemitismus" gefordert.[975]

Die klare Distanzierung von allen Formen des politischen Extremismus und das Bekenntnis zum Antitotalitarismus, wie sie im grünen Grundsatzprogramm erfolgen, sind in der Programmatik und Praxis der Grünen als Ausnahme zu bezeichnen. Es entsteht der Eindruck, als ob die Grünen kurz nach dem Zusammenschluss mit den Bürgerrechtlern von Bündnis 90 eine etwas kritischere Haltung gegenüber der PDS und deren linksextremistischen Positionen und Partnern pflegten als zuvor.[976] Bis auf wenige Ausnahmen standen die ehemaligen Bürgerrechtler der PDS und deren totalitärer Vorgängerpartei SED sehr kritisch gegenüber.[977]

Bis zur „Wende" wagten allerdings nur einige wenige West-Grüne wie etwa Petra Kelly den Schulterschluss mit den oppositionellen Bürgerrechtlern in der DDR. Andere sahen im Sozialismus der SED eine verwandte Ideologie und arbeiteten – teilweise sogar im Auftrag der Stasi – erfolgreich für eine DDR-freundliche Deutschlandpolitik der Grünen.[978] Ein Beispiel dafür ist Dirk Schneider, der als Agent des MfS und zeitweiliger deutschlandpolitischer Sprecher der Partei Mitte der achtziger Jahre wesentlichen Einfluss auf die Deutschlandpolitik der Grünen nehmen konnte und dabei eine Haltung verfocht, über welche die SED sehr erfreut sein konnte. Seine politische Linie verschaffte dem IM „Ludwig" parteiintern den Spitznamen „Ständiger Vertreter der DDR bei den Grünen".[979] In der Berliner AL existierte neben Schneider noch eine ganze Reihe weiterer Stasi-IMs.[980]

Wichtiger ideologischer Kitt zwischen den Grünen und der SED waren neben den Feldern Antikapitalismus und Friedenspolitik die Bereiche Antifaschismus und Anti-Antikommunismus.[981] Nach der „Wende" kam es zwischen dem linken Flügel der Grünen und gemäßigteren Positionen zu heftigen Auseinandersetzungen, die damit endeten, dass viele Vertreter der ökosozialistischen Richtung unter der Führung von Jutta Ditfurth die Grünen

---

[974] Grün wirkt! Wahlprogramm 2002-2006 von Bündnis 90/Die Grünen, beschlossen auf der Bundesdelegiertenkonferenz am 4.-5.5.2002 in Wiesbaden, S. 60.

[975] Ebd., S. 61 u. 68 f.

[976] Vgl. zum Zusammenschluss der Grünen mit Bündnis 90: Jürgen Hoffmann, Die doppelte Vereinigung, Vorgeschichte, Verlauf und Auswirkungen des Zusammenschlusses von Grünen und Bündnis 90, Opladen 1998.

[977] Vgl. Markus Trömmer, Der verhaltene Gang in die deutsche Einheit, Das Verhältnis zwischen den Oppositionsgruppen und der (SED-)PDS im letzten Jahr der DDR, Frankfurt a.M. 2002, insbes. S. 267-289.

[978] Vgl. Udo Baron, Kalter Krieg und heißer Frieden, Der Einfluss der SED und ihrer westdeutschen Verbündeten auf die Partei „Die Grünen", Münster 2003; Hubertus Knabe, Die unterwanderte Republik, Stasi im Westen, Berlin 1999, S. 71-88; Jürgen Hoffmann, Die doppelte Vereinigung, Vorgeschichte, Verlauf und Auswirkungen des Zusammenschlusses von Grünen und Bündnis 90, Opladen 1998, S. 189-194; ders./Viola Neu, Getrennt agieren, vereint marschieren?, Die Diskussion über ein Linksbündnis bei SPD, Grünen und PDS, hrsg. von der Konrad-Adenauer-Stiftung, Interne Studie Nr. 162/1998, S. 28-37.

[979] Udo Baron, Anti-Antikommunismus, Antifaschismus, Antiamerikanismus als zentrale Leitbilder der Grünen, in: Zeitschrift des Forschungsverbundes SED-Staat, Nr. 14/2003, S. 110-118.

[980] Vgl. Benedict Maria Mülder, Die Grünen und ihre Inoffiziellen Mitarbeiter, Jetzt rächt sich der Verdrängungsversuch: Die verschleppte Debatte um den politischen Einfluß des MfS auf ihre Politik holt die Partei wieder ein, in: Frankfurter Allgemeine Zeitung, 23.5.2001.

[981] Vgl. Udo Baron, Kalter Krieg und heißer Frieden, Der Einfluss der SED und ihrer westdeutschen Verbündeten auf die Partei „Die Grünen", Münster 2003, S. 233-246; ders., Anti-Antikommunismus, Antifaschismus, Antiamerikanismus als zentrale Leitbilder der Grünen, in: Zeitschrift des Forschungsverbundes SED-Staat, Nr. 14/2003, S. 110-118.

2. Antifaschismus der Bundestagsparteien

verließen. Teilweise wechselten sie in die PDS beziehungsweise kandidierten auf Listen der PDS wie Harald Wolf, Jürgen Reents, Klaus Croissant, Dirk Schneider oder Ulla Jelpke.

Obwohl sich der linke Flügel aus der Partei der Grünen löste, näherte sich Bündnis 90/Die Grünen der PDS in den neunziger Jahren weiter an. Ab dem Jahr 1994 ließ sich eine rot-grüne Koalition in Sachsen-Anhalt von der PDS tolerieren. In anderen Landesverbänden wie Berlin betrachten die Grünen ab Mitte der neunziger Jahre die PDS als potenziellen Koalitionspartner.[982] Als im Dezember 1996 und Januar 1997 mehrere prominente Bürgerrechtler aus den Reihen des früheren Bündnis 90 und der SPD wegen deren mangelnder Abgrenzung gegenüber der PDS zur CDU übertraten, sahen sich die Grünen zu einer offiziellen Abgrenzung zur PDS veranlasst. Auf der Klausurtagung ihrer Bundestagsfraktion verabschiedeten sie die so genannte „Wörlitzer Erklärung", in welcher sie gegen ein Bündnis mit der PDS nach den Bundestagswahlen 1998 plädierten, aber für die Zukunft sowie für die Bundesländer alle Optionen offen hielten.[983]

Beispielhaft für die grüne Auseinandersetzung mit dem Rechtsextremismus vor der Fusion mit dem Bündnis 90 ist der Materialband „Argumente gegen Reps & Co." aus dem Jahr 1987. In ihm sind mehrere Stellungnahmen von Repräsentanten der VVN-BdA wie auch Beiträge von Mitarbeitern des Duisburger Instituts für Sprach- und Sozialforschung (DISS) enthalten.[984] Im Vorwort dankt die grüne Vorstandssprecherin Verena Krieger ausdrücklich dem DISS für dessen Mithilfe bei der Erstellung der Broschüre und empfiehlt allen Grünen das Informationsmaterial und Referentenangebot vom DISS anzunehmen.[985] In einem Beitrag „Neofaschismus, Rechtsradikalismus und bürgerliche Demokratie. Gemeinsamkeiten, Unterschiede, Schlussfolgerungen" von der damaligen grünen Bundestagsabgeordneten Jutta Oesterle-Schwerin und ihrem Mitarbeiter Günter Kolodziej[986] werden Faschismus und parlamentarische Demokratie als zwei Formen bürgerlicher Herrschaft bezeichnet.[987] Bei der CDU diagnostizieren die beiden eine „Rechtsradikalisierung", die „niemand überraschen" könne.[988] Der Beitrag kulminiert in dem Schlusssatz: „Antifaschismus bedeutet nun mal auch das politische Werben für eine grundlegende Umgestaltung der parlamentarischen Demokratie und der ihr zugrunde liegenden Ökonomie."[989] Ohne unmittelbar in Sprache und Begrifflichkeiten der SED zu verfallen, redeten die beiden Autoren einem Antifaschismus das Wort, welcher auf der Dimitroff-Theorie basierte und dem SED-Antifaschismus ideologisch sehr nahe stand.

In einem weiteren Sammelband der Grünen „Rechte Gewalt und der Extremismus der Mitte", der 1993 kurz nach der Fusion mit dem Bündnis 90 publiziert wurde, meldeten sich

---

[982] Vgl. Jürgen Hoffmann/Viola Neu, Getrennt agieren, vereint marschieren?, Die Diskussion über ein Linksbündnis bei SPD, Grünen und PDS, hrsg. von der Konrad-Adenauer-Stiftung, Interne Studie Nr. 162/1998, S. 37-48.

[983] Der Wortlaut der Wörlitzer Erklärung der Bundestagsfraktion von Bündnis 90/Die Grünen ist abgedruckt in: Die Tageszeitung, 11.1.1997.

[984] Vgl. Bundesvorstand der Grünen (Hrsg.), Argumente gegen Reps & Co., Bonn o.J. (wohl 1987). Der Band enthält u.a. Beiträge vom Präsidium des VVN-BdA, von verschiedenen antifaschistischen Konferenzen, von sechs verschiedenen DISS-Mitarbeitern einschließlich des DISS-Gründers Siegfried Jäger. Dessen Frau Margret Jäger gehörte gar zum Redaktionsteam.

[985] Ebd.

[986] Günter Kolodziej war später Sprecher der PDS-Fraktion im Berliner Abgeordnetenhaus und ist heute Stellvertretender Sprecher des rot-roten Senats in Berlin.

[987] Vgl. Jutta Oesterle-Schwerin/Günter Kolodziej, Neofaschismus, Rechtsradikalismus und bürgerliche Demokratie. Gemeinsamkeiten, Unterschiede, Schlussfolgerungen, in: Bundesvorstand der Grünen (Hrsg.), Argumente gegen Reps & Co., Bonn o.J., S. 190-195.

[988] Ebd.

[989] Ebd.

wieder bekannte DISS-Autoren zu Wort.[990] Im Vorwort des Bandes, der die Ergebnisse eines Hearings „Die organisierte Rechte als politischer Faktor" wiedergibt, erklärt der grüne Bundesvorstandssprecher Ludger Volmer: „Der Angriffspunkt gegen den Rechtsextremismus kann deshalb nicht bei den Rechten selber liegen. Der geistig-moralische Nährboden in der Mitte der offiziellen Politik muss zum Gegenstand der Diskussion gemacht werden."[991]

Grüne Gremien verabschieden regelmäßig Resolutionen gegen Rechtsextremismus und Fremdenfeindlichkeit.[992] Besonders viele Anträge sind Anfang der neunziger Jahre mit der Vielzahl der ausländerfeindlichen Anschläge von Rostock, Mölln und Solingen festzustellen. Im Programm für die Bundestagswahlen 2002 wurde der Bekämpfung des Rechtsextremismus im Kapitel „Gesellschaftliche Demokratisierung" ein eigener Abschnitt gewidmet.[993] Die Grünen wollten laut ihres Wahlprogramms Rechtsextremismus im Wesentlichen mit „zivilgesellschaftlichem Engagement" begegnen und so ein „gesellschaftliches Klima schaffen, das dem Rechtsextremismus den Boden entzieht".[994] Ausdrücklich wurde im Programm auf das Bündnis für Demokratie und Toleranz verwiesen. Dabei blieb selbstverständlich unerwähnt, dass Forscher begründete Zweifel an der Effektivität der Programme der Bundesregierung angemeldet haben und bisher keine positiven Wirkungen nachweisbar waren.[995] Die Grünen blieben ebenso eine Konkretisierung ihres Zauberwortes vom „zivilgesellschaftlichen Engagement" schuldig.

Nach den Wahlerfolgen der DVU und NPD bei den Landtagswahlen in Brandenburg und Sachsen im Jahr 2004 beschlossen die Grünen auf ihrer Bundesdelegiertenkonferenz einen Antrag zur Bekämpfung von Rechtsextremismus, in welchem sie einerseits wieder auf das „zivilgesellschaftliche Engagement" verwiesen, das gestärkt werden müsse und andererseits Stellung nahmen zum Umgang mit Rechtsextremisten in Parlamenten.[996] Die Grünen forderten gemeinsame Entschließungen aller demokratischen Parteien im Parlament gegen Rechtsextremismus. Die CDU dürfe diese Erklärungen nicht unter dem Vorwurf scheitern lassen, die PDS sei eine extremistische Partei.[997]

---

[990] Vgl. Bundesvorstand von Bündnis 90/Die Grünen (Hrsg.), Rechte Gewalt und der Extremismus der Mitte, Bonn o.J.

[991] Ebd., S. 6 f.

[992] Vgl. Mut zur multikulturellen Gesellschaft – gegen Rechtsextremismus und Ausländerfeindlichkeit, Außerordentliche Bundesversammlung der Grünen, 20.-21.5.1989 in Münster; Gegen Rassismus und Fremdenhaß – Für eine humane Flüchtlings- und Einwanderungspolitik,14. Ordentliche Bundesversammlung der Grünen, 15.-17.5.1992 in Berlin; Gegen Rassismus und Fremdenhaß – Farbe bekennen – Rassismus bekämpfen!, Außerordentliche Bundesversammlung der Grünen, 16.-17.1.1993 in Hannover; Gegen Rassismus, Antisemitismus und Rechtsextremismus – Für das Menschenrecht auf Asyl und gleiche Rechte für alle, 1. Ordentliche Bundesversammlung von Bündnis 90/Die Grünen, 14.-16.5.1993 in Leipzig; Rechtsextremismus, Fremdenfeindlichkeit und Antisemitismus bekämpfen, 2. Ordentlicher Länderrat, 14.10.2000 in Berlin; Für eine Verstetigung der erfolgreichen zivilgesellschaftlichen Initiativen für Demokratie und Toleranz – gegen Rechtsextremismus, Antisemitismus und Gewalt in Ostdeutschland!, 22. Ordentliche Bundesdelegiertenkonferenz, 28.-30.11.2003 in Dresden.

[993] Vgl. Wahlprogramm 2002-2006, Beschluss der 19. Ordentlichen Bundesdelegiertenkonferenz, 4./5. Mai 2002 in Wiesbaden, S. 68f.

[994] Ebd., S. 68.

[995] Vgl. Roland Roth unter Mitarbeit von Anke Benack, Bürgernetzwerke gegen Rechts, Evaluierung von Aktionsprogrammen und Maßnahmen gegen Rechtsextremismus und Fremdenfeindlichkeit, erstellt für den Arbeitskreis „Bürgergesellschaft und Aktivierender Staat" der Friedrich-Ebert-Stiftung, Bonn 2003, http://fesportal.fes.de/pls/portal30/docs/FOLDER/BUERGERGESELLSCHAFT/044-Buergernetzwerke.pdf.

[996] Konsequenter Kampf gegen den Rechtsextremismus: Die Werte der Demokratie bewusst vertreten! – Zivilgesellschaft unterstützen! – Umgang mit Rechtsextremisten im Parlament, 23. Ordentliche Bundesdelegiertenkonferenz, 2./3.10.2004 in Kiel.

[997] Ebd., S. 3.

2. Antifaschismus der Bundestagsparteien 171

Die Grüne Jugend sieht in der Bekämpfung von Rechtsextremismus eine wichtige Aufgabe. Im Januar 2003 startete sie eine bundesweite Kampagne „Rational befreit! Denken gegen Rechts!". Im Rahmen der Kampagne sollten „rassistische Übergriffe jeglicher Art (ob tätlich, verbal, institutionell)" auf einer Website dokumentiert werden sowie „mit Hintergrundberichten das Bewusstsein der Menschen gegenüber diesem äußerst sensiblen Themenbereich" geschärft werden.[998] Im Jahr 2005 startete die Grüne Jugend eine „Bildungsoffensive gegen Rechts". Im Rahmen dieser Kampagne stellt sie auf ihrer Homepage eine Informationsbroschüre über Rechtsextremismus zum Download zur Verfügung.[999] Die Broschüre klärt sachlich und detailliert über Rechtsextremismus auf. Wenig Berührungsängste zeigt die Grüne Jugend gegenüber linksextremistischen Antifa-Gruppen. So rief die Grüne Jugend Berlin zum 8. Mai 2005 gemeinsam zahlreichen „autonomen" Antifa-Gruppen, der DKP, der WASG, Solid und der Verdi-Jugend zur Demo unter dem Motto „Tag der Befreiung: Kein Naziaufmarsch am 8. Mai! Gegen Faschismus, Militarisierung und deutsche Opfermythen!" auf.[1000]

Bezeichnend für das Verhältnis der Grünen zum demokratischen Verfassungsstaat ist es, dass die Vorsitzende der Grünen-Bundestagsfraktion, Kerstin Müller, zwar eine Abschaffung des Verfassungsschutzes ablehnt, aber fordert, Aufgaben und Instrumente des Verfassungsschutzes zu überprüfen und dabei feststellt, dass die Beobachtung des „so genannten Linksextremismus" überholt sei.[1001] Zumindest die fundamentalistische Strömung bei den Grünen ist offenkundig nicht weit vom antifaschistischen Demokratiekonzept der PDS entfernt.

Die Grünen ignorieren Linksextremismus und beschäftigen sich praktisch überhaupt nicht mit ihm. Dagegen bildet der Kampf gegen Rechtsextremismus einen politischen Schwerpunkt der Partei. Sie leisten überwiegend sachliche und differenzierte Beiträge zur Bekämpfung des Rechtsextremismus. Eine Zusammenarbeit mit Linksextremisten erfolgt vereinzelt auf regionaler oder lokaler Ebene.

2.3. *Antifaschismus von CDU und CSU*

Widerstandskämpfer und Gegner des nationalsozialistischen Regimes gehörten zu wichtigen Mitgestaltern in der CDU und CSU der Nachkriegszeit.[1002] Bei der Gründung der CDU habe „der Katakombengeist, der sich in den Kreisen des Widerstands und Konzentrationslager formte" alles überspannt und zusammengeklammert, stellte Leo Schwering, Mitbegründer der rheinisch-westfälischen CDU, fest.[1003] Der Geist der Union war antinationalsozialistisch ge-

---

[998] Rational befreit! Denken gegen Rechts! Aufruf zu einer bundesweiten Kampagne der Grünen Jugend von Ska Keller, 30.1.2003, http://www.gruene-jugend.de/suchen/7545.html.

[999] http://www2.gruene-jugend.de/uploads/Rechtsextremismusbroschuere_klein.pdf.

[1000] Vgl. http://www.8-mai.antifaschistische-aktion.com.

[1001] Vgl. dpa-Meldung, Grünen-Bundestagsfraktion will Verfassungsschutz nicht abschaffen, 24.10.2000.

[1002] Vgl. zur Geschichte der CDU: Frank Bösch, Die Adenauer-CDU, Gründung, Aufstieg und Krise einer Erfolgspartei 1945-1969, Stuttgart 2001; Hans-Otto Kleinmann, Geschichte der CDU 1945-1982, Stuttgart 1993; Ute Schmidt, Die Christlich-Demokratische Union Deutschlands, in: Richard Stöss (Hrsg.), Parteien-Handbuch, Die Parteien der Bundesrepublik Deutschland 1945-1980, Band I: AUD bis EFP, Opladen 1983, S. 490-660; Geoffrey Pridham, Christian Democracy in Western Germany, The CDU/CSU in Government and Opposition, 1945-1976, London 1977. Zur Geschichte der CSU: Alf Mintzel, Die CSU-Hegemonie in Bayern, Strategie und Erfolg, Gewinner und Verlierer, 2. Auflage, Passau 1999; ders., Die Christlich-Soziale Union in Bayern e.V., in: Parteien-Handbuch, S. 661-718; ders., Die CSU, Anatomie einer konservativen Partei 1945-1972, 2. Auflage, Opladen 1978; Hanns-Seidel-Stiftung (Hrsg.), Geschichte einer Volkspartei, 50 Jahre CSU – 1945-1995, Grünwald 1995.

[1003] Leo Schwering, Vorgeschichte und Entstehung der CDU, 2. Auflage, Köln 1952, S. 25.

prägt.[1004] CDU und CSU war somit vom Beginn ihrer Existenz eine klare Ablehnung jeglicher nationalsozialistischer Herrschaftsform inhärent.

Dennoch hat der Begriff Antifaschismus in keiner der beiden Parteien eine tiefere Verwurzelung gefunden. Zu sehr war der Begriff von der politischen Linken besetzt, zu groß die mit diesem Begriff verbundenen antibürgerlichen, antiparlamentarischen und antimarktwirtschaftlichen Assoziationen, zu stark das abschreckende Beispiel der DDR, wo im Namen des Antifaschismus die nationalsozialistische Diktatur mit Unterstützung der Sowjetunion durch eine kommunistische Diktatur ersetzt wurde.

Von daher verwundert die antitotalitäre und antiextremistische Grundhaltung von CDU und CSU nicht. Die Unionsparteien waren vom Beginn der Bundesrepublik an starke Stützen des Konzeptes der streitbaren Demokratie. Der demokratische Verfassungsstaat sollte seinen Gegnern nicht ausgeliefert sein wie in Weimar, sondern aktiv gegen diese vorgehen. Die Unionsparteien traten und treten für eine unmissverständliche Abgrenzung gegenüber links- und rechtsradikalen Positionen ein.

Dazu stand nicht im Widerspruch, dass es der Union in den Gründungsjahren immer wieder erfolgreich gelang, regionale, konservative und rechtsradikale politische Strömungen zu integrieren.[1005] Als Architekt der Integrationsstrategie nach rechts gilt der langjährige Parteivorsitzende Konrad Adenauer. In Niedersachsen führte das Integrationskonzept auf kommunaler Ebene sogar vorübergehend zu Wahlbündnissen der CDU mit allen Parteien rechts von der SPD. Dies schloss neben der FDP die Deutsche Partei (DP), den Block der Heimatvertriebenen und Entrechteten (BHE) und teilweise selbst die rechtsextremistische Sozialistische Reichspartei (SRP) ein.[1006] Auf Bundes- und Landesebene lehnte die CDU allerdings stets Koalitionsangebote der SRP ab. Die lokalen Bündnisse mit der SRP riefen vor allem in katholischen Regionen Proteste der CDU hervor. Kritik wurde ebenso an Bündnissen mit sehr rechtslastigen Exponenten der DP sowie der FDP geübt, die in Hessen, Nordrhein-Westfalen und Niedersachsen dezidiert national geprägt war.

Als Mitte der sechziger Jahre die NPD überraschende Wahlerfolge einfahren konnte, versuchte die CDU einen ähnlichen Kurs der Abgrenzung einerseits und der Werbung von Wählern und einzelnen Abgeordneten andererseits. Im Gegensatz zu den fünfziger Jahren war der Druck aus der eigenen Partei und der Öffentlichkeit gegen jede Kooperation mit Rechtsextremisten aber sehr viel höher.[1007] Wieder kam es vereinzelt auf kommunaler Ebene zur Zusammenarbeit zwischen der NPD und der CDU. Auf Landes- oder Bundesebene blieb es bei einem unmissverständlichen Abgrenzungskurs. Diesen Kurs setze die CDU bis in die heutige Zeit fort. Obwohl es 1992 zu einer Regierungsmehrheit von CDU und Republikanern im Landtag von Baden-Württemberg gereicht hätte, lehnte die CDU alle Verhandlungen mit diesen kategorisch ab und wählte stattdessen die ungeliebte Große Koalition.

Das Bekenntnis zum demokratischen Verfassungsstaat sowie die Ablehnung aller politischer Extremismen und Radikalismen sind in der Programmatik der CDU fest verankert. In

---

[1004] Vgl. Hans-Otto Kleinmann, Geschichte der CDU 1945-1982, Stuttgart 1993, S. 15-22 u. 79-96; siehe zum antinationalsozialistischen Gründergeist auch die Kurzbiografien von entscheidenden Gründungsmitgliedern der CDU in Günter Buchstab/Brigitte Kaff/Hans-Otto Kleinmann (Hrsg.), Christliche Demokraten gegen Hitler, Aus Verfolgung und Widerstand zur Union, Freiburg i.Br. 2004; Günter Buchstab/Klaus Gotto (Hrsg.), Die Gründung der Union, Traditionen, Entstehung, Repräsentanten, 2. Auflage, München 1990.

[1005] Vgl. zur erfolgreichen Integrationsstrategie Adenauers Frank Bösch, Die Adenauer-CDU, Gründung, Aufstieg und Krise einer Erfolgspartei 1945-1969, Stuttgart 2001, S. 139-194 u. 419-430.

[1006] Ebd., S. 141.

[1007] Vgl. Frank Bösch, Die Adenauer-CDU, Gründung, Aufstieg und Krise einer Erfolgspartei 1945-1969, Stuttgart 2001, S. 397-402.

2. Antifaschismus der Bundestagsparteien

ihrem Grundsatzprogramm bekennt sich die CDU zur „wehrhaften Demokratie" und es heißt weiter: „Der Verfassungsschutz ist wichtiger Bestandteil der inneren Sicherheit. Er behält seine unverzichtbare Aufgabe im Kampf gegen den politischen Extremismus in seinen verschiedenen Formen und Organisationen." [1008] In einem Beschluss des Bundesparteitages 1992 heißt es: „Die CDU lehnt jede Vereinbarung über eine politische Zusammenarbeit und jede Koalition mit links- und rechtsradikalen Parteien ab, wie z.B. mit der PDS, DVU, den Republikanern oder ähnlichen Gruppierungen. Ein Verstoß gegen diesen Grundsatz ist mit den Zielen und der Mitgliedschaft in der CDU unvereinbar."[1009] Dieser Beschluss wurde auf dem Parteitag 1993 ausdrücklich bekräftigt.[1010] 1996 bestätigte der Parteitag nochmals: „Die CDU Deutschlands lehnt jede Form des politischen Extremismus ab. Mit Gegnern der freiheitlichen-demokratischen Ordnung des Grundgesetzes der Bundesrepublik Deutschland und der deutschen Einheit darf es auf keiner Ebene eine Zusammenarbeit geben."[1011] In den vom CDU-Bundesvorstand 2001 verabschiedeten Leitlinien zur Inneren Sicherheit wird formuliert: „Wir fordern Wachsamkeit gegenüber jeder Form von Intoleranz, Extremismus und Gewalt." [1012] Die Landesverbände der CDU grenzen sich mit derselben Klarheit gegen jede Form von Extremismus ab wie der Bundesverband. Im Wahlprogramm der CDU Sachsen-Anhalt zu den Landtagswahlen 2002 wendet sich die Union beispielsweise „gegen jede Art von Extremismus, gleich welcher Herkunft und Motivation".[1013]

Ebenso konsequent in der Ablehnung von Links- wie Rechtsextremismus zeigt sich die bayerische Schwesterpartei CSU. In einer Entschließung „Mit Bayern gewinnt Deutschland" von 1998 heißt es: „Wir bekämpfen Extremismus von rechts und links mit allen rechtsstaatlichen Mitteln und aller gebotener Härte."[1014] Im Jahr 1992 verurteilte die CSU in einem Parteitagsbeschluss unmissverständlich alle Ausschreitungen und gewalttätigen Übergriffe gegen Ausländer und gegen jüdische Einrichtungen. Die CSU wandte sich dabei ebenso entschlossen gegen Rechtsextremismus wie gegen alle anderen Formen von Extremismus und Gewalt.[1015] In einer Analyse von 1989 warnte die CSU vor der menschenverachtenden Politik der rechtsradikalen Partei „Die Republikaner".[1016] Zum Bundestagswahlkampf 1994 veröffentlichte die CSU eine Untersuchung unter dem Titel „SED/PDS – Gefahr für Deutschland", in welcher die

---

[1008]   Freiheit in Verantwortung, Grundsatzprogramm der CDU Deutschlands, beschlossen vom 5. Parteitag in Hamburg, 20.-23.2.1994.

[1009]   3. Parteitag der CDU Deutschlands in Düsseldorf, Beschluss H 81, 26.-28.10.1992. Vgl. auch 16. Bundesparteitag der CDU in Berlin, 30.10.1968: „Jegliche Koalitionen und Wahlabsprachen mit extremen Parteien (wie NPD oder DFU) sind unbeschadet der Frage nach deren Verbot durch das Bundesverfassungsgericht parteischädigend und haben ein Ausschlussverfahren aus der CDU zur Folge."; 37. Bundesparteitag der CDU in Bremen, Moderne Parteiarbeit in den 90er Jahren, 11.-13.9.1989: „Die CDU lehnt jede Vereinbarung über eine politische Zusammenarbeit und jede Koalition mit links- und rechtsradikalen Parteien wie zum Beispiel den Kommunisten, den Grünen/Alternative Liste, den Republikanern, den Nationaldemokraten und der Deutschen Volksunion ab. Dies gilt für die Bundes-, Landes- und Kommunalebene."

[1010]   4. Parteitag der CDU Deutschlands in Berlin, Den Radikalen keine Chance!, Beschluss D 40, 12.-14.9.1993.

[1011]   8. Parteitag der CDU Deutschlands in Hannover, Beschluss D 68, 21./22.10.1996.

[1012]   CDU-Bundesvorstand, Beschluss vom 25.6.2001, S. 23.

[1013]   CDU-Landesverband Sachsen-Anhalt, Leitlinien der CDU Sachsen-Anhalt, Den Menschen in Sachsen-Anhalt wieder eine Chance geben, 11.11.2001, S. 15.

[1014]   Entschließung des „Kleinen Parteitages" der CSU am 22.5.1998 in Ingolstadt.

[1015]   Archiv für Christlich Soziale Politik, PT 1992/12, 56. Parteitag der Christlich-Sozialen Union in Nürnberg, Gegen Gewalt und Extremismus, 6./7.11.1992.

[1016]   Archiv für Christlich Soziale Politik, DS 9/127, CSU-Landesleitung (Hrsg.), Republikaner auf Radikalkurs, München 1989.

174 VII. Antifaschismus im Vergleich

SED-Kontinuität sowie das linksextremistische Potenzial der PDS dargestellt wurden.[1017] Der langjährige PDS-Partei- und Fraktionschef Gregor Gysi bezeichnete die scharfe Abgrenzungsstrategie der Union gegenüber den Postkommunisten als einen „fast totalitären Antikommunismus" beziehungsweise einen „militanten Antikommunismus".[1018] Von den in Bayern überdurchschnittlich starken Republikanern grenzte sich die CSU mit allen Mitteln ab.[1019]

Der Vorwurf, dass sich die Union nur schematisch und immer gleichzeitig gegen Links- wie Rechtsradikalismus wende und sich damit einer Auseinandersetzung mit Rechtsextremismus verweigere, wird widerlegt durch eine Broschüre von der CDU-Bundesgeschäftsstelle von 1998, die „10 gute Gründe, warum Rechtsradikale in deutschen Parlamenten nichts zu suchen haben", nennt.[1020] Ein anderes Beispiel ist die nach dem Brandanschlag von Solingen vom CDU-Bundesvorstand beschlossene Erklärung gegen Ausländerfeindlichkeit und Gewalt.[1021] In Niedersachsen verabschiedete die CDU-Fraktion im Jahr 2000 gemeinsam mit den Fraktionen von SPD und Bündnis 90/Die Grünen eine Entschließung gegen Gewalt und Fremdenhass.[1022] Die Entschließung des Niedersächsischen Landtages beschäftigt sich zwar im Schwerpunkt mit der Bekämpfung von Rechtsextremismus und Fremdenfeindlichkeit. Im Gegensatz zu der gemeinsamen Bundestagsentschließung[1023], der sich die CDU/CSU-Fraktion verweigerte, wird vom Landtag ausdrücklich „jede Form von extremistischer Gewalt" verurteilt und nicht nur „rechte Gewalt". In Sachsen-Anhalt verabschiedete der Landtag im selben Jahr mit den Stimmen von CDU, SPD und PDS eine Erklärung gegen Rechtsextremismus.[1024] Weil die CDU keinen Antrag gemeinsam mit der PDS einbringen wollte, wurden dem Parlament zwei gleich lautende Anträge – einer von der CDU sowie einer von SPD und PDS – vorgelegt, über die gleichzeitig beraten und abgestimmt wurde. In Brandenburg stimmte die CDU im Jahr 2000 im Landtag gemeinsam mit SPD und PDS für einen Antrag, in welchem „mit Entschiedenheit rechtsextremistische und fremdenfeindliche Gewalttaten" verurteilt wurden.[1025] Da die CDU keinem Antrag der PDS zustimmen wollte, wurde der Antrag vom Landtagspräsidenten eingebracht. Den gleichen Weg wählten die Parteien im Jahr 2005 erneut. Im Gegensatz zu anderen Landesverbänden und Fraktionen hält die CDU Brandenburg unter dem maßgeblichen Einfluss ihres Vorsitzenden Jörg Schönbohm bis heute konsequent daran fest, keine Anträge gemeinsam mit der PDS einzubringen. Dies führte im Jahr 2005 zu einer größeren Kontroverse.[1026] Letztlich setzte sich die CDU aber durch.

[1017] Archiv für Christlich Soziale Politik, DS 9/110, CSU-Landesleitung (Hrsg.), SED/PDS – Gefahr für Deutschland, München 1994.

[1018] Gregor Gysi, Ein Blick zurück, ein Schritt nach vorn, 5. Auflage, Hamburg 2001, S. 105 u. 107.

[1019] Vgl. Alf Mintzel, Die CSU-Hegemonie in Bayern, Strategie und Erfolg, Gewinner und Verlierer, 2. Auflage, Passau 1999, S. 108 f.

[1020] Vgl. CDU-Bundesgeschäftsstelle, 10 gute Gründe, warum Rechtsradikale in deutschen Parlamenten nichts zu suchen haben, Bonn 1998.

[1021] Vgl. Erklärung des Bundesvorstandes der CDU Deutschlands anlässlich seiner Sitzung am 7.6.1993.

[1022] Vgl. Fraktionen der SPD, CDU und Bündnis 90/Die Grünen, Unser Land: vielseitig und weltoffen. Für Demokratie und Menschenrechte – Gegen Gewalt und Fremdenhass, Niedersächsischer Landtag, Drucksache 14/1845, 13.9.2000.

[1023] Gegen Rechtsextremismus, Fremdenfeindlichkeit, Antisemitismus und Gewalt, Antrag der Fraktionen SPD, Bündnis 90/Die Grünen, FDP und PDS, 6. März 2001, Bundestags-Drucksache 14/5456.

[1024] Vgl. dpa-Meldung, Ostdeutsche Landtage beziehen Stellung zu Rechtsextremismus, 14.9.2000.

[1025] Vgl. Frankfurter Allgemeine Zeitung, 22.9.2000.

[1026] Vgl. Berliner Zeitung, Landtag einig gegen rechten Extremismus, Zustimmung von SPD, CDU und PDS - DVU enthält sich, 14.4.2005.

2. Antifaschismus der Bundestagsparteien

Im Sächsischen Landtag unterzeichneten im Januar 2005 alle Fraktionsvorsitzenden von CDU bis PDS eine Erklärung gegen die NPD.[1027] Damit kam es erstmals auf Landesebene zu einer unmittelbaren Zusammenarbeit von CDU und PDS gegen Rechtsextremismus. In der sächsischen CDU blieb diese Kooperation allerdings nicht unumstritten. Wohl um die Kritiker zu besänftigen formulierte Ministerpräsident Georg Milbradt auf dem Landesparteitag im April 2005, die CDU werde auch künftig die Extremisten auf beiden Seiten bekämpfen und sich von der PDS nicht in eine „antifaschistische Einheitsfront" gegen die NPD einbinden lassen.[1028]

Im Rahmen des Bundestagswahlkampfes 1994 startete die CDU eine große Kampagne unter dem Titel „Auf gegen rechts und links – Gebt Radikalen keine Chance!". Kern der Kampagne war ein Papier „10 Thesen zum Radikalismus von rechts und links", in welchem es heißt: „Alle Demokraten müssen zum Wohle unseres Landes jegliche Zusammenarbeit mit den Radikalen ablehnen."[1029] Als wesentliche „Gefahr von rechts" werden die Republikaner angegriffen, von welchen sich die CDU klar absetzt. Als wesentliche „Gefahr von links" wird die PDS genannt. Durch die Zusammenarbeit zwischen SPD, Grünen und PDS in Sachsen-Anhalt sei die Abgrenzung der Demokraten gegenüber dem Linksradikalismus unglaubwürdig geworden. Trotz der offenkundigen zeitlichen Nähe zu den Bundestagswahlen vom 16. Oktober 1994 ist die Kampagne der CDU nicht auf eine wahlkampfbegründete Attacke auf politische Konkurrenten wie Republikaner, PDS oder auch die SPD als potenziellen PDS-Partner zu reduzieren. Die Kampagne spiegelt die Grundprinzipien der CDU in der Auseinandersetzung mit dem politischen Extremismus und Radikalismus wider.

Im Gegenzug zur Rote-Socken-Kampagne gegen die SPD warf diese der CDU vor, selbst in einzelnen ostdeutschen Kommunen mit der PDS zu kooperieren. Die CDU fühlte sich herausgefordert, dies ausführlich im parteieigenen Dokumentationsdienst „Union in Deutschland" (UiD) zu widerlegen.[1030] Es habe keine Absprachen im Vorfeld von Wahlen mit der PDS gegeben. In geheimen Wahlgängen könne nicht ausgeschlossen werden, ob PDS-Vertreter für CDU-Kandidaten gestimmt hätten. Es bleibt offen, wie überzeugend diese Aussage ist. Zumindest wurde im Jahr 2001 der CDU-Kandidat Joachim Zeller mit einer Mehrheit von CDU, Grünen und PDS zum Bezirksbürgermeister von Berlin-Mitte gewählt. Dieser Wahl lag eine ausführliche schriftliche Vereinbarung über die geplante gemeinsame Zusammenarbeit zu Grunde.[1031]

Die Konrad-Adenauer-Stiftung sowie die Hanns-Seidel-Stiftung setzen sich in ihren Seminaren, Vorträgen und Publikationen gleichermaßen mit Links- wie Rechtsextremismus auseinander.[1032] Die CDU/CSU-Bundestagsfraktion wendet sich in ihren Anträgen und Anfragen ebenso gegen Rechts- wie Linksextremismus.[1033] Auf Landes- oder Bundesebene haben weder

---

[1027] Vgl. Erklärung der Fraktionsvorsitzenden vom 12. Januar 2005, http://www.mdr.de/nachrichten/sachsen/1771455.html.

[1028] Vgl. Leipziger Volkszeitung, Sachsen-PDS weist Vergleich mit NPD zurück, 25.4.2005.

[1029] Pressemitteilung der CDU Deutschlands, Bonn, 14.9.1994.

[1030] Vgl. UiD Nr. 20, 18.6.1998.

[1031] Die von den örtlichen Partei- und Fraktionsvorsitzenden der CDU, der Grünen und der PDS unterzeichnete Vereinbarung vom 22.11.2001 liegt dem Verfasser vor und ist im Internet dokumentiert: http://www.gruene-berlin.de/mitte/aktuelles/Vereinbarung.html.

[1032] Vgl. beispielsweise Steffen Kailitz, Rechtsextremismus in der Bundesrepublik Deutschland, Auf dem Weg zur „Volksfront"?, St. Augustin 2005; Vortrag, „Front National und NPD, Action Directe und RAF", Politischer Extremismus in Frankreich und Deutschland, 30.3.2004, Erfurt; Vortrag, Attac in Frankreich und in Deutschland: Zwischen Sozialdemokratie und Linksextremismus?, 23.6.2003, Hamburg ; Seminar, Im Namen der wehrhaften Demokratie: Strategien gegen Ausländerfeindlichkeit und Rechtsextremismus, 12.-14.5.2003, Rieste.

[1033] Vgl. Kleine Anfrage der Abgeordneten Wolfgang Bosbach u.a., Ausschreitungen von Links- Rechts- und ausländischen Extremisten im ersten Halbjahr 2000, Bundestags-Drucksache 14/4325; Frage des Abgeordneten Hart-

176 VII. Antifaschismus im Vergleich

CDU noch CSU jemals mit rechts- oder linksextremistischen Parteien koaliert oder sich von ihnen tolerieren lassen.

2.4. *Antifaschismus der FDP*

Die Gründung der FDP erfolgte in drei regionalen Schwerpunkten: als „Liberal-Demokratische Partei Deutschlands" (LDPD) in der sowjetischen Besatzungszone, als FDP in der britischen Besatzungszone und als „Demokratische Volkspartei" (DVP) in der amerikanischen Besatzungszone im Südwesten.[1034] Es gelang der FDP, in der Bundesrepublik die beiden großen liberalen Strömungen – Nationalliberale und Linksliberale – in einer einheitlichen liberalen Partei zusammenzufassen. Im Südwesten und in den Hansestädten dominierten zunächst in DDP-Tradition stehende linksliberale Kräfte, dagegen dominierten vor allem in Hessen, Niedersachsen und Nordrhein-Westfalen nationalliberal orientierte Neugründungen mit einem betont antisozialistischen Kurs. Während die linksliberalen Landesverbände sich als Mitte zwischen einer sozialistischen SPD und einer klerikalen CDU verstanden, waren die nationalliberalen Verbände deutlich rechts von der Union verankert, deren „christlichen Sozialismus" sie ausgesprochen kritisch beobachteten.

In den rechten FDP-Landesverbänden kam es zu Integrationsbemühungen bis weit an den rechten Rand des politischen Spektrums heran, um rechtsradikalen Parteien das Wasser abzugraben. In Nordrhein-Westfalen und Niedersachsen führten die Bemühungen allerdings teilweise umgekehrt zu einer Unterwanderung der mitgliederschwachen FDP durch ehemalige Nationalsozialisten. Diese Entwicklung kulminierte, als 1953 bekannt wurde, dass der nordrhein-westfälische FDP-Landesvorsitzende Friedrich Middelhauve den letzten Staatssekretär des Reichspropagandaministers Goebbels, Werner Neumann, und andere ehemalige hochrangige Vertreter des NS-Regimes zu seinem Berater- und Mitarbeiterkreis zählte. Als Ergebnis aus der „Neumann-Affäre" mussten in Nordrhein-Westfalen mehrere FDP-Funktionäre ihre Ämter aufgeben.[1035] Middelhauve kam mit einer Verwarnung davon, räumte aber später freiwillig sein Amt.

Probleme mit der teilweisen Unterwanderung der FDP durch ehemalige Nationalsozialisten bestanden ebenso im Landesverband Niedersachsen. Der niedersächsische Landesvorsitzende Artur Stegner und sein Landesgeschäftsführer Horst Huisgen, ein ehemaliger HJ-Gebietsleiter, führten den Verband im Sinne einer „Nationalen Sammlung".[1036] Im niedersäch-

---

mut Büttner, 10.11.2000, Bundestags-Drucksache 14/4568: „Wie viele Gewalttaten mit erwiesenem und zu vermutendem rechtsextremistischen oder linksextremistischen Hintergrund wurden in Deutschland seit 1990 jährlich verübt?".

[1034] Vgl. zur Geschichte der FDP: Wolfgang Mischnick (Hrsg.), Verantwortung für die Freiheit, 40 Jahre F.D.P., Stuttgart 1989; Jürgen Dittberner, FDP – Partei der zweiten Wahl, Ein Beitrag zur Geschichte der liberalen Partei und ihrer Funktion im Parteiensystem der Bundesrepublik, Opladen 1987; ders., Die Freie Demokratische Partei, in: Richard Stöss (Hrsg.), Parteien-Handbuch, Die Parteien der Bundesrepublik Deutschland 1945-1980, Band II: FDP bis WAV, S. 1311-1381; Jörg Michael Gutscher, Die Entwicklung der FDP von ihren Anfängen bis 1961, 2. Auflage, Königstein/Ts. 1984.

[1035] Vgl. Jörg Michael Gutscher, Die Entwicklung der FDP von ihren Anfängen bis 1961, 2. Auflage, Königstein/Ts. 1984, S. 151-159.

[1036] Vgl. Heinz-Georg Marten, Die unterwanderte FDP, Politischer Liberalismus in Niedersachsen, Aufbau und Entwicklung der Freien Demokratischen Partei 1945-1955, Göttingen 1978, S. 286; die FDP-Landesverbände Niedersachsen, Hessen und Nordrhein-Westfalen hatten auf dem FDP-Bundesparteitag in Bad Ems 1952 gemeinsam einen „Aufruf zur Nationalen Sammlung – Das Deutsche Programm eingebracht, vgl. ebd., S. 150 u.

2. Antifaschismus der Bundestagsparteien

sischen Landtag kam es noch 1957 zur Aufnahme von Abgeordneten der rechtsradikalen DRP als Hospitanten in die Landtagsfraktion von FDP und GB/BHE, was zum Ende der FDP-Regierungsbeteiligung führte. Mit dem ab 1956 amtierenden Landesvorsitzenden Carlo Graaf hatte sich der Landesverband auf einen vorsichtigen Kurs der politischen Mitte begeben, der 1959 in einer SPD-FDP-Koalition mündete. Erst der 1968 zum Nachfolger Graafs gewählte Rötger Gross setzte einen konsequenten und nachhaltigen Kurs der politischen Mitte in der niedersächsischen FDP durch.[1037] Spätestens mit dem Beginn der sozialliberalen Koalition in Bonn 1969 verloren dezidiert nationalliberale Strömungen jeden Einfluss auf der Bundes- und Landesebene der Partei.

Die FDP ist heute fest in der politischen Mitte verankert und bekennt sich ohne Einschränkung zum demokratischen Verfassungsstaat. Im Bundestagswahlprogramm 2002 hieß es: „Die FDP verurteilt jeglichen Extremismus, Fremdenfeindlichkeit, Antisemitismus und Gewalt." [1038] Als Anfang der neunziger Jahre eine Serie ausländerfeindlicher Anschläge Deutschland erschütterte, verurteilte die FDP diese unmissverständlich. 1992 verabschiedete der FDP-Bundesparteitag eine klare Stellungnahme gegen rechtsextremistische Gewalt und rief „alle demokratischen Kräfte in unserem Land – über alle Parteigrenzen hinweg – zur Gemeinsamkeit im Kampf gegen solche Akte brutaler Menschenverachtung auf".[1039] Wenig später beschloss der FDP-Bundesvorstand ein ausführliches Thesenpapier zur Bekämpfung rechtsextremistischer Gewalt, die für sie einen „Angriff auf unsere freiheitlich-demokratische Grundordnung" darstellt.[1040] Gesetzesänderungen zur Bekämpfung von Rechtsextremismus lehnt die FDP grundsätzlich ab und fordert stattdessen eine konsequente Anwendung der bereits geltenden Gesetze. Diese Linie wurde in einem 1993 verabschiedeten Grundsatzpapier zur Inneren Sicherheit bestätigt.[1041] Im Wesentlichen gebe es ein Vollzugs- und kein Gesetzgebungsdefizit. Zur effektiven Bekämpfung rechtsextremistischer Gewalt schlägt die FDP einzelne Gesetzesergänzungen vor und setzt im Übrigen auf einen besseren Vollzug der bestehenden Normen. Linksextremistische Gewalt wird am Rande in Form von „Linksterrorismus" erwähnt.

Bei den Bundestagswahlen 1994 warb die FDP in einer Broschüre mit dem Konterfei der damaligen Bundesjustizministerin Sabine Leutheusser-Schnarrenberger und dem Spruch „Mit allem, was Recht ist, gegen alles, was rechts ist".[1042] Dabei wurde auf das von der FDP angestrengte strafbewehrte Verbot von allen NS-Symbolen verwiesen. Verwunderlich ist hierbei, wie wenig sensibel die FDP mit dem Unterschied zwischen „rechts" und „rechtsextremistisch" umgeht. Für die FDP existiert Linksextremismus nur am Rande und nur in Form von „Linksterrorismus", während sie die Auseinandersetzung mit Rechtsextremismus umfassend führt.

Die FDP-Bundestagsfraktion wendet sich in ihrer Arbeit gegen alle Formen des Extremismus. In einer Broschüre, welche vor den Wahlen 1994 über die politischen Erfolge der FDP-Bundestagsfraktion in der zurückliegenden Legislaturperiode berichtet, votiert die FDP explizit gegen jede Form des politischen Extremismus: „Die F.D.P. tritt links- wie rechtsext-

---

Gabriela I. Carmanns, Geschichte und Politik des niedersächsischen Landesverbandes der FDP in seiner Umbruch- und Konsolidierungsphase 1967-1978, Aachen 2000, S. 13 f.

[1037] Carmanns, ebd., S. 31-91.

[1038] Bürgerprogramm 2002, Programm der FDP zur Bundestagswahl 2002, beschlossen auf dem 53. Ordentlichen Bundesparteitag vom 10. bis 12.5.2002 in Mannheim.

[1039] FDP-Bundesparteitag in Bremen, Rechtsextremistischer Gewalt mit Stärke und Besonnenheit begegnen, 1.10.1992.

[1040] FDP-Bundesvorstand, Thesen rechtsextremistischer Gewalt, 4.12.1992.

[1041] FDP-Bundesparteitag in Münster, Innere Sicherheit gewährleisten, 11.6.1993.

[1042] FDP-Bundesgeschäftsstelle, „Sehr weltoffen. Und tolerant. Aber unerbittlich für den Rechtsstaat.", Bonn 1994.

remistischer Gewalt nachdrücklich entgegen."[1043] In ihren parlamentarischen Initiativen deckt sie Links- wie Rechtsextremismus ab. Sie beteiligte sich an dem interfraktionellen Antrag mit SPD, Grünen und PDS gegen Rechtsextremismus[1044], stellt aber auch regelmäßig Anfragen zur Entwicklung des Linksextremismus.[1045]

3.   Fazit

Mit ihrer kritischen und – innerhalb des linken Spektrums – pluralistischen Antifaschismusdiskussion ist die PDS der VVN-BdA sowie der DKP, die beide strikt an einem dogmatisch-kommunistischen Antifaschismuskonzept festhalten, voraus. Die geltende offizielle Beschlusslage der Partei kommt allerdings jener der VVN-BdA sehr nahe. Dies ist unter anderem auf die enge personelle Verknüpfung zwischen beiden Organisationen zurückzuführen. Der VVN-BdA nahe stehende Kräfte konnten einen starken Einfluss auf die Formulierung des Beschlusses „Die PDS und der Antifaschismus" auf dem Parteitag in Cottbus im Jahr 2000 nehmen. Da die parteiinterne Organisation der PDS nicht vom „demokratischen Zentralismus" der DKP geprägt ist, konnte sich in der Partei eine gewisse Varianz im Antifaschismus-Verständnis herausbilden. Der Antifaschismus der Kommunistischen Plattform kommt dabei jenem der DKP sehr nahe, während sich in der AG Rechtsextremismus/Antifaschismus eine deutlich pragmatischere Linie zu entwickeln vermochte. Im Gegensatz zur VVN-BdA sowie zur DKP zeigt sich die PDS zumindest in internen Diskussionen und Publikationen deutlich flexibler in der Analyse von neuen Entwicklungen im Rechtsextremismus. Die PDS ist zumindest in den neuen Bundesländern im Vergleich zu den dogmatisch geprägten Antifaschisten von VVN/BdA und DKP ideologisch offener und anpassungsfähiger, soweit es um ein Zusammenwirken mit Kräften aus der politischen Mitte gegen Rechtsextremismus geht.

Die PDS hebt sich positiv von dem aktionistischen und eindimensionalen Antifaschismus der „autonomen" Antifaschisten ab, der wenig differenziert mit dem Faschismusvorwurf gegen das gesamte Staats- und Wirtschaftssystem der Bundesrepublik polemisiert. Die PDS teilt nicht das Freund-Feind-Schema der „autonomen" Antifa und verweigert sich nicht rundweg dem demokratischen Diskurs mit politisch Andersdenkenden. Im Gegensatz zur „autonomen" Antifa setzt die PDS auf eine gewaltfreie Durchsetzung ihrer politischen Ziele.

Hat sich die Einstellung der bisher im Parteiensystem der Bundesrepublik Deutschland relevanten Kräfte gegenüber dem politischen Extremismus durch das Auftauchen der PDS verändert? Ist es der PDS gelungen, den antiextremistischen Konsens der Bundesrepublik in die Richtung eines antifaschistischen Konsenses zu verschieben?

Manfred Wilke vermutet die Bundesrepublik bereits auf dem Marsch in die „antifaschistische Republik" und macht dafür wesentlich die PDS verantwortlich.[1046] Der PDS ist es zumindest im Bereich der neuen Länder gelungen, als Teil des Verfassungsbogens akzeptiert zu werden. Dazu hat die Kooperations- und Koalitionsstrategie der SPD wesentlich beigetragen.

[1043] FDP-Bundestagsfraktion (Hrsg.), Ziele, Ergebnisse und Perspektiven liberaler Politik, Bonn 1994, S. 71.

[1044] Gegen Rechtsextremismus, Fremdenfeindlichkeit, Antisemitismus und Gewalt, Antrag der Fraktionen SPD, Bündnis 90/Die Grünen, FDP und PDS, 6.3.2001, Bundestags-Drucksache 14/5456.

[1045] Vgl. Antwort der Bundesregierung auf die Kleine Anfrage der Abgeordneten Türk u.a., Bundestags-Drucksache 15/412, 6.2.2003; Antwort der Bundesregierung auf die Kleine Anfrage der Abgeordneten Schmidt-Jortzig u.a., Bundestags-Drucksache 14/8472, 12.3.2002.

[1046] Vgl. Manfred Wilke, Die „antifaschistische" Republik – Die PDS strebt eine neue Lagerbildung an, in: Die politische Meinung, 377, 2001, S. 65-69.

3. Fazit

Allerdings hat sich auch die PDS zumindest in der von ihr verfolgten „Realpolitik" in Kommunal- und Landesparlamenten in den neuen Bundesländern auf die freiheitliche demokratische und marktwirtschaftliche Ordnung zubewegt.[1047] Die PDS-Regierungsmitglieder in Mecklenburg-Vorpommern und Berlin richten ihr Handeln an den geltenden Gesetzen sowie den marktwirtschaftlichen Grundregeln aus. Obwohl sie möglicherweise am Fernziel einer sozialistischen Gesellschaft festhalten, sind in der aktuellen Parlaments- und Regierungsarbeit der demokratischen Sozialisten dafür keine allzu offensichtlichen konkreten Schritte erkennbar. Das macht es schwierig, die Annäherung der SPD an die PDS in den neuen Ländern pauschal als Erosion der Abgrenzung von Demokraten gegenüber Linksextremismus zu werten. Die PDS verfolgt in den ostdeutschen Ländern keinen Kurs einer klassisch linksextremistischen Partei. Aus diesem Grund spricht Viola Neu zu Recht vom „Janusgesicht der PDS".[1048]

Dennoch sorgt die feste Verwurzelung der PDS in Landtagen und Landesregierungen sowie im gesamten vorpolitischen Raum dafür, dass viele radikale linke Positionen und Personen als hoffähig und akzeptabel gelten, während teilweise bereits konservative Auffassungen unter den Verdacht des Rechtsextremismus geraten. Die PDS duldet in ihren Reihen Gruppen wie die Kommunistische Plattform und das Marxistische Forum, die sich offen gegen das freiheitliche und marktwirtschaftliche System der Bundesrepublik aussprechen. Es erscheint kaum vorstellbar, dass eine demokratische konservative Partei, die sich so offen zu einem nationalsozialistischen Forum in ihren Reihen bekennen würde, wie die PDS zur Kommunistischen Plattform, in irgendeiner Form zum Verfassungsbogen gezählt werden könnte. Allerdings ist der Befund aus den neuen Ländern nur sehr eingeschränkt auf die gesamte Bundesrepublik übertragbar. Nicht nur bestimmte Gruppen der PDS, sondern die Gesamtpartei ist in den Verfassungsbogen der westlichen Bundesländer nicht integriert. Jedoch besitzt die PDS über die Bundespolitik und die bundesweiten Medien die Möglichkeit, sich auch im Westteil der Republik am demokratischen Diskurs zu beteiligen. Im Übrigen ist zu erwarten, dass die Umbenennung der PDS in „Die Linkspartei" sowie die Zusammenarbeit mit der Wahlinitiative Arbeit & soziale Gerechtigkeit (WASG) zu einer besseren Integration der PDS in den politischen Prozess in den alten Bundesländern beitragen.

Eckhard Jesse hat daher Recht: „Offenkundig wird mit zweierlei Maß gemessen. Als linksextremistisch gilt vielfach nur noch eine gewalttätige Variante, als rechtsextremistisch hingegen bereits jede Form der ‚neuen Rechten'. Wer im ‚Neuen Deutschland' einen Artikel schreibt, kommt ‚ungeschoren' davon; wer der ‚Jungen Freiheit' ein Interview gibt, provoziert eine Kampagne."[1049] Es ist nicht zu bestreiten, dass die PDS zumindest in den neuen Bundesländern einen Anteil daran hat, dass linksradikale und linksextremistische Positionen in der Öffentlichkeit und den Medien bis zu einem gewissen Grad als Normalität hingenommen werden. Jesse spricht daher von einem „paradoxen Befund": „Der Zusammenbruch des realen Sozialismus bildete die Voraussetzung für die Renaissance einer weichen Form des Extremismus. Die desaströse Hinterlassenschaft des real existierenden Sozialismus hat die Äquidistanz gegenüber Rechts- und Linksextremismus weit(er)hin geschwächt."[1050]

Im Jugendbereich der SPD sowie bei vereinzelten lokalen Untergliederungen findet wie vor 1990 eine punktuelle Aktionsgemeinschaft mit linksextremistischen Antifa-Gruppen statt.

[1047] So auch Jürgen P. Lang, Ist die PDS eine demokratische Partei?, Eine extremismutheoretische Untersuchung, Baden-Baden 2003, S. 158.

[1048] Viola Neu, Das Janusgesicht der PDS, Wähler und Partei zwischen Demokratie und Extremismus, Baden-Baden 2004.

[1049] Eckhard Jesse, Die Tabuisierung des Extremismusbegriffs, in: Die Welt, 4.2.2002.

[1050] Ebd.

Diese steht in Kontinuität zu ähnlichen Kooperationen vor 1990 und hat durch das Auftreten der PDS keine wesentliche Veränderung erfahren. Abseits dieser Ausnahmefälle ist keine Zusammenarbeit der SPD mit linksextremistischen Kräften zu erkennen. Die ideologische und praktische Arbeit der SPD im Feld des Extremismus richtet sich allerdings nahezu ausschließlich gegen Extremismus von rechts.

Im Gegensatz zur PDS hat die SPD keine Rücksicht auf eine Stimmung an der Basis zu nehmen, welche den kommunistischen Antifaschismus nostalgisch verklärt. Die Sozialdemokraten können sich auf ihre antitotalitäre Geschichte berufen. Dennoch kommt es in den Landesregierungen, in welchen SPD und PDS gemeinsam in Regierungsverantwortung stehen, bei der praktischen Regierungsarbeit nicht zu Zwist zwischen den beiden Partnern im Bereich der Extremismusbekämpfung. Die SPD verzichtet zugunsten der Postkommunisten weitgehend auf die Beobachtung von pro-kommunistischen und PDS-nahen Linksextremisten durch den Verfassungsschutz, und die PDS hält sich innerhalb der Regierungen der SPD zuliebe öffentlich weitgehend mit dogmatischer antifaschistischer Rhetorik zurück.

Bei den Grünen war nach dem Zusammenschluss mit dem ostdeutschen Bündnis 90 zunächst eine Stärkung der antitotalitären Grundeinstellung zu bemerken. Schließlich hatten die Bürgerrechtler die kommunistische SED-Diktatur am eigenen Leibe erleben müssen und brachten daher einen antikommunistischen Impetus in die Partei mit. Zugleich verließen einige linksradikale und dem Kommunismus aufgeschlossene Kräfte die Grünen in Richtung PDS oder anderer linksradikaler Splittergruppen. Nach dem Übertritt mehrerer ehemaliger Bürgerrechtler von den Grünen zur CDU schwächte sich die antitotalitäre Linie der Grünen allerdings wieder ab. Insbesondere im Westen kommt es lokal und regional immer wieder zu gemeinsamen Demonstrationen oder Aufrufen von Grünen mit linksextremistischen Gruppen. Seit der Regierungsbeteiligung der Grünen im Bund 1998 gingen die bei diesen Anfang der neunziger Jahre noch bestehende Zusammenarbeit mit linksextremistischen Antifaschisten ebenso wie der mit fundamentaler Gesellschafts- und Staatskritik verbundene Antifaschismus jedoch deutlich zurück.

In der Praxis setzen sich SPD, Grüne und PDS in den Kommunen und auf Landesebene gemeinsam für einen „Kampf gegen Extremismus" ein, der sich ausschließlich gegen Extremismus von rechts richtet. Finanziell profitieren von den Programmen gegen Rechtsextremismus, die diese drei Parteien initiieren, überdurchschnittlich oft Vereine und Personen aus dem Umfeld von PDS und Grünen. Eine besondere Effektivität der Programme bei der tatsächlichen Bekämpfung von Rechtsextremismus konnte bisher nicht nachgewiesen werden. In Aufklärungsbroschüren über Rechtsextremismus arbeiten SPD, Grüne und PDS und ihr jeweiliges Umfeld oft mit denselben Extremismus- bzw. Antifa-Experten zusammen. Abgesehen vom historischen und ideologischen Ballast, den der Antifaschismus der PDS noch mit sich herumschleppt, ist somit im praktischen Vorgehen gegen Rechtsextremismus vielfach eine Konvergenz zwischen PDS, SPD und Grünen festzustellen.

CDU und CSU änderten ihren antiextremistischen Kurs nach dem Aufkommen der PDS nicht. Im Gegensatz zur PDS setzt sich die Union mit allen Formen des politischen Extremismus auseinander. Eine Zusammenarbeit mit extremistischen Gruppen hat die Union im Gegensatz zur PDS immer abgelehnt. Allerdings hat die Union nicht überall die Gefahr erkannt, in welcher sich der antiextremistische Konsens befindet. CDU und CSU müssen den schmalen Grat zwischen der schroffen Ablehnung einer breiten bürgerschaftlichen Aktion gegen Rechtsextremismus und dem leichtfertigen Anschluss an eine undifferenzierte Bewegung „gegen rechts" finden. Das ist im Einzelfall nicht immer einfach. Wenn die Union jede Beteiligung am gemeinsamen Kampf der anderen Parteien und Verbände gegen Rechtsextremismus ablehnt, droht ihre Ausgrenzung aus einer gemeinsamen Bewegung von Demokraten sowie eine Zersplitterung des Kampfes gegen Extremisten. Wenn die Unionsparteien sich an gemeinsamen Bündnissen „gegen rechts" unter Einschluss der PDS und anderer Gruppen aus dem linksradikalen Umfeld beteiligen, verstärkt sie das Risiko einer Ablösung des antiextremistischen durch einen antifaschistischen Konsenses.

Die Großdemonstration am 9. November 2000 als gemeinsame Aktionen aller demokratischer Parteien unter Einschluss der PDS und sogar von linksextremistischen Antifa-Gruppen gegen Rechtsextremismus blieb glücklicherweise eine Ausnahme. Daher ist es zum gegenwärtigen Zeitpunkt übertrieben, von dem Entstehen einer „antifaschistischen Republik" zu sprechen. Allerdings genießt der Kampf gegen Rechtsextremismus einen außerordentlich hohen Stellenwert bei allen Parteien, während der Kampf gegen Linksextremismus bei der PDS offiziell nicht vorkommt, bei SPD und Grünen eine vernachlässigenswerte Größe darstellt und selbst bei der FDP ein Randdasein fristet. Nur bei CDU und CSU existiert in Programmatik und Praxis eine konsequente Absage an Verfassungsfeinde von rechts *und* links.

Das Auftauchen der PDS im Parteiensystem der Bundesrepublik Deutschland hat für eine Aufweichung der Abgrenzung zwischen Linksextremisten und Demokraten gesorgt, aber stellt keine unmittelbare und gegenwärtige Gefahr für den antiextremistischen Konsens dar. Eine Voraussetzung dafür, dass dies in Zukunft so bleibt, ist eine klare Absage von Demokraten an jede Form der Kooperation mit Linksextremisten. Insbesondere darf es keine Beteiligung von Linksextremisten am Kampf gegen Rechtsextremismus geben. Die Grünen und die SPD müssen sich noch zukünftig konsequenter von Linksextremismus sowie jeder Zusammenarbeit mit linksextremistischen und gewaltbereiten Gruppen distanzieren. Wenn linke Demokraten sich dauerhaft einem Kampf gegen Linksextremismus verweigern, besteht die Gefahr einer schleichenden Erosion des Konsenses der Demokraten.

Je pragmatischer sich die PDS insgesamt entwickelt, desto mehr wird der Antifaschismus der Partei sich zukünftig jenem der West-Grünen annähern. Soweit sich eine traditionalistische Linie in der Gesamtpartei durchsetzen sollte, wird dagegen eine Annäherung an den Antifaschismus von VVN-BdA und „autonomen" Antifaschisten stattfinden.

VIII. Antifaschismus der PDS und demokratischer Verfassungsstaat

1. Sachliche Darstellung oder Agitation gegen Demokratie und Marktwirtschaft?

In weiten Teilen der PDS wird unter den Stichworten „Antifaschismus" und „Kampf gegen Rechtsextremismus" gegen die parlamentarische Demokratie und die Soziale Marktwirtschaft agitiert, die pauschal als die wesentlichen Ursachen für Rechtsextremismus bezeichnet werden. Traditionelle Kräfte in Gruppen wie der Kommunistischen Plattform setzen ohne wesentliche neue Akzente die altbekannte antikapitalistische und antiparlamentarische Argumentation des SED-Antifaschismus fort. Die Kernthese dieser Strömung lautet, dass ein wahrhafter Antifaschismus nur nach einem Übergang von der kapitalistischen zur sozialistischen Gesellschaft möglich sei. Nach dieser Ansicht gehören Kapitalismus und Faschismus ebenso unverrückbar zusammen wie Sozialismus und Antifaschismus. In vielen Fällen sind Stellungnahmen dieser Strömung bis hin zu Begriffen und Sprache täuschend ähnlich mit jenen der SED vor 1990. Bei den Vertretern dieser Strömung handelt es sich zu einem hohen Prozentsatz um ehemalige Professoren, Dozenten und Parteifunktionäre aus der DDR, die mit einigen Einsprengseln von dogmatischen westdeutschen Kommunisten angereichert sind. Sie verweigern jede Versöhnung mit der parlamentarischen Demokratie und der Sozialen Marktwirtschaft.

Ihre stark theoretisierenden und rückwärtsgewandten Stellungnahmen besitzen wenig Relevanz für die praktische Politik der PDS in den Ländern und Kommunen, in welchen sie sich in exekutiver Verantwortung befindet, spiegeln aber die übliche Denkweise der in der PDS überproportional vertretenen intellektuellen Elite und Nachwuchskader der DDR wider. Der Einfluss dieser Linie auf die offizielle Programmatik der Partei – nicht unbedingt auf ihre politische Praxis – ist nach wie vor als hoch einzuschätzen. Bei der Bewertung der Tätigkeit dieser Strömung ist ein eindeutiges Urteil zu fällen: Es handelt sich um eine undifferenzierte Agitation gegen den demokratischen Verfassungsstaat und die Soziale Marktwirtschaft – ganz im Sinne der altbekannten Dimitroff-Formel. Für die Auseinandersetzung mit dem heutigen Rechtsextremismus ist diese Arbeit ohne Wert.

Exponenten der PDS in den alten Bundesländern setzen den kommunistischen Antifaschismus in der Tradition der bundesrepublikanischen Linken fort. Die antifaschistische Ideologie der westdeutschen PDS-Vertreter ist weniger von der „reinen Lehre" der SED geprägt, sondern mehr von den vielfältigen Theorien, die in der westdeutschen Linken insbesondere in den siebziger Jahren verbreitet waren wie beispielsweise der Bonapartismustheorie oder den psychoanalytischen Theorien. Dieser linksextremistische Theorienpluralismus ist darin begründet, dass die PDS in Westdeutschland unterschiedliche linksextremistische Strömungen der alten Bundesrepublik zusammengeführt hat. Trotz ideologischer Differenzen im Detail bleibt das entscheidende Leitbild der westdeutschen PDS die Dichotomie von Kapitalismus und Sozialismus. Der Antifaschismus der westdeutschen PDS ist somit weniger von einer sachlichen Analyse geprägt als von einer Agitation gegen die politische und wirtschaftliche Ordnung der Bundesrepublik.

Die in der AG Rechtsextremismus/Antifaschismus aktiven älteren Mitglieder, die nahezu ausnahmslos aus dem Wissenschaftsbereich der DDR kommen, stellen eher eine Ausnahmeerscheinung innerhalb der PDS dar. Einige von ihnen vertraten bereits vor 1990 eine tendenziell kritische Einstellung zum real existierenden Sozialismus in der DDR. Direkt nach der „Wende" verfassten Autoren wie Rolf Richter, Norbert Madloch, Manfred Otto, Reiner Zilkenat, Werner Paff oder Klaus Böttcher Thesenpapiere, welche sich grundlegend mit antifaschistischen Legenden der SED auseinandersetzten. Im Umfeld der Arbeitsgemeinschaft entstanden von 1990 an immer wieder Texte, welche einen sachlichen und differenzierten Überblick über die Entwicklungen im deutschen Rechtsextremismus bieten. Insbesondere mit Blick auf die neuen Bundesländer konnten Autoren wie Norbert Madloch die wissenschaftliche Analyse mit wertvollen Arbeiten ergänzen. Der Rundbrief der Arbeitsgemeinschaft, der sich auf einem weitgehend hohen wissenschaftlichen Niveau mit rechtsextremistischen Phänomenen beschäftigt, enthält sowohl eher traditionalistische und rückwärtsgewandte Beiträge als auch sehr differenzierte und sachliche Texte zu aktuellen Entwicklungen im Bereich des Rechtsextremismus. Zuletzt öffnete der Rundbrief sich sogar für einen extremismustheoretisch geprägten Beitrag des Verfassers dieser Arbeit.

Die Parteispitze zeigt ein eher instrumentelles Verhältnis zum Antifaschismus. Das grundsätzliche Bekenntnis zum Antifaschismus wird gerne zur Mobilisierung von Mitgliedern und Wählern eingesetzt, der „Kampf gegen rechts" gezielt genutzt, um die PDS als Teil des Verfassungsbogens und Verteidigerin der Demokratie zu profilieren. Soweit gerade keine aktuelle Relevanz für antifaschistische Themen in der Medienlandschaft erkennbar ist, schiebt ihn die Parteiführung gerne in den Hintergrund. Bis heute scheut die Parteiführung die offene Auseinandersetzung mit den traditionalistisch geprägten Antifaschismus-Vertretern in den eigenen Reihen.

Dass die PDS in der Öffentlichkeit mit einer reinen Fortschreibung des SED-Antifaschismus keine neuen Wähler und Sympathisanten gewinnen kann, ist der Parteiführung bewusst. Daher setzt sie in der politischen Praxis zunehmend auf einen sprachlich runderneuerten Antifaschismus, der sich statt gegen Kapitalismus nun gegen Neoliberalismus richtet. Dennoch bleibt die ideologische Wurzel – nämlich die Dimitroff-Formel – letztlich dieselbe. Im Ergebnis werden einzelne positive Ansätze für eine sachliche und differenzierte Auseinandersetzung mit Rechtsextremismus von einer traditionalistisch beeinflussten Strömung überlagert, die weiterhin eine klassische antikapitalistische und antiparlamentarische Antifaschismus-Doktrin postuliert. Eine Erneuerung des Antifaschismus fand bei der PDS höchstens sprachlich, nicht ideologisch statt.

## 2.	Differenzierte oder pauschalisierende Terminologie?

In der PDS finden sowohl differenzierte wie auch pauschalisierende Terminologien zur Beschreibung von rechtsextremistischen Erscheinungen Verwendung. Die traditionalistischen Kräfte, die an der Basis im Osten, in Gruppen wie der Kommunistischen Plattform, der VVN-BdA sowie nahezu im gesamten Westen vorherrschend sind, verwenden eine undifferenzierte Terminologie, welche die Begriffe (neo-)faschistisch, rechtsextremistisch und rechtsradikal weitgehend als Synonyme benutzt. Zur Beschreibung rechtsextremistischer Phänomene gebrauchen alle Traditionalisten vorzugsweise den Begriff des Faschismus, unter welchen sie alles von nationalsozialistisch über rechtsradikal, rechtspopulistisch bis hin zu bürgerlich und konservativ subsumieren. Vereinzelt lehnen Vertreter dieser Strömung sogar die Verwendung des Begriffs Rechtsextremismus als Verharmlosung rundweg ab und greifen ausschließlich auf den Begriff des Faschismus zurück.

Dagegen gehen pragmatische Kräfte in der PDS sehr differenziert mit den unterschiedlichen politischen Phänomenen im konservativen, rechtsradikalen und rechtsextremistischen Spektrum um. Die ausgewogene Wortwahl konnte sich in der Gesamtpartei trotz vielfältiger Bemühungen[1051] bisher nicht durchsetzen. In der politischen Alltagspraxis dominieren die Begriffe Faschismus und Rechtsextremismus weiterhin als Synonyme. Allerdings setzen insbesondere in den neuen Bundesländern PDS-Politiker stärker auf den Begriff des Rechtsextremismus als auf den des Faschismus. Dies ist durchaus als Fortschritt zu werten.

Auf Grund der langen antifaschistischen Tradition im deutschen Kommunismus ist das Festhalten der PDS am Begriff des Antifaschismus verständlich. Soweit der Antifaschismus vor allem als Bekenntnis zur eigenen antinationalsozialistischen Geschichte und zu einer antirechtsextremistischen Gegenwart genutzt wird, ist daran aus der Perspektive des demokratischen Verfassungsstaates keine Kritik zu üben. Dass ein Begriff wie der Antifaschismus, der bereits durch seine Instrumentalisierung durch kommunistische Diktaturen stark belastet ist, genauso als Dach genutzt werden soll, unter welchem sich Demokraten vielfältiger Couleur gegen Rechtsextremismus versammeln wie als verbindendes Moment in der Bündnisarbeit der PDS mit „autonomen" und teilweise gewaltbereiten Antifa-Gruppen, erscheint allerdings problematisch.

3.   Diffamierung konservativer Positionen?

Konservative Positionen, Politiker und Verbände werden immer wieder von der PDS in einen engen Zusammenhang mit Rechtsextremismus gebracht. Nicht nur in traditionalistischen Kreisen, sondern bis hin in offiziellen Stellungnahmen der Partei wird vielfach ein pauschaler Kampf „gegen rechts" geführt, der als „rechte" Feindbilder nicht nur Extremisten und Radikale sieht, sondern auch Liberale, Bürgerliche und Konservative oder – beispielsweise in ausländerpolitischen Fragen – selbst Sozialdemokraten einschließt. Alle, die in der Ausländerpolitik Positionen rechts von der PDS vertreten, geraten unter den Verdacht des „Faschismus".

Die PDS kritisiert insbesondere CDU und CSU, sie leisteten mit ihrer Politik dem Rechtsextremismus Vorschub. Immer wieder versucht die PDS, eine Verbindung zwischen CDU und CSU einerseits sowie der „Neuen Rechten" oder gar Rechtsextremisten andererseits herzustellen. Dadurch soll die demokratische Verankerung der Union in Frage gestellt werden. Nicht parteipolitische konservative Gruppen wie Vertriebenenverbände, Studentenverbindungen oder Denkfabriken werden von der PDS immer wieder pauschal des Rechtsextremismus bezichtigt, ohne dass zwischen rechtsextremistischen beziehungsweise rechtsradikalen Teilen einzelner Verbände und der demokratischen Gesamtheit differenziert würde.

Einen differenzierteren Blick werfen die meisten Mitglieder der AG Rechtsextremismus/Antifaschismus auf die Entwicklungen im konservativen politischen Spektrum. CDU, CSU oder gar die Schill-Partei werden nicht pauschal als rechtsextremistisch oder gar faschistisch eingeordnet. Die Anerkennung demokratischer konservativer Positionen recht von der Union fällt aber selbst den pragmatischen Mitgliedern der Arbeitsgemeinschaft schwer.

[1051] Vgl. zum Beispiel Norbert Madloch, Lexikalische Erläuterungen zu den im Rechtsextremismus-Teil verwandten Hauptbegriffen, in: Klaus Kinner/Rolf Richter (Hrsg.), Rechtsextremismus und Antifaschismus. Historische und aktuelle Dimensionen, Berlin 2000, S. 252-272.

5. Rechtsstaatliche und friedliche Auseinandersetzung mit Rechtsextremismus?

Weite Teile der PDS führen unter dem Titel „Bekämpfung des Rechtsextremismus" Angriffe gegen konservative und liberale Demokraten. Derartige Attacken gegen bürgerlich, konservativ und liberal geprägte Parteien und Verbände knüpfen nahtlos an die kommunistische Antifa-Doktrin an, nach welcher alle bürgerlichen Kräfte letztlich mit den Faschisten gemeinsame Sache machten.

4.   Linksextremismus als Tabu?

Linksextremismus ist innerhalb der PDS als Begriff zur Beschreibung von linken verfassungsfeindlichen Strömungen ein absolutes Tabu. Linksextremismus gilt als politischer Kampfbegriff von Bürgerlichen, Konservativen und Faschisten. In dieser Bewertung sind sich traditionalistische und pragmatische Kräfte weitgehend einig. Einzelne Personen wie Rolf Richter oder Gregor Gysi, die ausdrücklich linksextremistische Vorgehensweisen in der antifaschistischen Bewegung sowie der PDS kritisierten, bleiben nicht-repräsentative Ausnahmen. Die PDS fürchtet bei einer zu scharfen Abgrenzung nach links offenbar den Verlust von potenziellen Wählern sowie einen Aufschrei der eigenen linksradikalen Kerne in Ost wie West.

Nach links grenzt die PDS sich höchstens von gewalttätigen Gruppen ab – und selbst das nur inkonsequent. Eine inhaltlich-politische Grenzziehung nach links existiert für die PDS nicht. Dies führte und führt regelmäßig zu Problemen in den westdeutschen Landesverbänden, in denen die PDS mit dem linksextremistischen Pluralismus der alten Bundesrepublik zu kämpfen hat. Die kompromisslosen linksextremistischen Positionen haben für die PDS-Landesverbände in den alten Bundesländern vielfach zu einem sektenartigen Dasein geführt. Von pragmatisch orientierten Kräften in den neuen Bundesländern werden diese Entwicklungen zumindest intern kritisiert. Allerdings schrecken selbst die pragmatischen Kreise vor dem Begriff des Linksextremismus zurück.

In der Kommunistischen Plattform oder dem Marxistischen Forum wird bereits die Verwendung des Begriffs „Rechtsextremismus" abgelehnt, weil er den „Faschismus" verharmlose. Diese traditionalistischen Strömungen in der PDS halten „Linksextremismus" für eine antikommunistische Erfindung.

Niemand erwartet von der PDS, die sich als Gesamtpartei selbst oft genug dem Vorwurf des Linksextremismus ausgesetzt sieht, dass sie den Linksextremismus-Begriff der Union oder der wissenschaftlichen Extremismusforschung eins zu eins übernimmt. Aber eine Partei, die wie die PDS jede organisatorische und ideologische Abgrenzung nach links verweigert und die Existenz von Linksextremismus überhaupt leugnet, kann aus der Sicht des demokratischen Verfassungsstaates keinen glaubwürdigen und überzeugenden Kampf gegen Rechtsextremismus führen.

5.   Rechtsstaatliche und friedliche Auseinandersetzung mit Rechtsextremismus?

Die PDS als Gesamtpartei lehnt Gewalt zur Erlangung politischer Ziele ab. Dennoch kommt es wiederholt zu Kooperationen einzelner PDS-Politiker oder regionalen Gliederungen mit gewaltbereiten Antifa-Gruppen. Selbst die Parteispitze meidet trotz einer grundsätzlichen Absage an politische Gewalt eine unmissverständliche Distanzierung von gewaltbereiten Antifa-Gruppen und nimmt diese stattdessen gegen eine angebliche Kriminalisierung in Schutz.

Abseits der Gewaltfrage spricht die PDS Parteien und Positionen, die sie als rechtsextremistisch einordnet, bestimmte Rechte ab. Beispielsweise solle getreu dem Motto „Faschismus ist keine Meinung, sondern ein Verbrechen" die Meinungs- und Versammlungsfreiheit für diejenigen nicht gelten, welche nach der Auffassung der PDS rechtsextremistisches Gedankengut verbreiten. Gleichzeitig lehnt die PDS jede rechtliche oder tatsächliche Einschränkung für Linksextremismus strikt ab. Die PDS will die Gewährung rechtsstaatlicher Garantien von der politischen Ausrichtung abhängig machen. Der Staat soll sich mit Zwangsmitteln einseitig „gegen rechts" richten.

Trotz der offiziellen Ablehnung jeder Zusammenarbeit mit gewalttätigen Kräften, findet sich gegenüber einer Kooperation mit diesen im Einzelfall in der PDS wenig bis gar keine Kritik. Im Gegenteil werden linksextremistische und gewaltbereite Kräfte von der Partei oder einzelnen PDS-Politikern mit Demonstrationsanmeldungen oder der Verfügungstellung von Infrastruktur unterstützt. Regelmäßig treten einzelne Gliederungen der PDS gemeinsam mit Gruppen der „autonomen" Antifa bei Versammlungen oder anderen Veranstaltungen auf. Die Parteispitze wirbt ausdrücklich für eine verstärkte Zusammenarbeit mit „autonomen" Antifaschisten.

Die „autonomen" Antifaschisten sind nicht alle pauschal als gewaltbereite Linksextremisten einzuordnen. Dennoch bestehen ein erheblicher Anteil von ihnen und insbesondere ihre Führung aus gewaltbereiten Linksextremisten. Die PDS verweigert eine unmissverständliche Distanzierung von diesen. Wenn es bei Versammlungen der „autonomen" Antifaschisten zu Gewaltausbrüchen kommt, ist dafür nach der Lesart der PDS zumeist die Polizei verantwortlich. Dagegen werden die „autonomen" Antifas aus PDS-Sicht von der herrschenden Politik sowie der Polizei unberechtigterweise kriminalisiert. Junge aus der „autonomen" Antifa stammende PDS-Funktionäre fordern zunehmend eine engere organisatorische und ideologische Verzahnung zwischen PDS und Antifa.

Die PDS akzeptiert somit nicht nur stillschweigend bestimmte gewalttätige Formen der Auseinandersetzung mit Rechtsextremisten. Durch ihre vorbehaltlose Solidarisierung mit der „autonomen" Antifa bekennt sie sich indirekt zum Einsatz undemokratischer und nichtrechtsstaatlicher Mittel in der Auseinandersetzung mit Rechtsextremismus.

6. Kritische Auseinandersetzung mit der Geschichte des Antifaschismus?

Eine Glorifizierung des Antifaschismus ist bei der PDS noch in traditionalistischen Zusammenschlüssen wie der Kommunistischen Plattformen anzutreffen. An der gesamten Basis im Osten sowie bei den der PDS nahe stehenden Lagergemeinschaften und VVN-BdA-Funktionären gilt die Geschichte des Antifaschismus bis heute als heilig. In der AG Rechtsextremismus/Antifaschismus wurden dagegen bereits kurz nach der „Wende" entscheidende Defizite und Fehler des SED-Antifaschismus offen gelegt. Die dort gewonnenen Erkenntnisse sind aber nie in größerem Ausmaß in das Bewusstsein oder gar die offizielle Beschlusslage der Gesamtpartei vorgedrungen.

Die Parteiführung will den stark positiv besetzten Begriff des Antifaschismus nicht durch eine kritische Auseinandersetzung mit dessen historischen Verfehlungen belasten. Insbesondere wird ein lauter Aufschrei der Basis erwartet, würde die eigene antifaschistische Vergangenheit einer schonungslos kritischen Aufarbeitung unterzogen. Die Gründung und der Aufbau der DDR geschahen unter dem Banner des Antifaschismus. Der Antifaschismus diente insbesondere bei vielen älteren PDS-Mitgliedern als persönliches Leitmotiv für das eigene Leben.

Die Gesamtpartei gesteht einzelne „stalinistische" Verfehlungen des Antifaschismus ein. Eine umfassende Aufarbeitung des engen Zusammenhanges zwischen Antifaschismus und kommunistischer Diktatur hat die Partei allerdings bis heute vermieden. Die kritische Auseinandersetzung mit der eigenen antifaschistischen Geschichte blieb bisher auf wenige Intellektuelle und Funktionäre in der Partei begrenzt.

7.   Fazit

Obwohl der Antifaschismus der PDS kein monolithischer Block, sondern heterogener strukturiert ist als es auf den ersten Blick erscheint, sind folgende Ergebnisse festzuhalten. Der Antifaschismus der PDS agitiert gegen den demokratischen Verfassungsstaat und die soziale Marktwirtschaft, eine sprachliche Differenzierung in der Auseinandersetzung mit Rechtsextremismus hat sich bisher nur in Teilen der PDS entwickeln können, konservative Positionen werden von der Partei vielfach pauschal diffamiert, eine Gefährdung der Demokratie durch Linksextremismus bleibt ein Tabuthema in der innerparteilichen Diskussion PDS, die Auseinandersetzung mit Rechtsextremismus wird in der Theorie und Praxis nicht strikt auf rechtsstaatliche und friedliche Mittel begrenzt und zu einer kritischen Auseinandersetzung mit der Geschichte des Antifaschismus war die Gesamtpartei bisher nicht bereit. Eine Gesamtschau der sechs Kriterien ergibt, dass der Antifaschismus der PDS trotz einzelner positiver Aspekte insgesamt für den demokratischen Verfassungsstaat eher eine Gefährdung darstellt als ihn im Kampf gegen Rechtsextremismus unterstützt.

Die gemäßigte antifaschistische Strömung in der PDS kommt bei ihrer Arbeit zu Forschungsergebnissen, die auch aus der Sicht der Extremismustheorie von Wert sein können. Dabei ist insbesondere die Arbeit der AG Rechtsextremismus/Antifaschismus positiv zu würdigen. Diese Gruppe setzt sich seit 1990 regelmäßig auf hohem wissenschaftlichem Niveau sowie sachlich und differenziert mit dem Themenbereich Rechtsextremismus auseinander. Dabei wird die eigene antifaschistische Geschichte von PDS, SED und KPD nicht von jeder Kritik ausgenommen. Die Arbeit der Arbeitsgemeinschaft blieb allerdings bisher auf einen kleinen Zirkel von Experten beschränkt. In der Breite der Partei herrschen vielfach antifaschistische Reflexe vor, die sich bei älteren Mitgliedern aus dem Antifaschismus der SED oder bei jüngeren Mitgliedern aus der „autonomen" Antifa speisen. Diese Strömungen lehnen den demokratischen Verfassungsstaat aus grundsätzlichen Erwägungen ab. Trotz interessanter wissenschaftlicher Ansätze, kann somit die Partei als Ganzes derzeit kein zuverlässiger und glaubwürdiger Partner in der politischen Auseinandersetzung gegen Rechtsextremismus sein. Dies gilt so lange, wie die PDS in der eigenen Partei Kräfte duldet oder mit Kräften zusammenarbeitet, die jede Kritik an der eigenen antifaschistischen Vergangenheit ablehnen, die Rechtsextremismus unter dem Einsatz gewalttätiger oder nicht-rechtsstaatlicher Mittel bekämpfen möchten, für die eine Bedrohung der Demokratie durch Linksextremismus nicht existiert, die pauschal konservative Positionen dem Verdacht des Rechtsextremismus aussetzen, die eine differenzierte Analyse und Terminologie rechtsextremistischer Phänomene ablehnen und die unter der Bezeichnung Antifaschismus frontale Angriffe auf den demokratischen Verfassungsstaat und die Soziale Marktwirtschaft richten.

IX. Schlussbetrachtung

1. Zusammenfassung

15 Jahre nach dem Fall der Mauer tritt das Ausmaß, mit welchem die SED den Antifaschismus für die Legitimation ihrer Herrschaft nutzte, immer deutlicher zu Tage. Die Kommunisten der DDR standen dabei ganz in der Tradition der KPD sowie der Kommunistischen Internationale, welche den Antifaschismus von Beginn an und mit großem Erfolg zur Ausweitung ihrer eigenen Machtbasis nutzten. Der kommunistisch geprägte Antifaschismus richtete sich im Sinne der Dimitroff-Formel nicht nur gegen den Faschismus, sondern ebenso gegen den Kapitalismus und die bürgerliche Demokratie. In der Gründungsphase der DDR verkam die Bewältigung der Hinterlassenschaften der nationalsozialistischen Diktatur unter der Chiffre der „antifaschistisch-demokratischen Umwälzung" zu einer Camouflage für die Errichtung einer totalitären kommunistischen Diktatur. Bis zum Ende der zweiten deutschen Diktatur rühmten sich deren Repräsentanten ihrer antifaschistischen Vergangenheit und reduzierten den Kampf gegen Faschismus auf eine Legitimationsideologie des Kommunismus.

In der PDS bildete der Antifaschismus nach 1990 ein Thema von zentraler Bedeutung. Es eignete sich nicht nur hervorragend, um die heterogene Wählerschaft und Parteibasis zu vereinen, sondern besaß darüber hinaus eine maßgebliche strategische Brückenfunktion, um aus der nach der „Wende" für die PDS bestehenden politischen und gesellschaftlichen Isolierung auszubrechen. In Bündnissen „gegen rechts" gelang es der PDS, neue politische Partner zu gewinnen und sich selbst als Verteidigerin der Demokratie zu präsentieren.

In der Organisation der Partei spielte und spielt der Antifaschismus eine wichtige Rolle. Den Kern der Parteiarbeit auf diesem Gebiet bildet die 1991 gegründete AG Rechtsextremismus/Antifaschismus. Sie setzt sich zu einem überwiegenden Anteil aus ehemaligen in der DDR ausgebildeten Hochschullehrern zusammen. Die Arbeitsgemeinschaft engagiert sich mit viel Sachkenntnis gegen Rechtsextremismus. Besonders zeichnet sie sich durch eine rege Veröffentlichungstätigkeit sowie jährliche Konferenzen und Seminare in Zusammenarbeit mit anderen Partnern aus dem Umfeld der PDS aus. Ebenso spielt das Thema in anderen AGs, im Jugendverband, den Landesverbänden sowie den Fraktionen der PDS eine wichtige Rolle. Damit bestätigen sich Rechtsextremismus und Antifaschismus als Querschnittsthemen für die Partei.

Im Umfeld der PDS genießt der Bereich Rechtsextremismus und Antifaschismus einen ebenfalls hohen Stellenwert. Für die Rosa-Luxemburg-Stiftung stellt dieser Bereich einen Schwerpunkt ihrer politischen Bildungsarbeit dar. Eine enge Kooperation pflegt die Partei mit der als linksextremistisch eingestuften antifaschistischen Vorfeldorganisation VVN-BdA, die mit ihrem dogmatischen Antifaschismus-Verständnis einen maßgeblichen Einfluss auf die antifaschistische Programmatik der PDS nehmen konnte. Aufgrund von unterschiedlichen kulturellen und politischen Hintergründen gestaltet sich die Zusammenarbeit älterer PDS-Mitglieder im Osten mit jungen „autonomen" Antifa-Gruppen nicht immer konfliktfrei. Dennoch lassen es die Demokratischen Sozialisten an einer unmissverständlichen Distanzierung

1. Zusammenfassung

von den zumeist linksextremistischen und gewaltbereiten Antifa-Jugendgruppen fehlen. Die Antifa-Gruppen stellen für die PDS in Ost wie West ein starkes Wähler- wie Mitgliederpotenzial dar. Viele junge PDS-Funktionäre rekrutieren sich aus der Antifa-Arbeit.

Nach außen erscheint die antifaschistische Ideologie der Partei auf den ersten Blick als monolithischer Block. Antifaschismus gilt als unumstrittener Grundkonsens der PDS. Alle Strömungen und Gliederungen bekennen sich zum Antifaschismus. Alle sind sich einig bei der Ablehnung jeder Form von Rechtsextremismus. Trotz eines parteiweiten Bekenntnisses zum Antifaschismus fallen bei näherer Betrachtung heterogene programmatische Stellungnahmen im Bereich Antifaschismus und Rechtsextremismus auf. Die Abweichungen der unterschiedlichen Standpunkte beschränken sich nicht auf Marginalien, sondern gehen bis ins Grundsätzliche. Rolf Richter regte daher sogar an, besser von mehreren Antifaschismen als von einem Antifaschismus der PDS zu sprechen.[1052] Traditionell orientierte Teile der Partei möchten die antifaschistische Ideologie der SED möglichst nahtlos fortsetzen. Dogmatische und undogmatische Kommunisten aus dem Westen beharren auf ihren marxistischen bundesdeutschen Antifaschismusdefinitionen. Pragmatische „Reformer" sind zu einer vorsichtigen kritischen Analyse der eigenen antifaschistischen Vergangenheit bereit, konnten sich damit allerdings in der Gesamtpartei bisher nicht durchsetzen. Die offizielle Programmatik bleibt in weiten Teilen dominiert von traditionalistischen Kräften oder zumindest verhindern diese eine „reformerisch" geprägte Beschlusslage zum Thema Antifaschismus.

Antifaschismus bleibt ein wichtiges Element in der politischen Strategie der PDS. Dies gilt umso mehr nach den Wahlerfolgen rechtsextremistischer Parteien in den neuen Bundesländern, der Machtbasis der PDS. Dabei wird die Partei in Zukunft klären müssen, wie sie mit rechtsextremistischen Kräften umgehen will. Eine frontale Ablehnung und Ausgrenzung könnte zu ungewollten Märtyrer-Effekten mit diesen führen, ohne effektiv etwas in der Sache zu erreichen. Ein zu laxer Umgang mit Rechtsextremisten wäre nicht mit den hehren antifaschistischen Ansprüchen der PDS vereinbar. Eine sachliche und unaufgeregte Arbeit gegen Rechtsextremismus, die nicht von ideologischer Dogmatik überlagert wird, dürfte nicht nur aus der Sicht der PDS am vielversprechendsten sein. Von besonderer Bedeutung ist dabei, ob es der PDS gelingt, ihr Verhältnis zur eigenen Nation zu normalisieren.

Die antifaschistische Bündnispolitik der PDS verfolgt drei wesentliche Ziele. Erstens geht es darum, die eigene Isolation zu durchbrechen. Zweitens möchte die PDS sich als Verteidigerin des demokratischen Verfassungsstaates darstellen. Drittens sieht die Partei im Kampf „gegen rechts" ein Mittel zur Erlangung einer „kulturellen Hegemonie" im Sinne Antonio Gramscis.

Regelmäßig verbindet die PDS Angriffe auf Rechtsextremisten mit dem Vorwurf, dass konservative und bürgerliche Parteien und Verbände rechtsextremistischem Denken und Handeln Vorschub leisteten. Teilweise werfen PDS-Politiker sogar liberalen oder sozialdemokratischen Politikern die Förderung von Rechtsextremismus vor – vorzugsweise im Bereich der Ausländerpolitik.

Demokratische und rechtsstaatliche Garantien wie etwa die Meinungs- und Versammlungsfreiheit will die PDS unter dem Motto „Faschismus ist keine Meinung, sondern ein Verbrechen!" nicht für diejenigen gelten lassen, die sie als rechtsextremistisch beurteilt. Sie befürwortet ein repressives Vorgehen gegen jede gewalttätige oder intellektuelle Form von Rechtsextremismus. Gleichzeitig lehnt sie ein vergleichbares Vorgehen gegen Linksextremis-

---

[1052] Vgl. Gespräch mit Rolf Richter am 26.11.2003; Klaus Böttcher, Gedankenaustausch zum Antifaschismus, Beratung der AG Rechtsextremismus/Antifaschismus, in: PDS-Pressedienst, Nr. 10/95, S. 12-13.

mus oder religiösen Extremismus ab. Mit der Einführung einer „antifaschistischen Klausel" in das Grundgesetz möchte die PDS ein „Sonderrecht gegen rechts" rechtfertigen. Der demokratische Rechtsstaat, der sich gleichermaßen gegen alle Erscheinungsformen von Extremismus wendet, soll nach dem Willen der PDS ersetzt werden durch eine antifaschistische Republik, die sich ausschließlich gegen – tatsächlichen und vermeintlichen – rechten Extremismus wendet.

Unter der Bezeichnung „Neoliberalismus" greift die PDS immer wieder die Soziale Marktwirtschaft an. Das marktwirtschaftliche System der Bundesrepublik wird von der PDS als eine wesentliche Ursache für den heutigen Rechtsextremismus genannt. Damit knüpft die PDS an das antikapitalistische Antifaschismusverständnis der kommunistischen Dimitroff-Formel an, passt dieses aber den politischen und sprachlichen Entwicklungen des 21. Jahrhunderts an.

Eine grundlegende kritische Auseinandersetzung mit der eigenen antifaschistischen Vergangenheit wurde von der PDS-Spitze vermutlich bisher vermieden, da sie dann den Lebensnerv der Partei und vieler älterer Mitglieder träfe. Antifaschismus stand in der DDR für das schlechthin Gute. Der Zweck des Antifaschismus heiligte notfalls die Mittel. Der Kampf gegen den Faschismus bildete eine, wenn nicht die grundlegende Rechtfertigung für die Existenz der DDR und diente nicht wenigen SED-Funktionären als zentraler Lebensinhalt. Aus dieser Motivation zieht die Parteispitze es derzeit vor, der erforderlichen kritischen Auseinandersetzung mit dem Antifaschismus aus dem Weg zu gehen und lieber mit grundsätzlichen Bekenntnissen zu ihm nach außen einen Konsens vorzutäuschen. Dabei besteht die Gefahr, dass die Partei den geeigneten Zeitpunkt zu einer ehrlichen, offenen und sachlichen Aufarbeitung der eigenen Vergangenheit verpasst.

Bis jetzt hat sich die Erneuerung der antifaschistischen Arbeit der PDS in weiten Teilen auf eine neue Sprache beschränkt. Die antifaschistische Arbeit der Partei bleibt im Kern weiterhin gegen den demokratischen Verfassungsstaat und die Soziale Marktwirtschaft gerichtet.

Das Auftauchen der PDS im Parteiensystem der Bundesrepublik Deutschland hat für eine teilweise Erosion der Abgrenzung zwischen Linksextremisten und Demokraten gesorgt. Insbesondere in den neuen Bundesländern erfahren sozialistische Einstellungen, die das demokratische und marktwirtschaftliche System prinzipiell in Frage stellen, eine Akzeptanz, die es vor 1990 in der Bundesrepublik nicht gab. Eine grundlegende Gefahr für den antiextremistischen Konsens ist aber nicht erkennbar, obwohl leichte Beschädigungen nicht zu leugnen sind. Ein Grund für diese Beschädigungen ist, dass die Grünen und die SPD in den letzten Jahren jede kritische Auseinandersetzung mit Linksextremismus verweigert haben. Wenn linke Demokraten sich dauerhaft einem Kampf gegen Linksextremismus entziehen, besteht die Gefahr einer schleichenden Erosion des Konsenses der Demokraten.

2.   Folgerungen

Damit die Arbeit der PDS gegen Rechtsextremismus zukünftig als vollwertiger Beitrag zur Verteidigung des demokratischen Verfassungsstaates gegen seine Gegner anerkannt werden kann, müsste die Partei jede Zusammenarbeit mit linksextremistischen Partnern oder gar gewalttätigen Antifa-Gruppen einstellen und sich politisch und organisatorisch eindeutig von diesen Gruppen abgrenzen. Die PDS hat programmatisch die Kraft aufzubringen, sich unmissverständlich von Kommunismus und SED-Antifaschismus zu distanzieren und mit bis heute verbreiteten antifaschistischen Legenden aufzuräumen. Der Antifaschismus der PDS

2. Folgerungen

dürfte nicht mehr zur undifferenzierten Agitation gegen den freiheitlichen demokratischen Rechtsstaat und die Soziale Marktwirtschaft missbraucht werden. Linksextremismus dürfte kein Tabu in der PDS verbleiben.

Ebenso darf von den Grünen und der SPD eine klarere Abgrenzung und ein konsequenteres Vorgehen gegen Linksextremismus erwartet werden. Bei gemeinsamen Anträgen oder Aufrufen gegen Rechtsextremismus ist auf eine differenziertere Sprache zu achten. Bündnisse „gegen rechts" sollten zukünftig konsequent und durchgängig als Bündnisse „gegen Rechtsextremismus" bezeichnet werden, um Missverständnisse auszuschließen. Noch besser wäre in vielen Fällen die Bezeichnung von Bündnissen „für Demokratie und gegen Extremismus". Wo es konkret Probleme mit Rechtsextremismus gibt, sollte dieser explizit benannt werden, ohne dass im Sinne eines Automatismus immer im selben Atemzug auf Linksextremismus verwiesen werden müsste.

Grundsätzlich ist aber in größeren Aufrufen oder gemeinsamen Plattformen von Parteien und Vereinen gegen Extremismus auf Links- wie Rechtsextremismus hinzuweisen. Dadurch kann sichergestellt werden, dass keine Linksextremisten sich einem Aufruf gegen Rechtsextremismus anschließen oder umgekehrt. Jeder Linksextremist wird es ablehnen, sich öffentlich vom Linksextremismus abzugrenzen; jeder Rechtsextremist wird es ablehnen, sich öffentlich vom Rechtsextremismus abzugrenzen. Ein Aufruf gegen Extremismus, der von Extremisten unterstützt würde, besäße keine besonders hohe Glaubwürdigkeit. Eine rein schematische Gleichsetzung verschiedener Arten von Verfassungsfeinden wird damit nicht postuliert, aber eine Äquidistanz aller Demokraten gegenüber allen Formen von Extremisten. Konservative Demokraten müssen sich dabei genauso konsequent von Rechtsextremisten distanzieren wie sozialdemokratische oder grüne Demokraten von Linksextremisten.

Allen demokratischen Parteien, insbesondere den bürgerlichen Parteien CDU, CSU und FDP, kommt die Aufgabe zu, in angemessener Qualität und Quantität eine historisch-politische Information der Bevölkerung über Kommunismus und SED-Staat sicherzustellen. Dies ist in den zurückliegenden 15 Jahren seit dem Fall der Mauer nicht durchgehend gelungen. Dabei muss die Instrumentalisierung des Antifaschismus durch den Kommunismus deutlich gemacht werden. Im politischen Raum ist der Kampf um Begriffe zu führen. Pauschale und missverständliche Bezeichnungen wie „Faschismus" oder „Neofaschismus" dürfen weder in der politischen Bildungsarbeit noch in der praktischen Arbeit von Demokraten gegen Rechtsextremisten Verwendung finden.

Wer als Demokrat gemeinsame Bündnisse „gegen rechts" mit der PDS eingeht, muss sich grundsätzlich den Vorwurf gefallen lassen, die Abgrenzung des demokratischen Verfassungsstaates gegenüber Linksextremisten aufzuweichen. Allerdings stellt sich die Lage in den neuen Bundesländern differenzierter dar. In den Ländern und Kommunen Ostdeutschlands ist die PDS weitgehend zu einem anerkannten demokratischen Mitspieler geworden – dort wo die SPD schwache Wahlergebnisse und wenige Mitglieder aufweist, teilweise zum einzigen neben der CDU. Gleichzeitig ist vielerorts in den neuen Ländern eine Verfestigung rechtsextremistischer Strukturen festzustellen.[1053] Ein gemeinsames Vorgehen aller Parteien und Vereine gegen Rechtsextremismus von CDU bis PDS könnte in einzelnen Kommunen und unter bestimmten Voraussetzungen eine sinnvolle Stärkung des Kampfes gegen Rechtsextremismus darstellen.

[1053] Vgl. Schönbohm besorgt über rechte Gewalt in Brandenburg, Märkische Oderzeitung, 29.5.2004; Sven Heitkamp, In Sachsen machen sich die Rechtsextremen breit, in: Die Welt, 7.7.2004; siehe auch die Wahlerfolge der DVU und NPD bei den Landtagswahlen 2004 in Brandenburg und Sachsen: Rechtsextreme, Profiteure der schlechten Stimmung, in: Frankfurter Allgemeine Zeitung, 20.9.2004.

192 IX. Schlussbetrachtung

Von daher ist in jedem Einzelfall abzuwägen, ob eine Beteiligung der PDS an einem Bündnis gegen Rechtsextremismus für den demokratischen Verfassungsstaat mehr Vor- als Nachteile hat. Bedingungen für eine Beteiligung der PDS müssen sein, dass

1. die PDS in der betreffenden Kommune eine sachorientierte und seriöse politische Kraft darstellt,
2. eine Beteiligung von linksextremistischen oder gewaltbereiten Kräften am Bündnis ausgeschlossen wird,
3. das Bündnis sich unmissverständlich gegen Rechtsextremismus und nicht „gegen rechts" wendet und auf mehrdeutige Begriffe wie beispielsweise Faschismus und Antifaschismus verzichtet,
4. jede Form von Gewalt – inklusive linksextremistisch oder unpolitisch motivierter Handlungen – verurteilt wird und nicht nur ausschließlich rechtsextremistisch motivierte Taten und
5. der PDS darf im Bündnis keine führende Rolle zukommen – weder nach außen noch nach innen.

Trotz allem bleiben Bündnisse gegen Rechtsextremismus unter Einschluss der PDS problematisch, so lange sich diese nicht klar und unmissverständlich als Gesamtpartei von jeder Form des Linksextremismus abgegrenzt hat.[1054] Daher bleibt jede – auch eng begrenzte – Kooperation mit der PDS für demokratische Parteien eine Gratwanderung. Die West-PDS kommt auf Grund ihrer linksextremistischen und sektiererischen Ausrichtung für Demokraten prinzipiell nicht als Bündnispartner in Frage.

Schon heute wird die rechtsextremistische Gefahr vielfach hochgespielt, die linksextremistische hingegen vernachlässigt.[1055] Als linksextremistisch gilt nach der Beobachtung von Eckhard Jesse vielfach nur noch eine gewalttätige Variante, als rechtsextremistisch bereits hingegen jede Form der „neuen Rechten".[1056] Die Durchsetzung einer Äquidistanz der demokratischen Parteien und Institutionen zu allen Formen des Extremismus stellt daher eine vordringliche Aufgabe dar. Naturgemäß liegt es insbesondere an den bürgerlichen Demokraten, bei Sozialdemokraten, Grünen und der PDS auf eine konsequente Abgrenzung gegenüber Linksextremismus hinzuwirken. Daneben sind andere Formen des Extremismus wie beispielsweise religiöser Fundamentalismus nicht aus den Augen zu verlieren.

Zugleich haben sich alle Demokraten für eine möglichst weitgehende Freiheit zur politischen Meinungsäußerung einzusetzen. So lange keine Rechte Dritter oder Strafgesetze verletzt werden, muss jede Meinung im pluralistischen Wettbewerb vertreten werden dürfen. Vereinzelt versuchen die PDS und Teile von der SPD und den Grünen, bestimmte konservative Positionen bereits als „rechtsradikal", „antidemokratisch" oder „politisch inkorrekt" aus dem politischen Diskurs auszugrenzen, etwa im Bereich der Ausländerpolitik. Alle Demokraten sollten diesbezüglich ein Voltaire zugeschriebenes Credo zur Maxime ihres politischen Han-

---

[1054] Aktuelle Untersuchungen weisen der PDS immer noch Linksextremismus nach: Viola Neu, Das Janusgesicht der PDS, Wähler und Partei zwischen Demokratie und Extremismus, Baden-Baden 2004; Jürgen P. Lang, Ist die PDS eine demokratische Partei?, Eine extremismustheoretische Untersuchung, Baden-Baden 2003.

[1055] Vgl. Reinhard Rupprecht, Der freiheitliche Rechtsstaat und die Auseinandersetzung mit dem politischen Extremismus, in: ders./J. Kurt Klein/Gerd Langguth/Reinhard Rupprecht, Linksextremismus – eine vernachlässigte Gefahr, hrsg. von der Konrad-Adenauer-Stiftung, Aktuelle Fragen der Politik, Heft 44, Sankt Augustin 1997, S. 81-93.

[1056] Eckhard Jesse, Die Tabuisierung des Extremismusbegriffs, in: Die Welt, 4.12.2002.

delns machen: „Mein Herr, ich teile Ihre Meinung nicht, aber ich würde mein Leben dafür einsetzen, dass Sie sie äußern dürfen."

Eine Demokratie darf die Auseinandersetzung mit eindeutig extremistischen Meinungen nicht scheuen. Ein staatliches Verbot derartiger Äußerungen könnte mehr Schaden als Nutzen anrichten. Die Bürger sind im offenen Meinungskampf von den Vorteilen der demokratischen Positionen zu überzeugen.

3.   Ausblick

Der Abschied der älteren PDS-Generation, deren politisches, berufliches und gesellschaftliches Leben durch die DDR geprägt wurde, führt aller Wahrscheinlichkeit nach zu einem Rückgang der Bedeutung des theoretischen PDS-Antifaschismus, der sich stark rückwärtsgewandt immer wieder der Rechtfertigung der DDR widmete. Stattdessen ist mit der Zunahme an jüngeren Funktionären, die eigene Erfahrungen in der Antifa-Arbeit besitzen, zukünftig von einem stärkeren Praxis- und Gegenwartsbezug des PDS-Antifaschismus auszugehen. Insbesondere das Verhältnis zu jungen parteiungebundenen Antifa-Aktivisten wird enger werden, und es ist von mehr gemeinsamen Aktionen der PDS mit diesen Gruppen auszugehen. Dabei wird die PDS auf eine unmissverständliche Abgrenzung gegen Gewalt und gegen offene Verfassungsfeindlichkeit achten müssen, wenn sie sich weiter als glaubhafte und ernstzunehmende politische Kraft im demokratischen Verfassungsbogen etablieren möchte.

Mit dem Abtritt der DDR-geprägten Wissenschaftler droht der Antifaschismus-Debatte in der PDS allerdings nicht nur der Verlust von sperriger Dogmatik, sondern auch von wertvollem intellektuellen Potenzial. Auf die PDS kommt die große Herausforderung zu, die hohe wissenschaftliche Kraft und Kohärenz, die beispielsweise in der AG Rechtsextremismus/Antifaschismus versammelt ist, für die Zukunft auf einem vergleichbaren Niveau zu erhalten. Die Kooptation von Absolventen der Akademie für Gesellschaftswissenschaften aus den achtziger Jahren wie Horst Helas und Reiner Zilkenat in die Führung der Arbeitsgemeinschaft scheint ein Versuch in diese Richtung darzustellen. Es bleiben Zweifel, ob dies ausreicht, um die gesamte wegfallende wissenschaftliche Potenz ausgleichen zu können. Der politische Nachwuchs mit wissenschaftlicher und intellektueller Potenz ist in der PDS rar.

Die Zukunft der antifaschistischen Arbeit der PDS steht im engen Zusammenhang mit der Gesamtentwicklung der Partei. Nachdem sich auf dem Parteitag in Berlin im Sommer 2003 die „Reformer" um den neuen und alten Parteichef Bisky durchsetzen konnten, ist mit einer sanften Weiterentwicklung der pragmatischen Ansätze im PDS-Antifaschismus zu rechnen. Die Umbenennung der PDS in „Die Linkspartei.PDS" sowie die Aufnahme einzelner Kandidaten aus der Wahlalternative Arbeit und Soziale Gerechtigkeit (WASG) auf die PDS-Landeslisten bei den Bundestagswahlen 2005 stärkt die innerparteiliche Position der Reformer. Die Parteiführung wird an dem Kurs festhalten, Antifaschismus und Kampf gegen Rechtsextremismus als strategisches Mittel zur Gewinnung von gesellschaftlicher Akzeptanz sowie zur Maximierung von Wählerstimmen einzusetzen. Eine tiefgründige und theoretische Diskussion wird aus ihrer Sicht eher als eine Gefahr bewertet. Oberflächliche Bekenntnisse und einfache Formeln „gegen rechts" sind in der Öffentlichkeit leichter zu verkaufen als eine differenzierte und wahrscheinlich schmerzhafte Aufarbeitung der eigenen antifaschistischen Vergangenheit. Diese Herangehensweise hätte die Fortsetzung eines konjunkturellen Auf und Ab der Bedeutung des Antifaschismus in der PDS zur Folge. Soweit der Kampf „gegen rechts" gerade *en vogue* ist, wird ihn die Parteiführung an einen zentralen Platz setzen. Wenn die Mediengesellschaft mit anderen Themen beschäftigt ist, wird Antifaschismus zu einem Randthema in der Gesamtstrategie der PDS reduziert werden.

Die Wahlerfolge rechtsextremistischer Parteien bei mehreren Landtags- und Kommunalwahlen in den neuen Bundesländern sprechen dafür, dass die Relevanz des Themas für die Gesamtpartei steigen wird, denn die Rechtsextremisten scheinen gerade dort besonders stark zu sein, wo die PDS ebenfalls stark ist. Im eigenen Umgang mit Rechtsextremismus in den Parlamenten schwankte die Partei bisher zwischen einem weitgehenden Ignorieren der DVU in Brandenburg und deren aggressiver Bekämpfung in Sachsen-Anhalt. Nach dem Einzug der NPD in den Landtag von Sachsen sowie in mehrere Kreistage und Gemeindeparlamente wird sich die Frage des Umgangs mit Rechtsextremisten für die PDS in Zukunft im stärkeren Maße stellen. Ein zu schrilles und ideologisch verkrampftes Vorgehen würde den Rechtsextremisten gerade die Aufmerksamkeit und Märtyrerrolle zukommen lassen, die ihnen eigentlich nicht zuteil werden soll. Ein gewisser Pragmatismus erscheint somit selbst aus der Sicht der PDS im Umgang mit Rechtsextremisten in den Parlamenten als angezeigt. Andererseits besitzt die PDS in der Auseinandersetzung mit den Rechtsextremisten eine gute Möglichkeit, sich als antifaschistische und demokratische Kraft zu profilieren. Fraglich bleibt, ob sich die im Kreistag der Sächsischen Schweiz vorgezeichnete Linie durchsetzt. Dort haben die Demokratischen Sozialisten mehrfach ihre Sachanträge und Personalvorschläge mit den Stimmen der NPD durchgesetzt. Dieses extrem pragmatische Vorgehen dürfte auf die Dauer kaum mit dem hehren antifaschistischen Anspruch der Partei zu vereinbaren sein.

Das Ausscheiden der älteren Generation aus der Partei eröffnet ihr eine Chance, die seit 1990 immer wieder von einzelnen angestoßene kritische Diskussion über den Antifaschismus endlich in die Programmatik der Partei zu tragen. Diese Auseinandersetzung ist bisher in den Anfängen stecken geblieben. Wesentliche Legenden aus der Historie des Antifaschismus wie etwa vom Spanischen Bürgerkrieg oder der „antifaschistisch-demokratischen" Umwälzung harren einer kritischen Aufarbeitung. Die Partei müsste sich zukünftig deutlicher zu den antisemitischen Säuberungswellen in den Anfangsjahren der DDR sowie der antizionistischen und dezidiert Israel-feindlichen Politik der SED äußern. Aktuell birgt das Verhältnis zum Nahost-Konflikt erneut Potenzial für die Verstärkung antisemitischer Tendenzen im äußerst linken Spektrum der Bundesrepublik. Eine Auseinandersetzung mit der eigenen Geschichte könnte für die PDS ein wirksames Mittel sein, um einer antisemitischen Stimmung der Gegenwart entgegenzuwirken. Die Chance, aus einer offenen und sachlichen Aufarbeitung der eigenen Vergangenheit gestärkt in die politische Auseinandersetzung der Gegenwart zu gehen, ist vorhanden. Ob die PDS sie ergreift, werden die nächsten Jahre zeigen.

X.   Quellen- und Literaturverzeichnis

1.   Quellen

1.1.   *Archive*

Archiv für Christliche Demokratische Politik der Konrad-Adenauer-Stiftung, St. Augustin

Archiv für Christlich-Soziale Politik der Hanns-Seidel-Stiftung, München

Archiv Grünes Gedächtnis der Heinrich-Böll-Stiftung, Berlin

Archiv des Liberalismus der Friedrich-Naumann-Stiftung, Gummersbach

Archiv der PDS, Berlin

Archiv der sozialen Demokratie der Friedrich-Ebert-Stiftung, Bonn

Archiv der SPD, Berlin

Bundesarchiv – Stiftung Archiv der Parteien und Massenorganisationen der DDR (SAPMO), Berlin

1.2.   *Interviews*

Dietmar Bartsch, 26.11.2003

Klaus Böttcher, 5.5.2004

Dominic Heilig, 28.1.2004

Horst Helas, 16.12.2004

Norbert Madloch, 10.3.2003

Rolf Richter, 26.11.2003

Reiner Zilkenat, 26.11.2003

196 X. Quellen- und Literaturverzeichnis

1.3. Gedruckte Quellen

Antifaschistische Aktion Berlin, Das Leben ist kein Wunschkonzert – von Aufständen der Anständigen und Sinnkrisen der Antifa, in: Argumente 3/2002, hrsg. vom Juso-Bundesverband, S. 40-45.

Antifaschistische Linke Berlin, Think global, Gegenwärtige Überlegungen zu zukünftiger Politik, in: Junge Welt, Antifa-Beilage, 27.8.2003.

Bach, Roland, Der „Aufstand der Anständigen" – Was brachte er? Was bleibt? Was bleibt zu tun?, in: Rundbrief der AG Rechtsextremismus/Antifaschismus 1/2002, S. 14-16.

Bach, Roland, Die Partei Rechtsstaatlicher Offensive (P.R.O.) – „Schill-Partei", in: Rundbrief der AG Rechtsextremismus/Antifaschismus 2/3 2002, S. 8-15; 4/2002, S. 10 f.

Bach, Roland / Klaus Böttcher, Die Auseinandersetzung mit dem Rechtsextremismus verstärken, Ein Diskussionsangebot, in: PDS-Pressedienst Nr. 1/99, 8.1.1999, S. 8-10.

Bach, Roland / Norbert Madloch / Rolf Richter, Antifaschismus und extreme Rechte als Themen der Programmdiskussion der PDS, Rundbrief der AG Rechtsextremismus/Antifaschismus, Januar 2000.

Bisky, Lothar, Antifaschismus gehört zum Grundverständnis einer demokratischen Gesellschaft, PDS-Vorsitzender Lothar Bisky zum Gedenken an Ernst Thälmann am 18. August in Buchenwald, in: PDS-Pressedienst, Nr. 34/2004, S. 4 f.

Bisky, Lothar, Zum Geleit, in: André Brie/Michael Brie/Judith Dellheim/Thomas Falkner/Dieter Klein/Michael Schumann/Dietmar Wittich, Zur Programmatik der Partei des Demokratischen Sozialismus, Ein Kommentar, Berlin 1997, S. 7-10.

Bisky, Lothar / Gabi Zimmer, Aufruf gegen rechtsextremistischen Terror: Nicht mit uns!, Berlin, 9.8.2000, in: Neues Deutschland, 10.8.2000.

Böttcher, Klaus, Persönliche Erinnerungen und Anregungen zur antifaschistischen Arbeit der PDS seit 1990 und Dank an einen Weggefährten, in: Roland Bach / Klaus Böttcher / Horst Helas / Peer Jürgens / Jürgen Plagge-Vandelaar / Reiner Zilkenat (Hrsg.), Antifaschismus als humanistisches Erbe in Europa, Festschrift zum 60. Geburtstag von Prof. Dr. Rolf Richter, Berlin 2005, S. 99-115.

Böttcher, Klaus, K(Ein) vergessenes Thema!? Einige Gedanken zur Auseinandersetzung mit dem Rechtsextremismus, in Rundbrief der AG Rechtsextremismus/Antifaschismus, Heft 4/04, S. 4-9.

Böttcher, Klaus, Zur antifaschistischen Arbeit der PDS seit 1990, Persönliche Erinnerungen und Anregungen, in: Rundbrief der AG Rechtsextremismus/Antifaschismus 1+2/2003, S. 60-65.

Böttcher, Klaus, Neue Fragen der Auseinandersetzung mit dem Rechtsextremismus, Kolloquium der Rosa-Luxemburg-Stiftung und der Bundestagsfraktion, in: PDS-Pressedienst 5/2002, 31.1.2002.

Böttcher, Klaus, Neuer Typ von Rechtsextremismus, Gedankenaustausch über aktuelle Auseinandersetzung, in: PDS-Pressedienst 25/2001, 22.6.2001, S. 11.

Böttcher, Klaus, Sind die Gründungsziele der Bundes-AG Rechtsextremismus/Antifaschismus erreicht?, Rundbrief, Januar 2001.

Böttcher, Klaus, Rechtsextremistische Strategien enttarnen, Gedankenaustausch über weitere Auseinandersetzung mit dem Rechtsextremismus, in: PDS-Pressedienst 18/99, 7.5.1999, S. 8 f.

Böttcher, Klaus, Stereotype Wertungen überwinden, Von der Tagung der AG Rechtsextremismus/Antifaschismus, in: PDS-Pressedienst 49/98, 4.12.1998, S. 12.

Böttcher, Klaus, Zeitgeist-Betrachtungen aus Salzgitter, Aspekte einer PDS-Konferenz zur Auseinandersetzung mit dem heutigen Rechtsextremismus, in: PDS-Pressedienst 45/96, 8.11.1996, S. 6-9.

Böttcher, Klaus, Wie weiter nach dem 50. Jahrestag der Befreiung? Beratung der AG Rechtsextremismus/Antifaschismus am 9.9.1995, in: PDS-Pressedienst, 22.9.1995, S. 5.

Böttcher, Klaus, Gedankenaustausch zum Antifaschismus, Beratung der AG Rechtsextremismus/Antifaschismus, in: PDS-Pressedienst 10/95, 10.3.1995, S. 12-13.

Böttcher, Klaus, „Rechtsextremismus in der BRD nach den Bundestagswahlen – Entwicklungstendenzen und Gegenwehr", Von einer Konferenz am 19.11.1994 im Berliner Karl-Liebknecht-Haus, in: PDS-Pressedienst 47/94, 25.11.1994, S. 1-3.

Brie, André, Rassistisch motivierte Übergriffe haben zugenommen, Presseerklärung, 4.12.2000.

1. Quellen

Brie, André / Michael Brie / Judith Dellheim / Thomas Falkner / Dieter Klein / Michael Schumann / Dietmar Wittich, Zur Programmatik der Partei des Demokratischen Sozialismus, Ein Kommentar, Berlin 1997.

Brie, Michael, Ist die PDS noch zu retten? Analyse und Perspektiven, rls standpunkte 3/2003, Mai 2003, erweiterte Internet-Version, S. 37, http://www.rosalux.de/cms/fileadmin/rls_uploads/pdfs/Standpunkte/standpunkte0303.pdf.

Brie, Michael (Hrsg.), Linksparteien im Vergleich, Rahmenbedingungen, strategische Ansätze und Erfolgskriterien, Rosa-Luxemburg-Stiftung, Manuskripte 41, Berlin 2003.

Bulling-Schröter, Eva, Faschisten sind die Profiteure des Neoliberalismus, Rundbrief der AG Rechtsextremismus/Antifaschismus 1/1998, S.2.

Bundesamt für Verfassungsschutz, Massiver ideologischer Streit zum Nahost-Konflikt unter Linksextremisten, in: Bundesministerium des Innern (Hrsg.), Extremismus in Deutschland, Erscheinungsformen und aktuelle Bestandsaufnahme, Texte zur Inneren Sicherheit, Berlin 2004, S. 197-210.

Bundesamt für Verfassungsschutz, Militante Autonome, Charakteristika – Strukturen – Aktionsfelder, Köln 1999.

Bundesamt für Verfassungsschutz, „Vereinigung der Verfolgten des Naziregimes – Bund der Antifaschistinnen und Antifaschisten" (VVN-BdA), Organisation – Entwicklung – Aktionsfelder – Wirkungen 1947-1997, Köln 1997.

Bundesministerium des Innern, Verfassungsschutzbericht 2004, Vorabfassung, Berlin 2005, http://www.verfassungsschutz.de/de/publikationen/verfassungsschutzbericht/vsbericht_2004/vs bericht_2004.pdf.

Bundesministerium des Innern, Verfassungsschutzbericht 2003, Berlin 2004.

Bundesministerium des Innern, Verfassungsschutzbericht 2002, Berlin 2003.

Bundesministerium des Innern, Verfassungsschutzbericht 2001, Berlin 2002.

Bundesministerium des Innern, Verfassungsschutzbericht 1989, Bonn 1990.

Bundestagsfraktion Bündnis 90/Die Grünen (Hrsg.), Zwischenbilanz bündnisgrüner Rechts- und Innenpolitik, Stand: 15.6.2001, Berlin.

Bundestagsgruppe der PDS, Nazis raus aus den Köpfen, Bonn 1998.

Bundesverband der Jungsozialistinnen und Jungsozialisten in der SPD (Hrsg.), Handbuch Rechtsextremismus, Berlin o.J. (wohl 1999).

Bundesvorstand der Grünen (Hrsg.), Argumente gegen Reps & Co., Bonn o.J.

Bundesvorstand von Bündnis 90/Die Grünen (Hrsg.), Rechte Gewalt und der Extremismus der Mitte, Bonn o.J.

Bündnis 90/Die Grünen, Die Zukunft ist grün. Grundsatzprogramm von Bündnis 90/Die Grünen, beschlossen auf der Bundesdelegiertenkonferenz am 15.-17.3.2002 in Berlin.

Bündnis 90/Die Grünen, Grün wirkt! Wahlprogramm 2002-2006 von Bündnis 90/Die Grünen, beschlossen auf der Bundesdelegiertenkonferenz am 4.-5.5.2002 in Wiesbaden.

CDU Deutschlands, Freiheit in Verantwortung, Grundsatzprogramm der CDU Deutschlands, beschlossen vom 5. Parteitag in Hamburg, 20.-23.2.1994.

CDU-Bundesgeschäftsstelle, 10 gute Gründe, warum Rechtsradikale in deutschen Parlamenten nichts zu suchen haben, Bonn 1998.

CDU-Landesverband Sachsen-Anhalt, Leitlinien der CDU Sachsen-Anhalt, Den Menschen in Sachsen-Anhalt wieder eine Chance geben, 11.11.2001.

Cerny, Jochen, Erkunden oder aufarbeiten? Un/Arten des Umgangs mit deutscher Zeitgeschichte, in: Utopie kreativ 47/48, 1994, S. 13-27.

Cerny, Jochen, „Sie wollen demokratisieren, nicht restaurieren", in: Disput 5/2003, S. 18-20.

Chrapa, Michael / Dietmar Wittich, Die Mitgliedschaft, der große Lümmel... Studie zur Mitgliederbefragung 2000 der PDS, Berlin 2001.

Crome, Erhard, Die Linke und ihr Verhältnis zu Nation und Nationalstaat – Die Nation zwischen Europäischer Union und Regionen, Berlin 2001.

Die bessere Hälfte, Erklärung zur Auflösung der Antifaschistischen Aktion Berlin (AAB), 14.2.2003, http://de.indymedia.org/2003/02/41283.shtml.

X. Quellen- und Literaturverzeichnis

Dietrich, Wolfgang, Alle grundgesetzlichen Möglichkeiten nutzen, in: Rundbrief der AG Rechtsextremismus/Antifaschismus, 1+2 2003, S. 66-72.

Dittes, Steffen, Fraktion auf dem Weg auf die Zuschauerbank im Antifa-Bündnis, http://www.steffen-dittes.de/PolitikLAG.htm.

Edathy, Sebastian, Rückgang der politisch motivierten Kriminalität – aber Anstieg rechtsextremistischer Straftaten gibt weiter Anlass zur Sorge, Presseerklärung vom 22.4.2003.

Elm, Ludwig, Herkunft und Aufgabe, Elf Thesen zum Antifaschismus, Antifaschistische Rundschau Nr. 40, Oktober/Dezember 1999, S. 9-12.

Engels, Tim, Mehr Antifaschismus ins Grundgesetz – oder ist weniger manchmal mehr?, in: Mitteilungen der Kommunistischen Plattform, Heft 3/2003, S. 26-33.

Ettinger, Helmut, Als zuverlässige Partnerin international geschätzt: PDS, Gäste aus aller Welt beim Rostocker Parteitag, in: Disput April 2002.

FDP-Bundesgeschäftsstelle, „Sehr weltoffen. Und tolerant. Aber unerbittlich für den Rechtsstaat.", Bonn 1994.

FDP-Bundestagsfraktion (Hrsg.), Ziele, Ergebnisse und Perspektiven liberaler Politik, Bonn 1994.

Fink, Heinrich, Subversiver Faschismus, in: Vorwärts in die Vergangenheit?, Argumente gegen Rechts, Texte einer antifaschistischen Konferenz der PDS in Berlin am 23. Oktober 1993, S. 168-170.

Forschungsinstitut der Friedrich-Ebert-Stiftung, Abt. Arbeit und Sozialpolitik (Hrsg.), Rechtsextremismus und Fremdenfeindlichkeit im vereinten Deutschland: Erscheinungsformen und Gegenstrategien, Bonn 1999.

Forum Ostdeutschland der Sozialdemokratie (Hrsg.), Steh' auf gegen Rechts! Für aktive Menschlichkeit und Toleranz in Deutschland, Dokumentation des Kongresses am 2. Dezember 2000 in Stendal, Berlin 2001.

Fuchs, Anke, Vorstellung einer Studie über die Republikaner, vom SPD-Parteivorstand in Auftrag gegeben, in: SPD-Parteivorstand (Hrsg.), Jahrbuch 1988-1990, Bonn o.J., S. C 247-248.

Gärtner, Matthias, Nicht deren Hegemonieansprüche nähren, in: Neues Deutschland, 13.8.2004

Gehrcke, Wolfgang, Mitbestimmung – Sozialstaatlichkeit – Reform der politischen Institutionen: Bestandteile sozialistischer Reformpolitik, in: Utopie kreativ, Heft 91/92 (Mai/Juni 1998), S. 155-162.

Geronimo, Feuer und Flamme, Zur Geschichte der Autonomen, 6. Auflage, Berlin 2002.

Gossweiler, Kurt, Der deutsche Imperialismus und der Platz des Faschismus in seinem Herrschaftssystem heute, in: Roland Bach / Klaus Böttcher / Horst Helas / Peer Jürgens / Jürgen Plagge-Vandelaar / Reiner Zilkenat (Hrsg.), Antifaschismus als humanistisches Erbe in Europa, Festschrift zum 60. Geburtstag von Prof. Dr. Rolf Richter, Berlin 2005, S. 121-133.

Gossweiler, Kurt, Die Jahrhundert-Show: Kapitalismus wird antifaschistisch, in: Marxistische Blätter, Heft 1/01, S. 78-86.

Gossweiler, Kurt, Faschismus und herrschende Klasse Gestern und Heute, in: Mitteilungen der Kommunistischen Plattform, Heft 10/1998, S. 20-27.

Gysi, Gregor, Ein Blick zurück, ein Schritt nach vorn, 5. Auflage, Hamburg 2001.

Hahn, André, Grundsatzbeschlüsse müssen realitätstauglich sein, in: Neues Deutschland, 13.8.2004

Hedeler, Wladislaw / Horst Helas / Dietmar Wulff, Stalins Erbe, Der Stalinismus und die deutsche Arbeiterbewegung, Berlin 1990.

Helas, Horst, PDS und Stalinismus, Ein Beitrag zur Rekonstruierung einer wissenschaftlich-politischen Debatte, hrsg. von der Historischen Kommission der PDS, Heft 5, Manuskript, Berlin 1995.

Historische Kommission beim Parteivorstand der PDS, Der 17. Juni 1953 – eine spontane Arbeitererhebung, Erklärung der Historischen Kommission beim Parteivorstand der PDS, in: PDS-Pressedienst 17/2003, 25.4.2003.

Historische Kommission beim Parteivorstand der PDS (Hrsg.), Der Stalinismus in der KPD und SED – Wurzeln, Wirkungen, Folgen, Berlin 1991.

Hornbogen, Lothar / Detlef Nakath / Gerd-Rüdiger Stephan (Hrsg.), Außerordentlicher Parteitag der SED/PDS, Protokoll der Beratungen am 8./9. und 16./17. Dezember in Berlin, Berlin 1999.

IG Arbeit, Gesundheit und Soziales bei der PDS, Arbeitsheft sozial + solidarisch, Zur sozialen Demagogie des Neofaschismus, Mai 1998.

1. Quellen

Innenministerium des Freistaats Sachsen, Verfassungsschutzbericht des Freistaates Sachsen 2001, Dresden 2002.

Innenministerium des Landes Nordrhein-Westfalen, Verfassungsschutzbericht 2001, Düsseldorf 2002.

Innenministerium des Landes Nordrhein-Westfalen, Verfassungsschutzbericht 2002, Düsseldorf 2003.

IVVdN und BdA, Erklärung des IVVdN und des BdA zur Zukunft der Gedenkstätten, Gegen die Schändung des Antifaschismus, 1.10.1999, http://www.vvn-bda.de/dokumente/9910_01.htm.

Jelpke, Ulla, Mitglied des Deutschen Bundestages für die PDS, Arbeitsbericht 1998 bis 2002.

Jelpke, Ulla, „Der Herren eigener Geist...", Kongressvortrag, in: „In der Diskussion Neofaschismus." Dokumentation des internationalen Kolloquiums „Humanismus in der Verantwortung – Gegen Rechtsextremismus, Rassismus und Nationalismus", Berlin, 4./5.10.1991, S. 4-7.

Jelpke, Ulla / Petra Pau, Fakten und Argumente zum NPD-Verbot, aus einer Materialsammlung der Büros von MdB Ulla Jelpke, innenpolitische Sprecherin und MdB Petra Pau, stellv. Fraktionsvorsitzende (Stand: 20. September 2000).

Jenaer Forum für Bildung und Wissenschaft und Arbeitsgemeinschaft Geschichte beim PDS-Landesvorstand Thüringen (Hrsg.), Nachdenken über Antifaschismus, Jena 1994.

Jünger, Sabine, Auf Bekehrung zu setzen macht wenig Sinn, Zwischen akzeptierender und antifaschistischer Jugendarbeit, in: Disput Oktober 1999.

Karl, Heinz, Zum Vordringen des Rechtsextremismus und seinen Triebkräften, in: Mitteilungen der Kommunistischen Plattform, April 2001, http://sozialisten.de/politik/publikationen/kpf-mitteilungen/view_html?zid=4212&bs=1&n=3.

Katzenstein, Robert, Zuwanderung und Arbeitsmarkt, Provoziert der gegenwärtige Kapitalismus den Zulauf für die Rechtsradikalen?, in: Utopie kreativ, Heft 49, 1994, S. 35-44.

Kaufmann, Sylvia-Yvonne, Antifaschismus und Friedensverpflichtung in die europäische Verfassung, Redebeitrag auf der Plenartagung des Konvents, Brüssel, 27. Februar 2003.

Kaufmann, Sylvia-Yvonne, Rechtsextremismus wirklich bekämpfen, in: europarot, Ausgabe 2, September 2000, S. 4.

Kommission Neofaschismus der VVN-BdA (Hrsg.), Auf dem Weg nach Rechts, Jugend im Umfeld von Neofaschismus und Konservatismus, Berlin 2003.

Kommission Neofaschismus der VVN-BdA (Hrsg.), Neofaschismus in der Bundesrepublik Deutschland III, Neofaschismus und Konservatismus, Hannover 1999.

Kommunistischen Plattform der PDS, Beschluss des Bundeskoordinierungsrates der Kommunistischen Plattform der PDS vom 9.8.2003, in: Mitteilungen der Kommunistischen Plattform, Nr. 9/2003, S. 5.

Kommunistischen Plattform der PDS, Die Aufgaben der Kommunistischen Plattform in der Weiterführung der PDS-Programmdebatte, Mitteilungen der Kommunistischen Plattform, April 2001.

Krumnow, Boris, „Autonome Antifa", http://www.linxxnet.de/linXXboriZ/TexteP/0004.html.

Lafontaine, Oskar, Die PDS ist reif für die Fusion mit der SPD, Lothar Biskys Programmentwurf schafft Klarheit: Die Postkommunisten haben mit ihrer Vergangenheit gebrochen und sind eine sozialdemokratische Partei, in: Welt am Sonntag, 14.9.2003.

Landesamt für Verfassungsschutz Baden-Württemberg, Antifaschismus als Aktionsfeld von Linksextremisten, Stuttgart 1998.

Landesamt für Verfassungsschutz Berlin, „Antifa heißt Angriff", Antifaschismus als Deckmantel für Gewalt, Durchblicke Nr. 10, Berlin 1999.

Landesamt für Verfassungsschutz Sachsen, Autonome Szene im Freistaat Sachsen, Dresden 2004.

Leutert, Michael, Wie steht Sachsens PDS künftig zur Antifa?, Interview, in: Junge Welt, 2.6.2000.

Lötzsch, Ronald, Die Linke und ihr Verhältnis zu Nation und Nationalstaat – Nationalismus und nationale Minderheiten, Berlin 2001.

Madloch, Norbert, Denkfabriken ultrarechter Bestrebungen, Burschenschaften am „rechten Rand", in: Rundbrief der AG Rechtsextremismus/Antifaschismus 3/2005, S. 13-15.

Madloch, Norbert, Ist der Vormarsch des Rechtspopulismus noch zu stoppen?, in: Rundbrief der AG Rechtsextremismus/Antifaschismus, 2/3 2002, S. 7f.

Madloch, Norbert, Gegen politische Engstirnigkeit, in: Rundbrief der AG Rechtsextremismus/Antifaschismus 2/1998, S. 31f.

Madloch, Norbert, Interview Neues Deutschland, 8.10.1996, in: Autorenkollektiv, Wie rechts ist der Zeitgeist?, Texte von der antifaschistischen Konferenz in Salzgitter, Berlin 1997, S. 57-73.

Madloch, Norbert, Neue Anforderungen für eine erfolgreiche Auseinandersetzung mit der heutigen Rechtsextremismus, in: Rundbrief 1/97, S. 1-6.

Madloch, Norbert, Zur Problematik des Rechtsextremismus in Ostdeutschland, in: In der Diskussion Neofaschismus. Dokumentation des internationalen Kolloquiums „Humanismus in der Verantwortung – Gegen Rechtsextremismus, Rassismus und Nationalismus" am 4. und 5. Oktober 1991 in Berlin, S. 7-11.

Madloch, Norbert, Rechtsextremismus in der Endphase der DDR und nach dem Zusammenschluss von BRD und DDR – Fakten und Ursachen, Manuskript, 17.1.1991.

Madloch, Norbert / Klaus Böttcher, Dummköpfe in Schnürstiefeln? Grundsätzlich falsch, Neue Fragen in der Auseinandersetzung mit dem Rechtsextremismus, Disput 4/2002, S. 32-33.

Madloch, Norbert / Werner Paff / Christoph Reimer, Antifaschismus in Geschichte und Gegenwart (Diskussionsangebot), in: PDS-Pressedienst, 10.7.1992, S. 10-16.

Markov, Helmuth, Rechtsextremismus den Boden entziehen, Rede vor dem Europaparlament, 21.9.2000, http://www.pds-europa.de/dokumente/presse/view_dok_html?zid=652&rech=1&ch=&mkid= 39e67cbb6888c2f4384791167398da5d.

Markov, Helmuth, 10 Jahre europäische Förderung von KZ-Gedenkstätten, Presseerklärung, 21.5.2003.

Meuche-Mäker, Meinhard, Quo vadis, Schill-Partei?, in: RLS Standpunkte 5/2002, http://www.rosalux.de/Bib/Pub/standpunkte/standpunkte_0205.pdf.

Ministerium für Inneres und Sport des Saarlands, Verfassungsschutz im Saarland, Überblick über das Landesamt für Verfassungsschutz und seine Beobachtungsbereiche im Jahr 2002, http://www.innen.saarland.de/9154.htm.

Mischnick, Wolfgang (Hrsg.), Verantwortung für die Freiheit, 40 Jahre F.D.P., Stuttgart 1989.

Müller, Fred / Fritz Teppich, Fallstricke, Eine Erklärung von Fred Müller und Fritz Teppich zur Antifaschismus-Resolution der PDS, Junge Welt, 20.10.2000.

Nagel, Juliane, Die autonome Antifa ist die konsequenteste antifaschistische Kraft, Neues Deutschland 2002, zitiert nach: http://www.linxxnet.de/juliane.nagel/antifa2.htm.

Neu, Viola, Das neue PDS-Programm, hrsg. von der Konrad-Adenauer-Stiftung, November 2003.

Oesterle-Schwerin, Jutta / Günter Kolodziej, Neofaschismus, Rechtsradikalismus und bürgerliche Demokratie. Gemeinsamkeiten, Unterschiede, Schlussfolgerungen, in: Bundesvorstand der Grünen (Hrsg.), Argumente gegen Reps & Co., Bonn o.J., S. 190-195.

Partei des Demokratischen Sozialismus, Antifaschistische Politik heute, Beschluss des 3. Parteitages, 2. Tagung, in: Disput Heft 13/14, 1993, S. 35-38.

Partei des Demokratischen Sozialismus, Den Politikwechsel nachholen! Deutschland braucht mehr sozialistische Politik! Die PDS und die Wahlen 2002, Beschluss der 1. Tagung des 7. Parteitages der PDS am 14. und 15. Oktober in Cottbus.

Partei des Demokratischen Sozialismus, Grundsatzprogramm der PDS, beschlossen am 25.2.1990, in: Partei des Demokratischen Sozialismus, Programm und Statut, Berlin 1990.

Partei des Demokratischen Sozialismus, Programm der Partei des Demokratischen Sozialismus, Beschluss der 1. Tagung des 3. Parteitages der PDS am 29. bis 31. Januar 1993 in Berlin.

Partei des Demokratischen Sozialismus, Programm der Partei des Demokratischen Sozialismus, Beschluss der 2. Tagung des 8. Parteitages der PDS am 25./26. Oktober 2003 in Chemnitz, http://sozialisten.de/partei/grundsatzdokumente/programm/programm2003.pdf.

Parteivorstand der SPD (Hrsg.), Für eine starke Demokratie - Wirksam handeln gegen rechts! Handlungs- und Aktionsstrategien, Analysen, Berlin 2005, http://www.spd.de/servlet/PB/show/ 1047264/290305_WBHM-Wirksam-handeln-gegen-rechts.pdf.

Parteivorstand der SPD (Hrsg.), Arbeitspaket, Kein Platz für Rechtsextremismus, Berlin, 11/2000, http://www.spd.de/servlet/PB/show/1010063/Arbeitspaket%20Rechtsextremismus.pdf.

1. Quellen

Pätzold, Kurt, Geschichtliche und aktuelle Befunde zum „Rechtsextremismus", in: Mitteilungen der Kommunistischen Plattform, Heft 10/1998, S. 3-16.

Pau, Petra, Nicht nur das Verfahren ist verfahren, in: Disput 3/2003, S. 22 f.

Pau, Petra, Geheimdienste und Rechtsextremismus zurückdrängen, Pressemitteilung vom 18. März 2003.

PDS Sachsen, Nation und die Linke im 21. Jahrhundert, Beiträge zur Programmdebatte, Heft 8, Dresden 2001.

PDS Sachsen, Antifaschistisches Aktionsprogramm der PDS Sachsen, beschlossen auf der 2. Tagung des 6. Landesparteitages in Reichenbach, 25./26.11.2000, http://www.appixportale.de/pds-sachsen.de/aktuell.asp?iid=131.

PDS-Fraktion im Abgeordnetenhaus von Berlin, Gegen rechte Gesinnung in jungen Köpfen, Parlamentarische Initiativen und Anfragen, Berlin 2000.

PDS-Fraktion im Landtag von Sachsen-Anhalt (Hrsg.), Die DVU im Landtag von Sachsen-Anhalt 1998-1999, Beiträge zu einer Bilanz, 3. Auflage, Magdeburg 1999.

PDS-Fraktion im Sächsischen Landtag, Handlungskonzept zur antifaschistischen Politik der PDS-Fraktion im Sächsischen Landtag, Dresden 2003.

PDS-Fraktion im Stadtrat Arnstadt / PDS-Stadtvorstand Arnstadt, Handlungskonzept für die Stadt Arnstadt gegen Rassismus und Neofaschismus, für Demokratie, o.J., http://www.steffen-dittes.de/PolitikAntifa.htm.

PDS-Fraktion im Thüringer Landtag, Das Maß ist voll, Der BdV und Latussek, Erfurt o.J. (wohl 2002).

PDS-Landesvorstand Berlin (Hrsg.), Kein Sommerloch, Diskussionen – Strategien – Differenzen, Berlin 2000.

PDS-Parteivorstand, Neue Gerechtigkeit sichert Zukunft. Wahlstrategie der PDS, Beschluss vom 5.5.2001, in: PDS-Pressedienst 19/2001, S. 3-8.

Peters, Tim, Wie demokratisch ist der Antifaschismus der PDS?, Einige kritische Anmerkungen zur antifaschistischen Arbeit der Partei aus antiextremistischer Perspektive, in: Rundbrief der AG Rechtsextremismus/Antifaschismus 2+3/04, S. 43-50.

Pirker, Theo (Hrsg.), Komintern und Faschismus. Dokumente zur Geschichte und Theorie des Faschismus, Stuttgart 1965.

Pollach, Günter, Die PDS im kommunalen Parteiensystem, in: Michael Brie/Rudolf Woderich (Hrsg.), Die PDS im Parteiensystem, Schriften 4 hrsg. von der Rosa-Luxemburg-Stiftung Gesellschaftsanalyse und Politische Bildung, Berlin 2000, S. 194-207.

Reißig, Rolf, Mitregieren in Berlin, Die PDS auf dem Prüfstand, Berlin 2005.

Richter, Rolf, Antifaschismus, in: Rundbrief der AG Rechtsextremismus/Antifaschismus 3/2005, S. 20.

Richter, Rolf / Norbert Madloch / Manfred Otto / Reiner Zilkenat / Horst Dohle / Klaus Böttcher, Thesenentwurf, Der Antifaschismus, die PDS und die Auseinandersetzung unserer Zeit, Berlin 1991, Manuskript.

Richter, Rolf, Ist Antifaschismus noch zeitgemäß?, in: Magistratsverwaltung für Jugend, Familie und Sport (Hrsg.), Jugend und Rechtsextremismus in Berlin-Ost, Fakten und Gegenstrategien, Berlin o.J. (wohl 1990), S. 63-68.

Richter, Stefan, Eine unabdingbare und radikale Entscheidung, Vom Gründungskongress der gemeinsamen Partei „Europäische Linke" am 8. und 9. Mai in Rom, in: Disput 5/2004, S. 18-22.

Rosa-Luxemburg-Stiftung, Jahresbericht 2001, Berlin 2002.

Roth, Roland unter Mitarbeit von Anke Benack, Bürgernetzwerke gegen Rechts, Evaluierung von Aktionsprogrammen und Maßnahmen gegen Rechtsextremismus und Fremdenfeindlichkeit, erstellt für den Arbeitskreis „Bürgergesellschaft und Aktivierender Staat" der Friedrich-Ebert-Stiftung, Bonn 2003, http://fesportal.fes.de/pls/portal30/docs/FOLDER/BUERGERGESELLSCHAFT/044-Buergernetzwerke.pdf.

Sassnig, Ronald, Ernst Thälmann und wir, Die historischen Leistungen Ernst Thälmanns – Vermächtnis der SED bei der weiteren Gestaltung der entwickelten sozialistischen Gesellschaft in der DDR und für die Erhaltung des Weltfriedens, hrsg. von der Parteihochschule „Karl Marx" beim ZK der SED, Berlin 1986.

Schneider, Ulrich, Neue Tendenzen des Geschichtsrevisionismus, in: Vorwärts in die Vergangenheit?, Argumente gegen Rechts, Texte einer antifaschistischen Konferenz der PDS in Berlin am 23. Oktober 1993, S. 133-147.

Schröder, Gerhard, Vorwort, in: Sozialdemokratische Partei Deutschlands (Hrsg.), Der Freiheit verpflichtet, Gedenkbuch der deutschen Sozialdemokratie im 20. Jahrhundert, Berlin 2000, S. 9 f.

Senatsverwaltung für Inneres, Antisemitismus im extremistischen Spektrum Berlins, Berlin 2004.

Senator für Inneres, Kultur und Sport, Verfassungsschutzbericht der Freien Hansestadt Bremen 2002, Bremen 2003.

Sindermann, Horst u.a., Ernst Thälmann – unsere Partei erfüllt sein Vermächtnis, Wissenschaftliche Konferenz zum 100. Geburtstag Ernst Thälmanns in Berlin am 12. und 13. März 1986, Berlin 1986.

Sozialdemokratische Partei Deutschlands, Grundsatzprogramm der Sozialdemokratischen Partei Deutschlands. Beschlossen vom Programm-Parteitag der SPD am 20.12.1989 in Berlin, geändert auf dem Parteitag in Leipzig am 17.4.1998.

Sozialdemokratische Partei Deutschlands (Hrsg.), Der Freiheit verpflichtet, Gedenkbuch der deutschen Sozialdemokratie im 20. Jahrhundert, Berlin 2000.

Sozialdemokratische Partei Deutschlands (SPD), Landesverband Berlin und Partei des Demokratischen Sozialismus (PDS), Landesverband Berlin, Koalitionsvereinbarung zwischen der Sozialdemokratischen Partei Deutschlands (SPD) Landesverband Berlin und der Partei des Demokratischen Sozialismus (PDS) Landesverband Berlin für die Legislaturperiode 2001-2006, http://berlin.spd.de/servlet/PB/show/1006552/koa2002_gesamt.pdf.

SPD und Bündnis 90/Die Grünen, Koalitionsvereinbarung zwischen der SPD und Bündnis 90/Die Grünen, Aufbruch und Erneuerung – Deutschlands Weg ins 21. Jahrhundert, Bonn, 20.10.1998.

SPD-Parteivorstand (Hrsg.), Grundsatzprogramm der SPD, Bonn 1959.

SPD-Parteivorstand (Hrsg.), Jahrbuch 1988-1990, Bonn o.J.

Stalin, Josef W., Werke, Berlin (Ost) 1952.

Thierse, Wolfgang, Strategiepapier „Gesichtspunkte für eine Verständigung der ostdeutschen Sozialdemokraten zum Thema Umgang mit der ‚PDS‘", in: Frankfurter Rundschau vom 19.12.1996.

VII. Weltkongreß der Kommunistischen Internationale, Referate, Aus der Diskussion, Schlußwort, Resolutionen, Frankfurt a.M. 1971.

VVN-BdA-Kommission Neofaschismus (Hrsg.), Neofaschismus in der Bundesrepublik Deutschland III, Neofaschismus und Konservatismus, Hannover 1999, S. 49-52.

Weis, Florian, Die PDS in den westlichen Bundesländern, Anmerkungen zu keiner Erfolgsgeschichte, in: Utopie kreativ, Heft 173 (März 2005), S. 257-265

Weißbecker, Manfred, Möglichkeiten und Grenzen für die Anwendung des Faschismusbegriffs auf heutige Zeiten, in: Weißenseer Blätter 2/2003, S. 51-56.

Wiegel, Gerd, Die Union und der rechte Rand, Zur Strategie der CDU/CSU-Fraktion im Umgang mit Parteien der extremen Rechten, hrsg. von der PDS-Bundestagsfraktion, Berlin 2002.

Wohlfeil, Philipp, Richtungsentscheidungen?, Disput, Juni 2000.

Wolf, Harald, Widerstand gegen Diktatur und Unterdrückung ist niemals umsonst, 20.7.2003, http://www.berlin.de/landespressestelle/archiv/2003/07/18/13769/index.html.

Zentralrat der Freien Deutschen Jugend, Abteilung Propaganda, Ernst Thälmann – unser Vorbild, Berlin 1986.

Zessin, Gunnar, Hilflosen Antifaschismus überwinden, in: Disput Nr. 17, 1993.

Zetkin, Clara, Es gilt, den Faschismus niederzuringen!, Eröffnungsrede als Alterspräsidentin des Reichstages, in: Ausgewählte Reden und Schriften, Band III, Auswahl aus den Jahren 1924 bis 1933, hrsg. vom Institut für Marxismus-Leninismus beim ZK der SED, Berlin 1960, S. 413-419.

Zilkenat, Reiner, „Der Schoß ist fruchtbar noch", Aktivtagung des Kreisverbandes Sächsische Schweiz der PDS zum Umgang mit rechten Strukturen und der NPD in der Region, in: Rundbrief der AG Rechtsextremismus/Antifaschismus 3/2005, S. 48 f.

Zilkenat, Reiner, Bittere Wahrheiten und vermeidbare Irrtümer. Kritische Gedanken zu Tim Peters' Beitrag zum Antifaschismus der PDS, in: Rundbrief der AG Rechtsextremismus/Antifaschismus 1+2/2005, S. 46-51.

2. Literatur

Zilkenat, Reiner, Was tun gegen Antisemitismus?, in: Disput, 2. Oktoberheft 1991, S. 6-9.
Zschoge, Holger, Antifaschismus wächst von unten, in: „Wer redet da von Entwarnung?", Berlin 1995, S. 141-144.

2.   Literatur

Abendroth, Wolfgang, Das Grundgesetz – sein antifaschistischer und sozialer Auftrag, in: ders. u.a., Der antifaschistische Auftrag des Grundgesetzes. Eine Waffe der Demokraten. Texte eines Kolloquiums von Antifaschisten zum 25. Jahrestag der Verkündung des Grundgesetzes, Frankfurt a.M. 1974, S. 16-21.

Abendroth, Wolfgang (Hrsg.), Faschismus und Kapitalismus, Theorien über die sozialen Ursprünge und die Funktion des Faschismus in Deutschland, Frankfurt a.M. 1967.

Agde, Günter, Sachsenhausen bei Berlin. Speziallager Nr. 7 1945-1950, Berlin o.J.

Agethen, Manfred, Gedenkstätten und antifaschistische Erinnerungskultur in der DDR, in: ders./Eckhard Jesse/Ehrhart Neubert (Hrsg.), Der missbrauchte Antifaschismus, DDR-Staatsdoktrin und Lebenslüge der deutschen Linken, S. 128-144.

Agethen, Manfred / Eckhard Jesse / Ehrhart Neubert (Hrsg.), Der missbrauchte Antifaschismus, DDR-Staatsdoktrin und Lebenslüge der deutschen Linken, Freiburg i.Br. 2002.

Akademie für Gesellschaftswissenschaften beim ZK der SED (Hrsg.), Linksradikalismus. Linksradikale Kräfte in den gesellschaftlichen Auseinandersetzungen, Berlin (Ost) 1989.

Alemann, Ulrich von, Das Parteiensystem der Bundesrepublik Deutschland, 3. Auflage, Opladen 2003.

Ammon, Herbert, Antifaschismus im Wandel?, Historisch-kritische Anmerkungen zur Aktualität eines Begriffs, in: Uwe Backes/Eckhard Jesse/Rainer Zitelmann (Hrsg.), Die Schatten der Vergangenheit, Impulse zur Historisierung des Nationalsozialismus, um ein Nachw. erw. Ausg., Frankfurt a.M. 1992, S. 568-594.

Bach, Roland, Neuer Aufbruch?, Jugendbewegungen in den Ländern des Kapitals, hrsg. von der Akademie für Gesellschaftswissenschaften beim Zentralkomitee der SED, Institut für wissenschaftlichen Kommunismus, Berlin 1989.

Backes, Uwe, Antifaschismus – Anmerkungen zu Begriff und Geschichte, in: Manfred Agethen/Eckhard Jesse/Ehrhart Neubert (Hrsg.): Der missbrauchte Antifaschismus, DDR-Staatsdoktrin und Lebenslüge der deutschen Linken, Freiburg i.Br. 2002, S. 31-39.

Backes, Uwe, Organisationen 2000, in: Uwe Backes/Eckhard Jesse (Hrsg.), Jahrbuch Extremismus & Demokratie, Bd. 13, Baden-Baden 2001, S. 107-124.

Backes, Uwe, Gestalt und Bedeutung des intellektuellen Rechtsextremismus in Deutschland, in: Aus Politik und Zeitgeschichte, B 46/2001, S. 24-31.

Backes, Uwe, Politischer Extremismus in demokratischen Verfassungsstaaten, Elemente einer normativen Rahmentheorie, Opladen 1998.

Backes, Uwe / Eckhard Jesse, Die „Extremismus-Formel" – Zur Fundamentalkritik an einem historisch-politischen Konzept, in: dies. (Hrsg.), Jahrbuch Extremismus & Demokratie, Bd. 13, Baden-Baden 2001, S.13-29.

Backes, Uwe / Eckhard Jesse, Antiextremistischer Konsens – Prinzipien und Praxis, in: dies. (Hrsg.), Jahrbuch Extremismus & Demokratie, Bd. 12, Baden-Baden 2000, S. 13-30.

Backes, Uwe / Eckhard Jesse, Politischer Extremismus in der Bundesrepublik Deutschland, 4. Auflage, Bonn 1996.

Backes, Uwe / Eckhard Jesse, Extremismus der Mitte? – Kritik an einem modischen Schlagwort, in: dies. (Hrsg.), Jahrbuch Extremismus & Demokratie, Bd. 7, Baden-Baden 1995, S. 13-26.

Backes, Uwe / Eckhard Jesse, Demokratie und Extremismus, Anmerkungen zu einem antithetischen Begriffspaar, in: Aus Politik und Zeitgeschichte, B 44/1983, S. 3-18.

Badura, Peter, Staatsrecht, Systematische Erläuterungen des Grundgesetzes für die Bundesrepublik Deutschland, 2. Auflage, München 1996.

Baron, Udo, Kalter Krieg und heißer Frieden, Der Einfluss der SED und ihrer westdeutschen Verbündeten auf die Partei „Die Grünen", Münster 2003.

X. Quellen- und Literaturverzeichnis

Baron, Udo, Anti-Antikommunismus, Antifaschismus, Antiamerikanismus als zentrale Leitbilder der Grünen, in: Zeitschrift des Forschungsverbundes SED-Staat, Nr. 14/2003, S. 110-118.

Battis, Ulrich / Joachim Grigoleit,, Neue Herausforderungen für das Versammlungsrecht?, Neue Zeitschrift für Verwaltungsrecht 2001, S. 121-129.

Baus, Ralf Thomas, Die Christlich-Demokratische Union Deutschlands in der sowjetisch besetzten Zone 1945 bis 1948, Gründung – Programm – Politik, Düsseldorf 2001.

Bayerlein, Bernhard H., Einheitsfront- und Volksfrontmythos als Ursprungslegenden des Antifaschismus, in: Claudia Keller (Hrsg.), Die Nacht hat zwölf Stunden, dann kommt schon der Tag, Antifaschismus, Geschichte und Neubewertung, Berlin 1996, S. 103-122.

Berg, Heinz Lynen von, Politische Mitte und Rechtsextremismus, Diskurse zu fremdenfeindlicher Gewalt im 12. Deutschen Bundestag (1990-1994), Opladen 2000.

Berger, Henrik, Im Visier: die Neue Rechte, Der NRW-Verfassungsschutz sucht nach Definitionen für eine neue Gefahr, in: Die Welt, 14.10.2003.

Bergsdorf, Harald, Extremismusbegriff im Praxistest: PDS und REP im Vergleich, in: Uwe Backes/Eckhard Jesse (Hrsg.), Jahrbuch Extremismus & Demokratie, Bd. 14, Baden-Baden 2002, S. 61-80.

Bergsdorf, Harald, Kein voreiliges Requiem. Die PDS nach der Bundestagswahl, in: Liberal 45 (2001), 3, S. 30-33.

Bergsdorf, Wolfgang, Herrschaft und Sprache, Studie zur politischen Terminologie der Bundesrepublik Deutschland, Pfullingen 1983.

Bethge, Herbert, Art. 5, in: Michael Sachs (Hrsg.), Grundgesetz, Kommentar, 3. Auflage, München 2003.

Blank, Bettina, Die „Vereinigung der Verfolgten des Naziregimes – Bund der Antifaschistinnen und Antifaschisten" (VVN-BdA), in: Uwe Backes/Eckhard Jesse (Hrsg.), Jahrbuch Extremismus & Demokratie, Band 12 (2000), Baden-Baden 2001, S. 224-239.

Bloch, Hans-Joachim, Aspekte des Antifaschismuskampfes der orthodoxen Kommunisten, in: Bundesminister des innern (Hrsg.), Bedeutung und Funktion des Antifaschismus, Texte zur Inneren Sicherheit, Bonn 1990, S. 39-51.

Boden, Petra, Antifaschismus als Ordnungsgröße in der germanistischen Literaturwissenschaft der DDR, in: Claudia Keller (Hrsg.), Die Nacht hat zwölf Stunden, dann kommt schon der Tag, Antifaschismus, Geschichte und Neubewertung, Berlin 1996, S. 219-233.

Böhm, Franz, Freiheit und Ordnung in der Marktwirtschaft, hrsg. von Ernst-Joachim Mestmäcker, Baden-Baden 1980.

Bohnsack, Günter / Herbert Brehmer, Auftrag Irreführung. Wie die Stasi Politik im Westen machte, Hamburg 1992.

Bollmann, Ralph, Union fürchtet „Kampagne gegen Konservative", in: die tageszeitung, 29.8.2000.

Bösch, Frank, Die Adenauer-CDU, Gründung, Aufstieg und Krise einer Erfolgspartei 1945-1969, Stuttgart 2001.

Bracher, Karl Dietrich, Zeitgeschichtliche Kontroversen, Um Faschismus, Totalitarismus, Demokratie, München 1976.

Bramke, Werner, Antifaschistische Tradition und aktueller Antifaschismus, in: Klaus Kinner/Rolf Richter (Hrsg.), Rechtsextremismus und Antifaschismus, Historische und aktuelle Dimensionen, Berlin 2000, S. 8-13.

Braun, Stephan / Daniel Hörsch (Hrsg.), Rechte Netzwerke – eine Gefahr, Wiesbaden 2004.

Brodkorb, Mathias / Thomas Schmid, Rechtsextremismus in Mecklenburg-Vorpommern, in: Gibt es einen modernen Rechtsextremismus?, Das Fallbeispiel Mecklenburg-Vorpommern, hrsg. von der Friedrich-Ebert-Stiftung Landesbüro Mecklenburg-Vorpommern, 2. Auflage.

Brückl, Hans, Zwischen Rot und Braun, Der verordnete Antifaschismus der DDR und der „Fall" Wilhelm Kunze, Bergisch Gladbach 2001.

Brückom, Axel, Jenseits des „Magdeburger Modells", in: Uwe Backes/Eckhard Jesse (Hrsg.), Jahrbuch Extremismus & Demokratie, Bd. 9, Baden-Baden 1997, S. 174-187.

Buber-Neumann, Margarete, Als Gefangene bei Hitler und Stalin, Eine Welt im Dunkel, Stuttgart 1958.

2. Literatur

Buchstab, Günter / Brigitte Kaff / Hans-Otto Kleinmann (Hrsg.), Christliche Demokraten gegen Hitler, Aus Verfolgung und Widerstand zur Union, Freiburg i.Br. 2004.

Buchstab, Günter / Klaus Gotto (Hrsg.), Die Gründung der Union, Traditionen, Entstehung, Repräsentanten, 2. Auflage, München 1990.

Buddrus, Michael, Anmerkungen zur Jugendpolitik der KPD 1945/46, in: Hartmut Mehringer/Michael Schwarz/Hermann Wentker, Erobert oder befreit?, Deutschland im internationalen Kräftefeld und die Sowjetische Besatzungszone (1945/46), München 1998, S. 287-336.

Bugiel, Britta, Rechtsextremismus Jugendlicher in der DDR und in den neuen Bundesländern von 1982-1998, Münster 2002.

Bundesminister des innern (Hrsg.), Bedeutung und Funktion des Antifaschismus, Texte zur Inneren Sicherheit, Bonn 1990.

Burger, Reiner, Wir brauchen keine Volksarmee, gebt uns Butter, Frankfurter Allgemeine Zeitung, 11.6.2003.

Buschfort, Wolfgang, Wie SED und MfS in Westdeutschland „Faschisten" suchten und bei sich selbst „übersahen", in: Manfred Agethen/Eckhard Jesse/Ehrhart Neubert (Hrsg.), Der missbrauchte Antifaschismus, DDR-Staatsdoktrin und Lebenslüge der deutschen Linken, Freiburg i.Br. 2002, S. 237-247.

Butterwegge, Christoph, Rechtspopulismus in der Mitte?, Über die aktuellen Tendenzen zu einer Renationalisierung der politischen Kultur in Deutschland, in: spw, Heft 126, Juli/August 2002, S. 43-46.

Butterwegge, Christoph, Globalismus, Neoliberalismus, Rechtsextremismus, in: Utopie kreativ, Heft 135, Januar 2002, S. 55-67.

Butterwegge, Christoph, Rechtsextremismus, Freiburg i.Br. 2002.

Butterwegge, Christoph, Herren und andere Menschen, Rechtsextremismus und politische (Un-)Kultur in Deutschland, in: Ulrich Schneider (Hrsg.), Tut was!, Strategien gegen Rechts, Köln 2001, S. 50-59.

Butterwegge, Christoph, Parteiordnungsverfahren, Zur Rolle der Parteigerichtsbarkeit in der SPD, Berlin 1975.

Butterwegge, Christoph / Alexander Häusler, Rechtsextremismus, Rassismus und Nationalismus: Randprobleme oder Phänomene der Mitte?, in: dies. u.a., Themen der Rechten – Themen der Mitte, Zuwanderung, demografischer Wandel und Nationalbewusstsein, Opladen 2002, S. 217-266.

Butterwegge, Christoph / Rudolf Hickel / Ralf Ptak, Sozialstaat und neoliberale Hegemonie, Standortnationalismus als Gefahr für die Demokratie, Berlin 1998.

Buttlar, Horst von, Braune in Nadelstreifen, „Neue Rechte" in Deutschland, in: Spiegel Online 10.10.2003.

Carmanns, Gabriela I., Geschichte und Politik des niedersächsischen Landesverbandes der FDP in seiner Umbruch- und Konsolidierungsphase 1967-1978, Aachen 2000.

Coppi, Hans, Antifaschismus, in: Bundesverband der Jungsozialistinnen und Jungsozialisten in der SPD (Hrsg.), Handbuch Rechtsextremismus, Berlin o.J. (wohl 1999), S. 5-9.

Courtois, Stéphane, Kommunismus im Zeitalter des Totalitarismus – eine Jahrhundertbilanz, in: Uwe Backes/ders. (Hrsg.), „Ein Gespenst geht um in Europa", Das Erbe kommunistischer Ideologien, Schriften des Hannah-Arendt-Instituts für Totalitarismusforschung Band 20, Köln 2002, S. 17-58.

Courtois, Stéphane u.a., Das Schwarzbuch des Kommunismus, Unterdrückung, Verbrechen und Terror, München 1998.

Dahrendorf, Ralf, Gesellschaft und Demokratie in Deutschland, München 1965.

Daniel, Hans, Mobilmachung, Die „Anti-Antifa" präsentiert ein neues Strategiepapier zum Aufbau eines „Nationalen Informationsdienstes", in: Junge Welt, Antifa-Beilage, 27.8.2003.

Daniel, Hans, Der lange Weg zur Vereinigung, Antifaschisten aus Ost und West vor dem Zusammenschluss, Ein Blick zurück in die Ost- und Westgeschichte der VVN, in: Junge Welt, 25.9.2002.

Danyel, Jürgen, DDR-Antifaschismus: Rückblick auf zehn Jahre Diskussion, offene Fragen und Forschungsperspektiven, in: Annette Leo/Peter Reif-Spirek (Hrsg.), Vielstimmiges Schweigen, Neue Studien zum DDR-Antifaschismus, Berlin 2001.

Danyel, Jürgen, Antifaschismus als Geschichtswissenschaft, Programmatischer Anspruch, Wissenschaftsmentalität und selbstverschuldete Unmündigkeit der ostdeutschen Zeitgeschichtsschreibung zum Nationalsozialismus, in: Claudia Keller (Hrsg.), Die Nacht hat zwölf Stunden, dann kommt schon der Tag, Antifaschismus, Geschichte und Neubewertung, Berlin 1996, S. 203-219.

Debes, Martin, Alles nur Privatpersonen, Thüringer Allgemeine, 17. Juli 2002.

Decker, Frank, Der neue Rechtspopulismus, 2. Auflage, Wiesbaden 2004.

Decker, Frank, Perspektiven des Rechtspopulismus in Deutschland am Beispiel der Schill-Partei, in: Aus Politik und Zeitgeschichte, B 21/2002, S. 22-31.

Denzer, Gerold, Europäische Parteien, Begriff und Funktion in einem europäischen Integrationsensemble, Baden-Baden 1999.

Dittberner, Jürgen, FDP – Partei der zweiten Wahl, Ein Beitrag zur Geschichte der liberalen Partei und ihrer Funktion im Parteiensystem der Bundesrepublik, Opladen 1987.

Dittberner, Jürgen, Die Freie Demokratische Partei, in: Richard Stöss (Hrsg.), Parteien-Handbuch, Die Parteien der Bundesrepublik Deutschland 1945-1980, Band II: FDP bis WAV, S. 1311-1381.

Doerry, Thomas, Antifaschismus in der Bundesrepublik, Vom antifaschistischen Konsens 1945 bis zur Gegenwart, Frankfurt a.M. 1980.

Dudek, Peter, Antifaschismus. Von einer politischen Kampfformel zum erziehungstheoretischen Grundbegriff?, in: Zeitschrift für Pädagogik 36, 1990, S. 353-369.

Dürr, Tobias, Die Linke nach dem Sog der Mitte. Zu den Programmdebatten von SPD, Grünen und PDS in der Ära Schröder, in: Aus Politik und Zeitgeschichte, B 21/2002, S. 5-12.

Eckert, Rainer / Bernd Faulenbach (Hrsg.), Halbherziger Revisionismus. Zum postkommunistischen Geschichtsbild, München und Landsberg am Lech 1996.

Edelbloude, Johanna, L'affaire Ostrowski: le parti néo-socialiste est-allemand face à l'extrême droite, in: Revue Française de Science Politique, vol. 53, n°3, Juni 2003, S. 409-433.

Eilders, Christiane, Bilder der Parteien in den Medien: Die Darstellung der PDS in überregionalen Pressekommentaren, in: Michael Brie/Rudolf Woderich (Hrsg.), Die PDS im Parteiensystem, Schriften 4 hrsg. von der Rosa-Luxemburg-Stiftung Gesellschaftsanalyse und Politische Bildung, Berlin 2000, S. 154-166.

Eisel, Stefan, Die Gefahr des Irrationalen, Wie die GRÜNEN der ideologischen Versuchung erliegen, in: Helmut Langner (Hrsg.), Die Grünen auf dem Prüfstand, Analyse einer Partei, Bergisch Gladbach 1987, S. 249-282.

Eisenfeld, Bernd, Rechtsextremismus in der DDR – Ursachen und Folgen, in: Manfred Agethen/Eckhard Jesse/Ehrhart Neubert (Hrsg.), Der missbrauchte Antifaschismus, DDR-Staatsdoktrin und Lebenslüge der deutschen Linken, Freiburg i.Br. 2002, S. 221-236.

Elm, Ludwig, Konservatismus und Faschismus, Anmerkungen im Kontext der Jahrhundertbilanz, in: Manfred Weißbecker/Reinhard Kühnl/Erika Schwarz (Hrsg.), Rassismus, Faschismus, Antifaschismus. Forschungen und Betrachtungen gewidmet Kurt Pätzold zum 70. Geburtstag, Köln 2000, S. 498-510.

Erhard, Ludwig, Wohlstand für alle, Düsseldorf 1957.

Erlinghagen, Robert, Die Diskussion um den Begriff des Antifaschismus seit 1989/90, Berlin 1997.

Everts, Carmen, Politischer Extremismus, Theorie und Analyse am Beispiel der Parteien REP und PDS, Berlin 2000.

Faller, Kurt / Bernd Wittich, Abschied vom Antifaschismus, Frankfurt/Oder 1997.

Falter, Jürgen W., Hitlers Wähler, München 1991.

Faulenbach, Bernd, Die „Verarbeitung" des 17. Juni 1953 in der DDR und der Bundesrepublik, in: Ulrich Mählert (Hrsg.), Der 17. Juni 1953, Ein Aufstand für Einheit, Recht und Freiheit, Bonn 2003, S. 252-272.

Faulenbach, Bernd, Die DDR als antifaschistischer Staat, in: Rainer Eckert/Bernd Faulenbach (Hrsg.), Halbherziger Revisionismus. Zum postkommunistischen Geschichtsbild, München und Landsberg am Lech 1996, S. 47-68.

Felice, Renzo De, Die Deutungen des Faschismus, hrsg. von Josef Schröder unter Mitwirkung von Josef Muhr, Göttingen 1980.

Ferchland, Britta, Rechtsextremismus: Kein reiner Männerwahn, Neues Deutschland, 24.5.2000, S. 5.

Fest, Joachim C., Hitler, eine Biographie, 6. Auflage, Frankfurt a.M. 1996.

2. Literatur

Fichter, Tilman, SDS und SPD, Parteilichkeit jenseits der Partei, Opladen 1988.

Fink, Heinrich, Antifaschistische Gedenkstätten im Spannungsfeld der Bundesrepublik, in: Manfred Weißbecker/Reinhard Kühnl/Erika Schwarz (Hrsg.), Rassismus, Faschismus, Antifaschismus. Forschungen und Betrachtungen gewidmet Kurt Pätzold zum 70. Geburtstag, Köln 2000, S. 511-517.

Finker, Kurt, Zwischen Integration und Legitimation, Der antifaschistische Widerstandskampf in Geschichtsbild und Geschichtsschreibung der DDR, Schkeuditz 1999.

Finn, Gerhard, Die Roten und Buchenwald, Vom schwierigen Werden einer zweifachen Gedenkstätte, in: Zeitschrift des Forschungsverbundes SED-Staat, Nr. 12 (2002), S. 127-145.

Fippel, Günter, Antifaschismus als Integrationsideologie und Herrschaftsinstrument, 30. Sitzung der Enquete-Kommission „Aufarbeitung von Geschichte und Folgen der SED-Diktatur in Deutschland" am 5.3.1993, in: Materialien der Enquete-Kommission (12. Legislaturperiode des Deutschen Bundestages), hrsg. vom Deutschen Bundestag, Band III, Baden-Baden/Frankfurt a.M., S. 110-120.

Fippel, Günter, Der Mißbrauch des Faschismus-Begriffs in der SBZ/DDR, in: Deutschland-Archiv 25, 1992, S. 1055-1065.

Fogt, Helmut, Die GRÜNEN und die Neue Linke, Zum innerparteilichen Einfluß des organisierten Linksextremismus, in: Helmut Langner (Hrsg.), Die Grünen auf dem Prüfstand, Analyse einer Partei, Bergisch Gladbach 1987, S. 129-208.

Friedrich, Carl Joachim / Zbigniew Kazimierz Brzezinski, Totalitarian dictatorship and autocracy, Cambridge, Mass. 1956.

Friedrich, Walter, Rechtsextremismus im Osten, Ein Ergebnis der DDR-Sozialisation?, Rosa-Luxemburg-Stiftung Sachsen, Schkeuditz 2002.

Frisch, Peter, Militante Autonome, in: Uwe Backes/Eckhard Jesse (Hrsg.), Jahrbuch Extremismus & Demokratie, Bd. 9, Baden-Baden 1997, S. 188-201.

Fülberth, Georg, in: Boris Gröndahl/Wolfgang Schneider (Hrsg.), Was tun?, Der Konkret-Kongreß, Über Bedingungen und Möglichkeiten linker Politik und Gesellschaftskritik, Hamburg 1994, S. 30-33.

Funke, Hajo, Paranoia und Politik, Rechtsextremismus in der Berliner Republik, Berlin 2002.

Funke, Manfred, „Antifaschismus". Zum Blendcharakter einer politischen Allzweckwaffe, in: Manfred Agethen/Eckhard Jesse/Ehrhart Neubert (Hrsg.): Der missbrauchte Antifaschismus, DDR-Staatsdoktrin und Lebenslüge der deutschen Linken, Freiburg i.Br. 2002, S. 305-313.

Furet, François, Le passé d'une illusion, Essai sur l'idée communiste au xxᵉ siècle, Paris 1995.

Gansel, Norbert, Die Strategie in der Diskussion der Jungsozialisten, in: ders. (Hrsg.), Überwindet den Kapitalismus oder Was wollen die Jungsozialisten?, Reinbek 1971, S. 92-94.

Gerner, Manfred, Partei ohne Zukunft? Von der SED zur PDS, München 1994.

Gerth, Michael, Die PDS und die ostdeutsche Gesellschaft im Transformationsprozess, Wahlerfolge und politisch-kulturelle Kontinuitäten, Hamburg 2003.

Giordano, Ralph, Der verordnete Antifaschismus, Ein Wort zum Thema „NS-Erbe und DDR", in: ders., Die zweite Schuld oder Von der Last Deutscher zu sein, Hamburg 1987, S. 215-228.

Glotz, Peter, Die Linke nach dem Sieg des Westens, Stuttgart 1992.

Gramsci, Antonio, Briefe aus dem Kerker, Berlin 1956.

Granata, Cora, „Das hat in der DDR keine Rolle gespielt, was man war", „Ostalgie" und Erinnerungen an Antisemitismus in der DDR, 1949-1960, in: Moshe Zuckermann (Hrsg.), Zwischen Politik und Kultur – Juden in der DDR, Göttingen 2002, S. 82-100.

Grebing, Helga, Linksradikalismus gleich Rechtsradikalismus, Eine falsche Gleichung, Stuttgart 1971.

Griepenburg, Rüdiger /Karl Hermann Tjaden, Faschismus und Bonapartismus, Zur Kritik der Faschismustheorie August Thalheimers, in: Das Argument 41, 1966, S. 461-472.

Griffin, Roger, The Nature of Fascism, London 1991.

Grunenberg, Antonia, Antifaschismus – ein deutscher Mythos, Reinbek 1993.

Gurland, Arkadij, Das Heute der proletarischen Aktion, Hemmnisse und Wandlungen im Klassenkampf, Berlin 1931.

Gusy, Christoph, Artikel 8, in: Hermann von Mangoldt/Friedrich Klein/Christian Starck, Das Bonner Grundgesetz, Kommentar, 4. Auflage, Band 1, München 1999.

Gusy, Christoph, Rechtsextreme Versammlungen als Herausforderung an die Rechtspolitik, in: Juristen Zeitung 2002, S. 105-114.

Gutscher, Jörg Michael, Die Entwicklung der FDP von ihren Anfängen bis 1961, 2. Auflage, Königstein/Ts. 1984.

Gysi, Gregor, Was nun?, Über Deutschlands Zustand und meinen eigenen, Hamburg 2003.

Gysi, Gregor, Ein Blick zurück, ein Schritt nach vorn, 5. Auflage, Hamburg 2001.

Gysi, Gregor, Das war's. Noch lange nicht! Düsseldorf 1995.

Hahn, André, Zum Umgang mit Rechtsextremen in den Parlamenten, in: Klaus Kinner/Rolf Richter, Rechtsextremismus und Antifaschismus, Berlin 2000, S. 52-55.

Hanns-Seidel-Stiftung (Hrsg.), Geschichte einer Volkspartei, 50 Jahre CSU – 1945-1995, Grünwald 1995.

Hansen, Hendrik, Die Gluthitze der Revolution, PDS und SPD wollen ein Rosa-Luxemburg-Denkmal in Berlin, Damit würde eine totalitäre Denkerin geehrt, in: Frankfurter Allgemeine Sonntagszeitung, 10.2.2002.

Harmsen, Torsten, Thälmann ist immer dabei, in: Berliner Zeitung, 19.8.2004.

Hartleb, Florian, Rechts- und Linkspopulismus, Eine Fallstudie anhand von Schill-Partei und PDS, Wiesbaden 2004.

Haug, Wolfgang Fritz, Vom „hilflosen" Antifaschismus zur Gnade der späten Geburt, 2. Auflage, Hamburg 1993.

Haug, Wolfgang Fritz, Der hilflose Antifaschismus, Zur Kritik der Vorlesungsreihen über Wissenschaft und NS an deutschen Universitäten, 4. Auflage, Köln 1977, S. 2 f.

Haury, Thomas, Antisemitismus von links, Kommunistische Ideologie, Nationalismus und Antizionismus in der frühen DDR, Hamburg 2002.

Hebel, Stephan, Gegen den elitären Antifaschismus, Neue PDS-Spitze umwirbt die politische Mitte, Frankfurter Rundschau, 16.10.2000, S. 4.

Hehl, Ulrich von, Der Beamte im Reichsinnenministerium: Die Beurteilung Globkes in der Diskussion der Nachkriegszeit, Eine Dokumentation, in: Klaus Gotto (Hrsg.), Der Staatssekretär Adenauers. Persönlichkeit und politisches Wirken Hans Globkes, Stuttgart 1980, S. 230-282.

Heilig, René, Schwachsinn! Oder Nachdenken über Schwestern, Oskar Lafontaines Überlegungen über die PDS-"Fusionsreife" erzürnt vor allem seine Genossen in der SPD, in: Neues Deutschland, 15.9.2003.

Heimann, Siegfried, Die Sozialdemokratische Partei Deutschlands, in: Richard Stöss (Hrsg.), Parteien-Handbuch, Die Parteien der Bundesrepublik Deutschland 1945-1980, Band II: FDP bis WAV, S. 2025-2216.

Helas, Horst / Reiner Zilkenat, Zur Biographie von Rolf Richter, in: Roland Bach /Klaus Böttcher / Horst Helas / Peer Jürgens / Jürgen Plagge-Vandelaar / Reiner Zilkenat (Hrsg.), Antifaschismus als humanistisches Erbe in Europa, Festschrift zum 60. Geburtstag von Prof. Dr. Rolf Richter, Berlin 2005, S. 9-13.

Heitkamp, Sven, In Sachsen machen sich die Rechtsextremen breit, in: Die Welt, 7.7.2004.

Hennis, Wilhelm, Die missverstandene Demokratie. Demokratie, Verfassung, Parlament, Freiburg 1973.

Herbst, Andreas / Winfried Ranke / Jürgen Winkler, Komitee der antifaschistischen Widerstandskämpfer in der DDR, in: dies. (Hrsg.), So funktionierte die DDR, Band 1, Reinbek 1994, S. 513-521.

Herf, Jeffrey, Divided Memory, The Nazi Past in the Two Germanys, Cambridge, Massachusetts (USA) 1997.

Herf, Jeffrey, Antisemitismus in der SED. Geheime Dokumente zum Fall Paul Merker aus SED- und MfS-Archiven, in: Vierteljahrshefte für Zeitgeschichte 42, 1994, S. 635-667.

Hermlin, Stephan, Die Kommandeuse, in: Neue Deutsche Literatur 2, 1954, S. 19-28.

Herzog, Roman, Art. 8, in: Theodor Maunz/Günter Dürig (Hrsg.), Grundgesetz, Kommentar, Band I, München, 39. Ergänzungslieferung Juli 2001.

Hirscher, Gerhard, Jenseits der „Neuen Mitte", Die Annäherung der PDS an die SPD seit der Bundestagswahl 1998, hrsg. von der Hanns-Seidel-Stiftung, aktuelle analysen 25, München 2001.

Hoffmann, Jürgen, Die doppelte Vereinigung, Vorgeschichte, Verlauf und Auswirkungen des Zusammenschlusses von Grünen und Bündnis 90, Opladen 1998.

2. Literatur

Hoffmann, Jürgen / Viola Neu, Getrennt agieren, vereint marschieren?, Die Diskussion über ein Linksbündnis bei SPD, Grünen und PDS, hrsg. von der Konrad-Adenauer-Stiftung, Interne Studie Nr. 162/1998, S. 82-84.

Höfling, Wolfram, Art. 8, in: Michael Sachs (Hrsg.), Grundgesetz, Kommentar, 3. Auflage, München 2003.

Horkheimer, Max, Die Juden in Europa, in: Zeitschrift für Sozialforschung, Jg. VIII, 1939, Heft 1/2, S. 115-137.

Hornbogen, Lothar / Detlef Nakath / Gerd-Rüdiger Stephan (Hrsg.), Außerordentlicher Parteitag der SED/PDS, Protokoll der Beratungen am 8./9. und 16./17. Dezember 1989 in Berlin, Berlin 1999.

Hough, Dan, The fall and rise of the PDS in eastern Germany, Birmingham 2001.

Hübner, Wolfgang, Krach im Kinderzimmer, Der Sozialistennachwuchs schafft sich neue Strukturen, was den Jugendverband „solid" auf die Palme bringt, in: Neues Deutschland, 24.4.2004.

Hudson, Kate, European Communism since 1989, Towards a New European Left?, London 2000.

Hüllen, Rudolf van, Linksextremismus vor und nach der Wende, in: ders./J. Kurt Klein/Gerd Langguth/Reinhard Rupprecht, Linksextremismus – eine vernachlässigte Gefahr, hrsg. von der Konrad-Adenauer-Stiftung, Aktuelle Fragen der Politik, Heft 44, Sankt Augustin 1997, S. 7-28.

Hüllen, Rudolf van, „Kulturelle Hegemonie" als strategisches Konzept von Linksextremisten – dargestellt am Beispiel der „Geschichtsaufarbeitung", in: ders./J. Kurt Klein/Gerd Langguth/Reinhard Rupprecht, Linksextremismus – eine vernachlässigte Gefahr, hrsg. von der Konrad-Adenauer-Stiftung, Aktuelle Fragen der Politik, Heft 44, Sankt Augustin 1997, S. 59-80.

Hüllen, Rudolf van, Aufarbeitung, Mythenbildung, „Kurzer Lehrgang" – oder was? Entwicklungslinien der „Geschichtsarbeit" unter Postkommunisten, in: Uwe Backes/Eckhard Jesse (Hrsg.), Jahrbuch Extremismus & Demokratie, Bd. 7, Baden-Baden 1995, S. 27-41.

Jäger, Margret / Gabriele Cleve / Ina Ruth / Siegfried Jäger, Von deutschen Einzeltätern und ausländischen Banden. Mit Vorschlägen zur Vermeidung diskriminierender Berichterstattung, Duisburg 1998.

Janka, Walter, Spuren eines Lebens, Berlin 1991.

Jaschke, Hans-Gerd, Streitbare Demokratie und innere Sicherheit, Grundlagen, Praxis und Kritik, Opladen 1991.

Jauer, Marcus, Parteifremde aus dem Westen, Ulla Jelpke: Eine, die Opposition macht, in: Süddeutsche Zeitung, 7.5.2002.

Jesse, Eckhard, Formen des politischen Extremismus, in: Bundesministerium des Innern (Hrsg.), Extremismus in Deutschland, Erscheinungsformen und aktuelle Bestandsaufnahme, Texte zur Inneren Sicherheit, Berlin 2004, S. 7-24.

Jesse, Eckhard, Demokratie oder Diktatur? – Luxemburg und der Luxemburgismus, in: Uwe Backes/Stéphane Courtois (Hrsg.), „Ein Gespenst geht um in Europa", Das Erbe kommunistischer Ideologien, Köln 2002, S. 187-212.

Jesse, Eckhard, Plädoyer für einen antiextremistischen Konsens, in: Manfred Agethen/Eckhard Jesse/Ehrhart Neubert (Hrsg.): Der missbrauchte Antifaschismus, DDR-Staatsdoktrin und Lebenslüge der deutschen Linken, Freiburg i.Br. 2002, S. 19-28.

Jesse, Eckhard, Die Tabuisierung des Extremismusbegriffs, in: Die Welt, 4.2.2002.

Jesse, Eckhard, Die Totalitarismusforschung im Streit der Meinungen, in: ders. (Hrsg.), Totalitarismus im 20. Jahrhundert, Eine Bilanz der internationalen Forschung, 2. Auflage, Bonn 1999, S. 9-40.

Jesse, Eckhard, Die „Totalitarismus-Doktrin" aus DDR-Sicht, in: ders. (Hrsg.), Totalitarismus im 20. Jahrhundert, Eine Bilanz der internationalen Forschung, 2. Auflage, Bonn 1999, S. 458-483.

Joseph, Detlef, Nazis in der DDR, Die deutschen Staatsdiener nach 1945 – woher kamen sie?, Berlin 2002.

Kaestner, Jürgen, Die politische Theorie August Thalheimers, Frankfurt a.M. 1982.

Kailitz, Steffen, Rechtsextremismus in der Bundesrepublik Deutschland, Auf dem Weg zur „Volksfront"?, hrsg. von der Konrad-Adenauer-Stiftung, St. Augustin 2005

Kailitz, Steffen, Politischer Extremismus in der Bundesrepublik Deutschland, Eine Einführung, Wiesbaden 2004.

X. Quellen- und Literaturverzeichnis

Kaff, Brigitte (Hrsg.), Junge Union 1945-1950, Jugendpolitik in der sowjetisch besetzten Zone, Freiburg i.Br. 2003.

Kappelt, Olaf, Die Entnazifizierung in der SBZ sowie die Rolle und der Einfluß ehemaliger Nationalsozialisten in der DDR als ein soziologisches Phänomen, Hamburg 1997.

Karpen, Ulrich, Soziale Marktwirtschaft und Grundgesetz, Eine Einführung in die rechtlichen Grundlagen der Sozialen Marktwirtschaft, Baden-Baden 1990.

Keller, Claudia (Hrsg.), Die Nacht hat zwölf Stunden, dann kommt schon der Tag, Antifaschismus, Geschichte und Neubewertung, Berlin 1996.

Keller, Dietmar / Matthias Kirchner (Hrsg.), Zwischen den Stühlen, Pro und Kontra SED, Berlin 1993.

Kellmann, Klaus, Pluralistischer Kommunismus?, Handlungstendenzen eurokommunistischer Parteien in Westeuropa und die Reaktion auf die Erneuerung in Polen, Stuttgart 1984.

Kinner, Klaus /Rolf Richter (Hrsg.), Rechtsextremismus und Antifaschismus, Historische und aktuelle Dimensionen, Berlin 2000.

Klein, J. Kurt, Strategien der Immunisierung gegen den Mißbrauch des Antifaschismus als politisches Kampfmittel, in: Rudolf van Hüllen/J. Kurt Klein/Gerd Langguth/Reinhard Rupprecht, Linksextremismus – eine vernachlässigte Gefahr, hrsg. von der Konrad-Adenauer-Stiftung, Aktuelle Fragen der Politik, Heft 44, Sankt Augustin 1997, S. 47-57.

Kleinert, Hubert, Vom Protest zur Regierungspartei, Die Geschichte der Grünen, Frankfurt a.M. 1992.

Kleinmann, Hans-Otto, Geschichte der CDU 1945-1982, Stuttgart 1993.

Klever, Kathrin, Ungewollte Effekte, Mittel aus staatlichen Förderprogrammen für Initiativen gegen rechts haben zunächst auch linke Gruppen bekommen, Nun rudern die Bewilligungsbehörden zurück, in: Junge Welt, Antifa-Beilage, 27.8.2003.

Kloepfer, Michael, Versammlungsfreiheit, in: Josef Isensee/Paul Kirchhof (Hrsg.), Handbuch des Staatsrechts der Bundesrepublik Deutschland, Band VI, Freiheitsrechte, Heidelberg 1989, S. 739-774.

Kloke, Martin, Antizionismus und Antisemitismus als Weltanschauung? Tendenzen im deutschen Linksradikalismus und -extremismus, in: Bundesministerium des Innern (Hrsg.), Extremismus in Deutschland, Erscheinungsformen und aktuelle Bestandsaufnahme, Texte zur Inneren Sicherheit, Berlin 2004, S. 163-196.

Klotzsch, Lilian / Richard Stöss, Die Grünen, in: Richard Stöss (Hrsg.), Parteien-Handbuch, Die Parteien in der Bundesrepublik Deutschland 1945-1980, Bd. II: FDP bis WAV, Opladen 1984, S. 1509-1598.

Klump, Andreas, Freiheit den Feinden der Freiheit?, Die Konzeption der streitbaren Demokratie in Deutschland – demokratietheoretische Grundlagen, Praxis, Kritik und Gegenkritik, in: Bundesministerium des Innern (Hrsg.), Extremismus in Deutschland, Erscheinungsformen und aktuelle Bestandsaufnahme, Texte zur Inneren Sicherheit, Berlin 2004, S. 338-389.

Klump, Rainer, Soziale Marktwirtschaft: Geistige Grundlagen, ethischer Anspruch, historische Wurzeln, in: Otto Schlecht/Gerhard Stoltenberg (Hrsg.), Soziale Marktwirtschaft, Grundlagen, Entwicklungslinien, Perspektiven, hrsg. von der Konrad-Adenauer-Stiftung und der Ludwig-Erhard-Stiftung, Freiburg i.Br. 2001, S. 17-59.

Knabe, Hubertus, 17. Juni 1953, Ein deutscher Aufstand, München 2003.

Knabe, Hubertus, Die missbrauchte Vergangenheit. Die Instrumentalisierung des Nationalsozialismus durch SED und Staatssicherheitsdienst, in: Manfred Agethen/Eckhard Jesse/Ehrhart Neubert (Hrsg.), Der missbrauchte Antifaschismus, DDR-Staatsdoktrin und Lebenslüge der deutschen Linken, Freiburg i.Br. 2002, S. 248-267.

Knabe, Hubertus, Der diskrete Charme der DDR. Stasi und Westmedien. Berlin und München 2001.

Knigge, Volkhard, Die Gedenkstätte Buchenwald, Vom provisorischen Grabdenkmal zum Nationaldenkmal, in: Claudia Keller (Hrsg.), Die Nacht hat zwölf Stunden, dann kommt schon der Tag, Antifaschismus, Geschichte und Neubewertung, Berlin 1996, S. 309-331.

Knütter, Hans-Helmuth / Stefan Winckler (Hrsg.), Handbuch des Linksextremismus, Die unterschätzte Gefahr, Graz 2002

Knütter, Hans-Helmuth / Stefan Winckler (Hrsg.), Der Verfassungsschutz, Auf der Suche nach dem verlorenen Feind, München 2000.

2. Literatur

Knütter, Hans-Helmuth, Antifaschismus als pseudomoralische Basis des Linksextremismus, Die Entwicklung von 1945 bis 1968, in: ders./Stefan Winckler (Hrsg.), Handbuch des Linksextremismus, Die unterschätzte Gefahr, Graz 2002, S. 13-25.

Knütter, Hans-Helmuth, Die Faschismus-Keule. Das letzte Aufgebot der deutschen Linken, Frankfurt a.M. 1993.

Knütter, Hans-Helmuth, Antifaschismus und Intellektuelle, in: Uwe Backes/Eckhard Jesse (Hrsg.), Jahrbuch Extremismus & Demokratie, Bd. 4, Bonn 1992, S. 53-66.

Knütter, Hans-Helmuth, Antifaschismus und politische Kultur in Deutschland nach der Wiedervereinigung, in: Aus Politik und Zeitgeschichte, B 9/91, S. 17-28.

Knütter, Hans-Helmuth, Internationale Antifaschismus-Kampagnen und ihre Rückwirkungen auf die Bundesrepublik Deutschland, in: Bundesminister des Innern (Hrsg.), Bedeutung und Funktion des Antifaschismus, Texte zur Inneren Sicherheit, Bonn 1990, S. 83-111.

Kober, Anne, Antifaschismus im DDR-Film. Ein Fallbeispiel: „Der Rat der Götter", in: Manfred Agethen/Eckhard Jesse/Ehrhart Neubert (Hrsg.), Der missbrauchte Antifaschismus, DDR-Staatsdoktrin und Lebenslüge der deutschen Linken, Freiburg i.Br. 2002, S. 202-219.

Koenen, Gerd, Die DDR und die „Judenfrage", Paul Merker und der nicht stattgefundene „deutsche Slansky-Prozeß" 1953, in: Leonid Luks (Hrsg.), Der Spätstalinismus und die „jüdische Frage", Zur antisemitischen Wendung des Kommunismus, Köln 1998, S. 237-270.

Koenen, Gerd, Mythus des 21. Jahrhunderts, in: ders./Karla Hielscher, Die schwarze Front, Der neue Antisemitismus in der Sowjetunion, Hamburg 1991.

Kollektiv des Dietz-Verlages, Kleines politisches Wörterbuch, 3. Auflage, Berlin (Ost) 1978.

Kowalczuk, Ilko-Sascha, „Faschistischer Putsch" – „Konterrevolution" – „Arbeitererhebung". Der 17. Juni 1953 im Urteil von SED und PDS, in: Rainer Eckert/Bernd Faulenbach (Hrsg.), Halbherziger Revisionismus. Zum postkommunistischen Geschichtsbild, München und Landsberg am Lech 1996, S. 69-82.

Kowalczuk, Ilko-Sascha / Stefan Wolle, Roter Stern über Deutschland, Sowjetische Truppen in der DDR, Sonderausgabe für die Landeszentralen für politische Bildung in Sachsen und Sachsen-Anhalt, Berlin 2001.

Kraushaar, Wolfgang, Von der Totalitarismus- zur Faschismustheorie, Zu einem Paradigmenwechsel in der Theoriepolitik der bundesdeutschen Studentenbewegung, in: Claudia Keller (Hrsg.), Die Nacht hat zwölf Stunden, dann kommt schon der Tag, Antifaschismus, Geschichte und Neubewertung, Berlin 1996, S. 234-251.

Kühnl, Reinhard, Faschismus – Antifaschismus, Theorien über den Faschismus, in: Jens Mecklenburg (Hrsg.), Handbuch deutscher Rechtsextremismus, Berlin 1996, S. 31-54.

Kühnl, Reinhard, Gefahr von rechts?, Vergangenheit und Gegenwart der extremen Rechten, Heilbronn 1993.

Kühnl, Reinhard, Faschismustheorien, Ein Leitfaden, Heilbronn 1990.

Kühnl, Reinhard, Formen bürgerlicher Herrschaft, Liberalismus – Faschismus, Hamburg 1971.

Kühnl, Reinhard, Die FAZ erklärt den deutschen Faschismus, in: Manfred Weißbecker und Reinhard Kühnl unter Mitwirkung von Erika Schwarz (Hrsg.), Rassismus, Faschismus, Antifaschismus, Forschungen und Betrachtungen, Gewidmet Kurt Pätzold zum 70. Geburtstag, Köln 2000, S. 476-497

Kulturamt Prenzlauer Berg/Aktives Museum Faschismus und Widerstand (Hrsg.), Mythos Antifaschismus, ein Traditionskabinett wird kommentiert. Begleitbuch zur Ausstellung in der Museumswerkstatt im Thälmannpark, Berlin 1992.

Lang, Jürgen P., Ist die PDS eine demokratische Partei?, Eine extremismustheoretische Untersuchung, Baden-Baden 2003.

Lang, Jürgen P., Partei ohne Mitte – Die programmatischen Auseinandersetzungen in der PDS, in: Uwe Backes/Eckhard Jesse (Hrsg.), Jahrbuch Extremismus & Demokratie, Bd. 13, Baden-Baden 2001, S. 155-168.

Lang, Jürgen P., Das Prinzip Gegenmacht, PDS und Parlamentarismus, Interne Studien der Konrad-Adenauer-Stiftung Nr. 166, Sankt Augustin 1998.

Lang, Jürgen P. / Viola Neu, Die PDS und ihr Verhältnis zum Grundgesetz, „Freiheit als Schlüssel zum Sozialismus", in: Die politische Meinung Nr. 388, 47. Jg. (2002), S. 51-56.

Langguth, Gerd, Die PDS und der Linksextremismus, Wie demokratisch ist die PDS?, in: Rudolf van Hüllen/J. Kurt Klein/Gerd Langguth/Reinhard Rupprecht, Linksextremismus – eine vernachlässigte Gefahr, hrsg. von der Konrad-Adenauer-Stiftung, Aktuelle Fragen der Politik, Heft 44, Sankt Augustin 1997, S. 29-45.

Langguth, Gerd, Der grüne Faktor, Von der Bewegung zur Partei, Osnabrück 1984.

Langguth, Gerd, Protestbewegung, Entwicklung – Niedergang – Renaissance, Die Neue Linke seit 1968, Köln 1983.

Laqueur, Walter, Faschismus – Gestern, Heute, Morgen. Berlin 1997.

Larsen, Stein u.a. (Hrsg.), Who were the fascists?, Social Roots of European Fascism, Bergen 1980.

Lazar, Marc, Le communisme en son siècle, in: Critique, Mai 1996, S. 361-372.

Leist, Wolfgang, Versammlungsrecht und Rechtsextremismus, Die rechtlichen Möglichkeiten, rechtsextremistische Demonstrationen zu verbieten oder zu beschränken, Hamburg 2003.

Leo, Annette, Zerbrochene Bilder. Ein antifaschistisches Traditionskabinett und die Geschichtsauffassungen der SED/PDS, in: Rainer Eckert/Bernd Faulenbach (Hrsg.), Halbherziger Revisionismus. Zum postkommunistischen Geschichtsbild, München und Landsberg am Lech 1996, S. 263-281.

Leo, Annette /Peter Reif-Spirek (Hrsg.), Vielstimmiges Schweigen. Neue Studien zum DDR-Antifaschismus, Berlin 2001.

Leo, Annette /Peter Reif-Spirek (Hrsg.), Helden, Täter und Verräter. Studien zum DDR-Antifaschismus, Berlin 1999.

Leonhard, Wolfgang, Die Revolution entlässt ihre Kinder, Köln 1987.

Lewerenz, Elfriede, Die Analyse des Faschismus durch die kommunistische Internationale, Die Aufdeckung von Wesen und Funktion des Faschismus während der Vorbereitung und Durchführung des VII. Kongresses der Kommunistischen Internationale (1933-1935), hrsg. vom Institut für Marxismus-Leninismus beim ZK der SED, Berlin 1975.

Lipset, Seymour Martin, Soziologie der Demokratie, Neuwied 1962.

Lokatis, Siegfried, Antifaschistische Literaturpolitik und Zensur in der frühen DDR, in: Claudia Keller (Hrsg.), Die Nacht hat zwölf Stunden, dann kommt schon der Tag, Antifaschismus, Geschichte und Neubewertung, Berlin 1996, S. 185-203.

Lozek, Gerhard / Rolf Richter, Legende oder Rechtfertigung?, Zur Kritik der Faschismustheorien in der bürgerlichen Geschichtsschreibung, Berlin 1979.

Lübbe-Wolf, Gertrude, Zur Bedeutung des Art. 139 GG für die Auseinandersetzung mit neonazistischen Gruppen, Neue Juristische Wochenschrift 1988, S. 1289-1294.

Luks, Leonid, Einsichten und Fehleinschätzungen: Faschismusanalyse der Komintern 1921-1928, in: Claudia Keller (Hrsg.), Die Nacht hat zwölf Stunden, dann kommt schon der Tag, Antifaschismus, Geschichte und Neubewertung, Berlin 1996, S. 77-92.

Luks, Leonid, Entstehung der kommunistischen Faschismustheorie, Die Auseinandersetzung der Komintern mit Faschismus und Nationalsozialismus 1921-1935, Stuttgart 1985.

Lustiger, Arno, Rotbuch: Stalin und die Juden, Die tragische Geschichte des Jüdischen Antifaschistischen Komitees und der sowjetischen Juden, Berlin 1998.

Madloch, Norbert, Rechtsextremismus in der DDR und in den neuen Bundesländern, Auswahl-Bibliographie, Bücher – Studien – Zeitungs- und Zeitschriftenartikel, überarbeitete und erweiterte 2. Fassung, Berlin 2002.

Madloch, Norbert, Rechtsextremismus in Deutschland nach dem Ende des Hitlerfaschismus, in: Klaus Kinner/Rolf Richter (Hrsg.), Rechtsextremismus und Antifaschismus. Historische und aktuelle Dimensionen, Berlin 2000, S. 57-214.

Madloch, Norbert, „Superwahljahr 1994", Rechtsextremismus in Ostdeutschland zwischen Einfluß und Niederlage, Berlin 1995.

Madloch, Norbert, Rechtsextremismus in den neuen Bundesländern und was dagegen getan werden kann, in: Droht und ein neues `33?, Analysen zum heutigen Rechtsextremismus, Berlin 1993.

2. Literatur

Mählert, Ulrich, Die Freie Deutsche Jugend 1945-1949. Von den „Antifaschistischen Jugendausschüssen" zur SED-Massenorganisation: Die Erfassung der Jugend in der Sowjetischen Besatzungszone, Paderborn 1995.

Mahlow, Bruno / Harald Neubert, Die Kommunisten und ihr Zusammenwirken, hrsg. von der Akademie für Gesellschaftswissenschaften beim Zentralkomitee der SED, Institut für Internationale Arbeiterbewegung, Berlin 1983.

Maldini, Anna, Neuer Horizont politischer Aktion, Fausto Bertinotti eröffnet Generaldebatte, Gedenken an den Adreatinischen Höhlen, in: Neues Deutschland, 8.5.2004.

Marquardt, Bernhard / Emil Schnickl, Wissenschaft, Macht und Modernisierung in der DDR, Pragmatismus und Kontrolle – ein „neuer" SED-Kurs?, in: Aus Politik und Zeitgeschichte, B 3/1987, S. 20-32.

Marten, Heinz-Georg, Die unterwanderte FDP, Politischer Liberalismus in Niedersachsen, Aufbau und Entwicklung der Freien Demokratischen Partei 1945-1955, Göttingen 1978.

Matern, Hermann, Über die Durchführung des Beschlusses des ZK der SED, „Lehren aus dem Prozeß gegen das Verschwörerzentrum Slansky", 2. Auflage, Berlin (Ost) 1953.

Meier, Horst, Parteiverbote und demokratische Republik, Zur Interpretation und Kritik von Art. 21 Abs. 2 des Grundgesetzes, Baden-Baden 1991.

Meining, Stefan, Kommunistische Judenpolitik, Die DDR, die Juden und Israel, Hamburg 2002.

Meining, Stefan, Die leichte Last der Vergangenheit. Die Aufarbeitung der DDR-Geschichte durch die PDS, in: Gerhard Hirscher/Peter Christian Segall, Die PDS: Zukunft und Entwicklungsperspektiven, München 2000, S. 139-161.

Mertens, Lothar, Offizieller Antifaschismus und verborgener Antisemitismus in der DDR, in: Manfred Agethen/Eckhard Jesse/Ehrhart Neubert (Hrsg.), Der missbrauchte Antifaschismus, DDR-Staatsdoktrin und Lebenslüge der deutschen Linken, Freiburg i.Br. 2002, S. 168-185.

Miller, Susanne / Heinrich Potthoff, Kleine Geschichte der SPD, Darstellung und Dokumentation 1848-1983, 5. Auflage, Bonn 1983.

Mintzel, Alf, Die CSU-Hegemonie in Bayern, Strategie und Erfolg, Gewinner und Verlierer, 2. Auflage, Passau 1999.

Mintzel, Alf, Die Christlich-Soziale Union in Bayern e.V., in: Parteien-Handbuch, Die Parteien der Bundesrepublik Deutschland 1945-1980, Band I: AUD bis EFP, Opladen 1983, S. 661-718.

Mintzel, Alf, Die CSU, Anatomie einer konservativen Partei 1945-1972, 2. Auflage, Opladen 1978.

Mletzko, Matthias, Gewaltdiskurse und Gewalthandeln militanter Szenen Teil 1, Unterschiede am Beispiel „Antifa" und „Anti-Antifa" dargestellt, in: Kriminalistik 8-9/2001, S. 543-548.

Mletzko, Matthias, Merkmale politisch motivierter Gewalttaten bei militanten autonomen Gruppen, in: Uwe Backes/Eckhard Jesse (Hrsg.), Jahrbuch Extremismus & Demokratie, Bd. 11, Baden-Baden 1999, S. 180-199.

Monteath, Peter (Hrsg.), Ernst Thälmann, Mensch und Mythos, Amsterdam 2000

Moreau, Patrick / Rita Schorpp-Grabiak / Bettina Blank, Die West-PDS als Gravitationsfeld eines linksextremistischen Pluralismus, in: Manfred Agethen/Eckhard Jesse/Ehrhart Neubert (Hrsg.), Der missbrauchte Antifaschismus, DDR-Staatsdoktrin und Lebenslüge der deutschen Linken, Freiburg i.Br. 2002, S. 330-353.

Moreau, Patrick / Rita Schorpp-Grabiak, Antifaschismus als Strategie der PDS, in: Manfred Agethen/Eckhard Jesse/Ehrhart Neubert (Hrsg.): Der missbrauchte Antifaschismus, DDR-Staatsdoktrin und Lebenslüge der deutschen Linken, Freiburg i.Br. 2002, S. 377-395.

Moreau, Patrick / Rita Schorpp-Grabiak, „Man muss so radikal sein wie die Wirklichkeit" – Die PDS: eine Bilanz, Baden-Baden 2002.

Moreau, Patrick, „Kulturelle Hegemonie" – Gramsci und der Gramscismus, in: Uwe Backes/Stéphane Courtois (Hrsg.), „Ein Gespenst geht um in Europa", Das Erbe kommunistischer Ideologien, Schriften des Hannah-Arendt-Instituts für Totalitarismusforschung Band 20, Köln 2002, S. 259-283.

Moreau, Patrick, Die Partei des Demokratischen Sozialismus, in: ders./Marc Lazar/Gerhard Hirscher (Hrsg.), Der Kommunismus in Westeuropa, Niedergang oder Mutation?, Landsberg/Lech 1998, S. 242-332.

Moreau, Patrick, Die PDS. Das Profil einer antidemokratischen Partei, München 1998.

Moreau, Patrick / Jürgen P. Lang, Linksextremismus, eine unterschätze Gefahr, Bonn 1996.

Moreau, Patrick (in Zusammenarbeit mit Jürgen P. Lang und Viola Neu), Was will die PDS?, Frankfurt a.M. 1994.

Moreau, Patrick, Die PDS. Anatomie einer postkommunistischen Partei, Bonn 1992.

Moreau, Patrick / Marc Lazar / Gerhard Hirscher (Hrsg.), Der Kommunismus in Europa, Niedergang oder Mutation?, Landsberg/Lech 1998.

Moreau, Patrick, Der westdeutsche Kommunismus in der Krise – ideologische Auseinandersetzungen und Etappen des organisatorischen Verfalls, in: Uwe Backes/Eckhard Jesse (Hrsg.), Jahrbuch Extremismus & Demokratie, Bd. 2, Bonn 1990, S. 170-206.

Morsey, Rudolf, Heinrich Lübke, eine politische Biographie, Paderborn 1996.

Mühlberger, Detlef (Hrsg.), The Social Basis of European Fascist Movements, London 1987.

Mülder, Benedict Maria, Die Grünen und ihre Inoffiziellen Mitarbeiter, Jetzt rächt sich der Verdrängungsversuch: Die verschleppte Debatte um den politischen Einfluß des MfS auf ihre Politik holt die Partei wieder ein, in: Frankfurter Allgemeine Zeitung, 23.5.2001

Müller, Claus Peter, Seit' an Seit' ist nicht Tradition, Der DGB steht der PDS in Thüringen näher als der SPD, „Wir sind der Stachel im Fleisch", in: Frankfurter Allgemeine Zeitung, 26.1.2002.

Müller, Emil-Peter, Die Bündnispolitik der DKP, Ein trojanisches Pferd, Köln 1982.

Müller, Emil-Peter, Die Grünen und das Parteiensystem, Köln 1984.

Müller, Werner, Bruch oder Kontinuität? SED, PDS und ihr „Antifaschismus", in: Manfred Agethen/Eckhard Jesse/Ehrhart Neubert (Hrsg.): Der missbrauchte Antifaschismus, DDR-Staatsdoktrin und Lebenslüge der deutschen Linken, Freiburg i.Br. 2002, S. 363-376.

Müller, Werner, Kommunistische Intellektuelle in der SBZ und in der frühen DDR, in: Gangolf Hübinger/Thomas Hertfelder (Hrsg.), Intellektuelle in der deutschen Politik, Stuttgart 2000, S. 239-265.

Müller-Graff, Peter-Christian, Unternehmensinvestitionen und Investitionssteuerung im Marktrecht, Zu Maßstäben und Schranken für die überbetriebliche Steuerung von Produktinvestitionen aus dem Recht des wettbewerbsverfaßten Marktes, Tübingen 1984.

Narr, Wolf-Dieter, Radikalismus/Extremismus, in: Martin Greiffenhagen (Hrsg.), Kampf um Wörter? Politische Begriffe im Meinungsstreit, München 1980, S. 366-375.

Nationalrat der Nationalen Front des demokratischen Deutschlands und vom Dokumentationszentrum der Staatlichen Archivverwaltung der DDR (Hrsg.), Braunbuch, Kriegs- und Naziverbrecher in der Bundesrepublik und in Westberlin – Staat, Wirtschaft, Verwaltung, Armee, Justiz, Wissenschaft, Berlin 1965.

Neu, Viola, Das neue PDS-Programm aus dem Jahr 2003, in: Uwe Backes/Eckhard Jesse (Hrsg.), Jahrbuch Extremismus & Demokratie, Bd. 16, Baden-Baden 2004, S.155-168.

Neu, Viola, Das Janusgesicht der PDS, Wähler und Partei zwischen Demokratie und Extremismus, Baden-Baden 2004.

Neu, Viola, Das neue PDS-Programm, hrsg. von der Konrad-Adenauer-Stiftung, Berlin 2003.

Neu, Viola, Die PDS zwischen Utopie und Realität: Bundestagswahlprogramm und Regierungsbeteiligung in den Ländern, Arbeitspapier Nr. 63/2002 der Konrad-Adenauer-Stiftung, St. Augustin 2002.

Neu, Viola, Strategische Bedeutung des „Antifaschismus" für die Politik der PDS, in: Manfred Agethen/Eckhard Jesse/Ehrhart Neubert (Hrsg.): Der missbrauchte Antifaschismus, DDR-Staatsdoktrin und Lebenslüge der deutschen Linken, Freiburg i.Br. 2002, S. 396-405.

Neu, Viola, Ist die PDS auf dem Weg nach „Godesberg"?, Die politische Meinung, Nr. 383, Oktober 2001, S. 65-70.

Neu, Viola, SPD und PDS auf Bundesebene: Koalitionspartner im Wartestand?, hrsg. von der Konrad-Adenauer-Stiftung, Sankt Augustin 2001.

Neu, Viola, Die PDS im Westen. Zwischen Stagnation und Aufbruch?, in: Gerhard Hirscher/Peter Christian Segall, Die PDS. Zukunft und Entwicklungsperspektiven, München 2000, S. 59-87.

2. Literatur

Neu, Viola, Am Ende der Hoffnung, Die PDS im Westen, hrsg. von der Konrad-Adenauer-Stiftung, St. Augustin 2000.

Neubert, Ehrhart, Faschismusvorwurf und die Opposition in der DDR, in: Manfred Agethen/Eckhard Jesse/Ehrhart Neubert (Hrsg.), Der missbrauchte Antifaschismus, DDR-Staatsdoktrin und Lebenslüge der deutschen Linken, Freiburg i.Br. 2002, S. 186-201.

Neubert, Ehrhart, Alternativer Antifaschismus, in: Hans-Joachim Veen/Peter Eisenfeld/Hans Michael Kloth/Hubertus Knabe/Peter Maser/Ehrhart Neubert/Manfred Wilke (Hrsg.), Lexikon Opposition und Widerstand in der SED-Diktatur, Berlin 2000, S. 48-49.

Neubert, Harald, Theoretische Erkenntnisse Lenins und Gramscis über die Hegemonie der Arbeiterklasse und der Kampf der Kommunisten in den kapitalistischen Ländern, in: Beiträge zur Geschichte der Arbeiterbewegung, hrsg. vom Institut für Marxismus-Leninismus beim ZK der SED 24, 1982, S. 657-670.

Neubert, Harald (Hrsg.), Antonio Gramsci – vergessener Humanist?, eine Anthologie, Berlin 1991.

Neugebauer, Gero, Zur Akzeptanz der PDS in der politischen Konkurrenz, in: Michael Brie/Rudolf Woderich (Hrsg.), Die PDS im Parteiensystem, Schriften 4 hrsg. von der Rosa-Luxemburg-Stiftung Gesellschaftsanalyse und Politische Bildung, Berlin 2000, S. 140-148.

Neugebauer, Gero, Extremismus – Rechtsextremismus – Linksextremismus. Einige Anmerkungen zu Begriffen, Forschungskonzepten, Forschungsfragen und Forschungsergebnissen, in: Wolfgang Schubarth/Richard Stöss (Hrsg.), Rechtsextremismus in der Bundesrepublik Deutschland, Eine Bilanz, Opladen 2001, S. 13-37.

Neugebauer, Gero / Richard Stöss, Die PDS. Geschichte, Organisation, Wähler, Konkurrenten, Opladen 1996.

Niedermayer, Oskar (Hrsg.), Die Parteien nach der Bundestagswahl 2002, Opladen 2003.

Niedermayer, Oskar / Richard Stöss (Hrsg.), Stand und Perspektiven der Parteienforschung, Opladen 1993.

Niethammer, Lutz, Der „gesäuberte" Antifaschismus, Die SED und die roten Kapos von Buchenwald, Dokumente, Berlin 1994.

Niethammer, Lutz, Die SED und die roten Kapos von Buchenwald, in: Claudia Keller (Hrsg.), Die Nacht hat zwölf Stunden, dann kommt schon der Tag, Antifaschismus, Geschichte und Neubewertung, Berlin 1996, S. 333-350.

Nipperdey, Hans Carl, Soziale Marktwirtschaft und Grundgesetz, 3. Auflage, Köln 1965.

Noll, Chaim, Treue um Treue. Linke Gefühlslagen und die literarische Beschwörung der besseren DDR, in: Cora Stephan (Hrsg.), Wir Kollaborateure. Der Westen und die deutsche Vergangenheit, Reinbek 1992, S. 90-106.

Nolte, Ernst, Der Faschismus in seiner Epoche, in: Uwe Backes/Eckhard Jesse (Hrsg.), Jahrbuch Extremismus & Demokratie, Bd. 14, Baden-Baden 2002, S. 337-340.

Nolte, Ernst, Der Faschismus in seiner Epoche, Die Action française, Der italienische Faschismus, Der Nationalsozialismus, München 1963.

Nolte, Paul, Generation Reform, Jenseits der blockierten Republik, München 2004.

Offenberg, Ulrike, „Seid vorsichtig gegen die Machthaber", Die jüdischen Gemeinden in der SBZ und der DDR 1945-1990, Berlin 1998.

Olsen, Jonathan, The PDS in Western Germany, An Empirical Study of PDS Local Politicians, in: German Politics, Vol. 11, No. 1 (April 2002), S. 147-172.

Oswald, Franz, The party that came out of the Cold War, The Party of Democratic Socialism in United Germany, Westport, Connecticut (USA) 2002.

Paech, Norman, Vorbild DDR?, in: Eckart Spoo (Hrsg.), Wie weiter?, Plädoyers für eine sozialistische Bundesrepublik, Hamburg 1988, S. 106-110.

Papier, Hans-Jürgen, Grundgesetz und Wirtschaftsordnung, in: Ernst Benda/Werner Maihofer/Hans-Jochen Vogel (Hrsg.), Handbuch des Verfassungsrechts der Bundesrepublik Deutschland, 2. Auflage, Berlin 1994, S. 799-850.

Papier, Hans-Jürgen, Unternehmen und Unternehmer in der verfassungsrechtlichen Ordnung der Wirtschaft, in: Veröffentlichungen der Vereinigung der deutschen Staatsrechtslehrer 35, 1977, S. 55-104.

Pätzold, Kurt, Nicht nur in Wildost, Über Ursachen des Rechtsextremismus und Schritte seiner Bekämpfung, hrsg. vom Thüringer Forum für Bildung und Wissenschaft, Jena 2001.

Pätzold, Kurt, Von Nachttöpfen und anderen Theorien, Über Ursachen des Rechtsextremismus und Ausgangspunkte seiner Bekämpfung in Ostdeutschland und anderswo, in: Ulrich Schneider (Hrsg.), Tut was!, Strategien gegen Rechts, Köln 2001, S. 38-49.

Pau, Petra / Dominic Heilig (Hrsg.), Für eine tolerante Gesellschaft – gegen Rechtsextremismus und Rassismus, Berlin 2001.

Payne, Stanley G., A History of Fascism, 1914-1945, Madison, USA 1995.

Peters, Hans-Rudolf, Wirtschaftssystemtheorie und Allgemeine Ordnungspolitik, 4. Auflage, München 2002.

Peters, Tim, Der Antifaschismus der PDS, in: Uwe Backes/Eckhard Jesse (Hrsg.), Jahrbuch Extremismus & Demokratie, Band 15, Baden-Baden 2003, S. 177-193.

Pfahl-Traughber, Armin, Rechtsextremismus, München 2001.

Pfahl-Traughber, Armin, Die Autonomen, Portrait einer linksextremistischen Subkultur, in: Aus Politik und Zeitgeschichte B 9-10/98, S. 36-46.

Pfahl-Traughber, Armin, Wandlung zur Demokratie? Die programmatische Entwicklung der PDS, in: Deutschland Archiv, 28. Jg., Heft 4/1995, S. 359-368.

Pfahl-Traughber, Armin, Der Extremismusbegriff in der politikwissenschaftlichen Diskussion – Definitionen, Kritik, Alternativen, in: Uwe Backes/Eckhard Jesse (Hrsg.), Jahrbuch Extremismus & Demokratie, Bd. 4, Bonn 1992, S. 67-86.

Pfahl-Traughber, Armin, „Konservative Revolution" und „Neue Rechte", Rechtsextremistische Intellektuelle gegen den demokratischen Verfassungsstaat, Opladen 1988.

Pridham, Geoffrey, Christian Democracy in Western Germany, The CDU/CSU in Government and Opposition, 1945-1976, London 1977.

Prinz, Sebastian, Der „Revisionismusstreit" der PDS, Die Debatte um ein neues PDS-Programm in den Jahren 2000 und 2001, in: Hans-Helmuth Knütter/Stefan Winckler (Hrsg.), Handbuch des Linksextremismus, Die unterschätzte Gefahr Graz 2002, S. 127-142.

Prinz, Sebastian, Der Umgang der PDS mit der Geschichte von DDR und SED, Eichstätt 1998, Manuskript.

Probst, Lothar, Die PDS – von der Staats- zur Regionalpartei. Eine Studie aus Mecklenburg-Vorpommern, Hamburg 2000.

Probst, Lothar, Deutsche Vergangenheiten – Deutschlands Zukunft, Eine Diagnose intellektueller Kontroversen nach der Wiedervereinigung, in: Deutschland Archiv 27, 1994, S. 173-180.

Ptak, Ralf, Die soziale Frage als Politikfeld der extremen Rechten, Zwischen marktwirtschaftlichen Grundsätzen, vormodernem Antikapitalismus und Sozialismus-Demagogie, in: Jens Mecklenburg (Hrsg.), Braune Gefahr, DVU, NPD, REP – Geschichte und Zukunft, Berlin 1999, S. 97-145.

Ptak, Ralf, Wirtschaftspolitik und die extreme Rechte, Betrachtungen zu einer wenig behandelten Frage, in: Jens Mecklenburg (Hrsg.), Handbuch deutscher Rechtsextremismus, Berlin 1996, S. 901-922.

Ptak, Ralf, Rechtsextremismus und Wirtschaftspolitik in der Bundesrepublik, in: Autorenkollektiv, Wie rechts ist der Zeitgeist?, Texte von der antifaschistischen Konferenz in Salzgitter, Berlin 1997, S. 239-249.

Raschke, Joachim, Die Grünen, Was sie wurden was sie sind, Köln 1993.

Reich, Wilhelm, Massenpsychologie des Faschismus, Kopenhagen 1934.

Reichardt, Sven, Faschistische Kampfbünde, Gewalt und Gemeinschaft im italienischen Squadrismus und in der deutschen SA, Köln 2002.

Richter, Rolf, Über Geschichte und Gegenwärtiges des Antifaschismus aus ostdeutscher Sicht, in: In der Diskussion Neofaschismus. Dokumentation des internationalen Kolloquiums „Humanismus in der Verantwortung – Gegen Rechtsextremismus, Rassismus und Nationalismus" am 4. und 5. Oktober 1991 in Berlin, S. 48-53.

Richter, Rolf, Antifaschismus vor neuen Herausforderungen, in: Beiträge zur Geschichte der Arbeiterbewegung, Nr. 6/1990, S. 772-778.

2. Literatur

Roewer, Helmut, Antifaschismus: Zur Karriere eines politischen Kampfbegriffs, in: In guter Verfassung. Erfurter Beiträge zum Verfassungsschutz, Erfurt 1997, S. 29-55.

Röhl, Klaus Rainer, Nähe zum Gegner, Kommunisten und Nationalsozialisten im Berliner BVG-Streik von 1932, Frankfurt a.M. 1994.

Römer, Peter (Hrsg.), Der Kampf um das Grundgesetz, Über die politische Bedeutung der Verfassungsinterpretation, Referate und Diskussionen eines Kolloquiums aus Anlaß des 70. Geburtstages von Wolfgang Abendroth, Frankfurt a.M. 1977.

Rosen, Klaus-Henning, Deutscher Bundestag – Rechtsextremismus im Jahr 1999, in: blick nach rechts, 17. Jg., Nr. 12, 15.6.2000, S. 10 f.

Ross, Jan, Das schlimme K-Wort, Die CDU wird niemals wieder zu Kräften kommen, wenn sie den Begriff „Konservatismus" als Schimpfwort durchgehen lässt, in: Die Zeit, 20.12.2000.

Rudzio, Wolfgang, Die Erosion der Abgrenzung. Zum Verhältnis zwischen der demokratischen Linken und Kommunisten in der Bundesrepublik Deutschland, Opladen 1988.

Rudzio, Wolfgang, Antifaschismus als Volksfrontkitt, in: Bundesminister des innern (Hrsg.), Bedeutung und Funktion des Antifaschismus, Texte zur Inneren Sicherheit, Bonn 1990, S. 65-82.

Rühl, Ulli F. H., „Öffentliche Ordnung" als sonderrechtlicher Verbotstatbestand gegen Neonazis im Versammlungsrecht?, in: Neue Zeitschrift für Verwaltungsrecht 2003, S. 531-537.

Runge, Irene, Wer hat Angst vorm schwarzen Mann, in: Karl-Heinz Heinemann/Wilfried Schubarth (Hrsg.), Der antifaschistische Staat entlässt seine Kinder, Berlin 1992, S. 132-139.

Rupp, Hans-Heinrich, Grundgesetz und „Wirtschaftsverfassung", Tübingen 1974.

Rupprecht, Reinhard, Der freiheitliche Rechtsstaat und die Auseinandersetzung mit dem politischen Extremismus, in: ders./J. Kurt Klein/Gerd Langguth/Reinhard Rupprecht, Linksextremismus – eine vernachlässigte Gefahr, hrsg. von der Konrad-Adenauer-Stiftung, Aktuelle Fragen der Politik, Heft 44, Sankt Augustin 1997, S. 81-93.

Russig, Peter, Der 1. Mai 2000 und 2001 – Extreme Linke und extreme Rechte in Sachsen, in: Uwe Backes/Eckhard Jesse (Hrsg.), Jahrbuch Extremismus & Demokratie, Band 14 (2002), Baden-Baden 2002, S. 155-168.

Schafranek, Hans, Zwischen NKWD und Gestapo, Die Auslieferung deutscher und österreichischer Antifaschisten aus der Sowjetunion an Nazideutschland 1937-1941, Frankfurt a.M. 1990.

Scharrer, Manfred, „Freiheit ist immer...", Die Legende von Rosa und Karl, Berlin 2002.

Schmeitzner, Mike, Postkommunistische Geschichtsinterpretationen, Die PDS und die Liquidierung der Ost-SPD 1946, in: Zeitschrift des Forschungsverbunds SED-Staat, 11/2002, S. 82-101.

Schmeitzner, Mike, Zwischen simulierter Demokratie und offener Diktatur, Die Rolle der sächsischen Parteien und Gewerkschaften 1945-1950, in: Andreas Hilger/Mike Schmeitzner/Ute Schmidt (Hrsg.), Diktaturdurchsetzung, Instrumente und Methoden der kommunistischen Machtsicherung in der SBZ/DDR 1945-1955, Dresden 2001, S. 139-154.

Schmidt, Reiner, Staatliche Verantwortung für die Wirtschaft, in: Josef Isensee/Paul Kirchhof (Hrsg.), Handbuch des Staatsrechts der Bundesrepublik Deutschland, Band III Das Handeln des Staates, Heidelberg 1988, § 83, S. 1141-1170.

Schmidt, Ute, Die Christlich-Demokratische Union Deutschlands, in: Richard Stöss (Hrsg.), Parteien-Handbuch, Die Parteien der Bundesrepublik Deutschland 1945-1980, Band I: AUD bis EFP, Opladen 1983, S. 490-660.

Schneider, Ulrich (Hrsg.), Tut was!, Strategien gegen Rechts, Köln 2001.

Schneider, Ulrich, Zukunftsentwurf Antifaschismus, 50 Jahre Wirken der VVN für „eine neue Welt des Friedens und der Freiheit", hrsg. von der VVN-BdA, Bonn 1997.

Schubarth, Wilfried / Ronald Pschierer / Thomas Schmidt, Verordneter Antifaschismus und die Folgen. Das Dilemma antifaschistischer Erziehung am Ende der DDR, in: Aus Politik und Zeitgeschichte, B 9/91, S. 3-16.

Schui, Herbert / Ralf Ptak / Stephanie Blankenburg / Günter Bachmann / Dirk Kotzur, Wollt ihr den totalen Markt?, Der Neoliberalismus und die extreme Rechte, München 1997.

Schulz, Wilfried, Die PDS und der SED/DDR-Antifaschismus, Historischer Klärungsbedarf oder nur Nostalgie und neue Feindbilder?, in: Deutschland Archiv 27, 1994, S. 408-413.

Schütrumpf, Jörn, Steuerung und Kontrolle der Wissenschaft durch die SED-Führung am Beispiel der Akademie der Wissenschaften der DDR unter Berücksichtigung der Akademie für Gesellschaftswissenschaften beim ZK der SED, 26.3.1993, in: Materialien der Enquete-Kommission (12. Legislaturperiode des Deutschen Bundestages), hrsg. vom Deutschen Bundestag, Band III, Baden-Baden/Frankfurt a.M. 1994, S. 359-374.

Schütrumpf, Jörn, Stalinismus und gescheiterte Entstalinisierung in der DDR, Einige Überlegungen zum Problem der Kontinuität, in: Rainer Eckert/Alexander von Plato/Jörn Schütrumpf (Hrsg.), Wendezeiten – Zeitenwände, Zur „Entnazifizierung" und „Entstalinisierung", Hamburg 1991, S. 77-83.

Schütt, Peter, „Schlagt die Faschos, wo Ihr sie trefft!" Gewaltbereitschaft bei selbsternannten „Faschisten"-Jägern, in: Manfred Agethen/Eckhard Jesse/Ehrhart Neubert (Hrsg.), Der missbrauchte Antifaschismus, DDR-Staatsdoktrin und Lebenslüge der deutschen Linken, Freiburg i.Br. 2002, S. 314-324.

Segall, Peter Christian / Rita Schorpp-Grabiak, Programmdebatte und Organisationsdikussion bei der PDS, in: Gerhard Hirscher / Patrick Moreau., Die PDS. Zukunft und Entwicklungsperspektiven, hrsg. von der Hanns-Seidel-Stiftung, München 2000, S. 7-20.

Segall, Peter Christian / Rita Schorpp-Grabiak / Gerhard Hirscher, Die PDS im Wahljahr 1999: „Politik von links, von unten und von Osten", hrsg. von der Hanns-Seidel-Stiftung, aktuelle analysen 15, München 1999.

Semprún, Jorge, Stalinismus und Faschismus, in: Hilmar Hoffmann (Hrsg.), Gegen den Versuch, Vergangenheit zu verbiegen, Eine Diskussion um politische Kultur in der Bundesrepublik aus Anlaß der Frankfurter Römerberggespräche 1986, Frankfurt a.M. 1987, S. 37-49.

Simon-Ekovich, Francine, Kommunisten, Ex-Kommunisten und die Grünen in Europa, Auf der Suche nach einer neuen Identität?, in: Patrick Moreau/Marc Lazar/Gerhard Hirscher (Hrsg.), Der Kommunismus in Europa, Niedergang oder Mutation?, Landsberg/Lech 1998, S. 600-620.

Staadt, Jochen, Nikolai Bersarin, Zeitgeschichte und Legendenbildung, in: Zeitschrift des Forschungsverbundes SED-Staat, Nr. 12 (2002), S. 3-28.

Staadt, Jochen, Nicht unter 200 Anschlägen pro Minute, Hans-Gerhart Schmierer und der „Kommunistische Bund Westdeutschlands", in: Frankfurter Allgemeine Zeitung, 31.1.2001.

Stammer, Otto / Peter Weingart, Politische Soziologie, München 1972.

Steffen, Michael, Geschichten vom Trüffelschwein, Politik und Organisation des Kommunistischen Bundes 1971 bis 1991, Berlin 2002.

Steinbach, Peter, Antifaschismus. Schlagwort und Ausdruck einer Staatsreligion, in: Trend. Zeitschrift für soziale Marktwirtschaft 46, 1991, S. 22-29.

Stöss, Richard, Struktur und Entwicklung des Parteiensystems der Bundesrepublik – Eine Theorie, in: ders. (Hrsg.), Parteienhandbuch, Die Parteien der Bundesrepublik Deutschland 1945-1980, Bd. 1 AUD-CDU, Opladen 1983, S. 17-309.

Stöss, Richard, Rechtsextremismus im vereinten Deutschland, 3. Auflage, Berlin 2000, S. 20f..

Sturm, Daniel Friedrich, PDS-Streit um Nation und Selbstverständnis, Die Welt, 9.1.2001.

Sturm, Daniel Friedrich, „Hitler war Westdeutscher", Vom Antifaschismus als Herrschaftsinstrument, in: Die Welt, 1.9.2000.

Süß, Walter, Zu Wahrnehmung und Interpretation des Rechtsextremismus in der DDR durch das MfS, in: Deutschland Archiv 26, 1993, S. 388-406.

Tasca, Angelo, Glauben, gehorchen, kämpfen, Der Aufstieg des Faschismus, Wien 1969.

Templin, Wolfgang, Antifaschismus und Demokratie – ein Streitpunkt in der linken Diskussion?, in: Claudia Keller (Hrsg.), Die Nacht hat zwölf Stunden, dann kommt schon der Tag, Antifaschismus, Geschichte und Neubewertung, Berlin 1996, S.70-76.

Thamer, Hans-Ulrich, Nationalsozialismus und Faschismus in der DDR-Historiographie, in: Aus Politik und Zeitgeschichte, B 13/1987, S. 27-37.

Tietmeyer, Hans, Freiheit und sozialer Ausgleich, Konsequenter nach den Grundsätzen der Sozialen Marktwirtschaft handeln, in: Frankfurter Allgemeine Zeitung, 23.2.1985.

2. Literatur

Tjaden, Karl Hermann, Struktur und Funktion der „KPD-Opposition" (KPO), Eine organisationssoziologische Untersuchung zur „Rechts"-Opposition im deutschen Kommunismus zur Zeit der Weimarer Republik, Meisenheim 1964.

Trömmer, Markus, Der verhaltene Gang in die deutsche Einheit, Das Verhältnis zwischen den Oppositionsgruppen und der (SED-)PDS im letzten Jahr der DDR, Frankfurt a.M. 2002.

Ullmann, Wolfgang, Arbeiteraufstand, Volkserhebung, Bürgerbewegung, in: Neues Deutschland, 17.6.2003.

Vielhaber, Jost / Patrick Moreau, Die PDS-Bundestagsfraktion in der 14. Wahlperiode, in: Patrick Moreau/Rita Schorpp-Grabiak, „Man muss so radikal sein wie die Wirklichkeit" – Die PDS: Eine Bilanz, Baden-Baden 2002, S. 116-120.

Voerman, Gerrit, Das Gespenst des Kommunismus, Eine verblassende Erscheinung, Gegenwart und Vergangenheit des Kommunismus in den Niederlanden, in: Patrick Moreau/Marc Lazar/Gerhard Hirscher (Hrsg.), Der Kommunismus in Europa, Niedergang oder Mutation?, Landsberg/Lech 1998, S. 498-523.

Vollnhals, Clemens, Politische Säuberung als Herrschaftsinstrument, Entnazifizierung in der Sowjetischen Besatzungszone, in: Andreas Hilger/Mike Schmeitzner/Ute Schmidt (Hrsg.), Diktaturdurchsetzung, Instrumente und Methoden der kommunistischen Machtsicherung in der SBZ/DDR 1945-1955, Dresden 2001, S. 127-138.

Wachs, Philipp-Christian, Der Fall Theodor Oberländer (1905-1998), Ein Lehrstück deutscher Geschichte, Frankfurt a.M. 2000.

Wagner, Richard, Antifaschismus zum Abholpreis, in: Frankfurter Rundschau, 25.9.2003.

Wahl, Stefanie (Hrsg.), Die Ereignisse um den 17. Juni 1953 im Bezirk Halle, Schlaglichter, Landesbeauftragte für die Unterlagen des Staatssicherheitsdienstes der ehemaligen DDR in Sachsen-Anhalt, Magdeburg 2003.

Weber, Hermann, „Hauptfeind Sozialdemokratie". Zur Politik der deutschen Kommunisten gegenüber Sozialdemokraten zwischen 1930 und 1950, in: Rainer Eckert/Bernd Faulenbach (Hrsg.), Halbherziger Revisionismus. Zum postkommunistischen Geschichtsbild, München und Landsberg am Lech 1996, S. 25-46.

Wehler, Hans-Ulrich, Modernisierungstheorie und Geschichte, Göttingen 1975.

Wehner, Gerd, Die etwas andere Art einer zukünftigen Verfassung. Ein historischer Beitrag zum Verfassungsentwurf der PDS von 1994, Zeitschrift für Politik, 2/2000, S. 173-182.

Weiß, Konrad, Gebrochener, nicht „verordneter" Antifaschismus, in: Manfred Agethen/Eckhard Jesse/Ehrhart Neubert (Hrsg.), Der missbrauchte Antifaschismus, DDR-Staatsdoktrin und Lebenslüge der deutschen Linken, Freiburg i.Br. 2002, S. 160-167.

Weiss, Peter, Ästhetik des Widerstands, 2. Auflage, Frankfurt a.M. 1982.

Weißbecker, Manfred / Reinhard Kühnl / Erika Schwarz (Hrsg.), Rassismus, Faschismus, Antifaschismus. Forschungen und Betrachtungen gewidmet Kurt Pätzold zum 70. Geburtstag, Köln 2000.

Welzel, Christian, Wissenschaftstheoretische und methodische Grundlagen, in: Manfred Mols/Hans-Joachim Lauth/Christian Wagner (Hrsg.), Politikwissenschaft: Eine Einführung, 3. Auflage, Paderborn 2001, S. 395-430.

Werkentin, Falco, Politische Strafjustiz in der Ära Ulbricht, Berlin 1995.

Whitaker, Stephen B., The anarchist-individualist origins of Italian fascism, New York 2002.

Wilke, Manfred, Die „antifaschistische" Republik – Die PDS strebt eine neue Lagerbildung an, in: Die politische Meinung 377, 2001, S. 65-69.

Wilke, Manfred, Antifaschismus als Legitimation staatlicher Herrschaft in der DDR, in: Bundesminister des Innern (Hrsg.), Bedeutung und Funktion des Antifaschismus, Texte zur Inneren Sicherheit, Bonn 1990, S. 52-64.

Wilke, Manfred / Hans-Peter Müller / Marion Brabant, Die Deutsche Kommunistische Partei (DKP), Geschichte – Organisation – Politik, Köln 1990.

Winkler, Jürgen R., Rechtsextremismus. Gegenstand – Erklärungsansätze – Grundprobleme, in: Wolfgang Schubarth/Richard Stöss (Hrsg.), Rechtsextremismus in der Bundesrepublik Deutschland, Eine Bilanz, Opladen 2001, S. 38-68.

Wippermann, Wolfgang, „Doch ein Begriff muß bei dem Worte sein", Über „Extremismus", „Faschismus", „Totalitarismus" und „Neofaschismus", in: Siegfried Jäger/Alfred Schobert (Hrsg.), Weiter auf unsicherem Grund, Faschismus – Rechtsextremismus – Rassismus, Kontinuitäten und Brüche, Duisburg 2000, S. 21-47.

Wippermann, Wolfgang, Totalitarismustheorien, Die Entwicklung der Diskussion von den Anfängen bis heute, Darmstadt 1997.

Wippermann, Wolfgang, Faschismustheorien, Die Entwicklung der Diskussion von den Anfängen bis heute, 7. Auflage, Darmstadt 1997.

Wippermann, Wolfgang, Die Bonapartismustheorie von Marx und Engels, Stuttgart 1983.

Wogawa, Stefan, „Lifestyle" gegen rechts, Aktivitäten gegen Rassismus und Neofaschismus sind in Thüringen vielgestaltig, aber keine Massenbewegung, in: Junge Welt, Antifa-Beilage, 27.8.2003.

Wolf, Siegfried, Zum verordneten Antifaschismus in der DDR. Einige Thesen zu seinen Folgen, in: päd extra & demokratische erziehung, September 1990, S. 22-26.

Wolfschlag, Claus-M., Das „antifaschistische Milieu". Vom „schwarzen Block" zur „Lichterkette" – die politische Repression gegen „Rechtsextremismus" in der Bundesrepublik Deutschland, Graz 2001.

Wünsche, Horst Friedrich, Die Verwirklichung der Sozialen Marktwirtschaft nach dem Zweiten Weltkrieg und ihr Verfall in den sechziger und siebziger Jahren, in: Otto Schlecht/Gerhard Stoltenberg (Hrsg.), Soziale Marktwirtschaft, Grundlagen, Entwicklungslinien, Perspektiven, hrsg. von der Konrad-Adenauer-Stiftung und der Ludwig-Erhard-Stiftung, Freiburg i.Br. 2001, S. 61-114.

Zilkenat, Reiner, Probleme der Faschismusanalyse, in: Konsequent, Beiträge zur marxistisch-leninistischen Theorie und Praxis, hrsg. vom Parteivorstand der Sozialistischen Einheitspartei Westberlins 11, 1981, S. 81-98.

Zimmering, Raina, Mythen in der Politik der DDR, Ein Beitrag zur Erforschung politischer Mythen, Opladen 2000.

Zimmermann, Hans Dieter, Antifaschismus als therapeutisches Theater. Ein Versuch, die westdeutsche Moral zu erklären, in: Manfred Agethen/Eckhard Jesse/Ehrhart Neubert (Hrsg.): Der missbrauchte Antifaschismus, DDR-Staatsdoktrin und Lebenslüge der deutschen Linken, Freiburg i.Br. 2002, S. 293-300.

Zimmermann, Michael, Der antifaschistische Mythos der DDR, in: Mythos Antifaschismus, Ein Traditionskabinett wird kommentiert, Berlin 1992, S. 135-153.

XI. Anhang

1. Biographien

Dr. Roland Bach[1057]

Geb. 10.6.1930, Pädagogik-Studium an der Berliner Humboldt-Universität, 1959 Diplom-Pädagoge, 1968 Dr. päd. Deutsches Pädagogisches Zentralinstitut Berlin, Thema der Promotion A: „Die Gewerkschaftsjugend im DGB als Bildungs- und Erziehungseinrichtung der westdeutschen Arbeiterklasse", langjähriger hauptamtlicher Funktionär der FDJ, zuletzt als Leiter der Forschungsstelle für Jugendfragen beim Zentralrat der FDJ (bis 1974), 1986 wiss. Mitarbeiter im Institut für Wissenschaftlichen Kommunismus, Forschungsbereich „Jugendpolitik der SED" an der Akademie für Gesellschaftswissenschaften beim ZK der SED, 1986 Dr. sc. pol. auf dem Gebiet des Wissenschaftlichen Kommunismus, Thema der Dissertation B: „Zu Ursachen, Umfang, Erscheinungsformen und Charakter von Jugendbewegungen in den kapitalistischen Ländern (Mitte der sechziger bis Anfang der achtziger Jahre)", ab 1.2.1987 Hochschuldozent für Wissenschaftlichen Kommunismus, zum 1.9.1990 abberufen.

Ausgewählte Veröffentlichungen: Neuer Aufbruch?, Jugendbewegungen in den Ländern des Kapitals, Berlin 1989; gemeinsam mit Anneli Heiger und Peter Reinhardt: Jugend, Solidarität, antiimperialistischer Kampf, Berlin 1983; gemeinsam mit Helmut Sämann: Jugend im Friedenskampf, Berlin 1982; Eine „verlorene Generation"?, Zur Lage der Jugend und zum Kampf der kommunistischen Parteien und Jugendverbände für die Rechte der jungen Generation in den kapitalistischen Ländern Europas, Berlin 1979.

Prof. Dr. Klaus Böttcher[1058]

Geb. 9.3.1941, ab 1955 FDJ, 1957-60 Student am Institut für Lehrerfortbildung in Putbus, 1960-63 Lehrer POS I Putbus, 1960-62 Sekretär der FDJ-Grundorganisation, seit 1963 Mitglied der SED, 1963-64 Direktor der Sonderschule im Institut für Diabetes, Putbus, 1964-66 Angehöriger der Grenztruppen der DDR (Uffz. d.R.), 1965-66 FDJ-Sekretär in der NVA, 1966-68 Mitarbeiter der SED-Kreisleitung Rügen, 1968-71 Parteihochschule „Karl Marx" (Abschluss: Diplom-Gesellschaftswissenschaftler), 1971-75 1. Sekretär FDJ-Kreisleitung in Bergen auf Rügen, 1975-78 Aspirant Akademie für Gesellschaftswissenschaften der KPdSU, Promotion am Lehrstuhl für Wissenschaftlichen Kommunismus: „Die Rolle der politischen Jugendorganisation in der politisch-ideologischen Erziehung der Persönlichkeit (nach Materialien der DDR und der UdSSR)", ab 1978 Direktor der Jugendhochschule „Wilhelm Pieck" in

---

[1057] BArch.-SAPMO, DR 3 B/10364. Die Daten der Biographien stammen aus Angaben der Personen gegenüber dem Verfasser, aus Veröffentlichungen der Personen sowie aus Akten des DDR-Hochschulministeriums, die der Verfasser bei der Stiftung Archiv der Parteien und Massenorganisationen der DDR (SAPMO) einsehen konnte.

[1058] BArch.-SAPMO, DR 3 B/10119.

222 XI. Anhang

Bogensee bei Bernau, 12.6.1981 Ernennung zum Professor für Pädagogik am Tag des Lehrers auf ausdrücklichen Wunsch von Egon Krenz. Auszeichnungen u.a. Arthur-Becker-Medaille in Gold (1973), Verdienstmedaille der DDR (1974), Aktivist der sozialistischen Arbeit (1972, 1974), Ernst-Schneller-Medaille in Bronze (1972), Pestalozzi-Medaille in Bronze (1970). 1990-2000 hauptamtlicher Mitarbeiter der PDS.

Ausgewählte Veröffentlichungen: Das Programm der Sozialistischen Einheitspartei Deutschlands – Grundlage der Tätigkeit der FDJ zur Weiterführung der kommunistischen Erziehung der gesamten jungen Generation auf höherem Niveau, in: Bedeutung des Parteiprogramms für die weitere Gestaltung der entwickelten sozialistischen Gesellschaft in der DDR, Berlin 1986, S. 80-86; Die wachsende Verantwortung der Kader der FDJ bei der weiteren Gestaltung der entwickelten sozialistischen Gesellschaft in der DDR, in: Beiträge zur Geschichte der FDJ, Heft 7, 1985, S. 32-42; gemeinsam mit Manfred Klaus: Unsere Jugendhochschule „Wilhelm Pieck", hrsg. von der Jugendhochschule „Wilhelm Pieck" beim Zentralrat der Freien Deutschen Jugend anläßlich des 30. Jahrestages der Verleihung des Ehrennamens „Wilhelm Pieck" an die höchste Bildungsstätte der FDJ, Berlin 1980.

Prof. Dr. Werner Bramke[1059]

Geb. 8.7.1938 in Cottbus, 1957-62 Studium der Geschichte und Germanistik an der Pädagogischen Hochschule Potsdam, 1962-69 Lehrer in den Fächern Geschichte, Deutsch, Staatsbürgerkunde, Latein in der Abiturstufe an der Landwirtschaftlichen Berufsschule (mit Abiturausbildung) in Elbisbach und an der EOS Delitzsch, beide Bezirk Leipzig, 1969 externe Promotion über „Die Stellung des Kyffhäuserbundes im System der militaristischen Organisationen in Deutschland 1918-1934" (Betreuer Kurt Finker), 1969-72 wissenschaftlicher Mitarbeiter am Militärgeschichtlichen Institut in Potsdam, stellv. Chefredakteur der Zeitschrift „Militärgeschichte", 1972-76 als Oberassistent Karl-Marx-Universität Leipzig, 1976 Habilitation zum Thema „Grundzüge der Traditionspflege im antiimperialistischen Kampf der KPD zur Zeit der Weimarer Republik", 1976 Hochschuldozent für Neueste Deutsche Geschichte, 1979 o. Prof. für Geschichte der Arbeiterbewegung und Neueste Deutsche Geschichte, 1987-90 Direktor der Sektion Geschichte, 1989 ein Semester Gastaufenthalt an der Universität Bielefeld, seit 1993 Professor alten Rechts am Historischen Seminar. 1952-63 FDJ, 1956-57 hauptamtl. Sekretär der FDJ-GO VI. Obersch. Cottbus, seit 1958 SED-Mitglied, 1977-78 Sekretär der SED-GO Geschichte KMU, seit 1968 elfmal mit dem Kollektiv der sozialistischen Arbeit ausgezeichnet. 1994-2003 Mitglied des Sächsischen Landtages, als Parteiloser für die PDS-Fraktion, wissenschafts- und hochschulpolitischer Sprecher.

Ausgewählte Veröffentlichungen: Freiräume und Grenzen eines Historikers im DDR-System: Reflexionen sechs Jahre danach, in: Karl Heinrich Pohl (Hrsg.), Historiker in der DDR, Göttingen 1997, S.28-44; Die Anhängerschaft des Faschismus in den Analysen der SPD und der KPD 1929-1933, in: Arbeiterbewegung und Faschismus, Essen 1990, S. 255-261; Der antifaschistische Widerstand in der Geschichtsschreibung der DDR in den achtziger Jahren, Forschungsstand und Probleme, in: Aus Politik und Zeitgeschichte B 28/88, 8. Juli 1988, S. 23-33; Proletarischer Widerstand im Spektrum des Gesamtwiderstandes gegen den Faschismus, in: Jahrbuch für Regionalgeschichte 14, 1987, S. 301-314; Zum Zusammenhang des Kampfes der KPD gegen Faschismus und gegen Kriegsgefahr in den Jahren der Weltwirt-

---

[1059] BArch.-SAPMO, DR 3/B 1188.

1. Biographien

schaftskrise, in: Beiträge zum Friedenskampf der KPD in der Weimarer Republik, Berlin-Ost 1984, S. 129-137; Die Bündnispolitik der KPD im Rahmen des antifaschistischen Massenkampfes in den Jahren der Weltwirtschaftskrise, in: Beiträge zur Geschichte der Arbeiterbewegung 22, 1980, S. 669-685; gemeinsam mit Kurt Finker: Die Rote Jungfront, Verkörperung der Wehrhaftigkeit der revolutionären deutschen Arbeiterjugend (1924-1929), in: Militärgeschichte 11, 1972, S. 72-79.

Elke Breitenbach

Geb. 30.3.1961 in Frankfurt a.M., 1981-89 Studium der politischen Wissenschaften an der FU Berlin, 1989 Diplom, 1989-91 Wissenschaftliche Mitarbeiterin an der TU Berlin, 1992-97 Gewerkschaftssekretärin der Gewerkschaft Handel, Banken und Versicherungen, seit 1998 Mitglied der PDS, 1999-2002 Referentin für soziale Sicherungssysteme bei der PDS-Bundestagsfraktion, 2002-2003 Persönliche Referentin der Berliner Senatorin für Gesundheit, Soziales und Verbraucherschutz, Mitglied des SprecherInnenrates Netzwerk Reformlinke, seit Januar 2003 Mitglied des Abgeordnetenhauses von Berlin, seit 2003 Mitglied des PDS-Parteivorstandes. Von Frühjahr 2001 bis Herbst 2001 Sprecherin der AG Rechtsextremismus/Antifaschismus. Homepage: http://www.elke-breitenbach.de.

Prof. Dr. Ludwig Elm[1060]

Geb. 10.8.1934 in Greußen, Kreis Sondershausen, Thüringen, Studium Diplom-Lehrer für Marxismus-Leninismus (1952-53 Humboldt-Universität, 1953-56 Franz-Mehring-Institut an der KMU Leipzig), 1956-58 wiss. Ass. Friedrich-Schiller-Universität Jena, ab 1954 SED-Mitglied, 1958-61 FDJ-Hochschulgruppenleitung Jena, 1961-64 wiss. Ass. Institut für Marxismus-Leninismus, 1964 Dr. phil., 1964-69 hauptamtl. stv. Sekretär in der Universitätsparteileitung, 1967-1978 Mitglied der SED-Kreisleitung Jena-Stadt, ab 1969 Mitglied im Kreisausschuss Jena-Stadt, 1969-70 Dozent Sektion Marxismus/Leninismus, seit 1970 ord. Professor Marxismus/Leninismus, 1969-78 Prorektor für Gesellschaftswissenschaften. 1949 bis 1991 Mitglied im FDGB, seither GEW, 1958 bis 1991 im Kulturbund, verschiedene Funktionen auf Kreis-, Bezirks- und zentraler Ebene. Mitbegründer und von 1992 bis 1994 Vorsitzender des Jenaer Forums für Bildung und Wissenschaft e. V., erster Landessprecher des Bundes der Antifaschisten (BdA) Thüringen seit 1994. J.-R.-Becher-Medaille des Kulturbundes, Nationalpreis III. Klasse für Wissenschaft und Technik 1987. 1971-81 Mitglied der Volkskammer für den Kulturbund. 1994-1998 Mitglied des Bundestages.

Ausgewählte Veröffentlichungen: Konservatismus und rechter Extremismus in der Bundesrepublik Deutschland, Essen 2003; Das verordnete Feindbild: neue deutsche Geschichtsideologie und „antitotalitärer Konsens", Köln 2001; Füxe, Burschen, Alte Herren: studentische Korporationen vom Wartburgfest bis heute, 2. Auflage, Köln 1993; Konservatismus heute, Internationale Entwicklungstrends konservativer Politik und Gesellschaftstheorien in den achtziger Jahren, Köln 1986; Konservative „Wende" – Anspruch und Wirklichkeit, in: Konsequent 16, 1986, S. 80-88; gemeinsam mit Manfred Weißbecker und Eberhard Fromm: Konservatismus – Faschismus – reaktionäres geistiges „Erbe", Tagung des Wissenschaftlichen Rates

---

[1060] BArch.-SAPMO, DR 3 B/2626.

224 XI. Anhang

für Grundfragen der ideologischen Auseinandersetzung zwischen Sozialismus und Imperialismus, Berlin 1979; Der „neue" Konservatismus, Zur Ideologie und Politik einer reaktionären Strömung in der BRD, Frankfurt a.M. 1974.

Matthias Gärtner

Geb. 18.11.1972 in Wittenberg, 1991 Abitur am Lucas-Cranach-Gymnasium Wittenberg, 1993 Beginn des Studiums der Politikwissenschaft Martin-Luther-Universität Halle-Wittenberg, seit 1991 PDS-Mitglied, seit 1994 Mitglied des Landtags, seit 1999 Mitglied des Kreistages Wittenberg. Innenpolitischer Sprecher der PDS-Landtagsfraktion. Homepage: http://www.matthias-gaertner.de.

Prof. Dr. Karl-Heinz Gräfe[1061]

Geb. 19.1.1938 in Tissa, Kreis Stadtroda, 1956-59 Lehramtsstudium Russisch/Geschichte (Staatsexamen) am Pädagogischen Institut Dresden, seit 1962 SED-Mitglied, 1966-68 hauptamtl. FDJ-Sekretär der Grundorganisation der Pädagogischen Hochschule Dresden, 1966-68 und 1978-80 ehrenamtl. Mitglied der SED-Hochschulparteileitung, 1966 Staatsexamen Fernstudium Geschichte PH Potsdam, Thema der schriftlichen Hausarbeit: „Die Befreiung Deutschlands vom Faschismus durch den Heldenkampf der Roten Armee und die Hilfe der sowjetischen Besatzungsmacht beim Aufbau einer antifaschistisch-demokratischen Ordnung in der sowjetischen Besatzungszone (April/Mai bis Juli 1945 – dargestellt am Beispiel der Stadt Dresden)", 1971 Dr. phil. Universität Halle, Thema der Promotion A: „Die antifaschistisch-demokratische Revolution in Sachsen", 1978-79 Parteihochschule, Kurs für leitende Kader der Volksbildung, 1977 Dr. sc. phil., Thema der Promotion B: „Die Herausbildung sozialistischer internationaler Beziehungen der DDR zur UdSSR und zur Volksrepublik Polen (1945-1952)", ab 1.2.1979 Hochschuldozent, ab 1.9.1982 ord. Professor an der Pädagogischen Hochschule Dresden. Mitglied der Kampfgruppen, Verdienstmedaille der DDR (1974), Arthur-Becker-Medaille in Gold (1968).

Dr. Horst Helas

Geb. am 23.6.1946 in Leipzig, 1965-69 Pädagogik-Studium an der Karl-Marx-Universität Leipzig, 1969-73 hauptamtliche Tätigkeit FDJ Leipzig, 1973-81 FDJ-Zentralrat Berlin (ab 1977 verantwortlich für das Archiv und die Geschichte der Jugendbewegung), 1981-85 Aspirantur an der Akademie für Gesellschaftswissenschaften beim ZK der SED, 1985 Promotion A zum Thema „Zur Rolle des Autorenkollektivs für das Lehrbuch der deutschen Geschichte im Formierungsprozeß der marxistisch-leninistischen Geschichtswissenschaft der DDR", anschl. Wiss. Ass. und Oberass. an der Akademie für Gesellschaftswissenschaften, seit 1992 Mitarbeit an verschiedenen Projekten zu Regionalstudien in Berlin-Mitte u.a. Scheunenviertel, Garnisonfriedhof und jüdisches Leben in Berlin-Mitte. Seit 2003 Mitglied im Sprecherrat der AG Rechtsextremismus/Antifaschismus.

[1061] BArch.-SAPMO, DR 3 B/5940.

1. Biographien

Ausgewählte Veröffentlichungen: Gemeinsam mit Henning Müller: Das KZ-Außenlager in Berlin-Reinickendorf, in: Zwangsarbeit in Berlin 1938-1945, Berlin 2003; Juden in Berlin-Mitte: Biografien – Orte – Begegnungen, 2. Auflage, Berlin 2001; PDS und Stalinismus, Ein Beitrag zur Rekonstruierung einer wissenschaftlich-politischen Debatte, hrsg. von der Historischen Kommission der PDS, Manuskript, Berlin 1995; Das Scheunenviertel, Spuren eines verlorenen Berlins, Berlin 1994; mit Wladislaw Hedeler und Dietmar Wulff: Stalins Erbe, Der Stalinismus und die deutsche Arbeiterbewegung, Berlin 1990; mit Hans-Joachim Hinz: Der Kampf der KPD für die Interessen der Mieter in der Weimarer Republik, in: Konsequent: Beiträge zur marxistisch-leninistischen Theorie und Praxis 18, 1988, S. 104-112.

Ulla Jelpke

Geb. am 9.6.1951 in Hamburg. Gelernte Friseurin, Kontoristin und Buchhändlerin. Über den Zweiten Bildungsweg 1993 Abschluss als Diplomsoziologin und Volkswirtin. Aus dem Kommunistischen Bund (KB) kommend aktiv in der Autonomen Frauenbewegung, später in der Umweltbewegung. Seit 1981 aktiv als Strafvollzugshelferin. 1981-89 Mitglied der Hamburgischen Bürgerschaft für die Grün-Alternative Liste (GAL). Während dieser Zeit noch Mitglied im „Leitenden Gremium" des Kommunistischen Bundes. In der Bürgerschaft schwerpunktmäßig im Innen-, Rechts-, Frauen- und Sozialausschuss; zwischenzeitlich wegen Rotation drei Jahre als Frauenreferentin bei der GAL-Fraktion tätig. Mitglied des Bundestages 1990-2002; Sprecherin der Arbeitsgruppe Innen- und Rechtspolitik der PDS-Fraktion.

Peer Jürgens

Geb. am 2.7.1980 in Berlin, seit 2001 Student der Politikwissenschaften und Jüdischen Studien an der Universität Potsdam, 2003-2004 AStA-Referent Campus und Lehre (für die Grün-Alternative Liste), seit 1998 Mitglied und 1. stellvertretender Vorsitzender der Stadtverordnetenversammlung im brandenburgischen Erkner, Stipendiat der Rosa-Luxemburg-Stiftung, seit 2004 Mitglied des Landtags von Brandenburg.

Prof. Dr. Klaus Kinner[1062]

Geb. 1.9.1946 in Pötzschau, Kreis Borna, 1965-70 Studium Diplomlehrer für Marxismus-Leninismus (Geschichte der deutschen Arbeiterbewegung) an der Karl-Marx-Universität Leipzig, 1969 Diplom-Historiker, 1969-72 Dissertation in Geschichte, 1973 Dr. phil., 1974-1978 Aspirantur an der Akademie für Gesellschaftswissenschaften beim ZK der SED, 1977 Habilitation zum Thema „Zur Entwicklung der marxistisch-leninistischen Geschichtswissenschaft in Deutschland 1917 bis 1933 (Teil II 1924 bis 1929)", ab 1.9.1978 Hochschuldozent für das Fachgebiet „Wissenschaftlicher Kommunismus" am Franz-Mehring-Institut der Karl-Marx-Universität Leipzig, 1981 ordentlicher Professor für Geschichte der deutschen Arbeiterbewegung. 1961-1974 FDJ, 1972-74 hauptamtl. Sekretär der FDJ-Kreisleitung der KMU, seit 1965 SED, 1965-72 u. 1975-77 SED-Parteigruppenorganisator beziehungsweise Mitglied der GO-

---

[1062] BArch.-SAPMO, DR 3 / B 6792.

226   XI. Anhang

Leitung, ab 1979 Sekretär der SED-GO am Franz-Mehring-Institut der KMU. 1974 Artur-Becker-Medaille in Silber, 1980 Verdienstmedaille des Innenministeriums in Bronze. Mitglied im Sprecherrat der Historischen Kommission der PDS. Seit 1998 Geschäftsführer der Rosa-Luxemburg-Stiftung Sachsen.

Ausgewählte Veröffentlichungen: Imperialismustheorie und Faschismusanalyse in KPD und Komintern, in: Arbeiterbewegung und Faschismus, Essen 1990, S. 59-77; Der Leninismus in KPD und Komintern und heutiges marxistisch-leninistisches Theorienverständnis, in: Konsequent, Beiträge zur marxistisch-leninistischen Theorie und Praxis 20, 1989, S. 135-142; Mitglied des Redaktionskollektivs, Damals in Fichtenau, Erinnerungen an die zentrale Parteischule der KPD, Berlin 1978; Der zehnte Jahrestag der Großen Sozialistischen Oktoberrevolution – ein Höhepunkt im Ringen um die Durchsetzung des Leninismus in der KPD, in: Beiträge zur Geschichte der Arbeiterbewegung, 1977, 6, S. 1003-1011; Zur Herausbildung und Rolle des marxistisch-leninistischen Geschichtsbildes in der KPD im Prozeß der schöpferischen Aneignung des Leninismus 1918 bis 1923, in: Jahrbuch der Geschichte, Bd. 9, Berlin 1973, S. 217-280.

Dr. sc. Norbert Madloch[1063]

Geb. 15.7.1931 in Halberstadt, 1964 Dr. phil. „Der Kampf der KPD 1925/26 gegen den Pakt von Locarno und für eine friedliche und demokratische Außenpolitik in Deutschland", 1975 Lehrbefähigung im Fachgebiet „Imperialismusforschung", 1960-64 Aspirant am Institut für Gesellschaftswissenschaften beim ZK der SED, 1.2.1976 Ernennung zum Hochschuldozenten, bis 1975 politischer Mitarbeiter beim ZK der SED, Diss. B über „Problematik der Aktivitäten des Trotzkismus in der BRD", zum 1.9.1990 abberufen von der Akademie für Gesellschaftswissenschaften.

Ausgewählte Veröffentlichungen: Rechtsextremismus in Deutschland nach dem Ende des Hitlerfaschismus, in: Klaus Kinner/Rolf Richter (Hrsg.), Rechtsextremismus und Antifaschismus. Historische und aktuelle Dimensionen, Berlin 2000, S. 57-214; Rechtsextremismus in den neuen Bundesländern und was dagegen getan werden kann, in: Droht und ein neues `33?, Analysen zum heutigen Rechtsextremismus, Berlin 1993; Akademie für Gesellschaftswissenschaften beim ZK der SED (Hrsg.), Linksradikalismus, Linksradikale Kräfte in den gesellschaftlichen Auseinandersetzungen, Berlin (Ost) 1989; Die Novemberrevolution 1918/19 in der Stadt und im Landkreis Halberstadt, Schriftenreihe der Kreisleitung Halberstadt der SED, Halberstadt 1988.

Prof. Dr. Kurt Pätzold[1064]

Geb. 3.5.1930 in Breslau, ab 1946 Mitglied der KPD, 1948-53 Studium der Geschichte, Ökonomie, Philosophie an der Universität Jena, 1954-60 Parteisekretär an der Universität Jena, ab 1965 an der Humboldt-Universität in Berlin, ab 1969 Sekretär der Grundorganisation Historiker der SED an der Berliner Humboldt-Universität, ab 1973 ord. Professor für Geschichte.

[1063] BArch.-SAPMO, DR 3 B/12325.
[1064] BArch.-SAPMO, DR 3 B/699.

1. Biographien

Ausgewählte Veröffentlichungen: gemeinsam mit Manfred Weißbecker: Geschichte der NSDAP, 1920 bis 1945, Sonderausg., Köln 2002; Die Faschismus-Definition der Komintern 1933/35, in: Marxistische Blätter 33, 1995, S. 57-67.

Petra Pau

Geb. 9.8.1963 in Berlin, Studium am Zentralinstitut der Pionierorganisation, 1983 Abschluss als Freundschaftspionierleiterin sowie Lehrerin für Deutsch und Kunsterziehung, 1983-85 Pionierleiterin und Lehrerin, 1985-88 Studium an der SED-Parteihochschule „Karl Marx", 1988 Diplom-Gesellschaftswissenschaftlerin. 1988-90 Mitarbeiterin für Aus- und Weiterbildung in der Pionierorganisation / Zentralrat der FDJ; Januar 1991 bis November 1995 hauptamtliche Tätigkeit bei der PDS. Ab 1983 Mitglied der SED, seit 1990 der PDS. Vorsitzende des PDS-Landesverbandes Berlin von 1992 bis 2001, November 1995 bis Oktober 1998 Mitglied des Abgeordnetenhauses von Berlin, 2000-02 stellv. Fraktionsvorsitzende der PDS-Bundestagsfraktion und stellv. Parteivorsitzende der PDS. Mitglied des Bundestages seit 1998.

Jürgen Plagge-Vandelaar

Geb. 1955 im nordrhein-westfälischen Willich, Kommunikationswissenschaftler, studierte 1985-86 in der DDR und ist seit 1990 Mitglied der PDS. Mitarbeiter der PDS-Bundestagsfraktion bis 2002. Bei den Bundestagswahlen 2002 kandidierte er für die PDS als Direktkandidat im Wahlkreis 110 Mönchengladbach. VVN-Mitglied. Nach dem Parteitag von Gera bekannte er sich zu den sog. Reformlinken.

Prof. Dr. Rolf Richter[1065]

Geb. 12.3.1945 in Pirna, Studium der Geschichte an der Pädagogischen Hochschule „K.F.W. Wander" Dresden, 1980 Dr. sc. phil. Geschichte der deutschen Arbeiterbewegung, Diss. B „Beiträge zur Analyse und Kritik bürgerlicher und anderer nicht-marxistischer Faschismuskonzeptionen und -darstellungen", 1982 Mitglied der SED-Delegation auf der Internationalen Wissenschaftlichen Session zum 100. Geburtstag Georgi Dimitroffs, 1981-83 Sekretär der Grundorganisationsleitung des Instituts, 1.9.1984 ord. Professor für Geschichte der deutschen Arbeiterbewegung bei der Akademie für Gesellschaftswissenschaften beim ZK der SED, zum 1.9.1990 abberufen. Mitglied der Kampfgruppen, Mitglied der SED-Grundorganisationsleitung, Aktivist der sozialistischen Arbeit.

Ausgewählte Veröffentlichungen: mit Gerhard Lozek: Legende oder Rechtfertigung?, Zur Kritik der Faschismustheorien in der bürgerlichen Geschichtsschreibung, Berlin 1979; Georgi Dimitroff, Gegen Faschismus und Krieg, Ausgewählte Reden und Schriften, hrsg. aus dem Bulgarischen von Rolf Richter, Leipzig 1982.

[1065] BArch.-SAPMO, DR 3 B/13042; vgl. Horst Helas/Reiner Zilkenat, Zur Biographie von Rolf Richter, in: Roland Bach/Klaus Böttcher/Horst Helas/Peer Jürgens/Jürgen Plagge-Vandelaar/Reiner Zilkenat (Hrsg.), Antifaschismus als humanistisches Erbe in Europa, Festschrift zum 60. Geburtstag von Prof. Dr. Rolf Richter, Berlin 2005, S. 9-13.

228 XI. Anhang

Prof. Dr. Michael Schumann[1066]

Geb. 24.12.1946 in Zella-Mehlis, gest. 2.12.2000, 1965-70 Studium der Philosophie, Karl-Marx-Universität Leipzig (Diplom-Philosoph), 1970-74 u. 1977-79 wiss. Ass. Akademie für Staat und Recht (ASR), 1974-77 Aspirant Akademie für Gesellschaftswissenschaften, 1979 Dr. rer. pol., 1979-83 wiss. Oberass. ASR, 1983 Dr. sc. pol., ab Mai 1983 Lehrstuhl Historischer Materialismus in der Sektion Marxismus-Leninismus an der ASR, ab 1.9.1986 ord. Professor für Dialektischen und Historischen Materialismus, Abberufung zum 15.1.1991. Wehrdienst in Polit-Abteilung einer Mot-Schützen-Einheit, Aktivist der sozialistischen Arbeit, Mitglied der Kampfgruppen, 1982 Sekretär der SED-Grundorganisation der Sektion Marxismus/Leninismus an der ASR. 1990 Mitglied der Volkskammer, nach der Wiedervereinigung kurzzeitig Mitglied des Deutschen Bundestages (Okt.-Dez. 1990), später Mitglied des Landtags Brandenburg.

Prof. Dr. Manfred Weißbecker[1067]

Geb. 8.2.1935 in Chemnitz, ab 1949 FDJ-Mitglied, 1953-58 Studium Geschichte/Germanistik Friedrich-Schiller-Universität Jena (Staatsexamen), ab 1955 SED-Mitglied, 1958-59 hauptamtl. Sekretär der DSF-Hochschulgruppe Jena, 1959-63 wiss. Ass., 1962 Promotion, 1962-64 1. Sekretär der SED-Grundorganisation Historiker, 1963-66 wiss. Oberass., 1966-68 wiss. Ass. des Dekans, 1967 Habilitation, ab 1.9.1970 Professor für Deutsche Geschichte an der FSU Jena, 1970-73 sowie 1980-82 Sektionsdirektor Philosophie/Geschichte.

Ausgewählte Veröffentlichungen: gemeinsam mit Kurt Pätzold: Geschichte der NSDAP, 1920 bis 1945, Sonderausg., Köln 2002; Gesellschaftswissenschaftler der Friedrich-Schiller-Universität Jena über Frieden und Friedenskampf, Jena 1987; Entteufelung der braunen Barbarei, zu einigen neueren Tendenzen in der Geschichtsschreibung der BRD über Faschismus und faschistische Führer, Berlin 1975.

Dr. Reiner Zilkenat

Geb. 20.5.1950 in Berlin-Tiergarten, Studium der Geschichte und Politischen Wissenschaft an der FU Berlin, 1975-80 Hilfsassistent am Fachbereich Geschichts- und Kommunikationswissenschaften der TU Berlin; 1980 Magister Artium: „Das Flottengesetz von 1898 und seine Novellierung im Jahre 1900. Ihre Entstehungsgeschichte und die sozialdemokratische Politik und Publizistik, 1980-81 wiss. Angestellter der Berliner Festspiele GmbH, 1981-90 Mitarbeiter beim Parteivorstand der SEW, 1987-90 Mitglied des Vorstandes beziehungsweise des Sekretariats der VVN/VdA Westberlin, 1989 Promotion A an der Akademie für Gesellschaftswissenschaften beim ZK der SED: „Der Berliner Metallarbeiterstreik 1930 und die Gründung des Einheitsverbandes der Metallarbeiter Berlins (EVMB)“, 1990-91 Mitarbeiter beim Parteivorstand der PDS, seit 2000 Mitglied der AG Rechtsextremismus/Antifaschismus beim Parteivorstand der PDS und Redakteur des von ihr herausgegebenen „Rundbriefs“, seit 2001 Mitglied

---

[1066] BArch.-SAPMO, DR 3 B/10039.
[1067] BArch.-SAPMO, DR 3 B/2976.

2. Der Autor

des Sprecherrates der AG. Seit 1992 freiberuflicher Dozent und Trainer in der Erwachsenenbildung.

Ausgewählte Veröffentlichungen: Der Holocaust – Keiner konnte ihn vorhersehen, niemand kann ihn erklären? Zur Entwicklung des Antisemitismus in Deutschland im 19. und 20. Jahrhundert, hrsg. v. d. Rosa-Luxemburg-Stiftung, Berlin 2004; Die „Ostjuden-Debatte" in der Berliner Stadtverordnetenversammlung vom 29. September 1921, in: Horst Helas (Hrsg.), Spuren jüdischen Lebens in Berlin-Mitte (1871-1945), Berlin 1995, S. 53-56; Antisemitismus in den neuen Bundesländern, Zur Frage von Kontinuität und Wandel, in: Rolf Richter (Hrsg.), Rechtsextremismus und Neonazismus unter Jugendlichen Ostberlins, Beiträge zur Analyse und Vorschläge zu Gegenmaßnahmen – ein Berliner Projekt, Berlin 1991, S. 310-327; gemeinsam mit Peter Brandt und Thomas Hofmann: Preußen – Zur Sozialgeschichte eines Staates. Eine Darstellung in Quellen, Reinbek 1981, 2. Auflage 1986; Zur antisemitischen Ideologie und Politik in den Anfangsjahren der Weimarer Republik, in: antifaschistisches magazin, 4/1987, S. 12-14; Probleme der Faschismusanalyse, in: Konsequent 11, 1981, S. 81-98.

2. Der Autor

Tim Peters, geboren 1973 in Hamburg, studierte Rechtswissenschaften an den Universitäten Dresden, Paris (1998 Licence en droit) und Berlin (2001 1. Staatsexamen). Im Anschluss daran promovierte er in Politikwissenschaften an der Universität Chemnitz im Rahmen des von der Hanns-Seidel-Stiftung geförderten Promotionskollegs „Politischer Extremismus und Parteien" bei Professor Dr. Eckhard Jesse. 2001 bis 2003 war er Wissenschaftlicher Mitarbeiter des Justiziars einer Bundestagsfraktion. Seit 2004 ist er Rechtsreferendar beim Kammergericht Berlin. Stationen leistete er u.a. ab in der Abteilung für politisch motivierte Kriminalität der Staatsanwaltschaft Berlin, in der Europaabteilung des Bundesministeriums der Finanzen sowie bei der Europäischen Kommission in Brüssel.

Neu im Programm
Politikwissenschaft

Jürgen Dittberner
Die FDP
Geschichte, Personen, Organisation, Perspektiven. Eine Einführung
2005. 411 S. Br. EUR 24,90
ISBN 3-531-14050-7

Die FDP hat sich als einzige der kleinen Parteien seit 1949 gehalten. In dieser Einführung wird eine umfassende Darstellung geboten zu Geschichte, Organisation, Personal, Programm und Wählerbasis der FDP.

Jan Fuhse
Theorien des politischen Systems
David Easton und Niklas Luhmann. Eine Einführung
2005. 125 S. Studienbücher Politische Theorie und Ideengeschichte.
Br. EUR 12,90
ISBN 3-531-14674-2

Diese Einführung stellt zwei Theorien des politischen Systems exemplarisch und systematisch vor: einmal das Werk David Eastons, das in der Politikwissenschaft grundlegend geworden ist, zum anderen die politische Theorie Niklas Luhmanns, die eine radikal neue Fassung einer Theorie des politischen Systems darstellt. Das Werk beider Denker wird jeweils in den biographischen, werkgeschichtlichen und den wissenschaftlichen Kontext eingeordnet. Das Buch enthält praktische Hinweise zur Weiterarbeit und ist somit gut als Arbeits- und Seminargrundlage geeignet.

Thomas Jäger / Alexander Höse / Kai Oppermann (Hrsg.)
Transatlantische Beziehungen
Sicherheit – Wirtschaft – Öffentlichkeit
2005. 520 S. Br. EUR 39,90
ISBN 3-531-14579-7

Nach dem Ende der Ost-West-Konfrontation und dem Wegfall der gemeinsamen Bedrohung durch die Sowjetunion hat sich das Konfliktpotential zwischen Europa und den USA deutlich erhöht. Auf die breite Welle der Solidarisierung mit den Vereinigten Staaten in Europa nach dem 11. September 2001 folgten mit den Auseinandersetzungen über den Irakkrieg schon bald die heftigsten Erschütterungen seit mehr als fünf Jahrzehnten.

Dennoch bilden die transatlantischen Beziehungen unverändert den Kern der internationalen Ordnung. In allen Sachbereichen der Politik: Sicherheit, Wohlfahrt und Herrschaft ist das transatlantische Verhältnis zugleich von Kooperation und Konflikt geprägt. Dieser Band analysiert das komplexe Beziehungsgeflecht auf den Feldern der äußeren und inneren Sicherheit, der Wirtschaft und der Öffentlichkeit. Er bietet eine umfassende und aktuelle Darstellung der transatlantischen Beziehungen der Gegenwart.

Erhältlich im Buchhandel oder beim Verlag. Änderungen vorbehalten. Stand: Juli 2005.

www.vs-verlag.de

Abraham-Lincoln-Straße 46
65189 Wiesbaden
Tel. 0611.7878-722
Fax 0611.7878-400

Neu im Programm Politikwissenschaft

Jürgen W. Falter / Harald Schoen (Hrsg.)
Handbuch Wahlforschung
2005. XXVI, 826 S. Geb. EUR 49,90
ISBN 3-531-13220-2

Die Bedeutung von Wahlen in einer Demokratie liegt auf der Hand. Deshalb ist die Wahlforschung einer der wichtigsten Forschungszweige in der Politikwissenschaft. In diesem Handbuch wird eine umfassende Darstellung der Wahlforschung, ihrer Grundlagen, Methoden, Fragestellungen und Gegenstände geboten.

Peter Becker / Olaf Leiße
Die Zukunft Europas
Der Konvent zur Zukunft der Europäischen Union
2005. 301 S. Br. EUR 26,90
ISBN 3-531-14100-7

Dieses Buch gibt auf knappem Raum einen Überblick zur Arbeit des „Konvents zur Zukunft der Europäischen Union", zu Anlass und Organisation des Konvents, zu seinen wichtigsten Themen und Ergebnissen. Ebenso werden die wichtigen Konferenzen und Entscheidungen nach Abschluss des Konvents in die Darstellung einbezogen.

Bernhard Schreyer /
Manfred Schwarzmeier
Grundkurs Politikwissenschaft: Studium der Politischen Systeme
Eine studienorientierte Einführung
2. Aufl. 2005. 243 S. Br. EUR 17,90
ISBN 3-531-33481-6

Konzipiert als studienorientierte Einführung, richtet sich der „Grundkurs Politikwissenschaft: Studium der politischen Systeme" in erster Linie an die Zielgruppe der Studienanfänger. Auf der Grundlage eines politikwissenschaftlichen Systemmodells werden alle wichtigen Bereiche eines politischen Systems dargestellt.

Dabei orientiert sich die Gliederung der einzelnen Punkte an folgenden didaktisch aufbereiteten Kriterien: Definition der zentralen Begriffe, Funktionen der Strukturprinzipen und der Akteure, Variablen zu deren Typologisierung, Ausgewählte Problemfelder, Entwicklungstendenzen, Stellung im politischen System, Kontrollfragen, Informationshinweise zur Einführung (kurz kommentierte Einführungsliteratur, Fachzeitschriften, Internet-Adressen).

Im Anhang werden die wichtigsten Begriffe in einem Glossar zusammengestellt. Ein Sach- und Personenregister sowie ein ausführliches allgemeines Literaturverzeichnis runden das Werk ab.

Erhältlich im Buchhandel oder beim Verlag.
Änderungen vorbehalten. Stand: Juli 2005.

www.vs-verlag.de

VS VERLAG FÜR SOZIALWISSENSCHAFTEN

Abraham-Lincoln-Straße 46
65189 Wiesbaden
Tel. 0611.7878-722
Fax 0611.7878-400

Printed and bound by PG in the USA